Shojo nach der Schule

Shiki Chitose

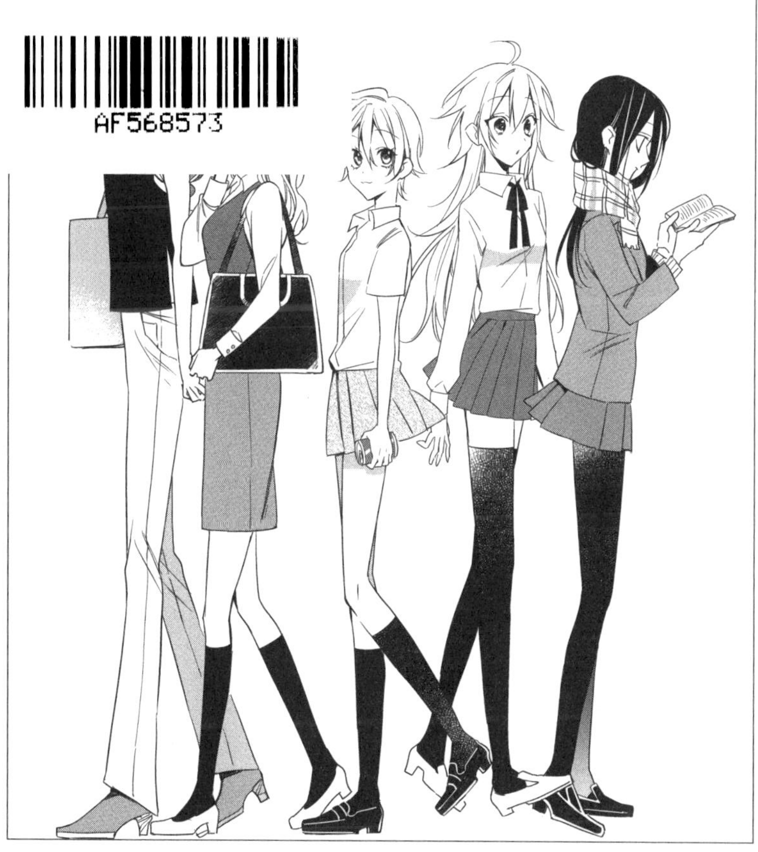

Shojo nach der Schule

- Kurzgeschichten von Shiki Chitose -

Inhalt

Shojo nach der Schule 3

Fiebrig mitten in der Nacht 45

Ein unentschiedener Galopp 61

Laufbahn der Stellas 87

Mein Prêt-à-porter 131

Die Legende von Azfareo – Nebengeschichte 1 181

Die Legende von Azfareo – Nebengeschichte 2 187

Nachwort 191

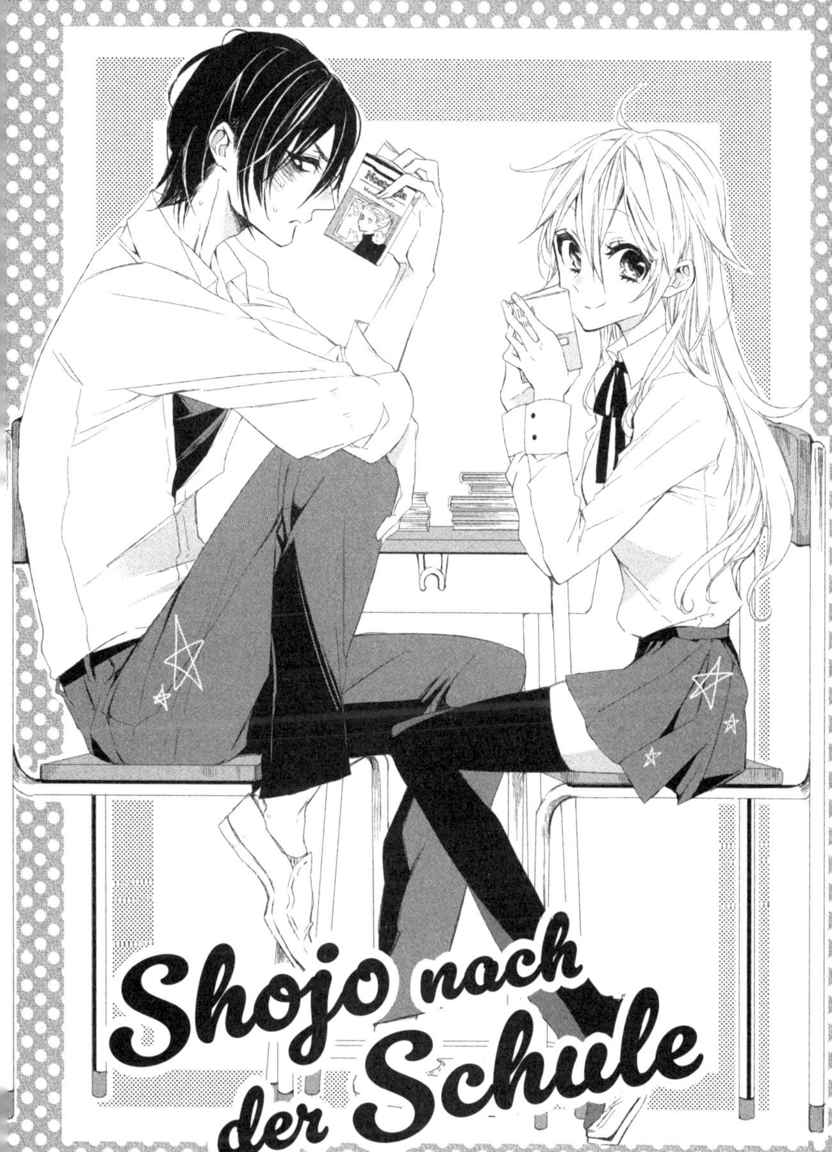
Shojo nach der Schule

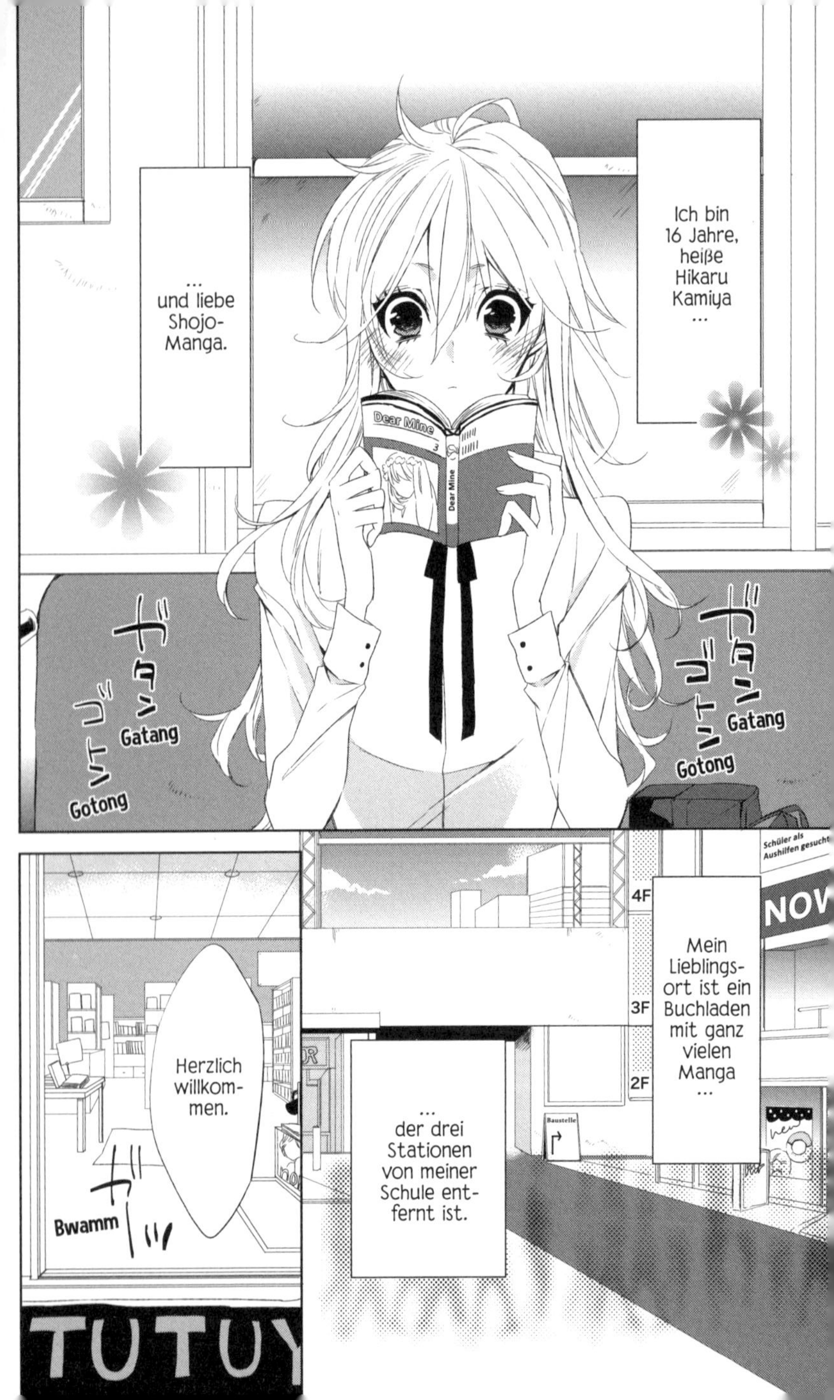
Ich bin 16 Jahre, heiße Hikaru Kamiya ...
... und liebe Shojo-Manga.
Dear Mine
3
Dear Mine
Gatang
Gotong
Gatang
Gotong
Schüler als Aushilfen gesucht
NOV
4F
3F
2F
Mein Lieblingsort ist ein Buchladen mit ganz vielen Manga ...
... der drei Stationen von meiner Schule entfernt ist.
Baustelle
Herzlich willkommen.
Bwamm
TUTUY

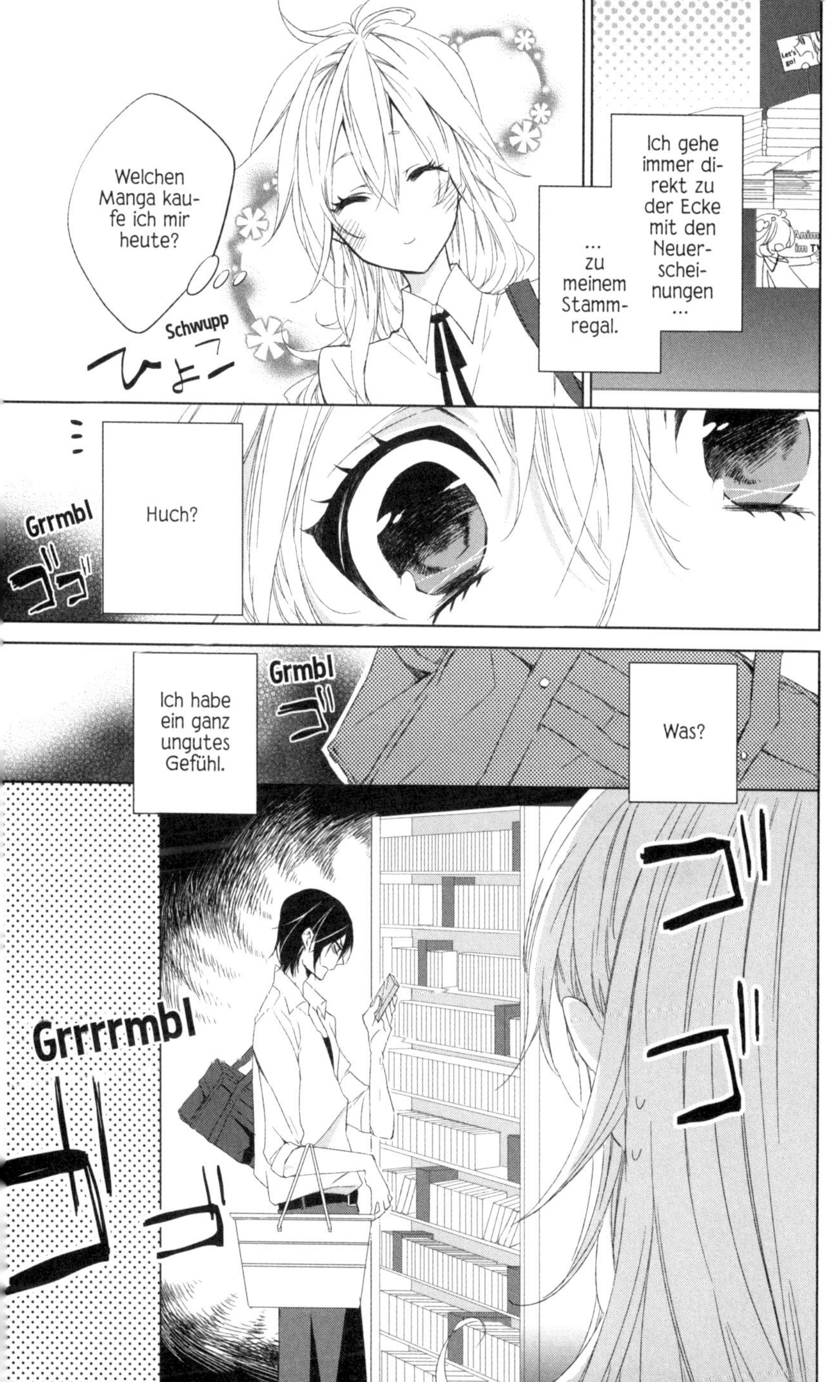
Ich gehe immer direkt zu der Ecke mit den Neuerscheinungen …
… zu meinem Stammregal.
Welchen Manga kaufe ich mir heute?
Schwupp
Huch?
Grrrmbl
Was?
Ich habe ein ganz ungutes Gefühl.
Grmbl
Grrrrmbl

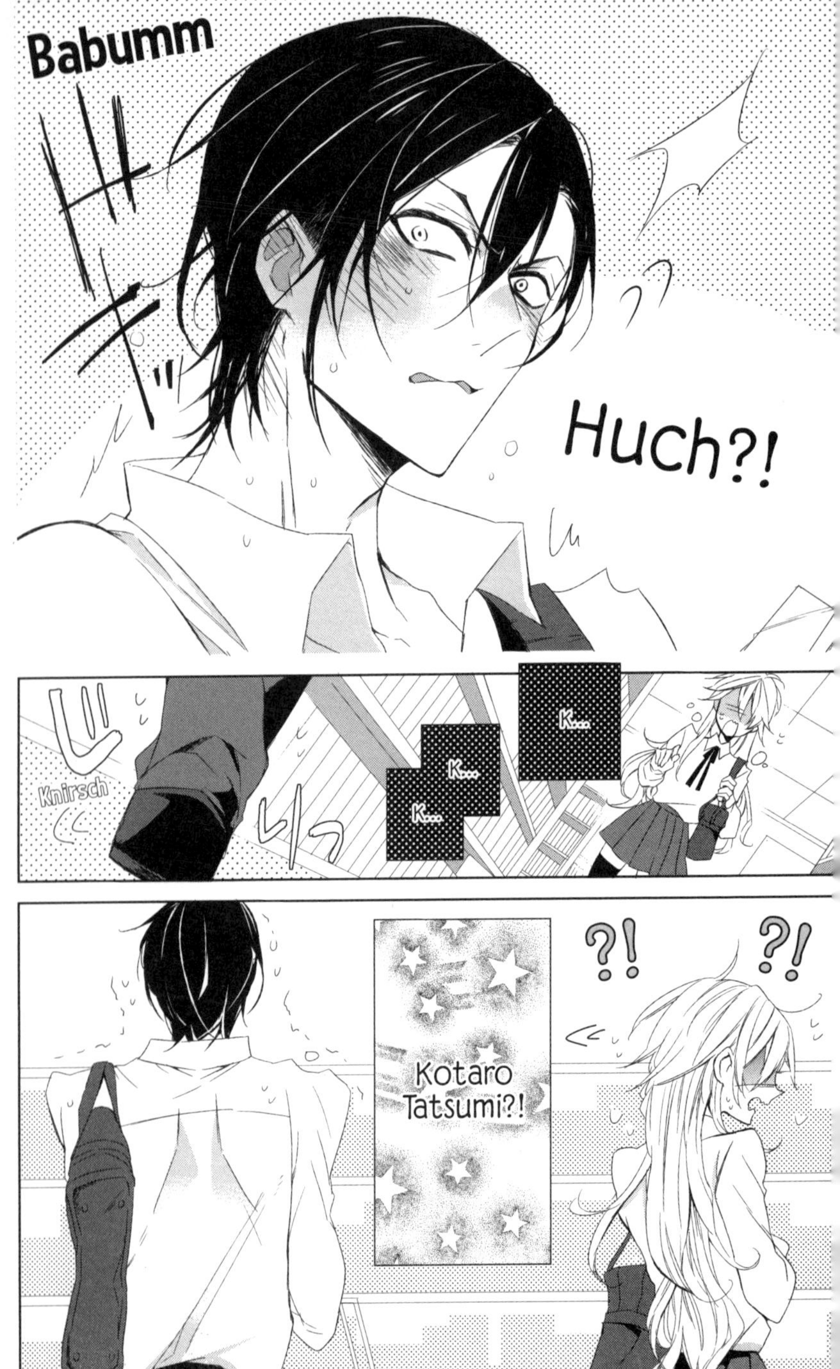

Babumm
Huch?!
Knirsch
K...
K...
K...
?!
?!
Kotaro Tatsumi?!

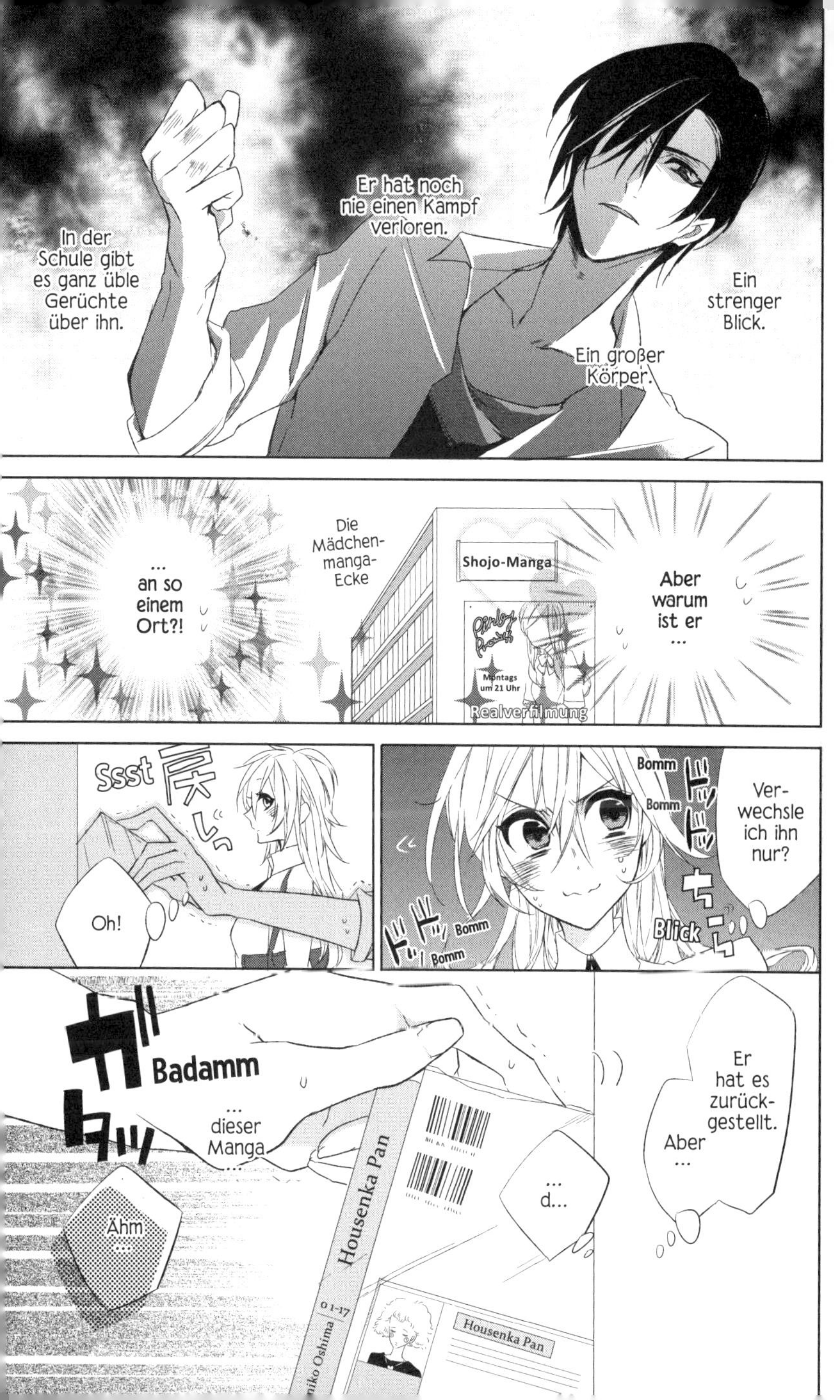

Ein strenger Blick.

Ein großer Körper.

Er hat noch nie einen Kampf verloren.

In der Schule gibt es ganz üble Gerüchte über ihn.

Aber warum ist er ...

Shojo-Manga

Montags um 21 Uhr

Realverfilmung

Die Mädchen-manga-Ecke

... an so einem Ort?!

Bomm

Bomm

Verwechsle ich ihn nur?

Blick

Bomm

Bomm

Ssst

Oh!

Er hat es zurückgestellt.

Aber ...

... d...

Badamm

... dieser Manga ...

Ähm ...

Housenka Pan

01-17

Housenka Pan

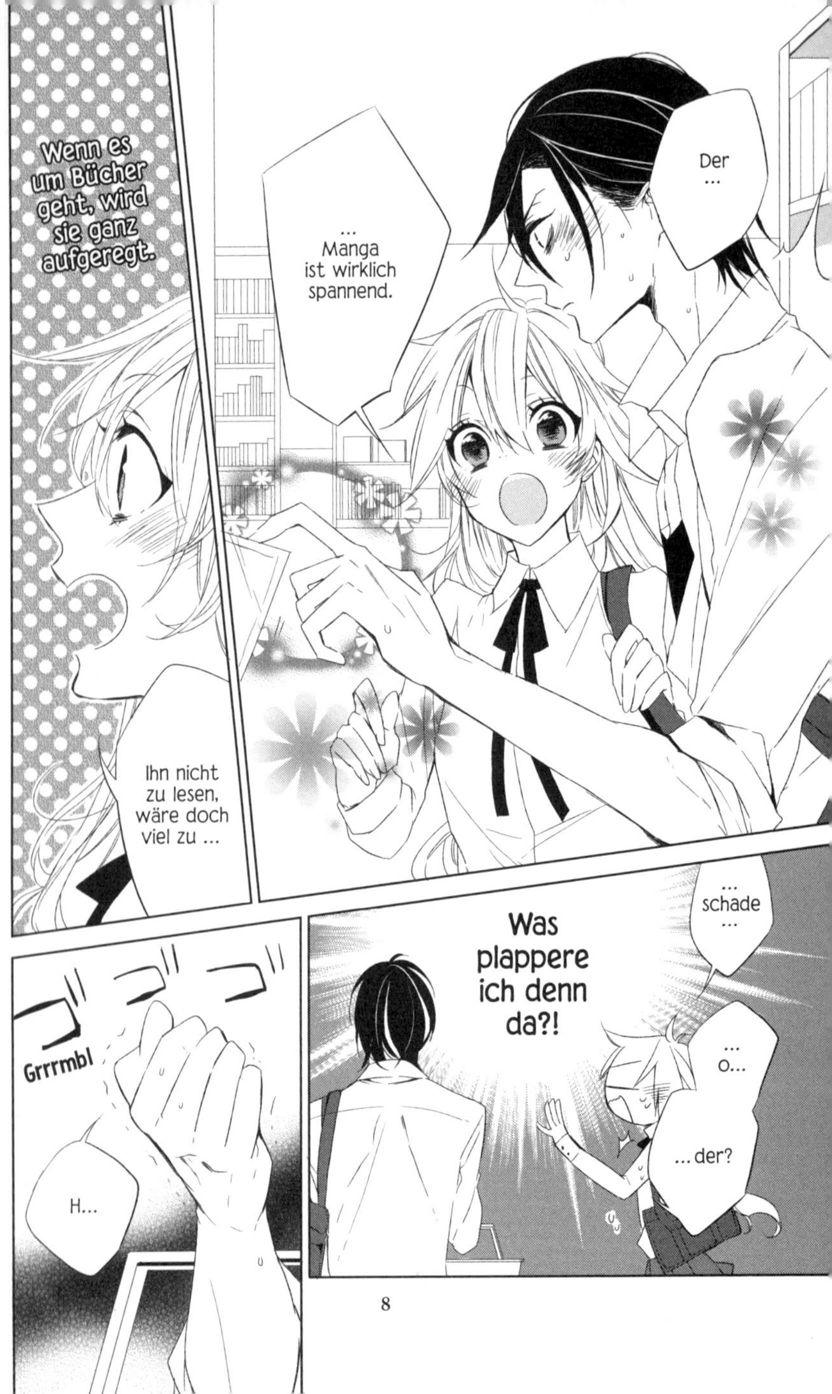
Der …
… Manga ist wirklich spannend.
Ihn nicht zu lesen, wäre doch viel zu …
Wenn es um Bücher geht, wird sie ganz aufgeregt.
… schade …
Was plappere ich denn da?!
… O…
… der?
Grrrmbl
H…

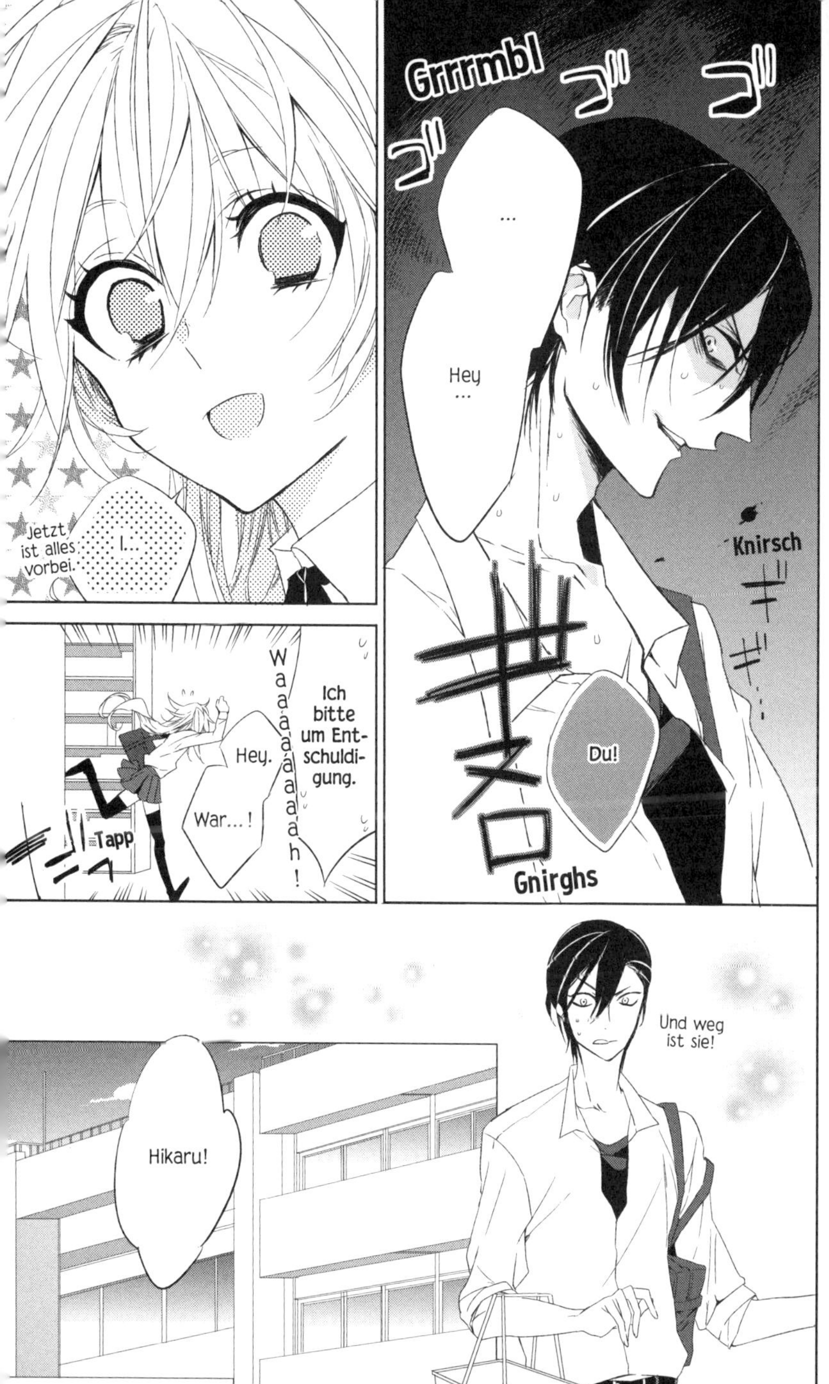

Grrrmbl
...
Hey ...
Jetzt ist alles vorbei.
I...
Knirsch
Du!
Gnirghs
Ich bitte um Entschuldigung.
Waaaaaaaaah!
Hey.
War...!
Tapp
Und weg ist sie!
Hikaru!

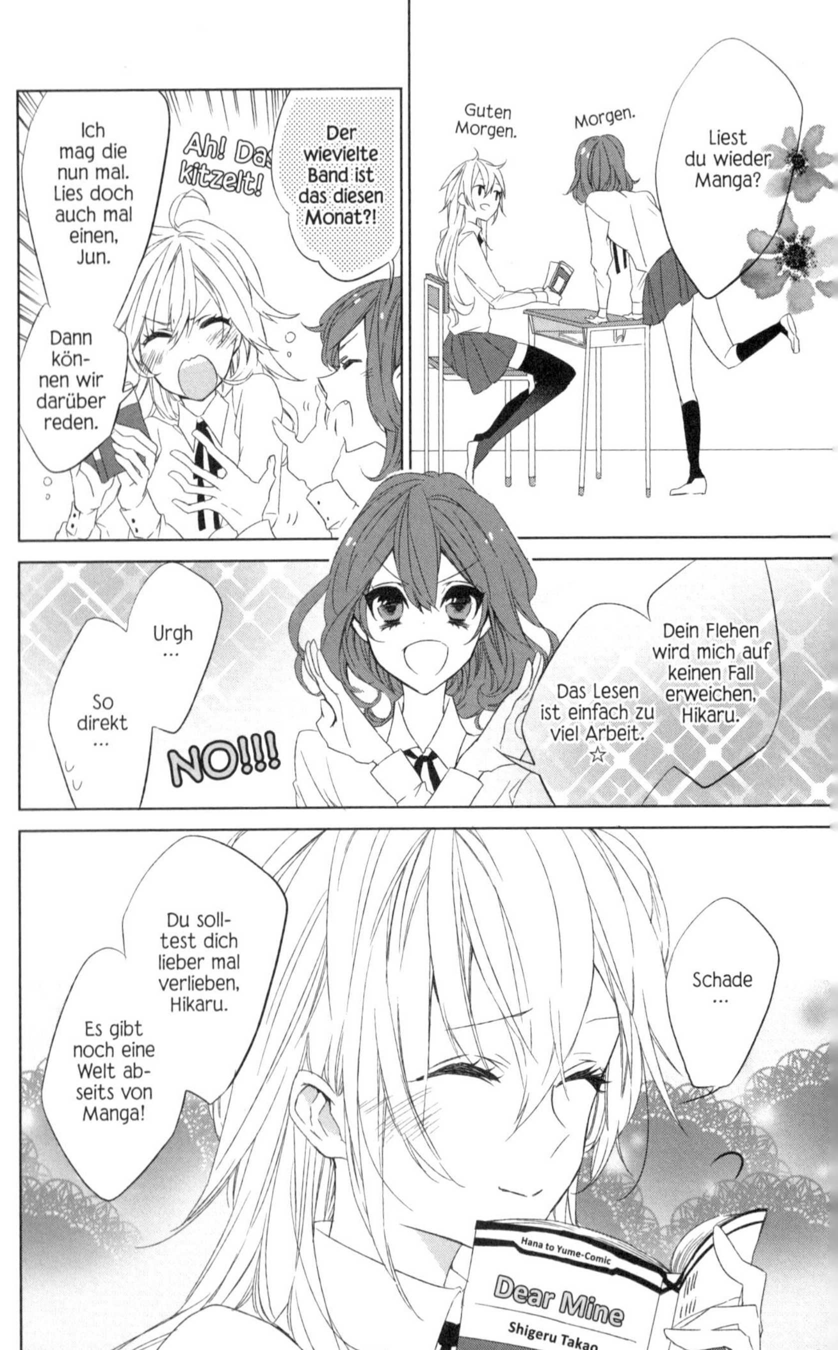

Liest du wieder Manga?
Morgen.
Guten Morgen.
Der wievielte Band ist das diesen Monat?!
Ah! Das kitzelt!
Ich mag die nun mal. Lies doch auch mal einen, Jun.
Dann kön-nen wir darüber reden.
Dein Flehen wird mich auf keinen Fall erweichen, Hikaru.
Das Lesen ist einfach zu viel Arbeit. ☆
NO!!!
Urgh ...
So direkt ...
Schade ...
Du soll-test dich lieber mal verlieben, Hikaru.
Es gibt noch eine Welt ab-seits von Manga!
Hana to Yume-Comic
Dear Mine
Shigeru Takao

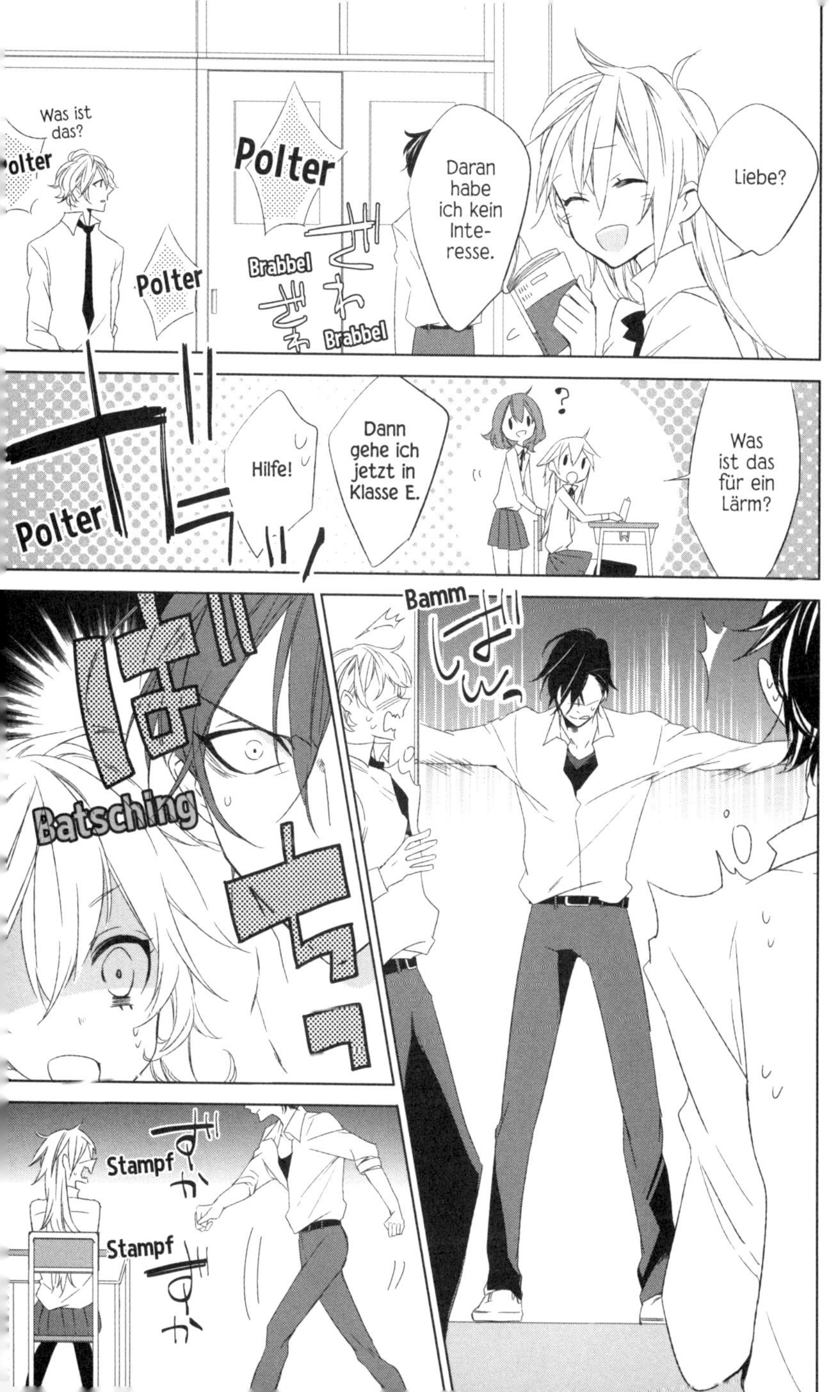
Liebe?
Daran habe ich kein Interesse.
Polter
Brabbel
Brabbel
Was ist das?
Polter
Polter
Was ist das für ein Lärm?
Dann gehe ich jetzt in Klasse E.
Hilfe!
Polter
Bamm
Batsching
Stampf
Stampf

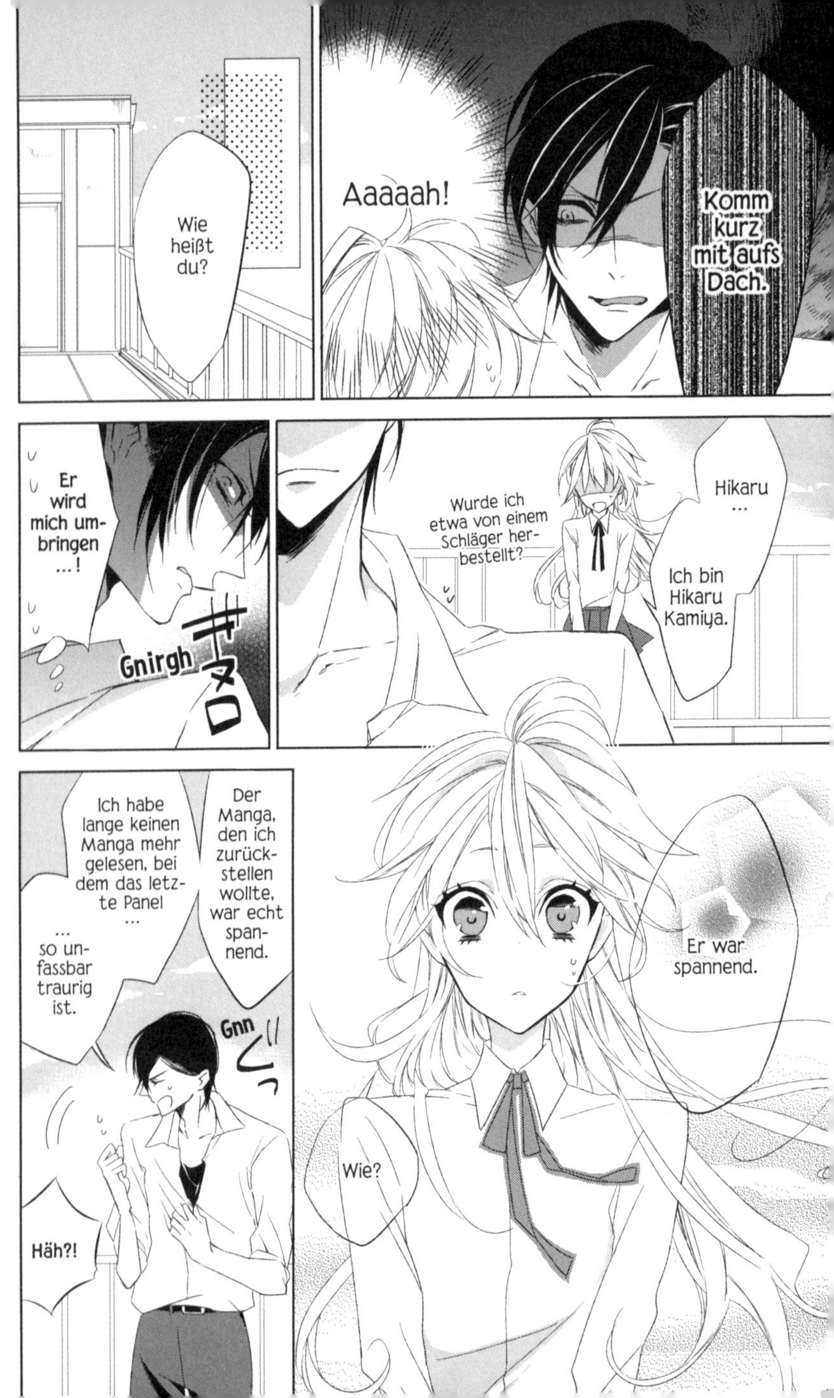
Komm kurz mit aufs Dach.
Aaaaah!
Wie heißt du?
Hikaru …
Ich bin Hikaru Kamiya.
Wurde ich etwa von einem Schläger herbestellt?
Er wird mich umbringen …!
Gnirgh
Er war spannend.
Wie?
Der Manga, den ich zurückstellen wollte, war echt spannend.
Ich habe lange keinen Manga mehr gelesen, bei dem das letzte Panel … … so unfassbar traurig ist.
Gnn
Häh?!

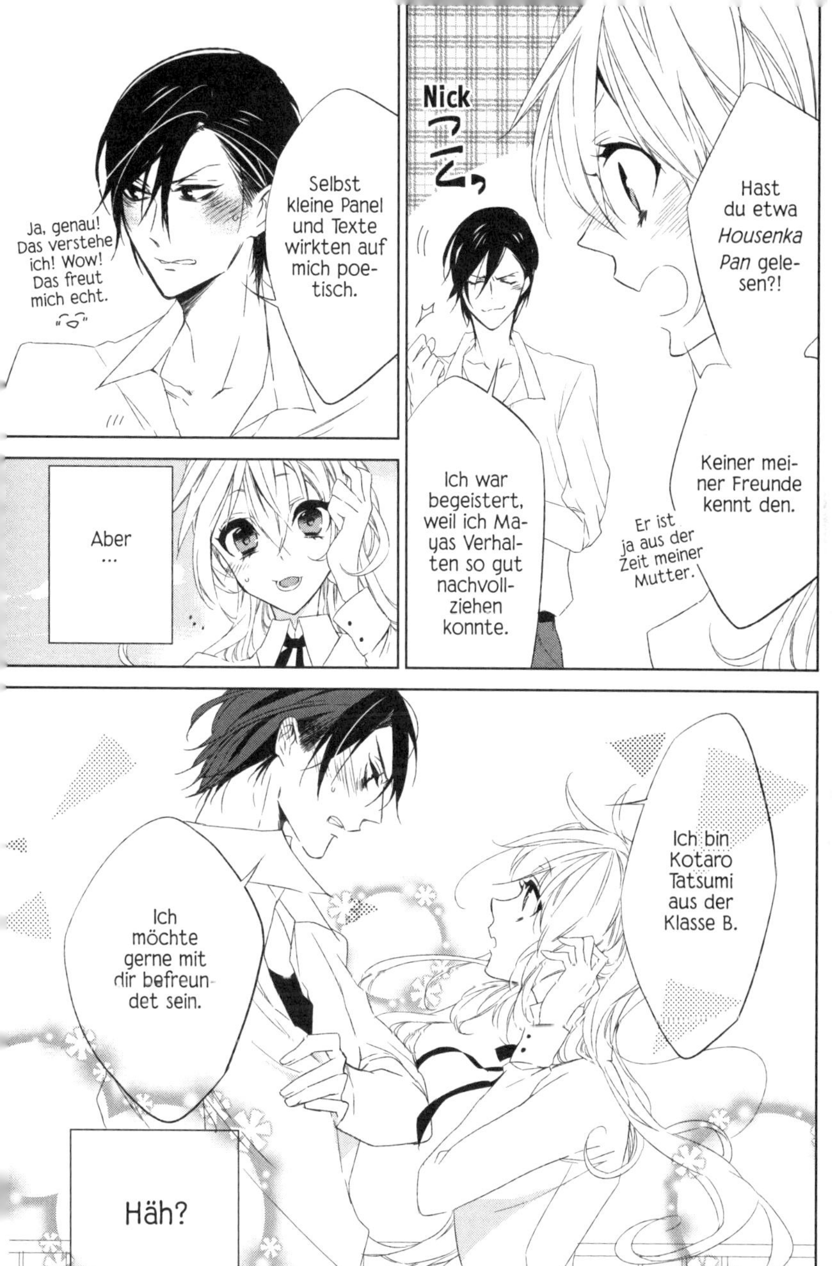
Nick
Hast du etwa *Housenka Pan* gelesen?!
Keiner meiner Freunde kennt den.
Er ist ja aus der Zeit meiner Mutter.
Ich war begeistert, weil ich Mayas Verhalten so gut nachvollziehen konnte.
Selbst kleine Panel und Texte wirkten auf mich poetisch.
Ja, genau! Das verstehe ich! Wow! Das freut mich echt.
Aber …
Ich bin Kotaro Tatsumi aus der Klasse B.
Ich möchte gerne mit dir befreundet sein.
Häh?

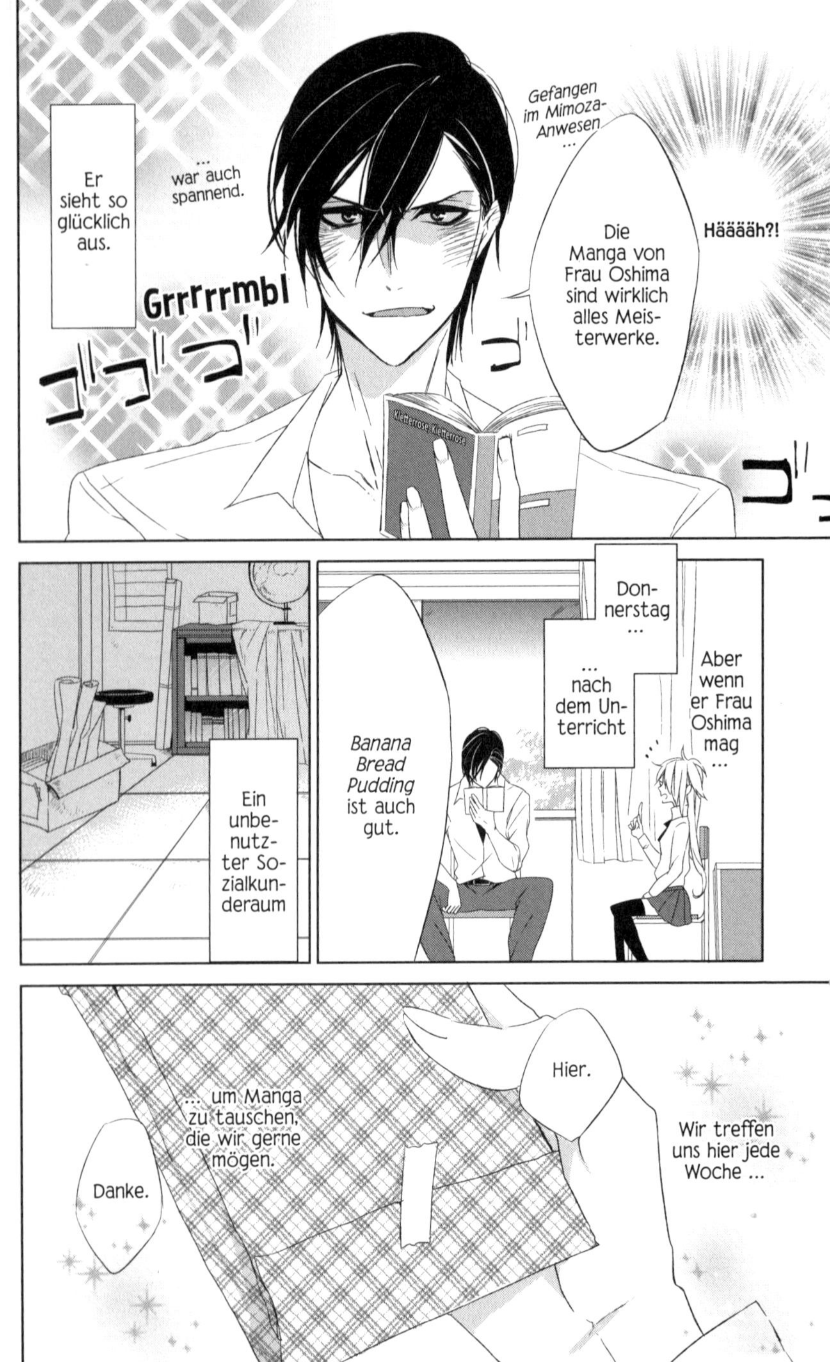
Gefangen im Mimoza-Anwesen …
Die Manga von Frau Oshima sind wirklich alles Meisterwerke.
Häääääh?!
… war auch spannend.
Er sieht so glücklich aus.
Grrrrrmbl
Kletterrose Kletterrose
Donnerstag …
… nach dem Unterricht
Aber wenn er Frau Oshima mag …
Banana Bread Pudding ist auch gut.
Ein unbenutzter Sozialkunderaum
Hier.
Wir treffen uns hier jede Woche …
… um Manga zu tauschen, die wir gerne mögen.
Danke.

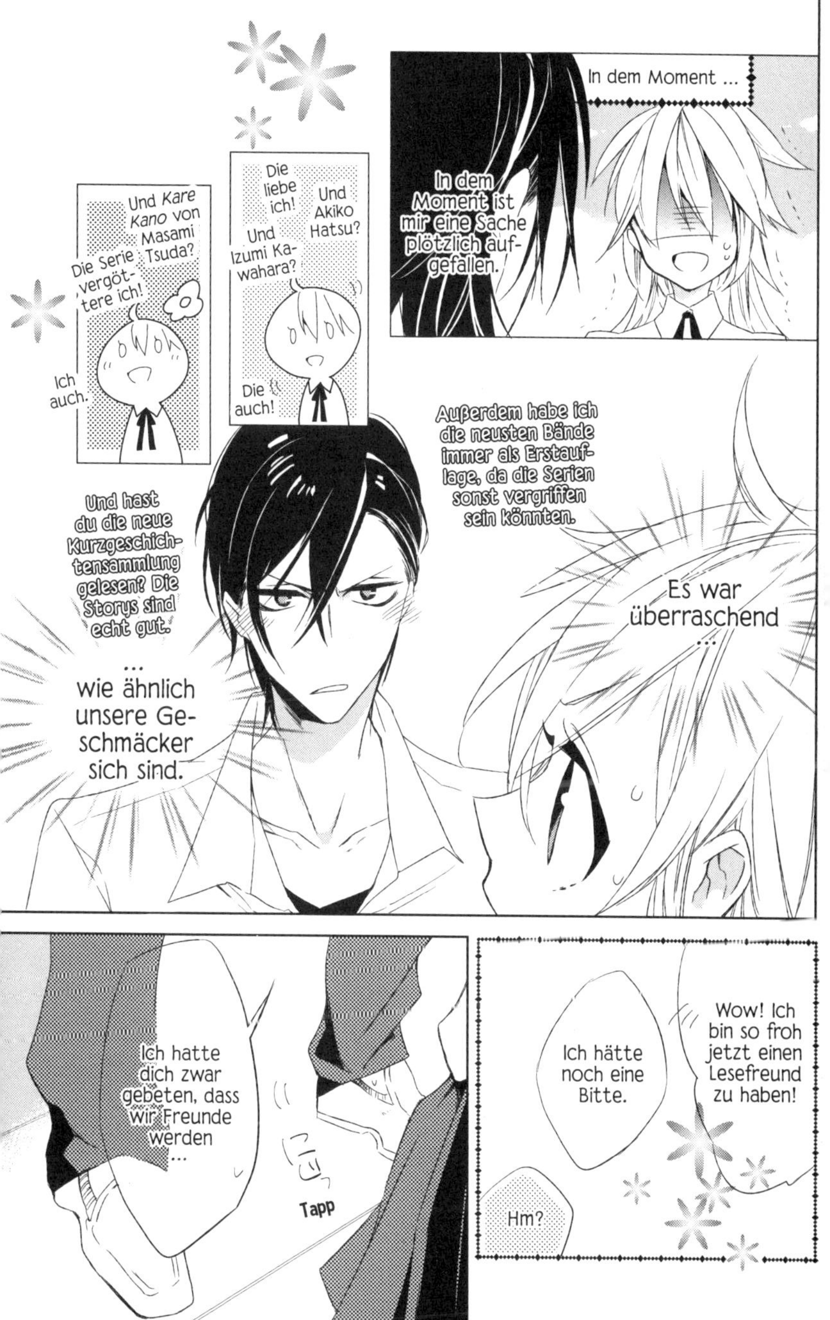
In dem Moment ...
In dem Moment ist mir eine Sache plötzlich aufgefallen.
Die liebe ich!
Und Akiko Hatsu?
Und Izumi Kawahara?
Die auch!
Und *Kare Kano* von Masami Tsuda?
Die Serie vergöttere ich!
Ich auch.
Außerdem habe ich die neusten Bände immer als Erstauflage, da die Serien sonst vergriffen sein könnten.
Und hast du die neue Kurzgeschichtensammlung gelesen? Die Storys sind echt gut.
Es war überraschend ...
... wie ähnlich unsere Geschmäcker sich sind.
Wow! Ich bin so froh jetzt einen Lesefreund zu haben!
Ich hätte noch eine Bitte.
Hm?
Ich hatte dich zwar gebeten, dass wir Freunde werden ...
Tapp

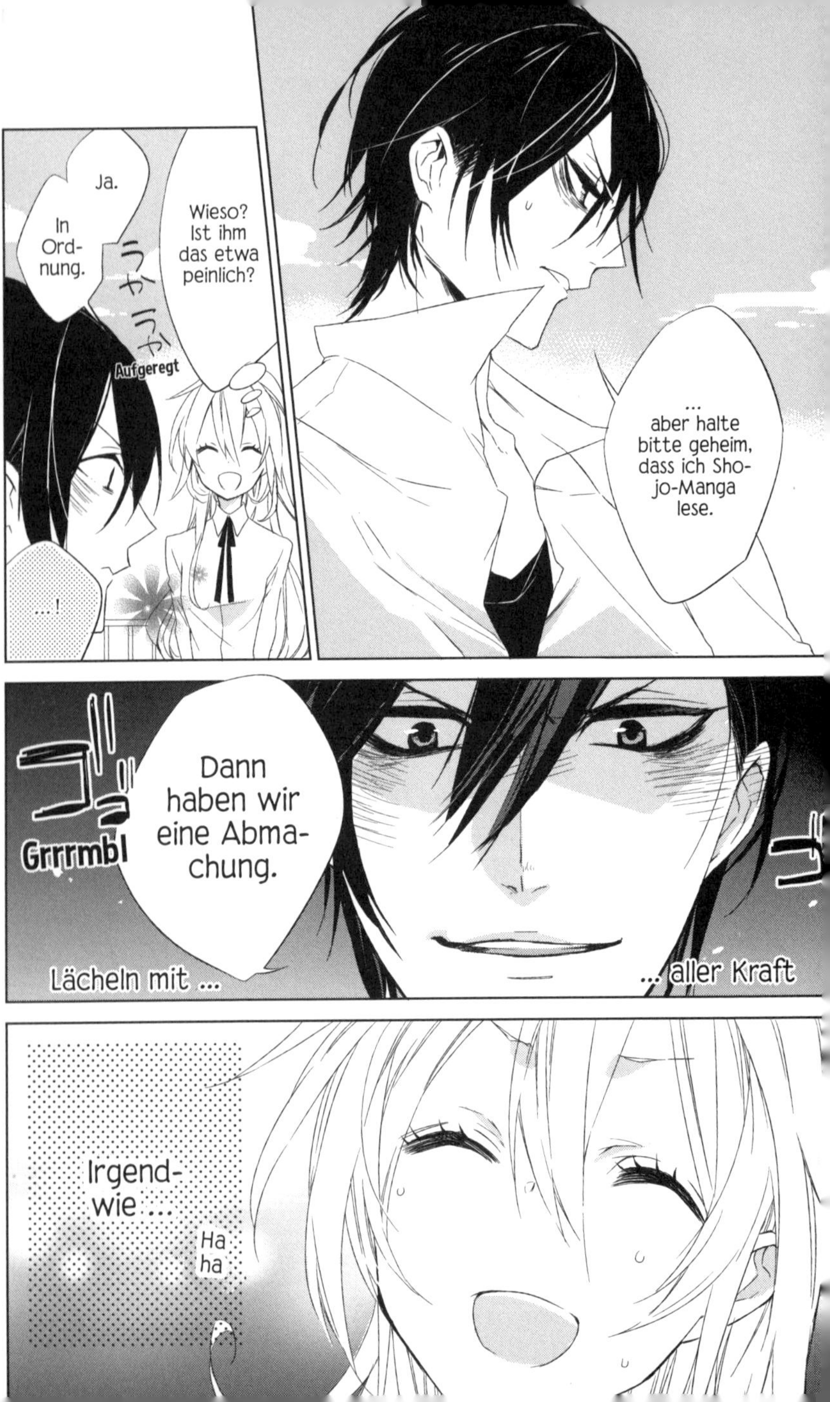

... aber halte bitte geheim, dass ich Shojo-Manga lese.
Wieso? Ist ihm das etwa peinlich?
Ja. In Ordnung.
Aufgeregt
...!

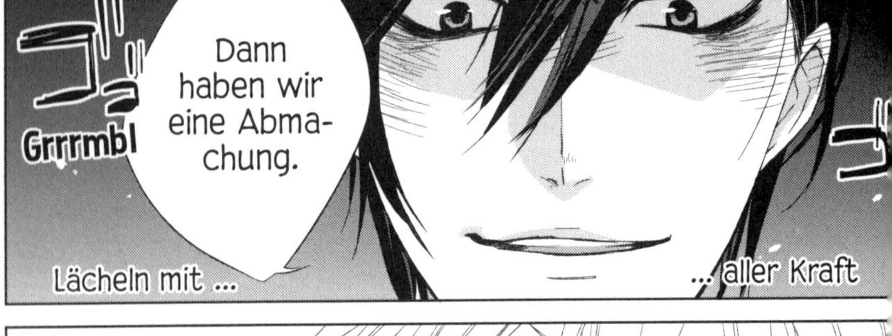

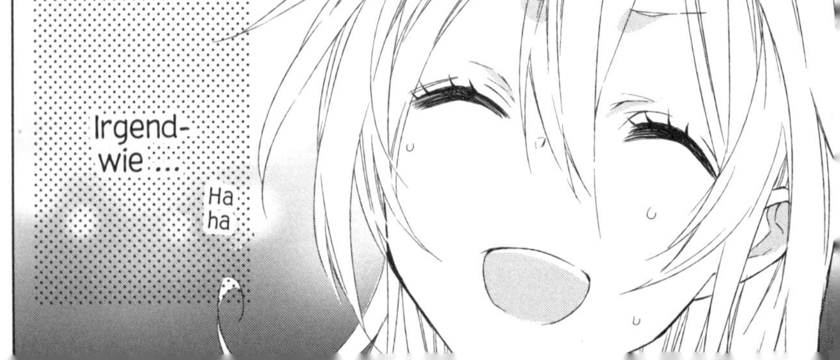

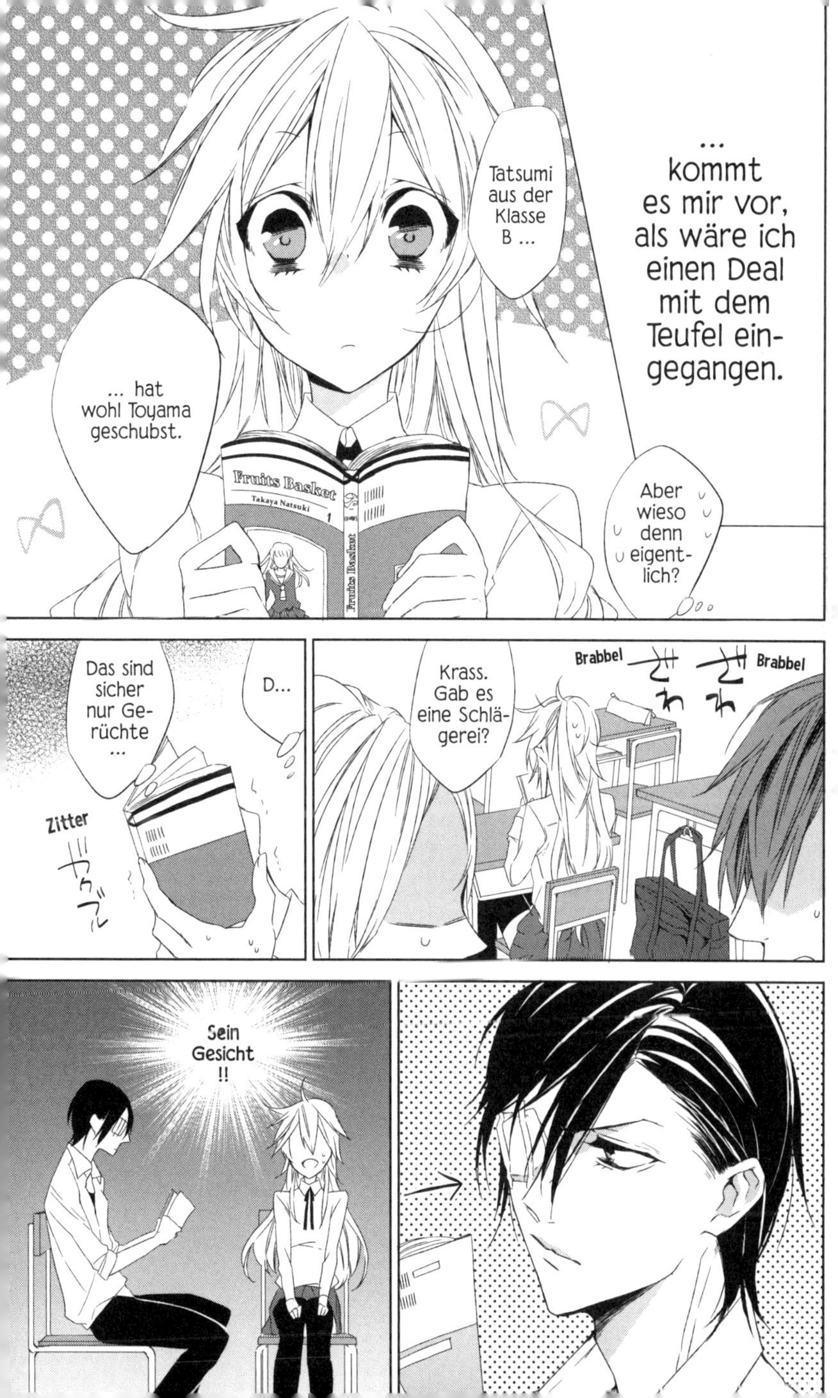

... kommt es mir vor, als wäre ich einen Deal mit dem Teufel eingegangen.

Tatsumi aus der Klasse B ...

... hat wohl Toyama geschubst.

Aber wieso denn eigentlich?

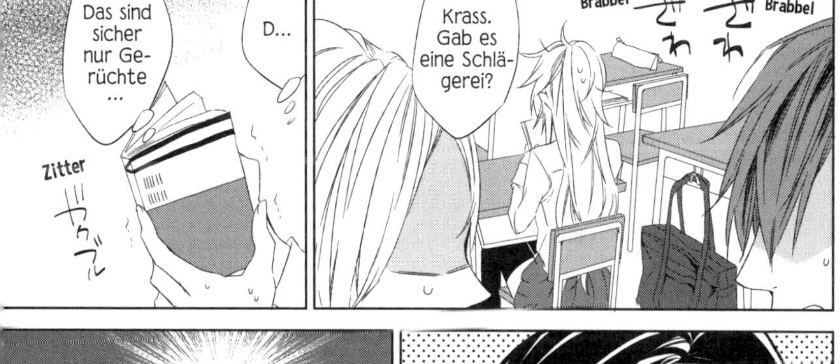

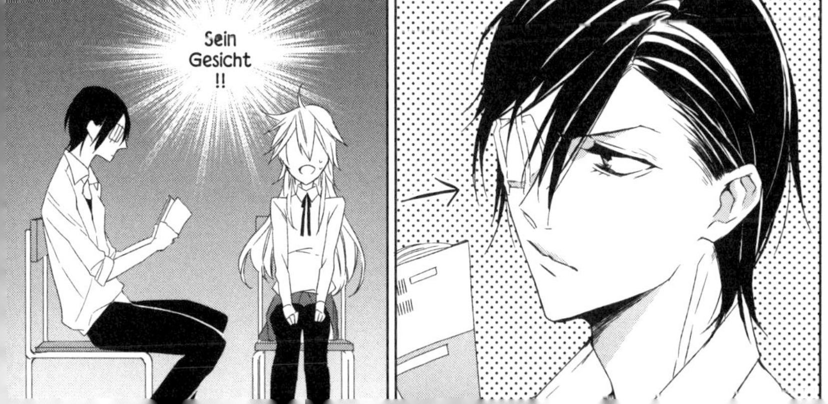

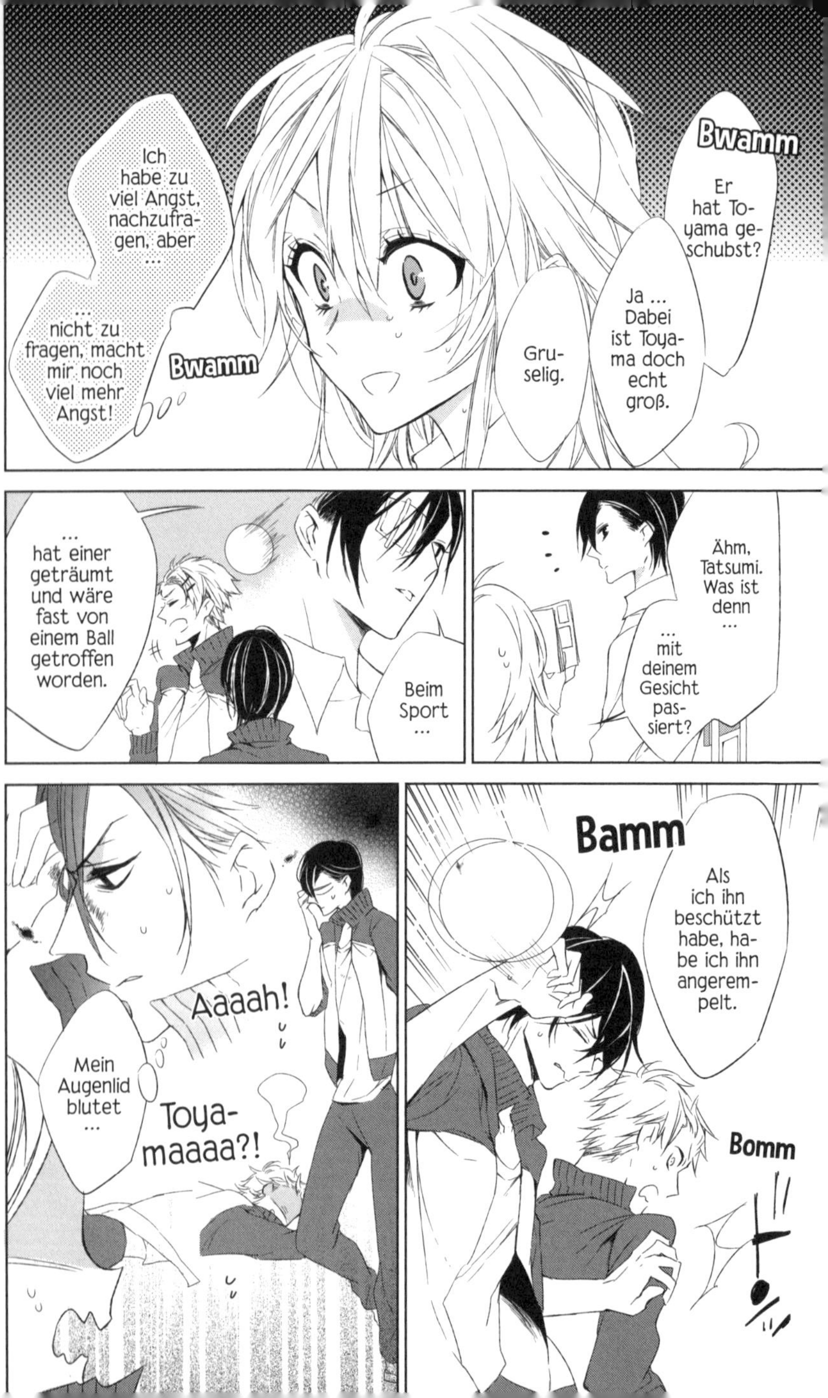

Bwamm
Er hat Toyama geschubst?
Ja … Dabei ist Toyama doch echt groß.
Gruselig.
Ich habe zu viel Angst, nachzufragen, aber …
… nicht zu fragen, macht mir noch viel mehr Angst!
Bwamm
Ähm, Tatsumi. Was ist denn …
… mit deinem Gesicht passiert?
Beim Sport …
… hat einer geträumt und wäre fast von einem Ball getroffen worden.
Bamm
Als ich ihn beschützt habe, habe ich ihn angerempelt.
Bomm
Aaaah!
Toyamaaaa?!
Mein Augenlid blutet …

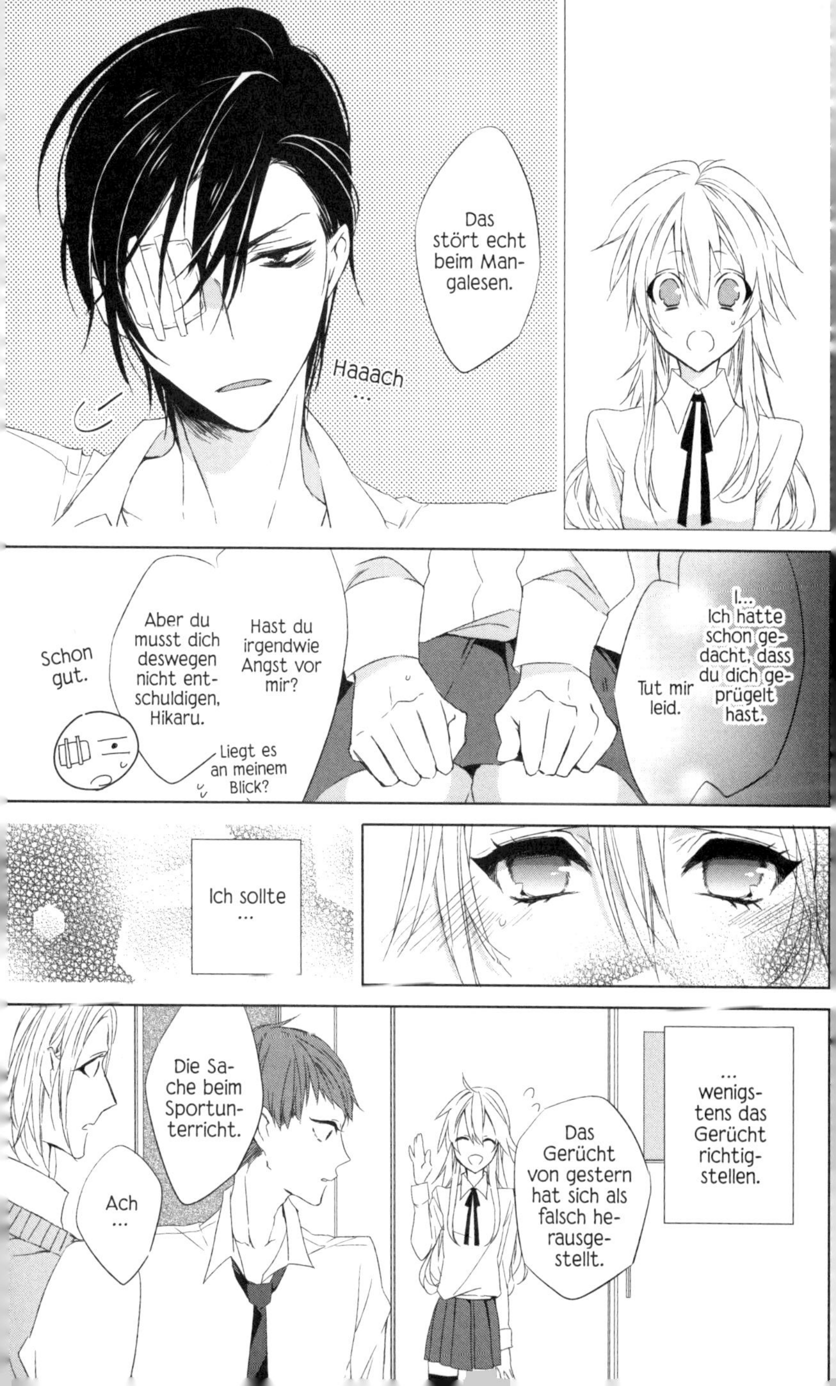
Das stört echt beim Mangalesen.
Haaach ...
I... Ich hatte schon gedacht, dass du dich geprügelt hast.
Tut mir leid.
Hast du irgendwie Angst vor mir?
Liegt es an meinem Blick?
Aber du musst dich deswegen nicht entschuldigen, Hikaru.
Schon gut.
Ich sollte ...
... wenigstens das Gerücht richtigstellen.
Das Gerücht von gestern hat sich als falsch herausgestellt.
Die Sache beim Sportunterricht.
Ach ...

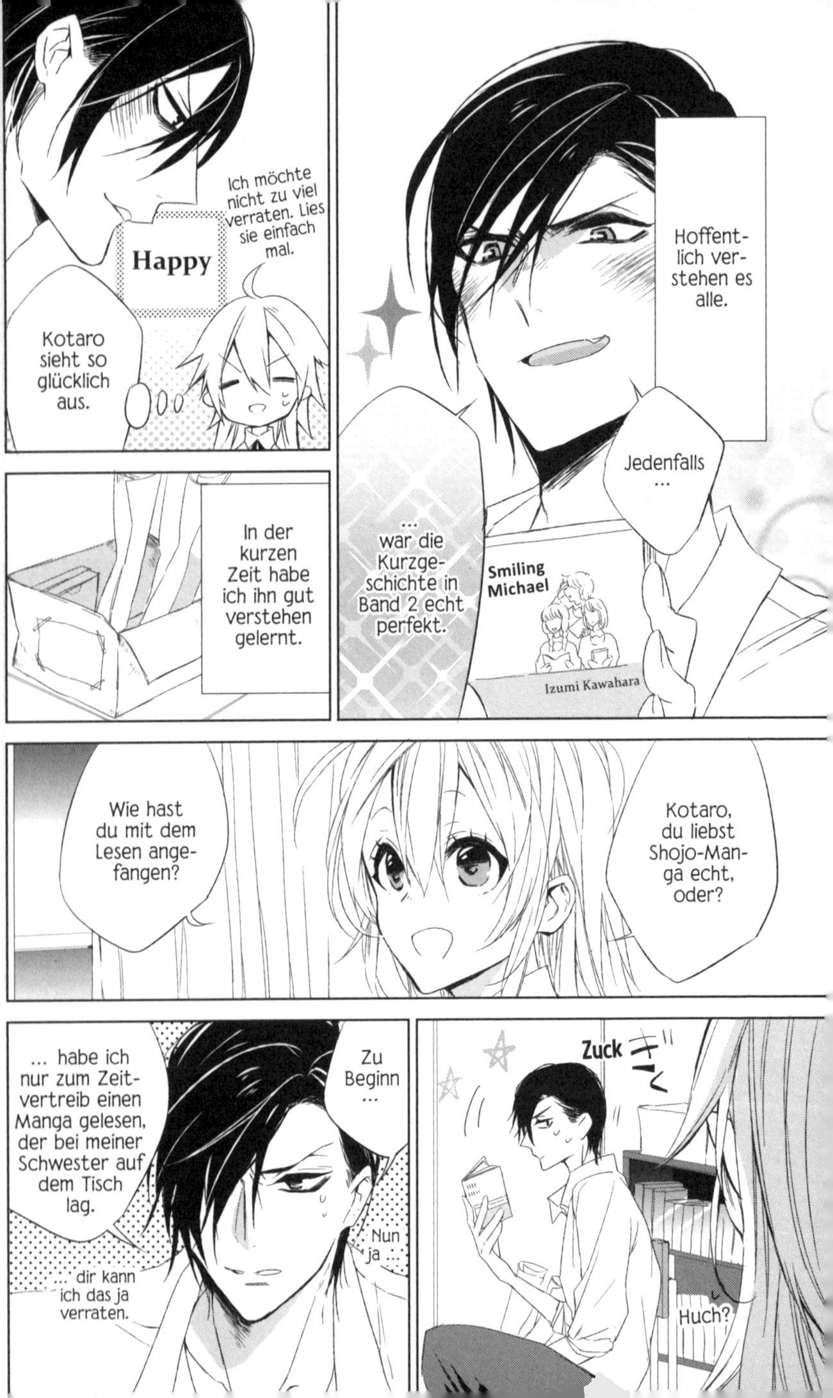

Hoffentlich verstehen es alle.

Jedenfalls ...

... war die Kurzgeschichte in Band 2 echt perfekt.

Smiling Michael

Izumi Kawahara

Ich möchte nicht zu viel verraten. Lies sie einfach mal.

Happy

Kotaro sieht so glücklich aus.

In der kurzen Zeit habe ich ihn gut verstehen gelernt.

Kotaro, du liebst Shojo-Manga echt, oder?

Wie hast du mit dem Lesen angefangen?

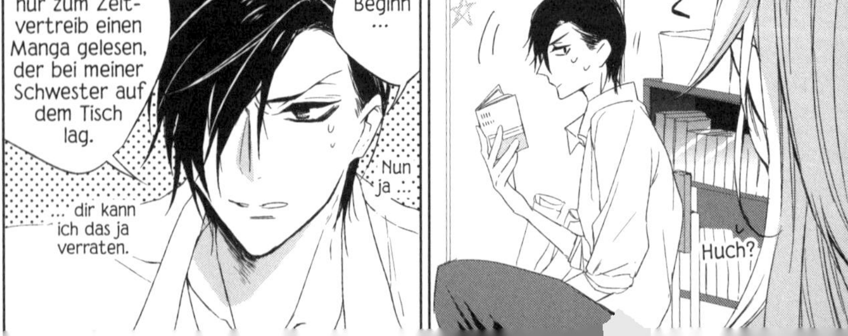

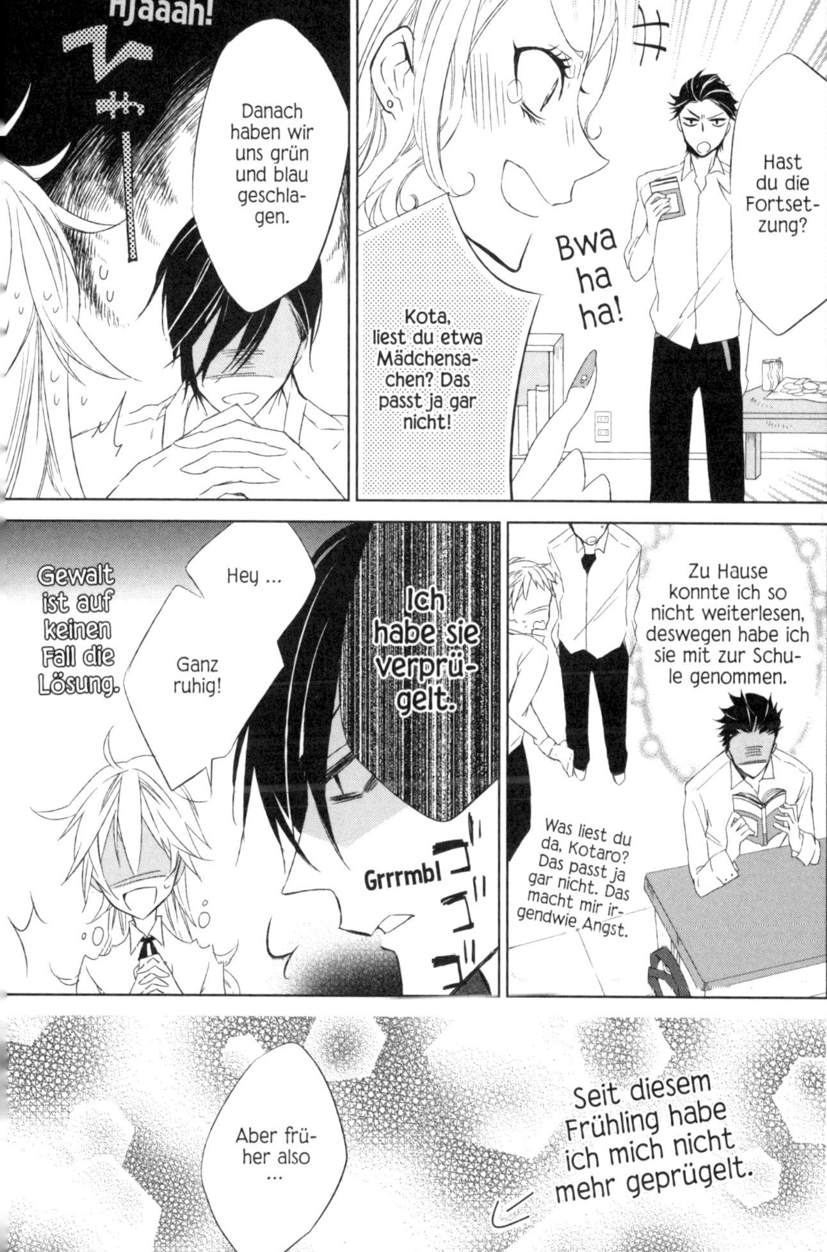
Hast du die Fortsetzung?
Bwa ha ha!
Kota, liest du etwa Mädchensachen? Das passt ja gar nicht!
Danach haben wir uns grün und blau geschlagen.
Hjaaah!
Zu Hause konnte ich so nicht weiterlesen, deswegen habe ich sie mit zur Schule genommen.
Was liest du da, Kotaro? Das passt ja gar nicht. Das macht mir irgendwie Angst.
Ich habe sie verprügelt.
Grrrmbl
Hey …
Ganz ruhig!
Gewalt ist auf keinen Fall die Lösung.
Seit diesem Frühling habe ich mich nicht mehr geprügelt.
Aber früher also …

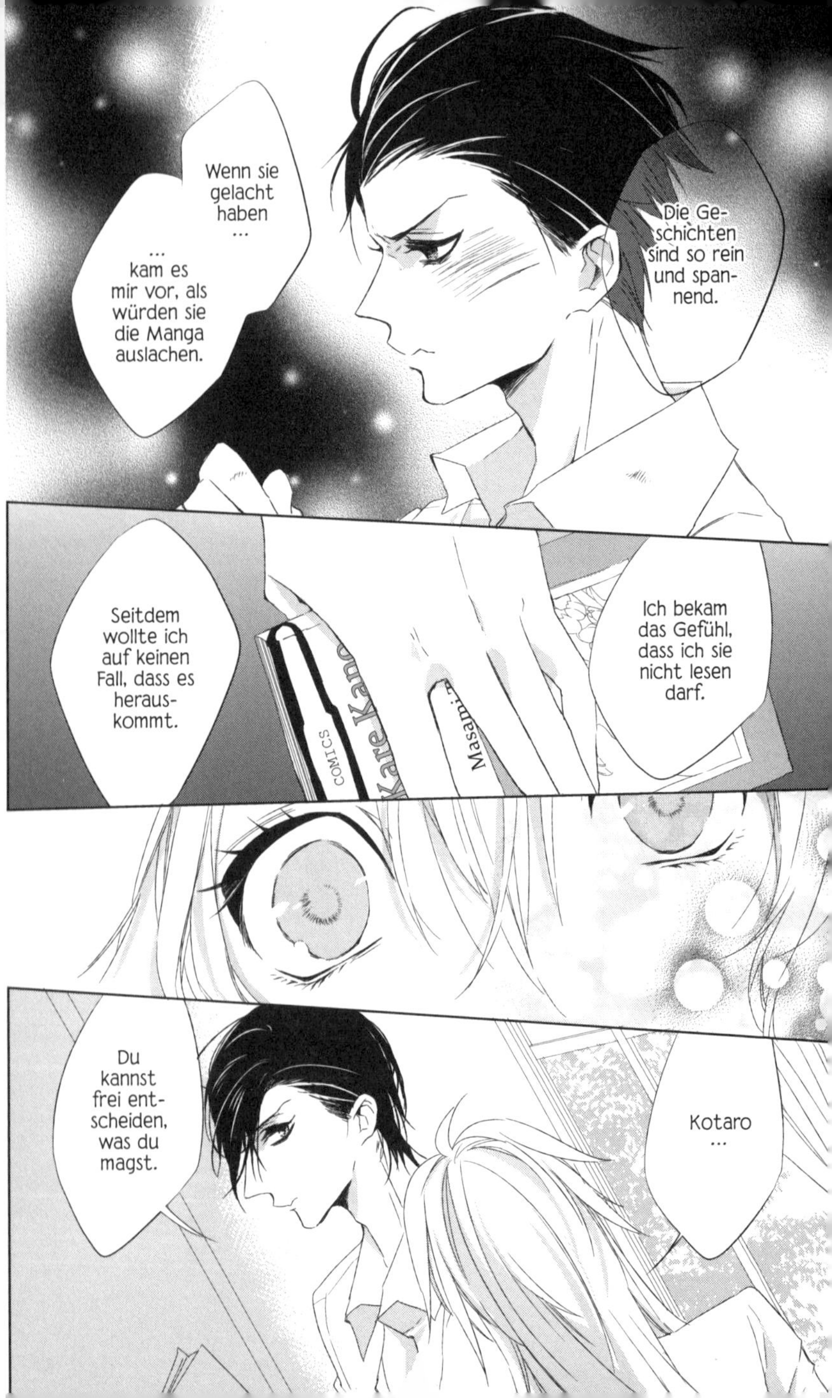
Die Geschichten sind so rein und spannend.
Wenn sie gelacht haben ...
... kam es mir vor, als würden sie die Manga auslachen.
Ich bekam das Gefühl, dass ich sie nicht lesen darf.
Seitdem wollte ich auf keinen Fall, dass es herauskommt.
COMICS
Kare Kano
Kotaro ...
Du kannst frei entscheiden, was du magst.

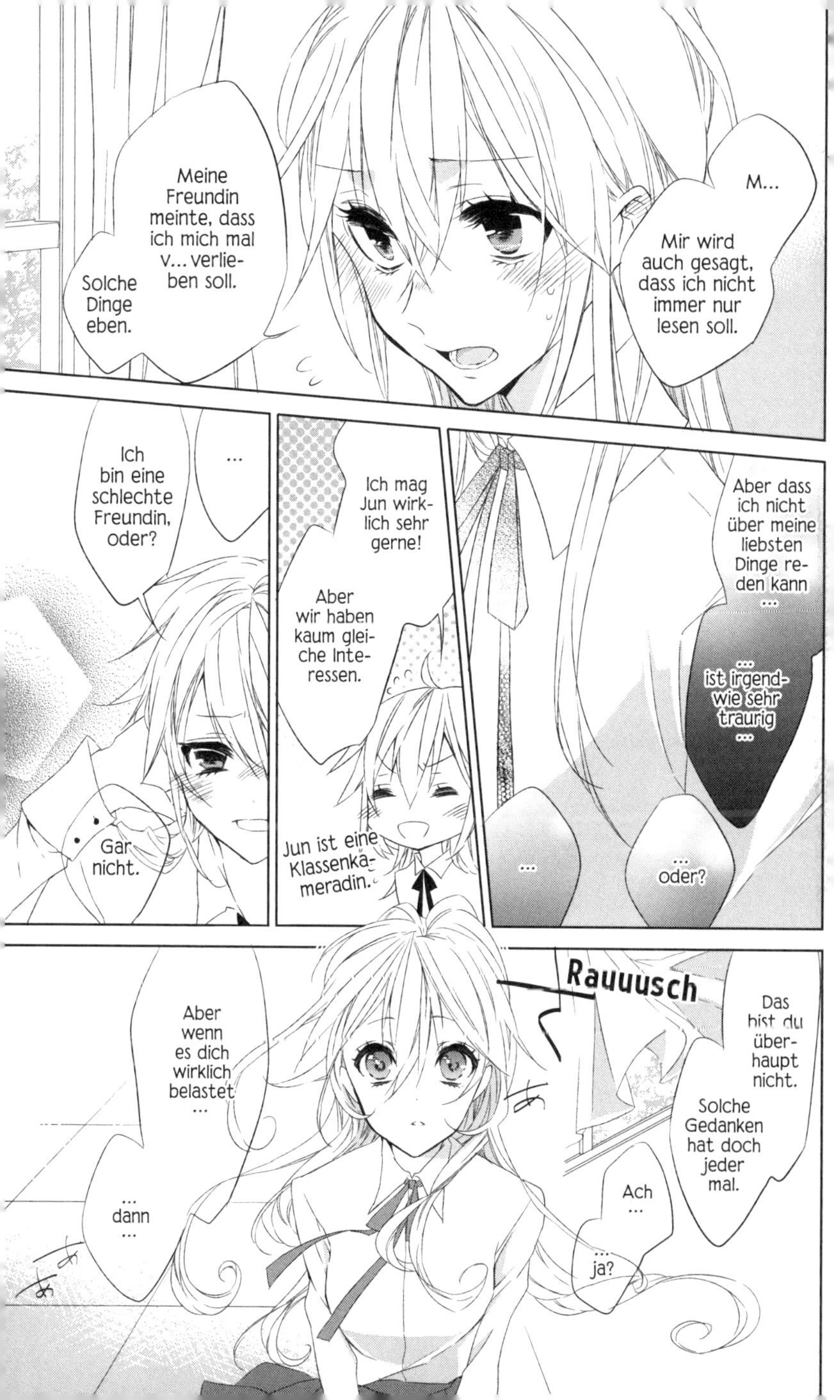
M...
Mir wird auch gesagt, dass ich nicht immer nur lesen soll.
Meine Freundin meinte, dass ich mich mal v... verlieben soll.
Solche Dinge eben.
Aber dass ich nicht über meine liebsten Dinge reden kann ...
... ist irgendwie sehr traurig ...
... oder?
...
Ich mag Jun wirklich sehr gerne!
Aber wir haben kaum gleiche Interessen.
Jun ist eine Klassenkameradin.
...
Ich bin eine schlechte Freundin, oder?
Gar nicht.
Rauuusch
Das bist du überhaupt nicht.
Solche Gedanken hat doch jeder mal.
Ach ...
... ja?
Aber wenn es dich wirklich belastet ...
... dann ...

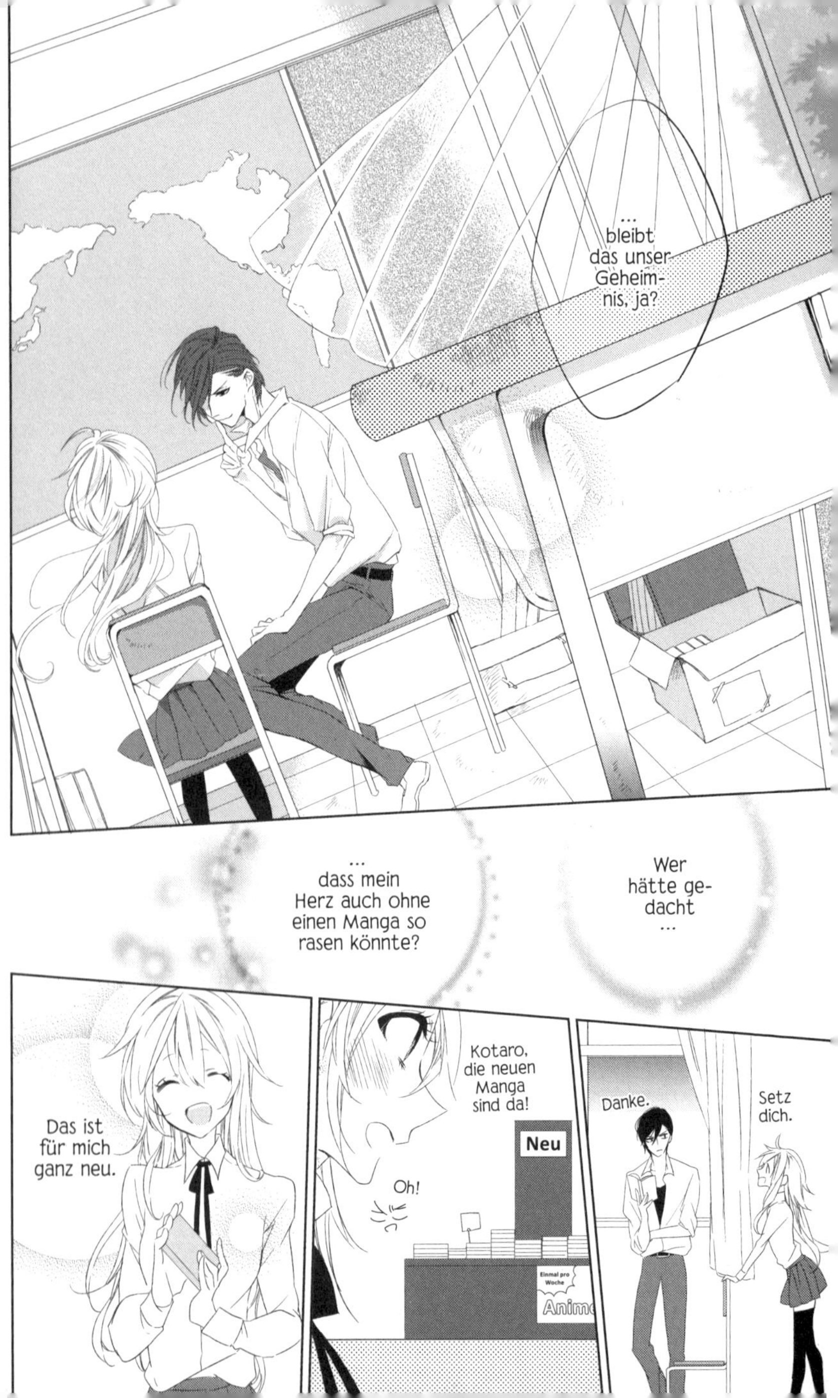

... bleibt das unser Geheimnis, ja?

Wer hätte gedacht ...

... dass mein Herz auch ohne einen Manga so rasen könnte?

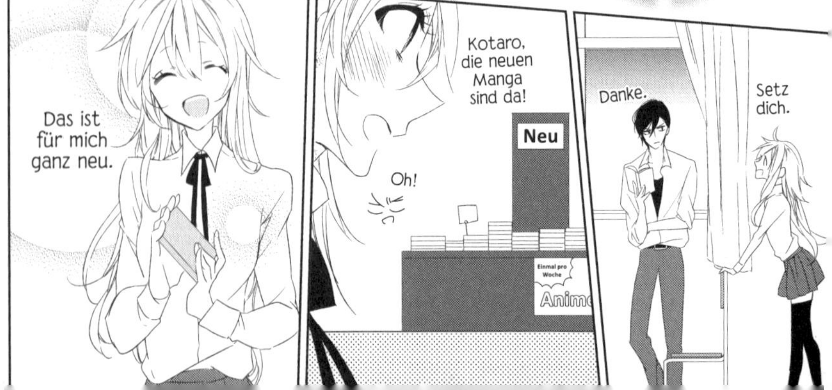

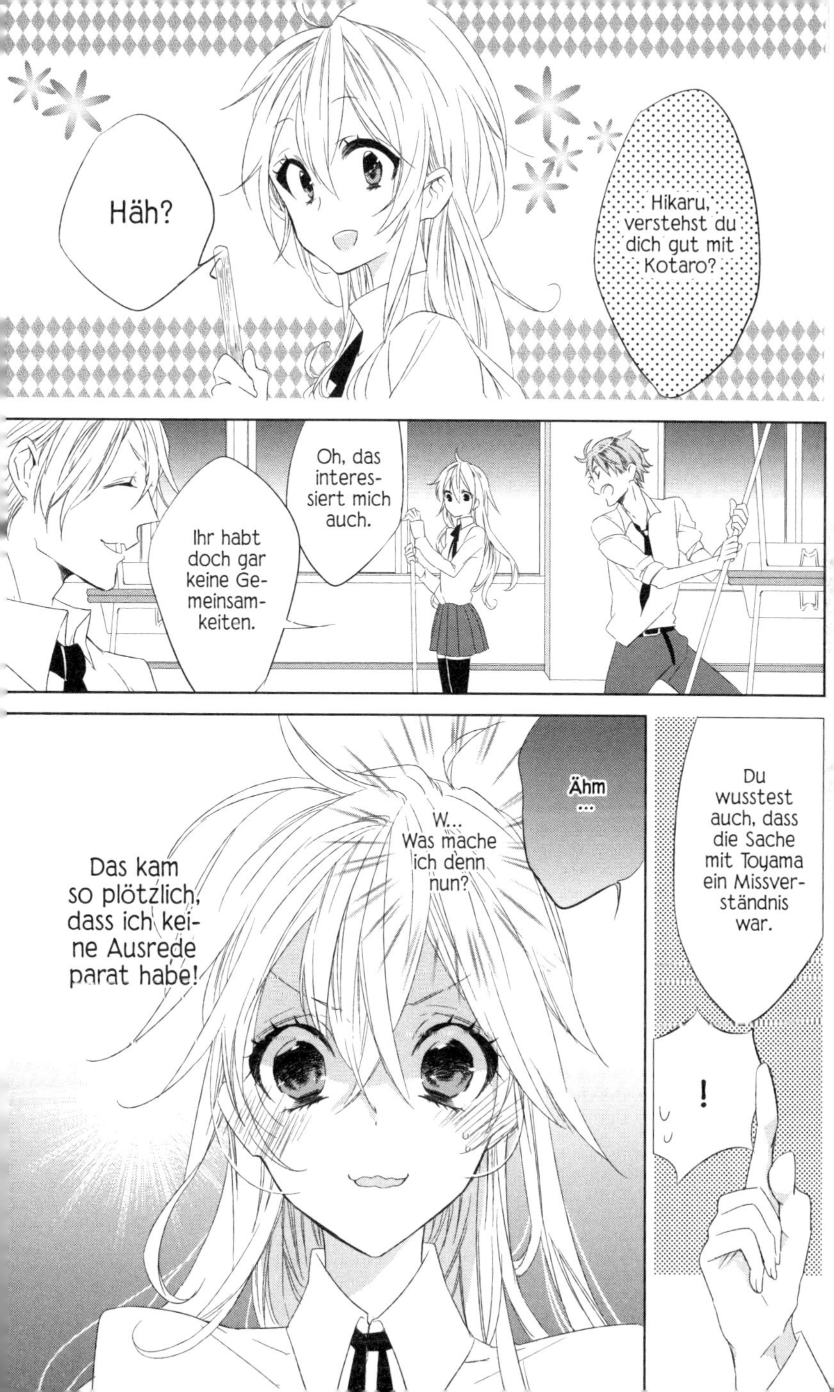
Hikaru, verstehst du dich gut mit Kotaro?
Häh?
Oh, das interessiert mich auch.
Ihr habt doch gar keine Gemeinsamkeiten.
Du wusstest auch, dass die Sache mit Toyama ein Missverständnis war.
!
Ähm …
W… Was mache ich denn nun?
Das kam so plötzlich, dass ich keine Ausrede parat habe!

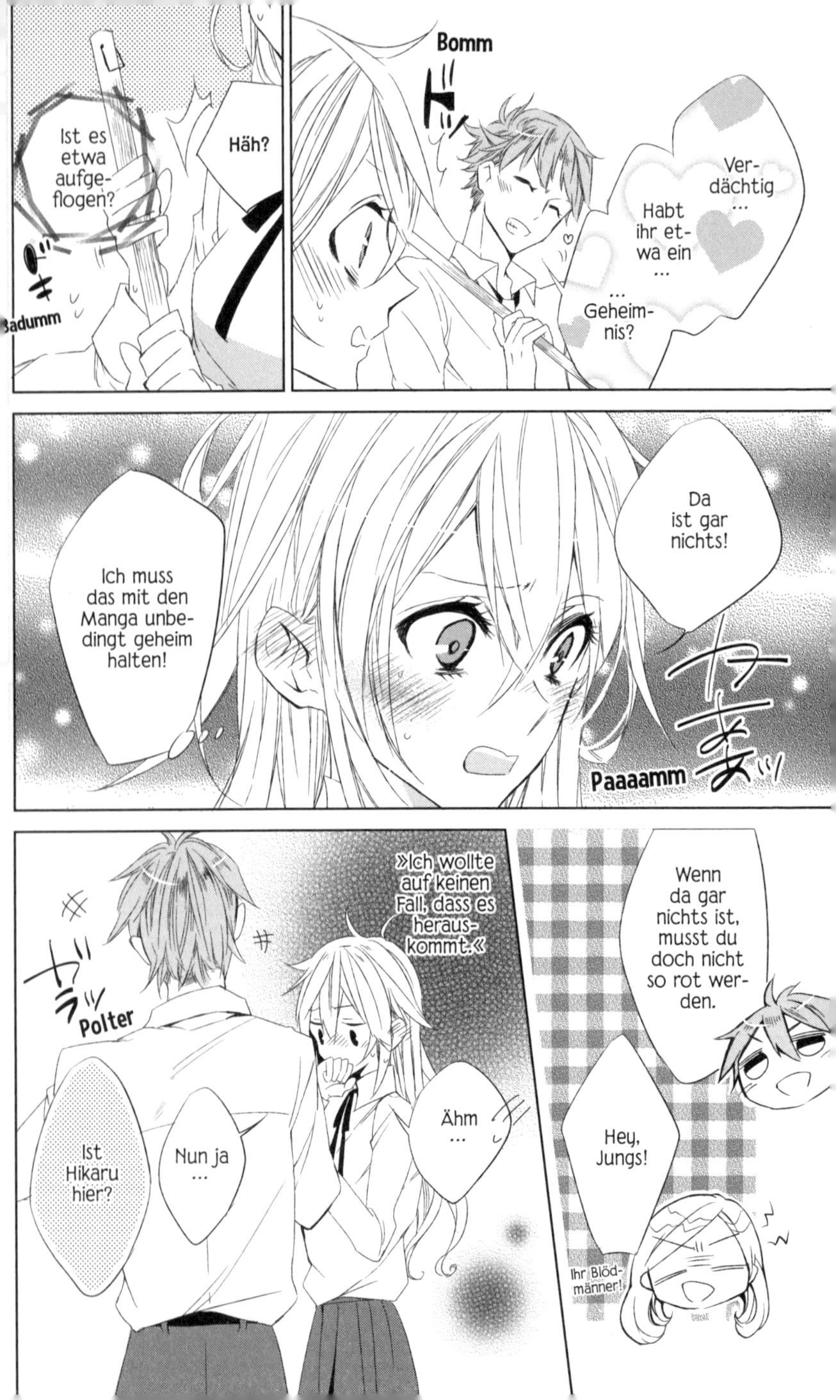

Bomm
Verdächtig …
Habt ihr etwa ein …
… Geheimnis?
Häh?
Ist es etwa aufgeflogen?
Badumm
Da ist gar nichts!
Paaaamm
Ich muss das mit den Manga unbedingt geheim halten!
Wenn da gar nichts ist, musst du doch nicht so rot werden.
Hey, Jungs!
Ihr Blödmänner!
»Ich wollte auf keinen Fall, dass es herauskommt.«
Polter
Ähm …
Nun ja …
Ist Hikaru hier?

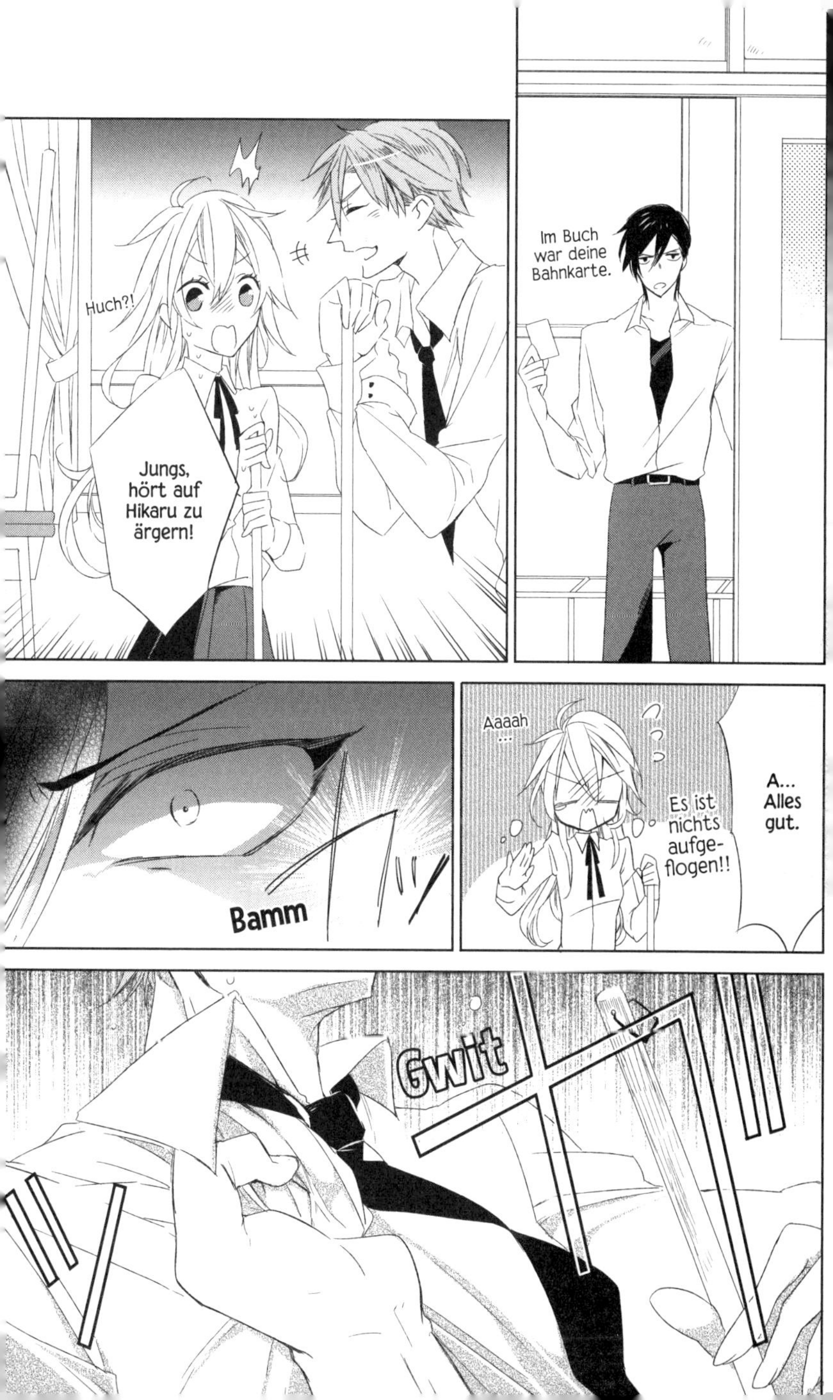

Im Buch war deine Bahnkarte.

Huch?!

Jungs, hört auf Hikaru zu ärgern!

A... Alles gut.

Es ist nichts aufgeflogen!!

Aaaah ...

Bamm

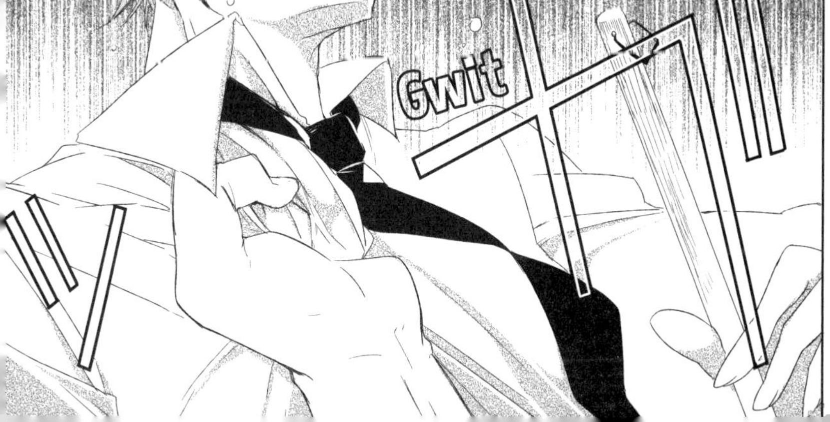

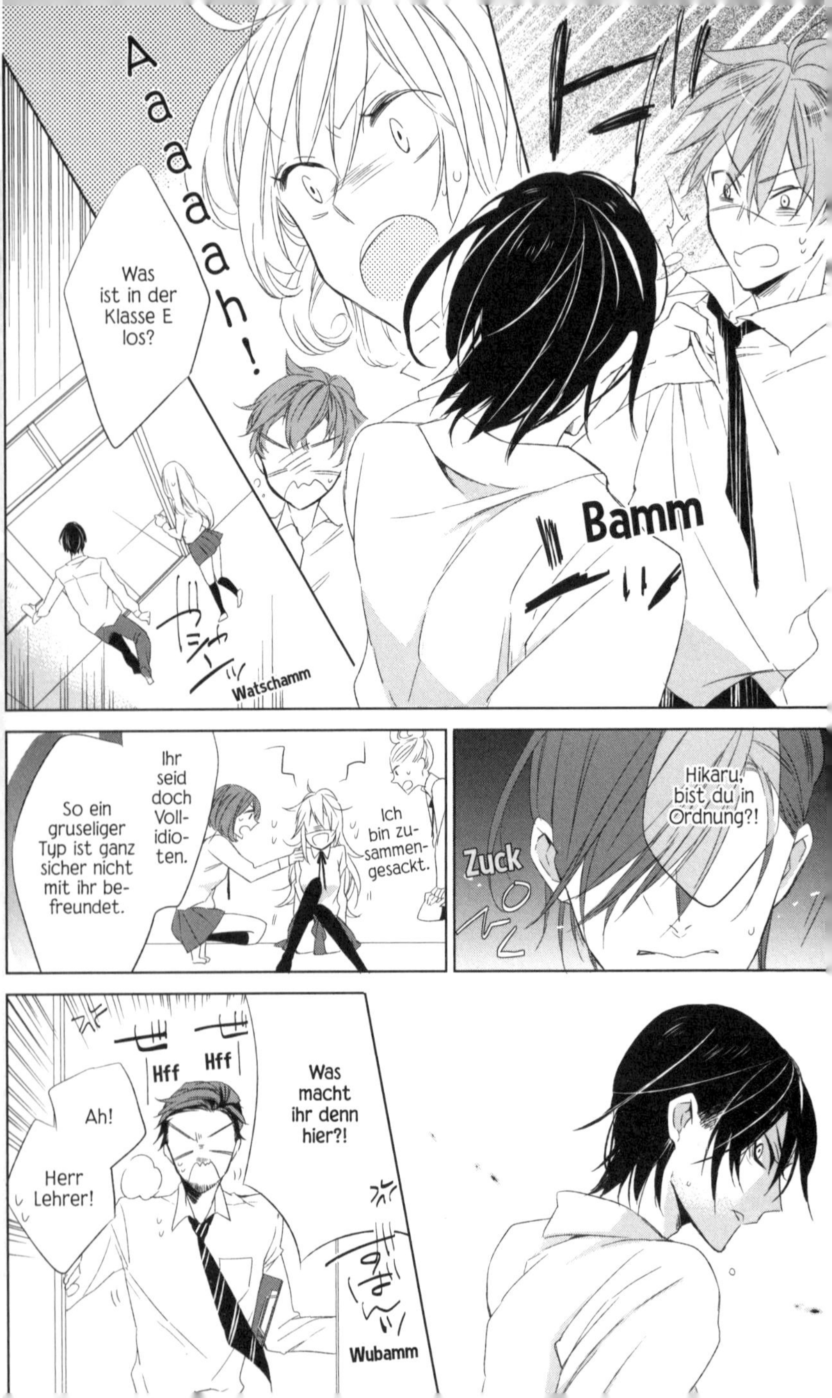

Aaaaaah!

Was ist in der Klasse E los?

Bamm

Watschamm

Hikaru, bist du in Ordnung?!

Zuck

Ich bin zusammengesackt.

Ihr seid doch Vollidioten.

So ein gruseliger Typ ist ganz sicher nicht mit ihr befreundet.

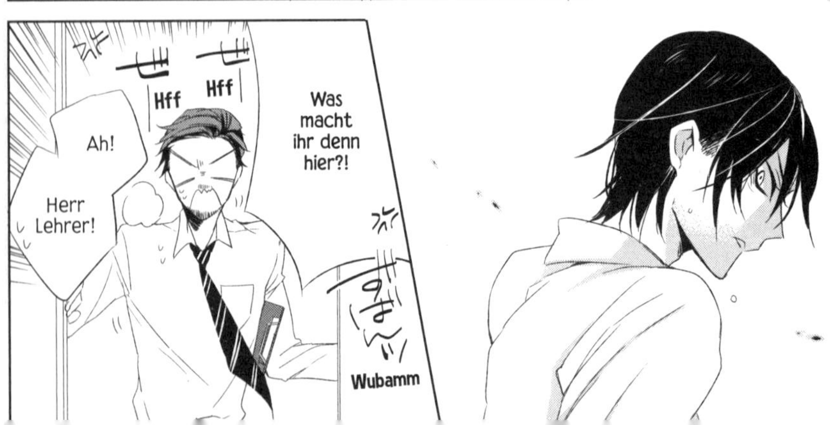

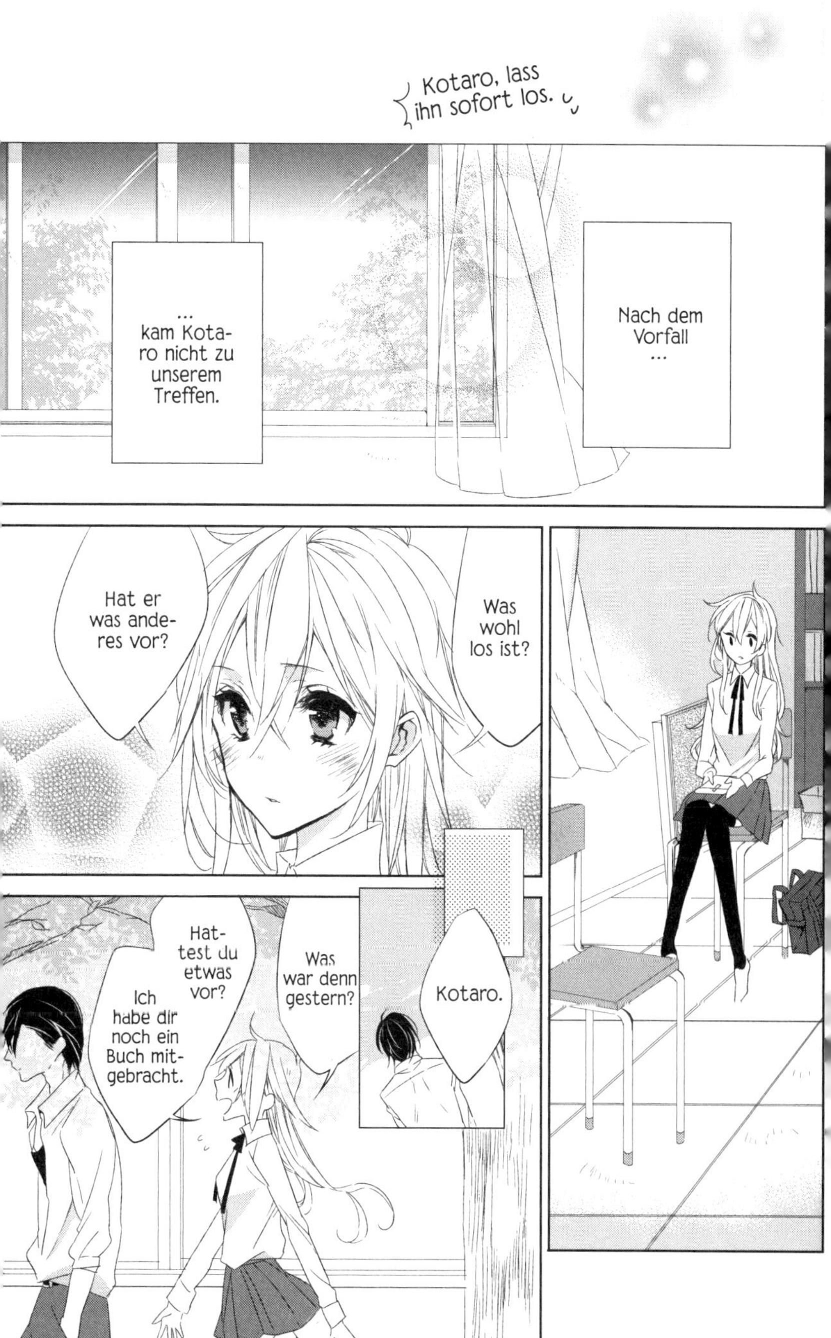
Kotaro, lass ihn sofort los.
Nach dem Vorfall ...
... kam Kotaro nicht zu unserem Treffen.
Was wohl los ist?
Hat er was anderes vor?
Kotaro.
Was war denn gestern?
Hattest du etwas vor?
Ich habe dir noch ein Buch mitgebracht.

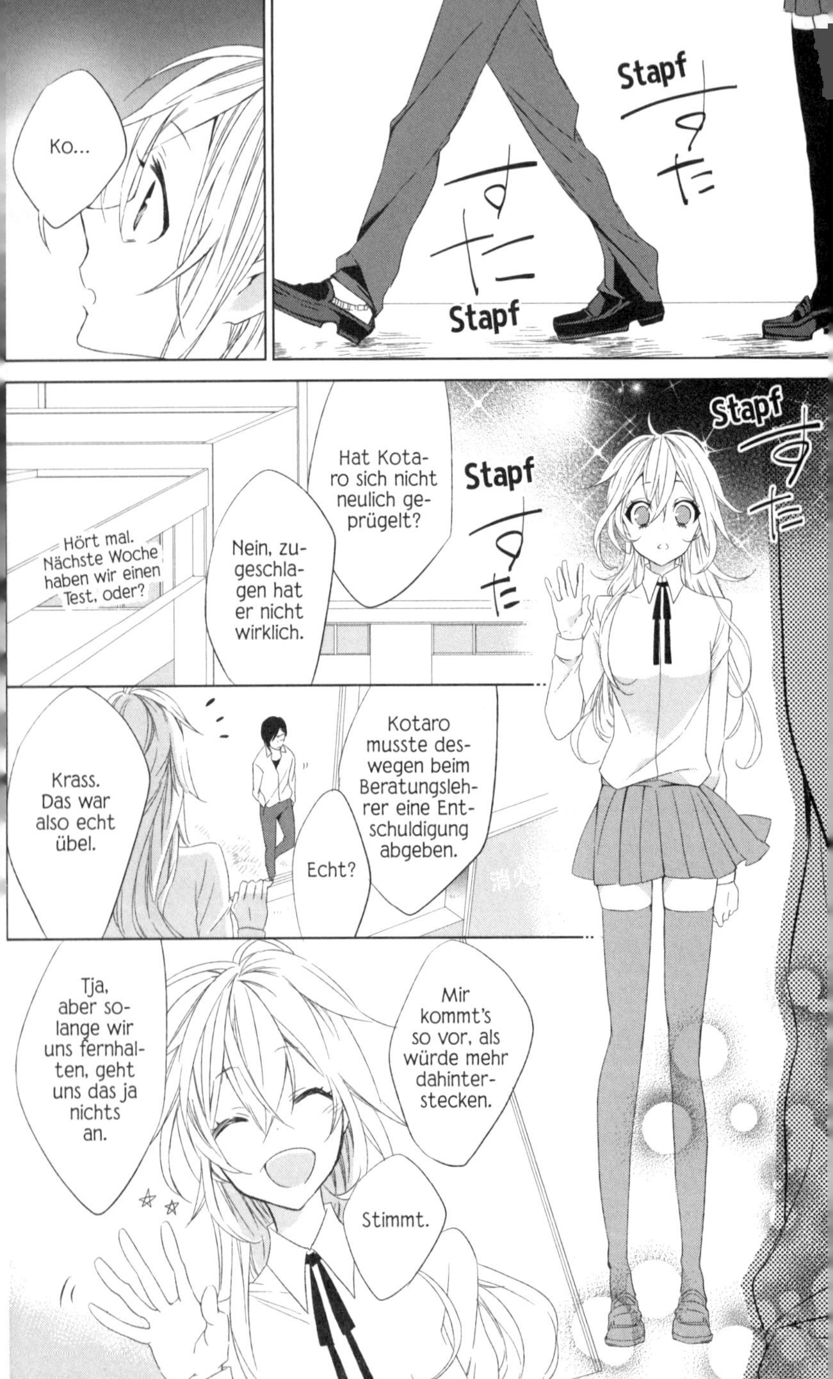
Stapf
Stapf
Ko...
Stapf
Stapf
Hat Kotaro sich nicht neulich geprügelt?
Nein, zugeschlagen hat er nicht wirklich.
Hört mal. Nächste Woche haben wir einen Test, oder?
Kotaro musste deswegen beim Beratungslehrer eine Entschuldigung abgeben.
Echt?
Krass. Das war also echt übel.
Mir kommt's so vor, als würde mehr dahinterstecken.
Tja, aber solange wir uns fernhalten, geht uns das ja nichts an.
Stimmt.

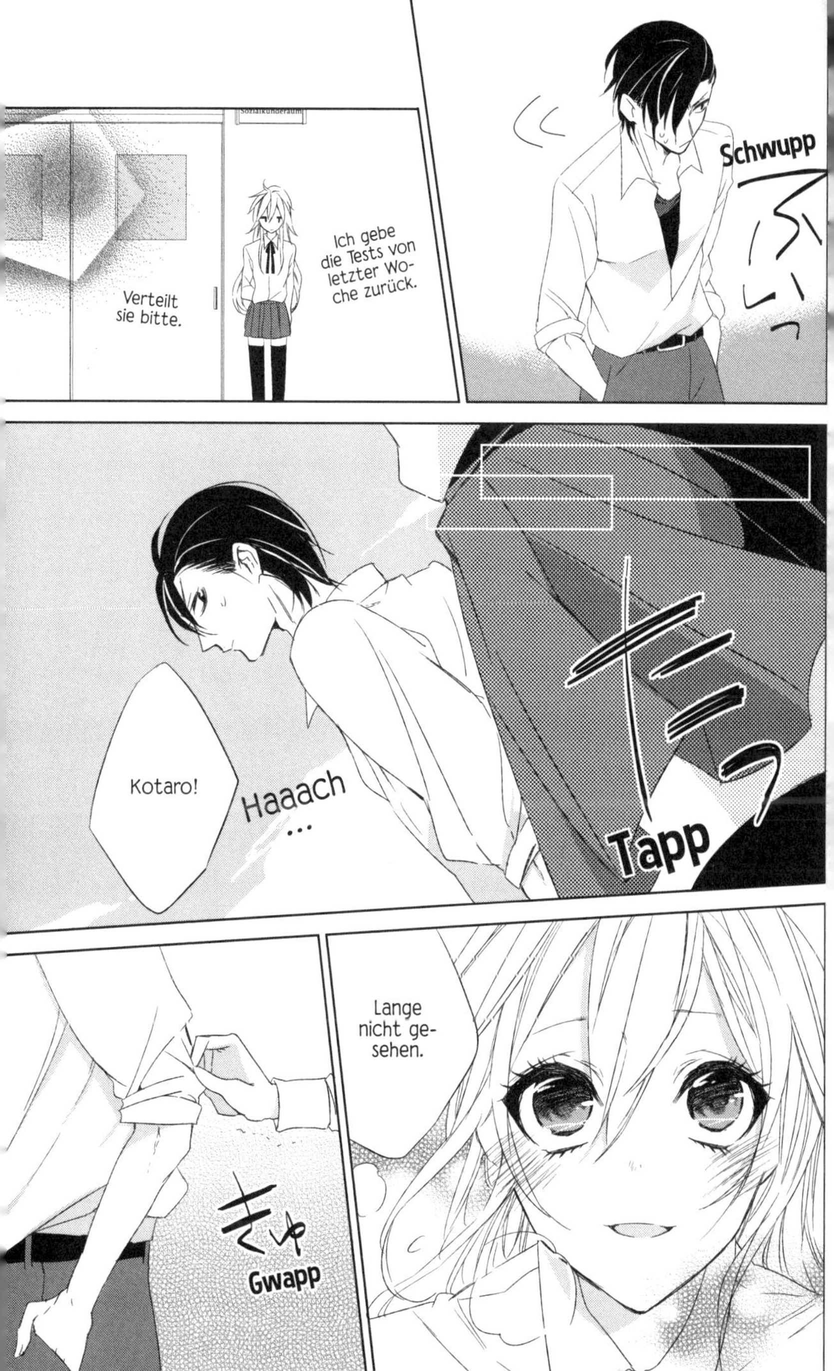
Schwupp
Sozialkunderaum
Ich gebe die Tests von letzter Woche zurück.
Verteilt sie bitte.
Tapp
Haaach …
Kotaro!
Lange nicht gesehen.
Gwapp

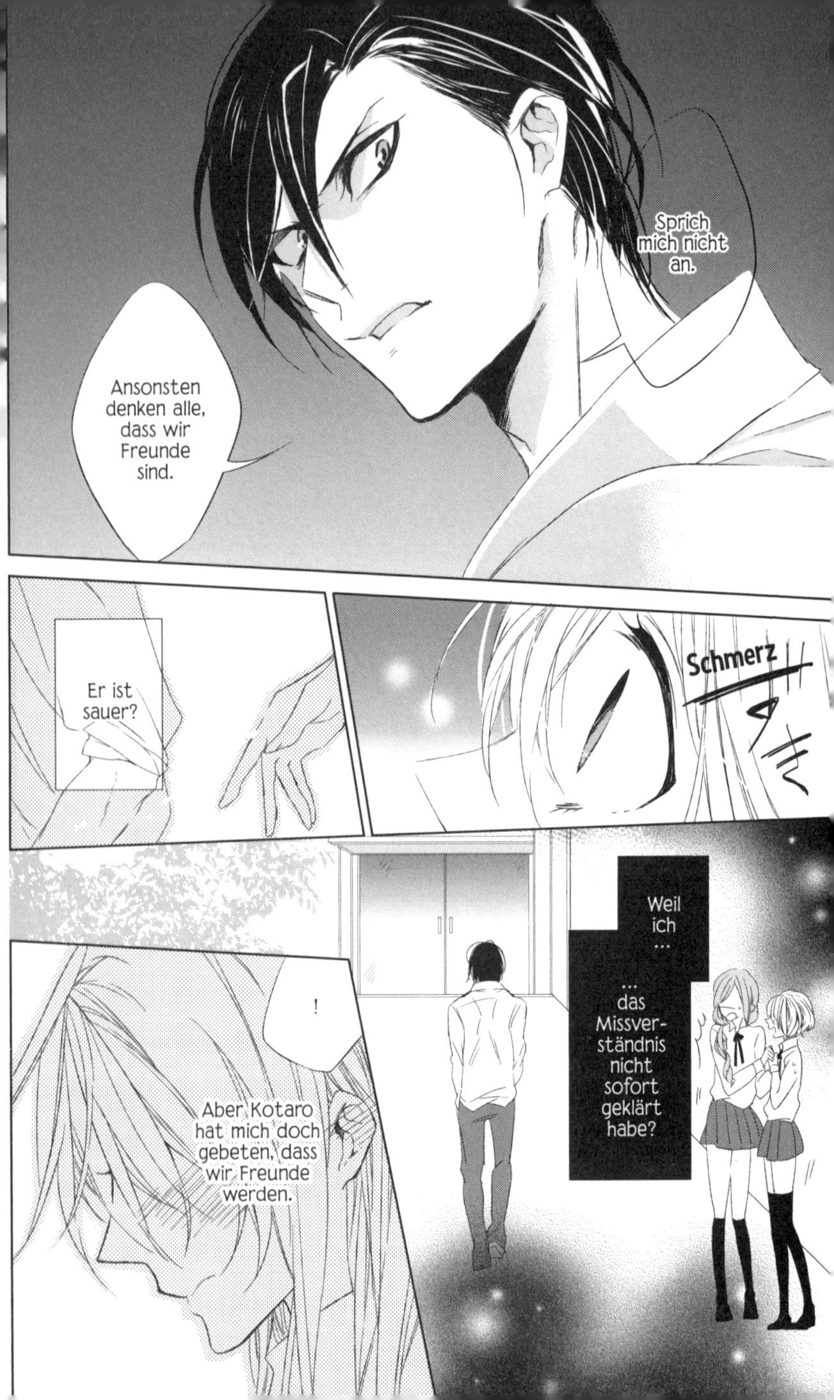

Sprich mich nicht an.
Ansonsten denken alle, dass wir Freunde sind.
Schmerz
Er ist sauer?
Weil ich …
… das Missverständnis nicht sofort geklärt habe?
!
Aber Kotaro hat mich doch gebeten, dass wir Freunde werden.

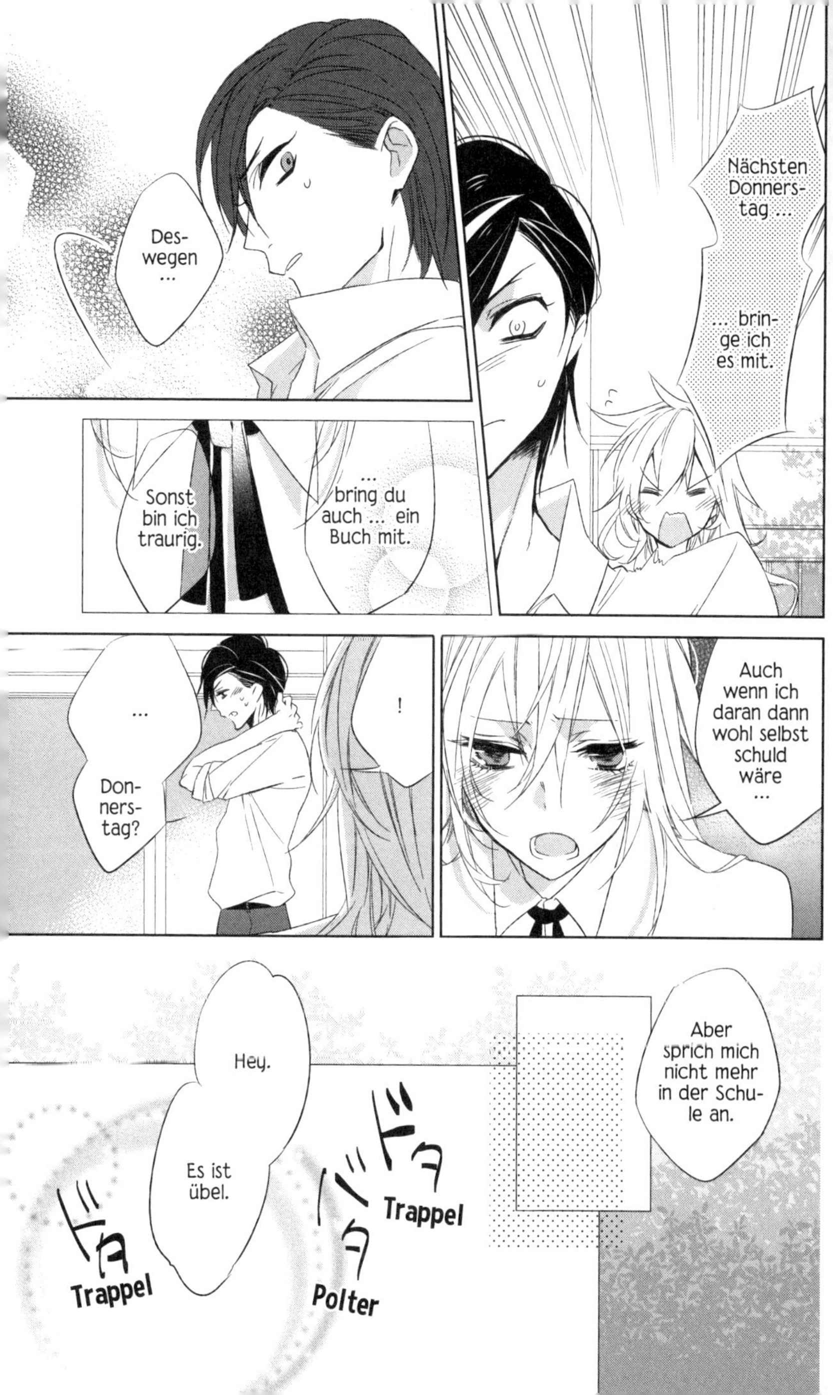

Nächsten Donnerstag ...
... bringe ich es mit.
Deswegen ...
... bring du auch ... ein Buch mit.
Sonst bin ich traurig.
Auch wenn ich daran dann wohl selbst schuld wäre ...
!
... Donnerstag?
Aber sprich mich nicht mehr in der Schule an.
Hey.
Es ist übel.
Trappel
Polter
Trappel

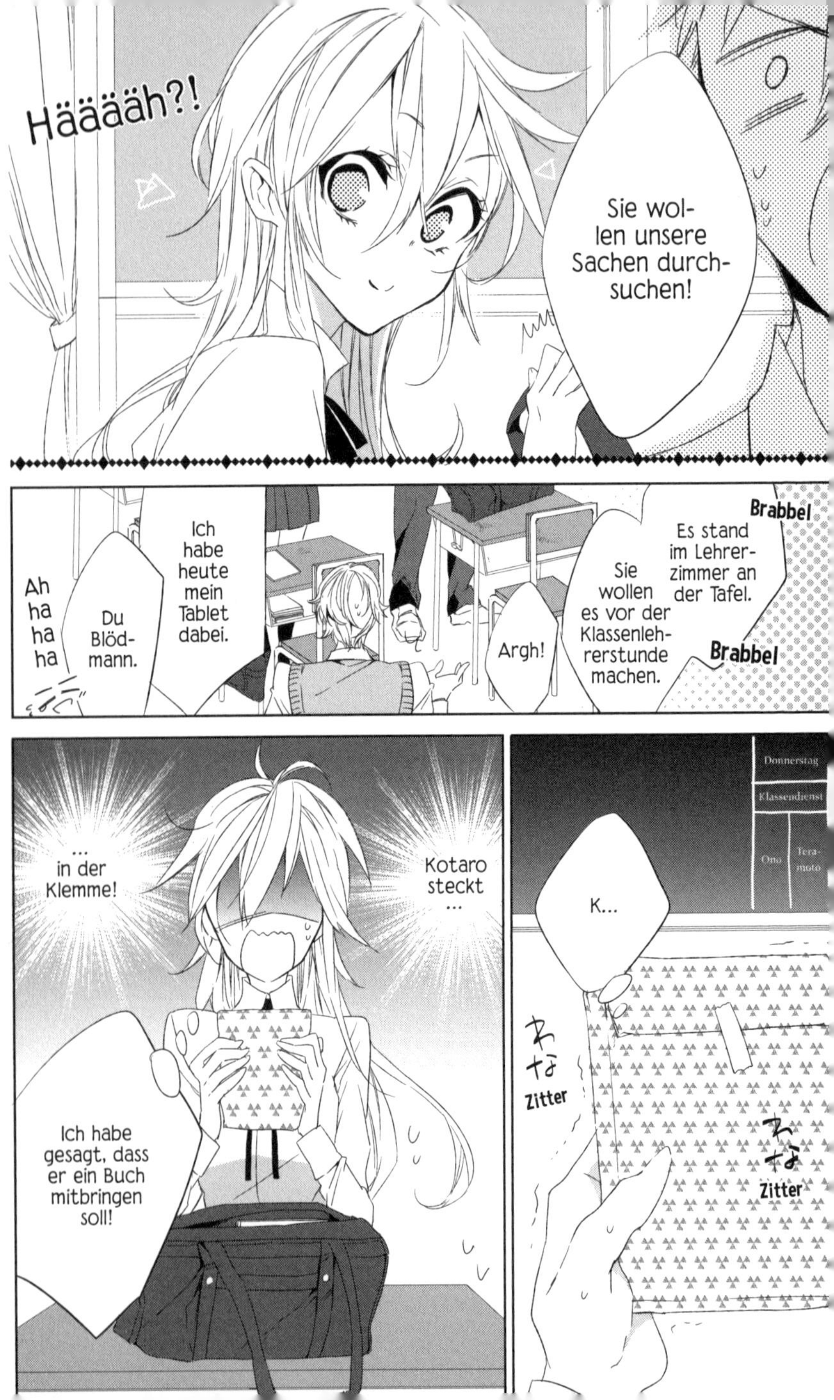

Sie wollen unsere Sachen durchsuchen!
Häääääh?!

Brabbel
Es stand im Lehrerzimmer an der Tafel.
Brabbel
Sie wollen es vor der Klassenlehrerstunde machen.
Argh!
Ich habe heute mein Tablet dabei.
Du Blödmann.
Ah ha ha ha

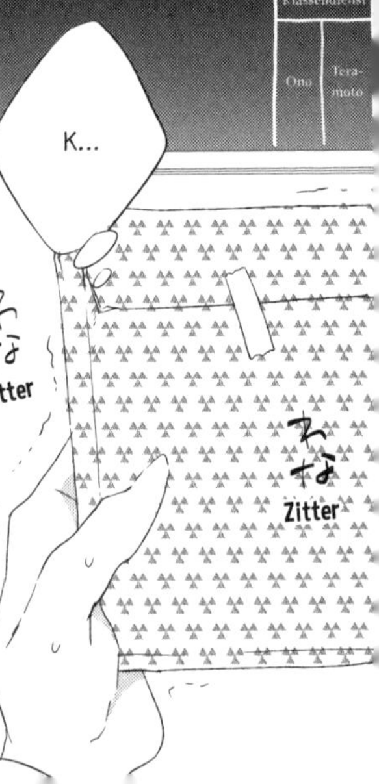

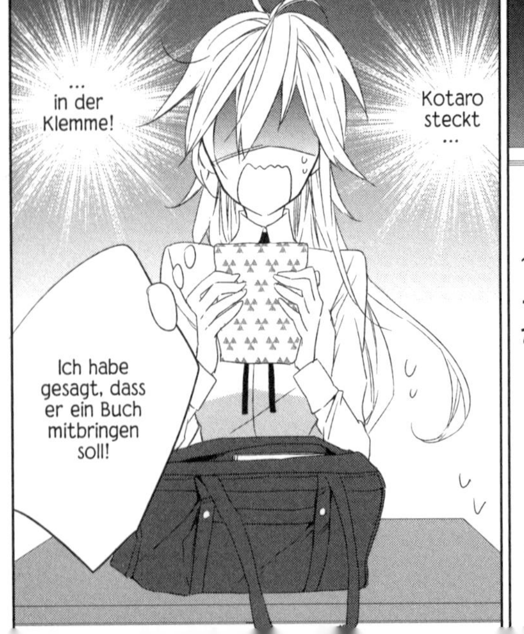

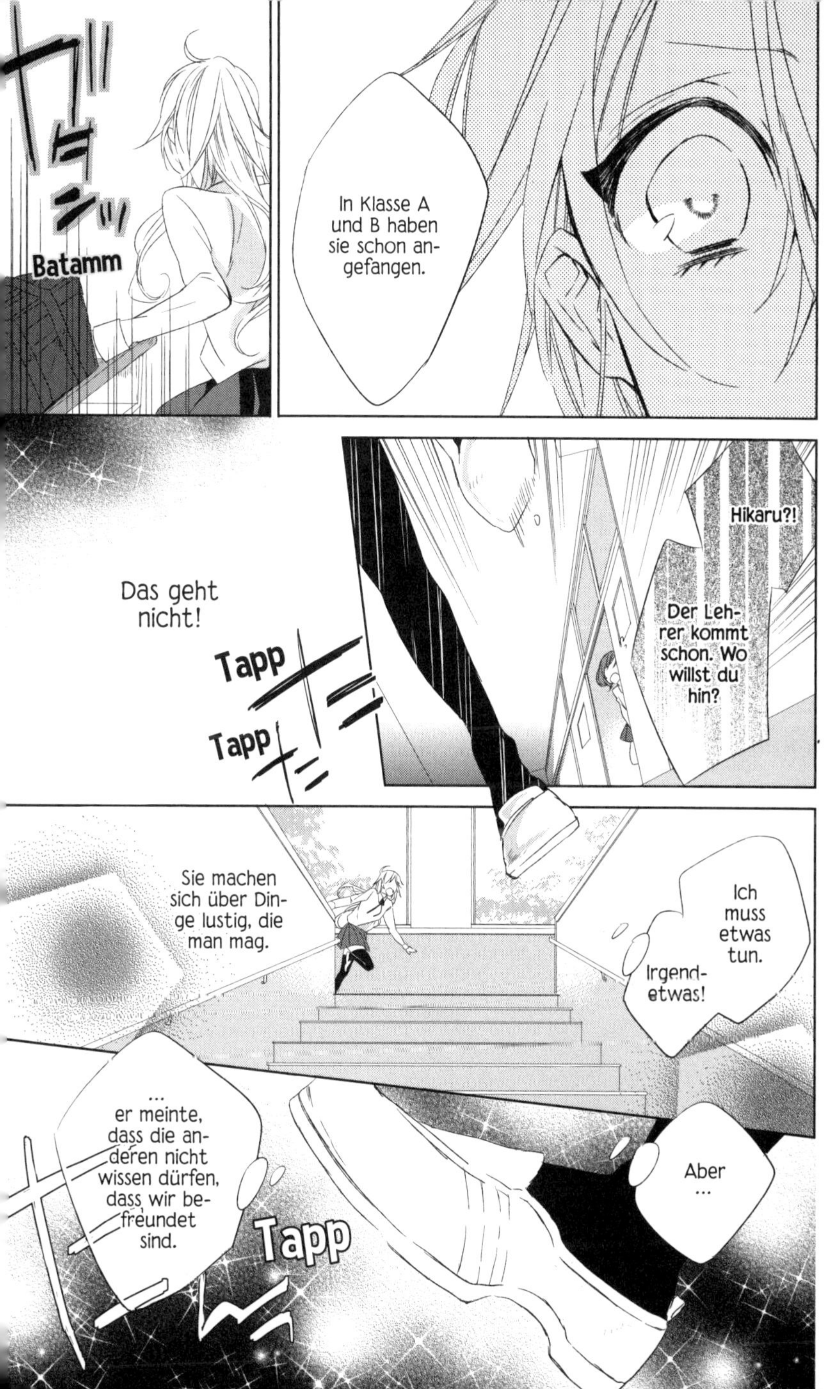
In Klasse A und B haben sie schon angefangen.
Batamm
Hikaru?!
Der Lehrer kommt schon. Wo willst du hin?
Das geht nicht!
Tapp
Tapp
Ich muss etwas tun.
Irgendetwas!
Sie machen sich über Dinge lustig, die man mag.
Aber ...
... er meinte, dass die anderen nicht wissen dürfen, dass wir befreundet sind.
Tapp

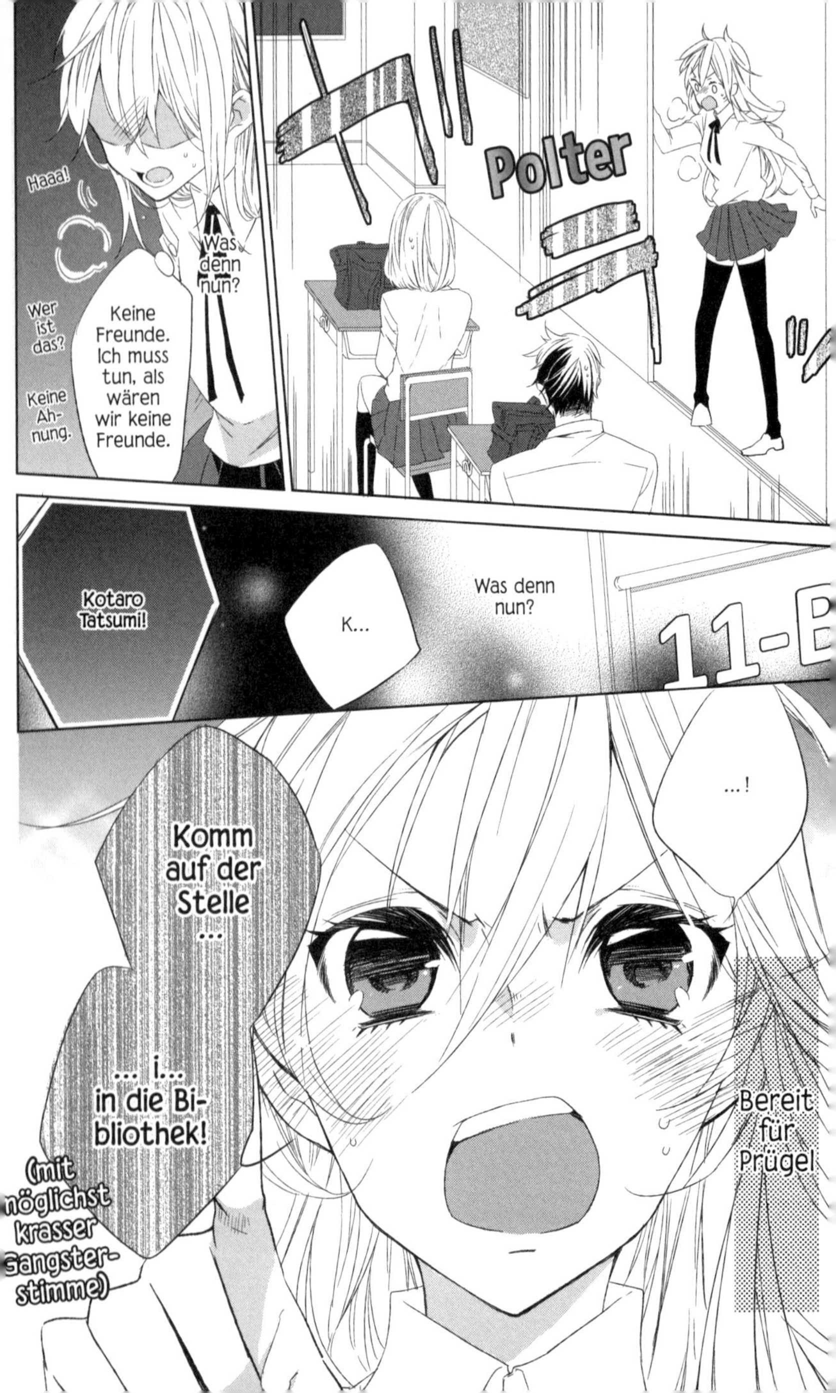

Polter
Was denn nun?
Keine Freunde. Ich muss tun, als wären wir keine Freunde.
Haaa!
Wer ist das?
Keine Ahnung.
11-B
Was denn nun?
K...
Kotaro Tatsumi!
...!
Komm auf der Stelle ...
... i... in die Bibliothek!
(mit möglichst krasser Gangsterstimme)
Bereit für Prügel

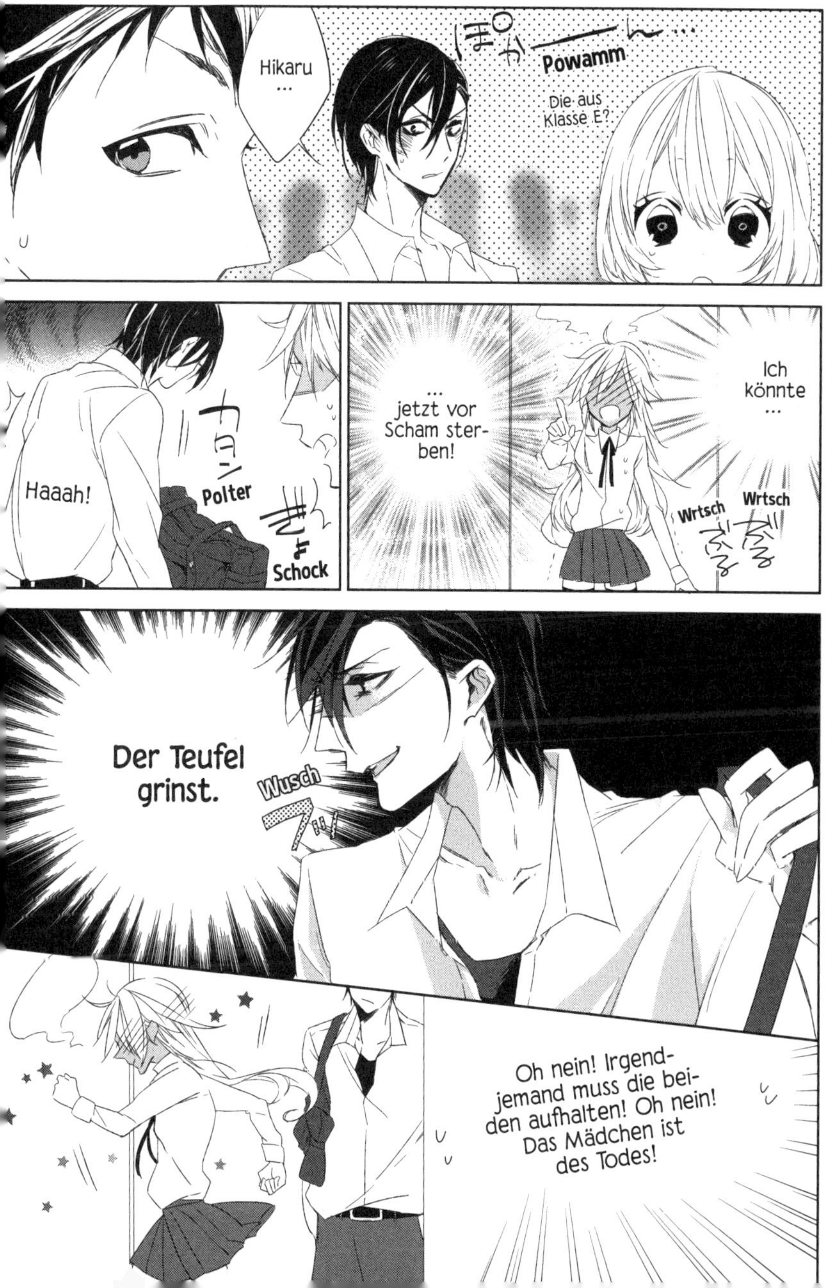

ぽか——ん…
Powamm
Die aus Klasse E?
Hikaru ...

Ich könnte ...
Wrtsch
Wrtsch
... jetzt vor Scham sterben!

Schock
Polter
Haaah!

Der Teufel grinst.
Wusch

Oh nein! Irgendjemand muss die beiden aufhalten! Oh nein! Das Mädchen ist des Todes!

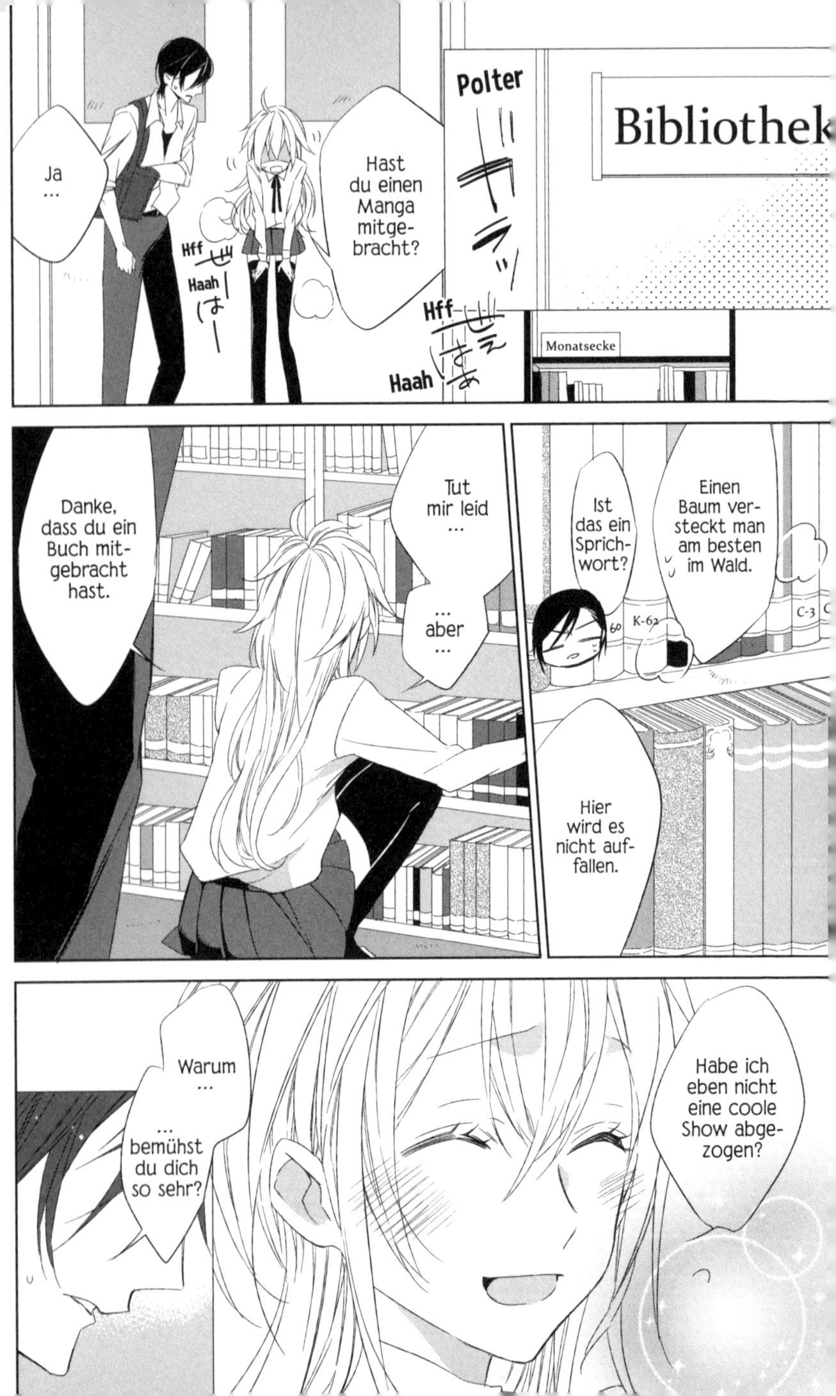
Bibliothek
Monatsecke
Polter
Hff
Haah
Hast du einen Manga mitgebracht?
Hff
Haah
Ja …
Einen Baum versteckt man am besten im Wald.
Ist das ein Sprichwort?
K-62
C-3
Hier wird es nicht auffallen.
Tut mir leid …
… aber …
Danke, dass du ein Buch mitgebracht hast.
Habe ich eben nicht eine coole Show abgezogen?
Warum …
… bemühst du dich so sehr?

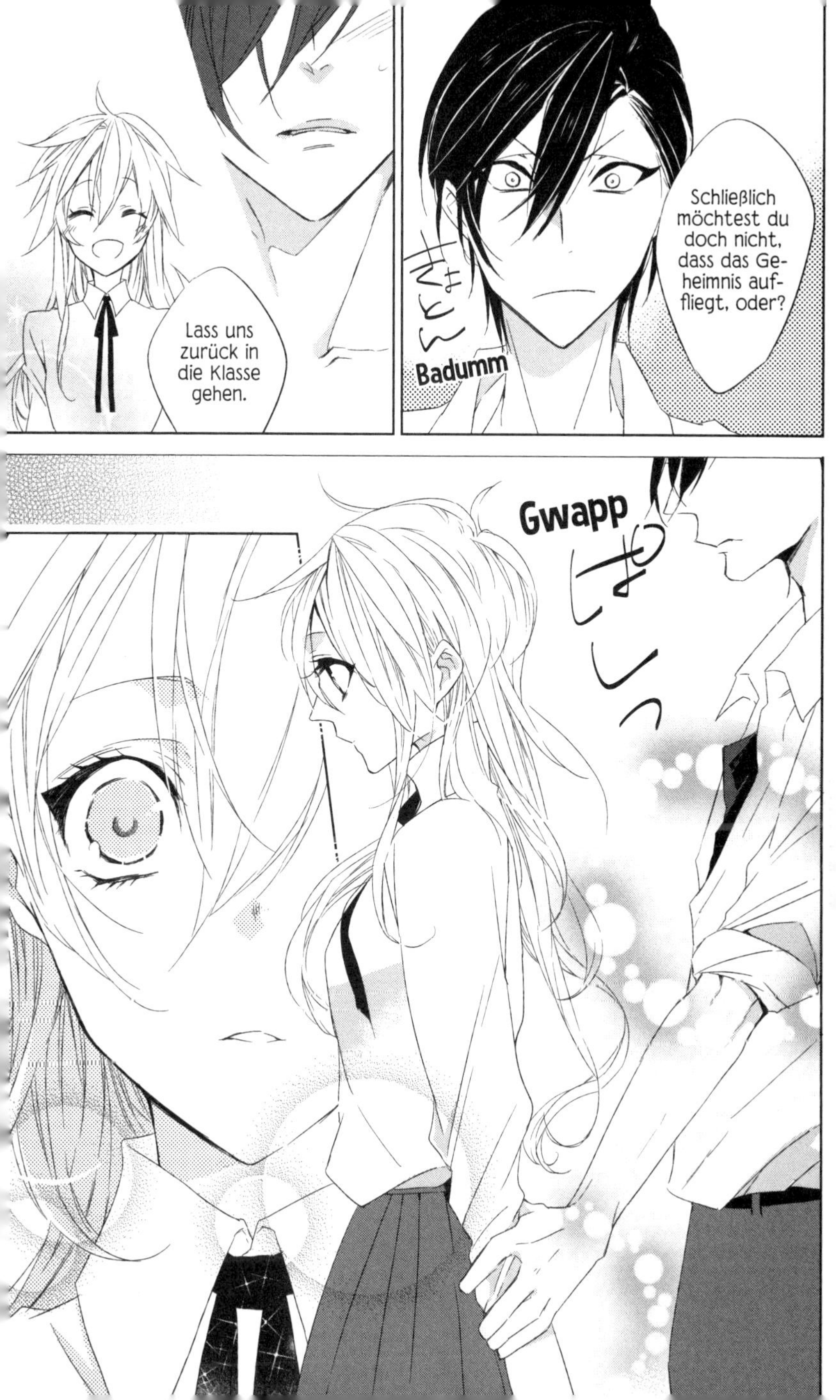

Schließlich möchtest du doch nicht, dass das Geheimnis auffliegt, oder?

Badumm

Lass uns zurück in die Klasse gehen.

Gwapp

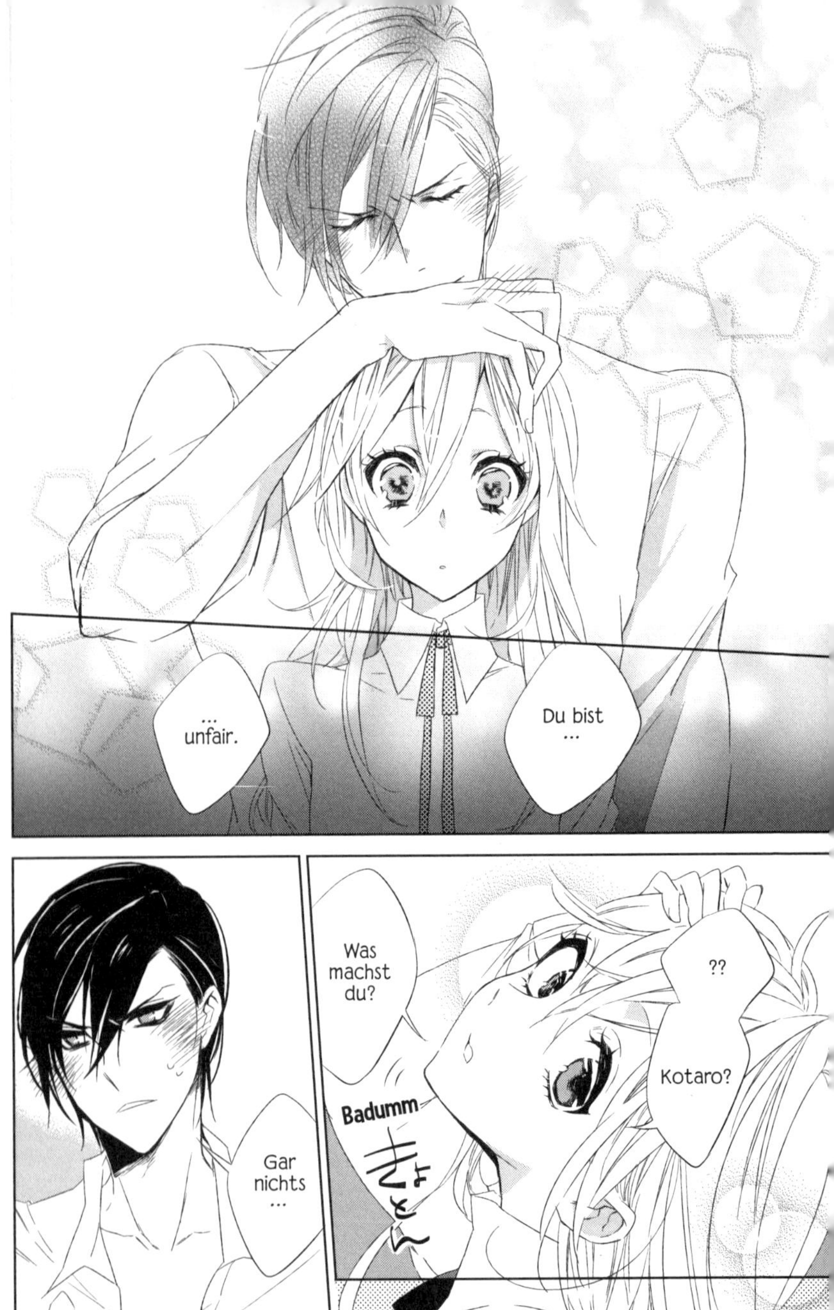
Du bist …
… unfair.
??
Kotaro?
Was machst du?
Badumm
きょとん
Gar nichts …

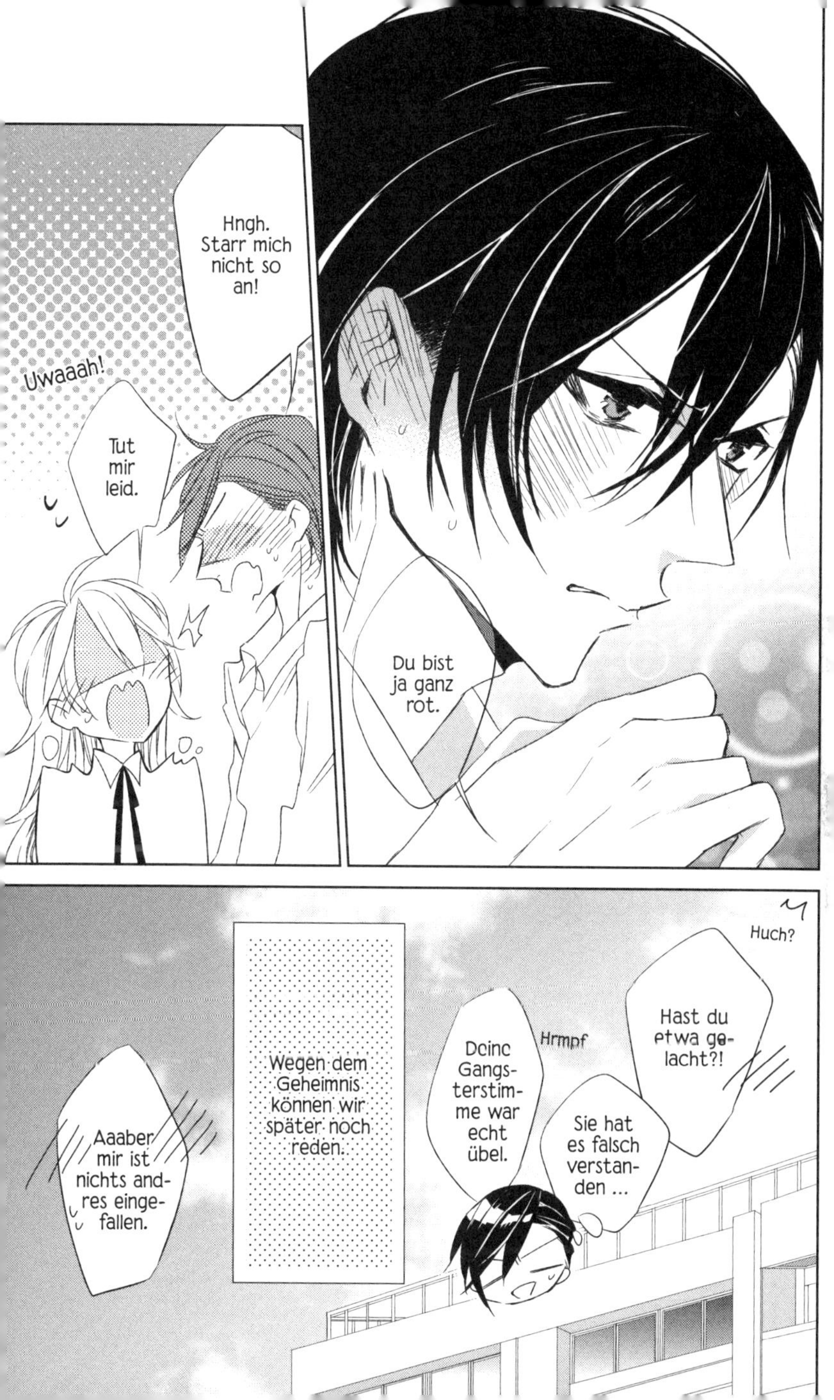

Du bist ja ganz rot.

Hngh. Starr mich nicht so an!

Uwaaah!

Tut mir leid.

Huch?

Hast du etwa gelacht?!

Sie hat es falsch verstanden ...

Hrmpf

Deine Gangsterstimme war echt übel.

Wegen dem Geheimnis können wir später noch reden.

Aaaber mir ist nichts anderes eingefallen.

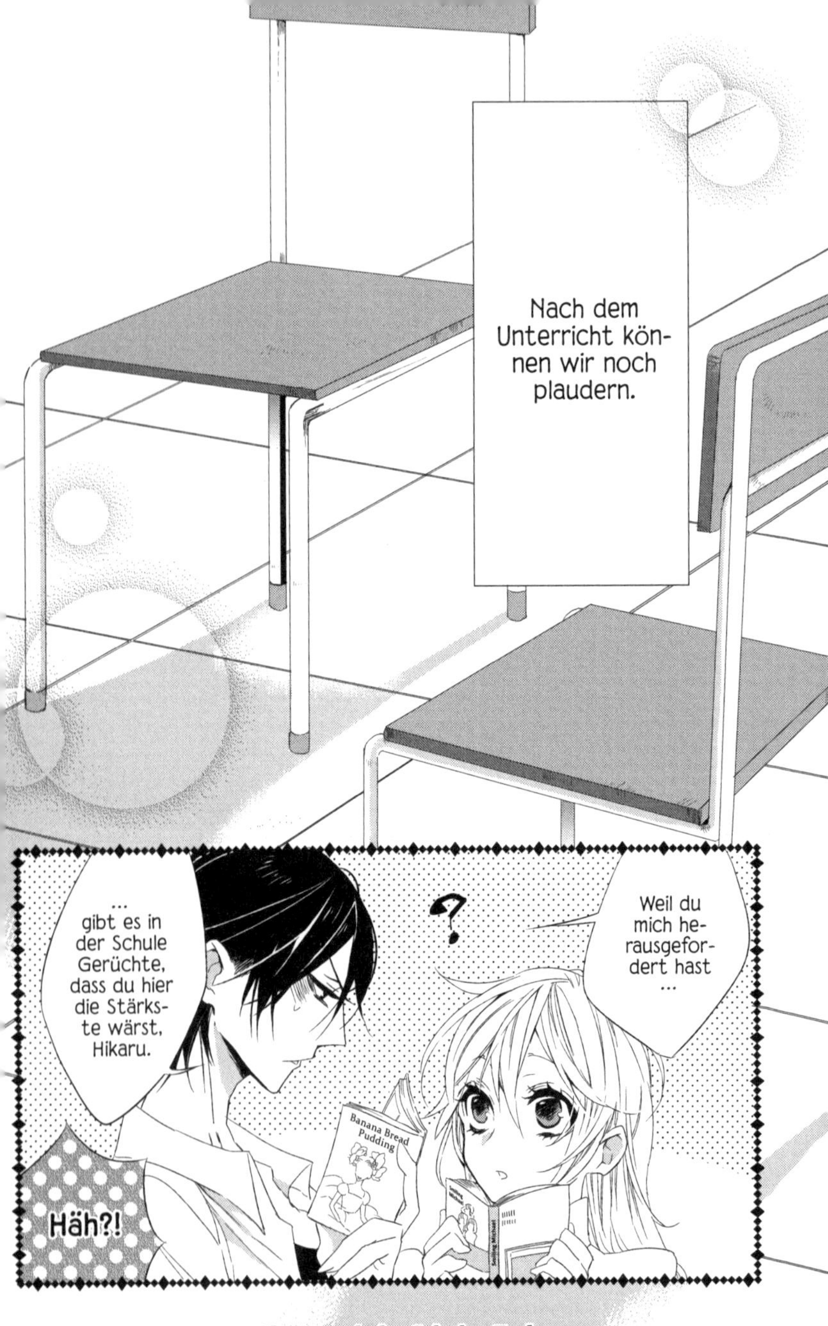

Shojo nach der Schule - Ende

Grußwort

Hallo, ich bin Shiki Chitose. Vielen lieben Dank, dass ihr zu meiner Kurzgeschichtensammlung gegriffen habt! Hier sind meine Storys versammelt, die ich geschrieben habe, bevor *Die Legende von Azfareo* gestartet ist. Ich hoffe, ihr habt Spaß beim Lesen.

Shojo nach der Schule

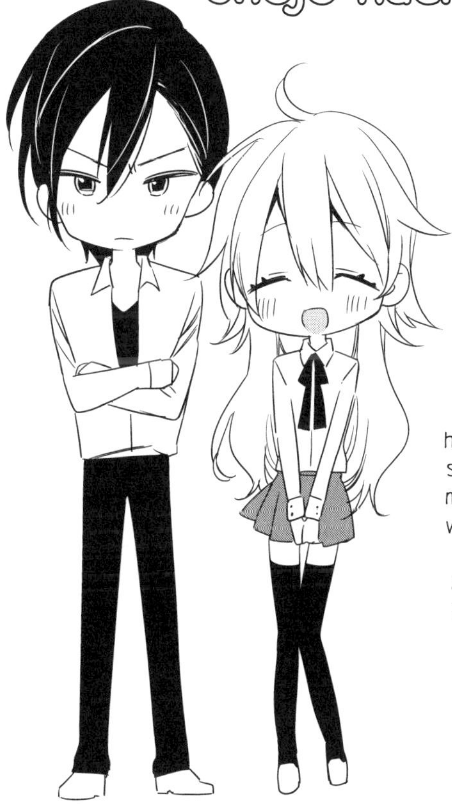

Von allen Geschichten in diesem Band ist dies mein aaaaabsoluter Lieblingstitel.

Ich war einen Tag vor dem Abgabetermin der Vorzeichnung überhaupt nicht zufrieden und habe dann unter Tränen alles noch einmal neu gezeichnet. Ich bin wirklich froh, dass ich rechtzeitig fertig wurde.

Als Freunde die Story gelesen haben, meinten sie: »Die Charaktere sprechen genauso wie du und man merkt wirklich, dass die Geschichte von dir ist.« Ich hatte mich darüber sehr gewundert. (Ich erinnere mich noch, dass ich mir schwor, in Zukunft besser darauf zu achten, dass so was nicht noch mal passiert.)

Fiebrig mitten in der Nacht

Vor meinem Debüt habe ich immer wieder an Ausschreibungen teilgenommen und konnte beim HMC *(Hana to Yume Manga Course)* schließlich den ersten Platz mit *Fiebrig mitten in der Nacht* gewinnen. In meinem Leben war ich bis dahin nie die Nummer eins gewesen, aber bei dem Fleißpreis hatte ich den ersten Platz erreicht und war darüber unfassbar glücklich.

Als die Geschichte dann abgedruckt wurde, merkte ich deutlich, dass ich mich beim Zeichnen noch viel mehr anstrengen muss. Daher blieb mir dieses Werk im Kopf.

Beim Zeichnen hatte ich auch nicht wirklich an die Leser gedacht und die Hauptfigur einfach zu einer Frau mitten im Leben gemacht. Von der Zeitschrift habe ich also den Ratschlag bekommen, mir ein wenig mehr zu überlegen, wie die Leserschaft von *Hana to Yume* eigentlich aussieht.

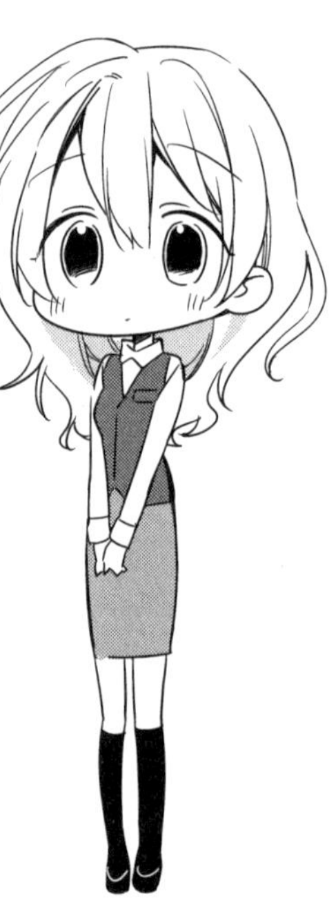

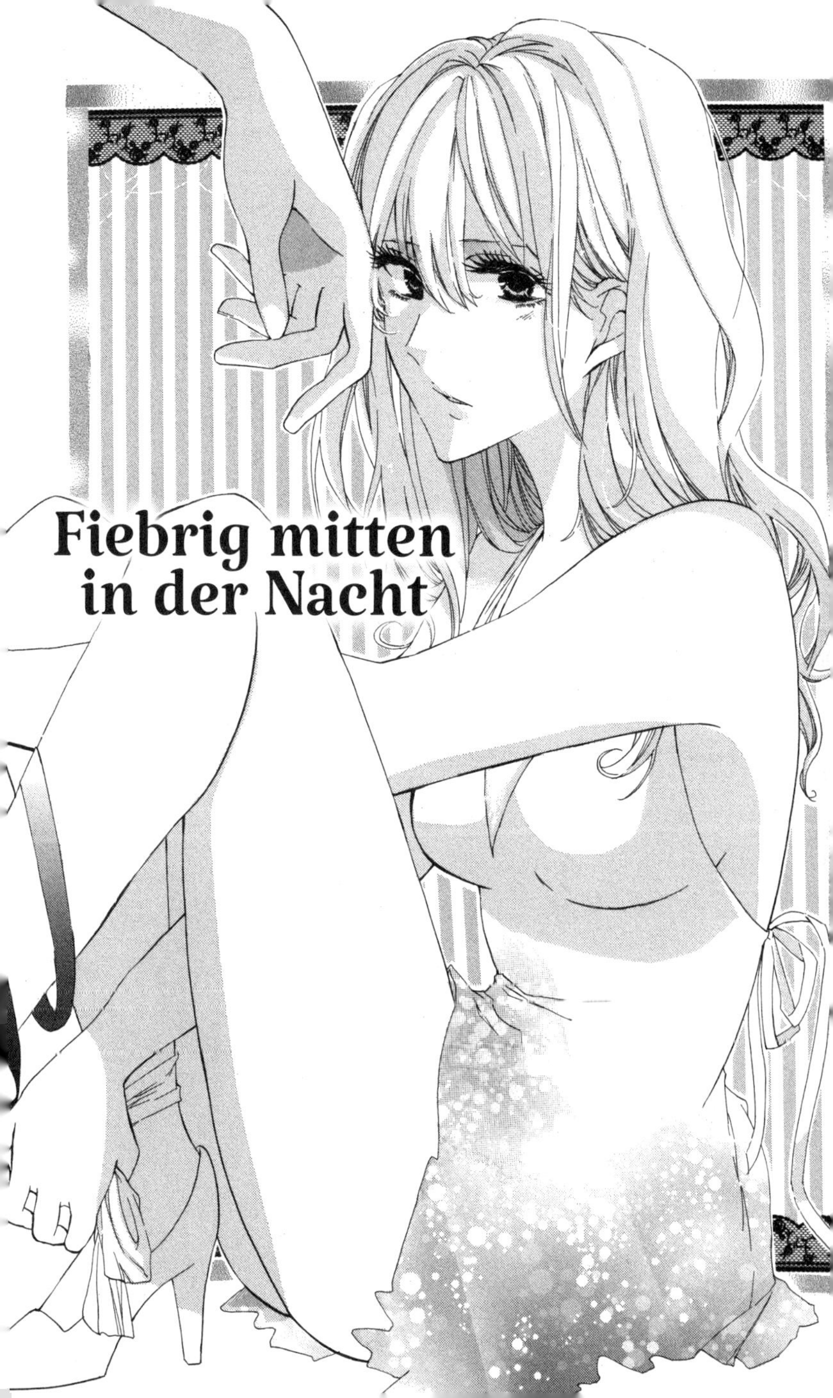
Fiebrig mitten
in der Nacht

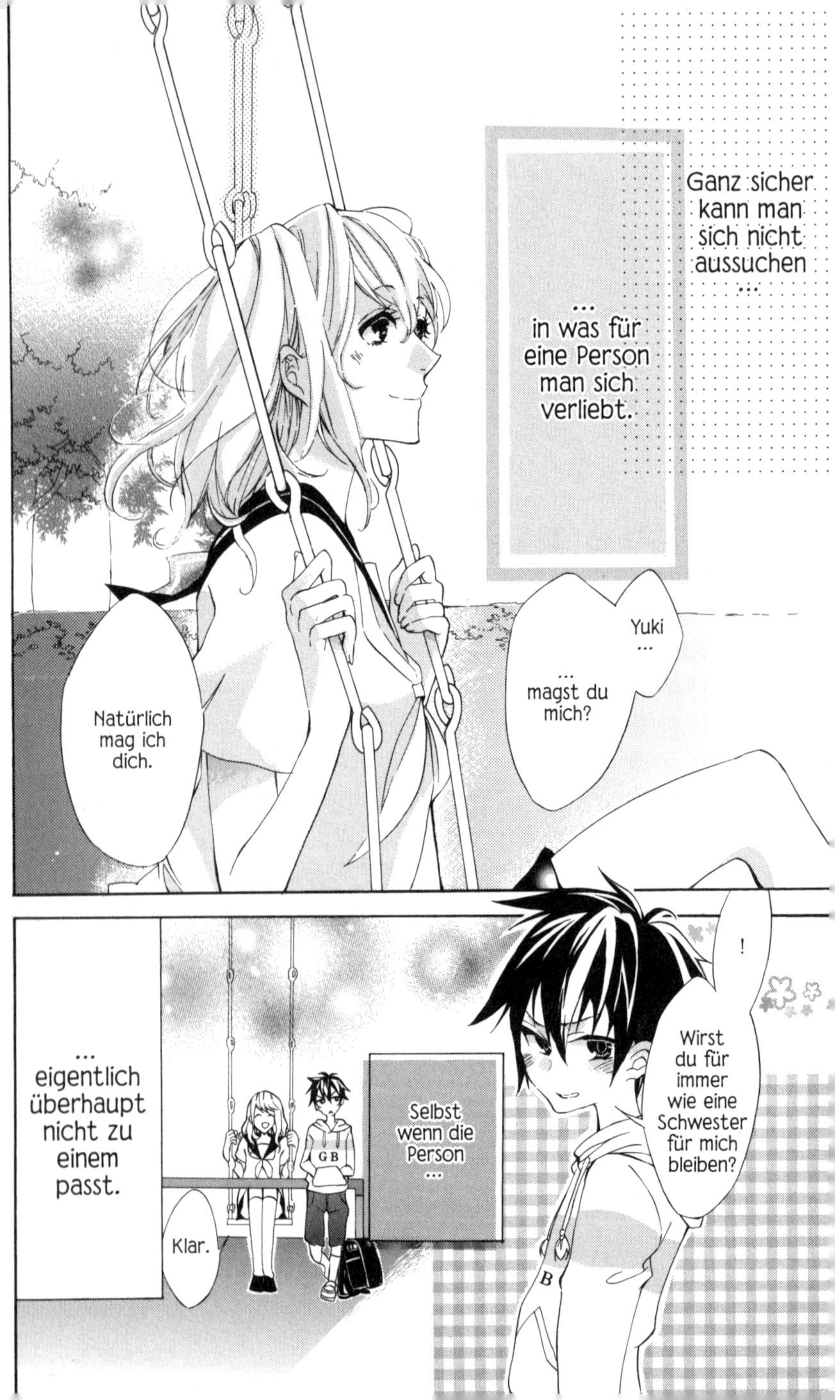
Ganz sicher kann man sich nicht aussuchen …
… in was für eine Person man sich verliebt.
Yuki … … magst du mich?
Natürlich mag ich dich.
!
Wirst du für immer wie eine Schwester für mich bleiben?
Selbst wenn die Person …
… eigentlich überhaupt nicht zu einem passt.
Klar.
GB
B

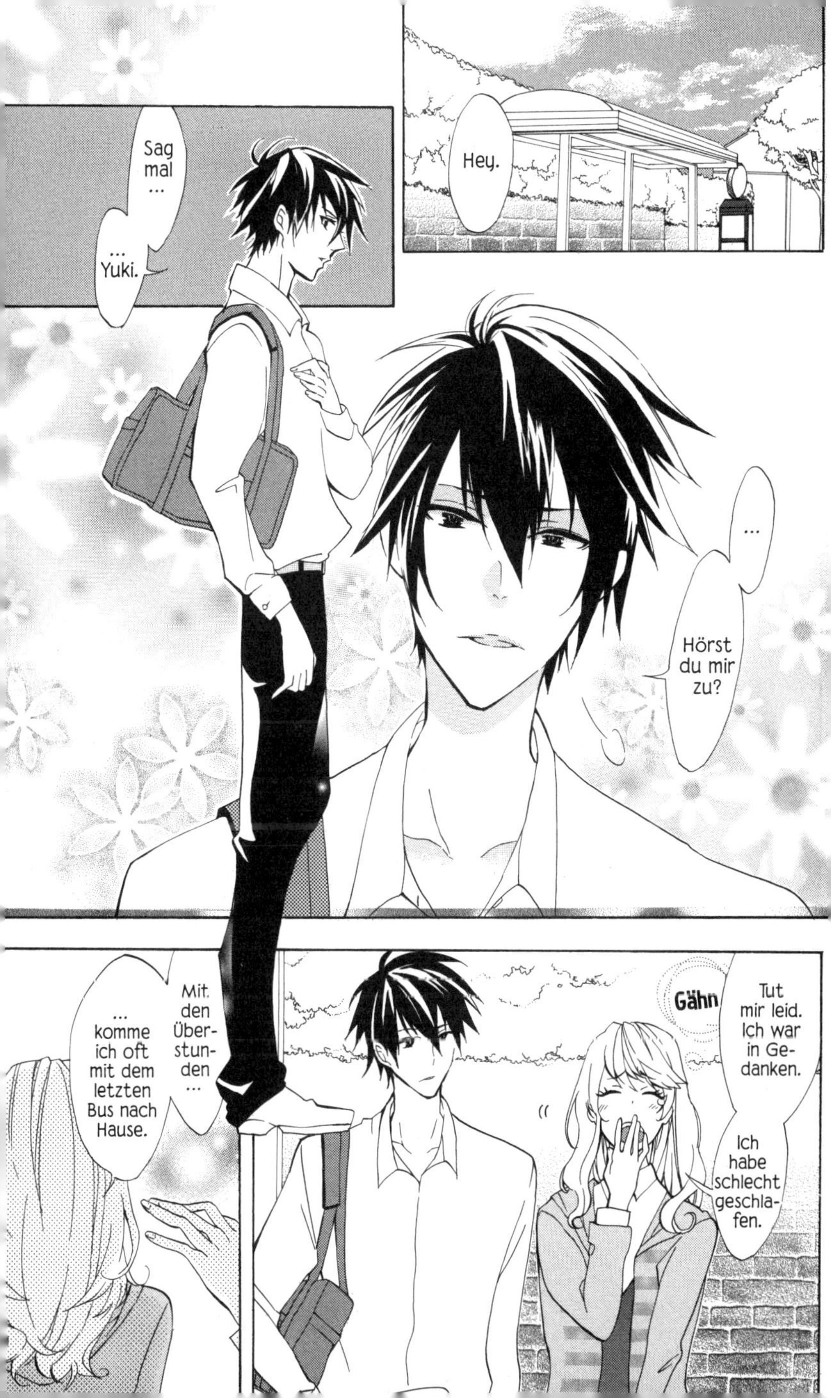

Hey.
Sag mal …
… Yuki.
…
Hörst du mir zu?
Gähn
Tut mir leid. Ich war in Gedanken.
Ich habe schlecht geschlafen.
Mit den Überstunden …
… komme ich oft mit dem letzten Bus nach Hause.

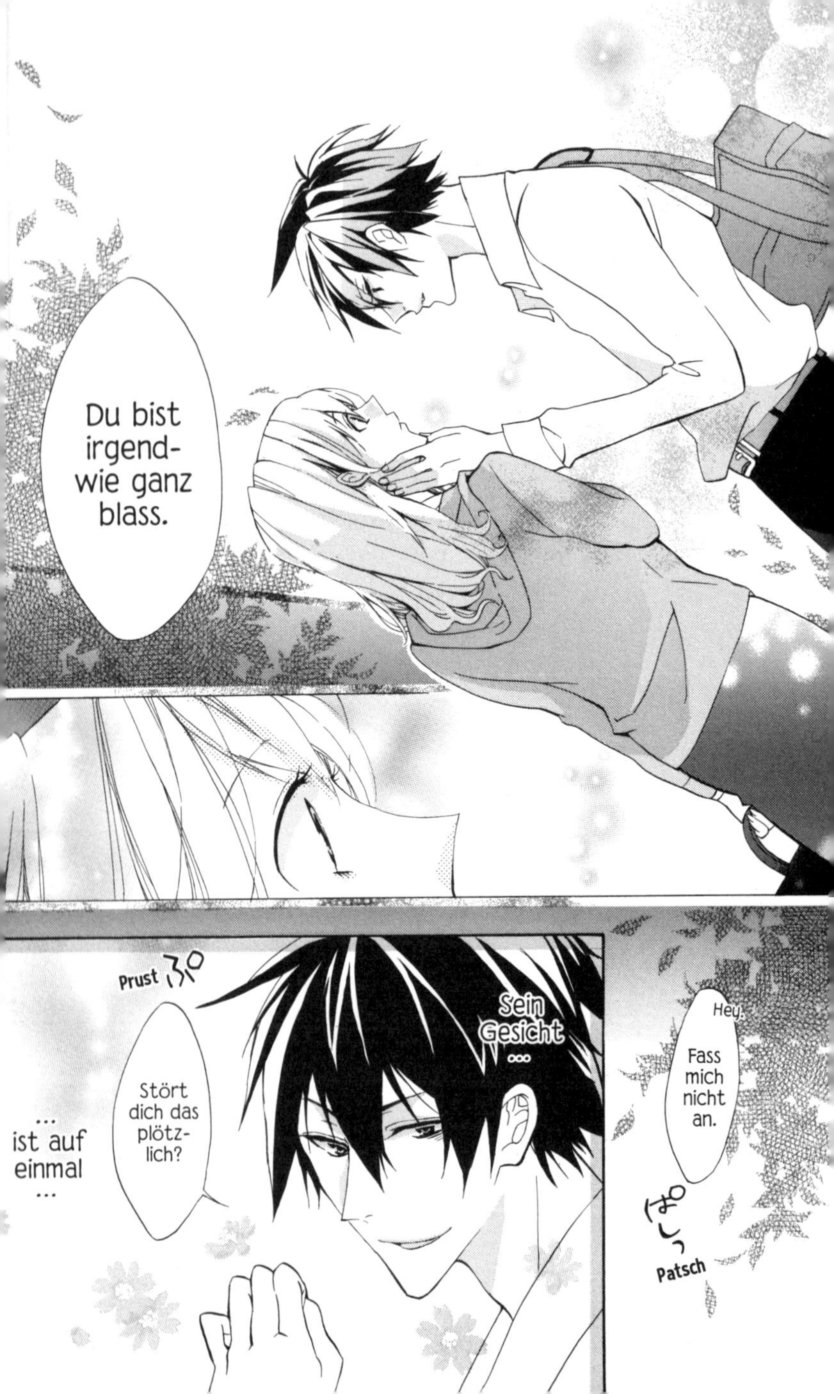
Du bist irgendwie ganz blass.
Hey. Fass mich nicht an.
Patsch
Sein Gesicht …
Prust
Stört dich das plötzlich?
… ist auf einmal …

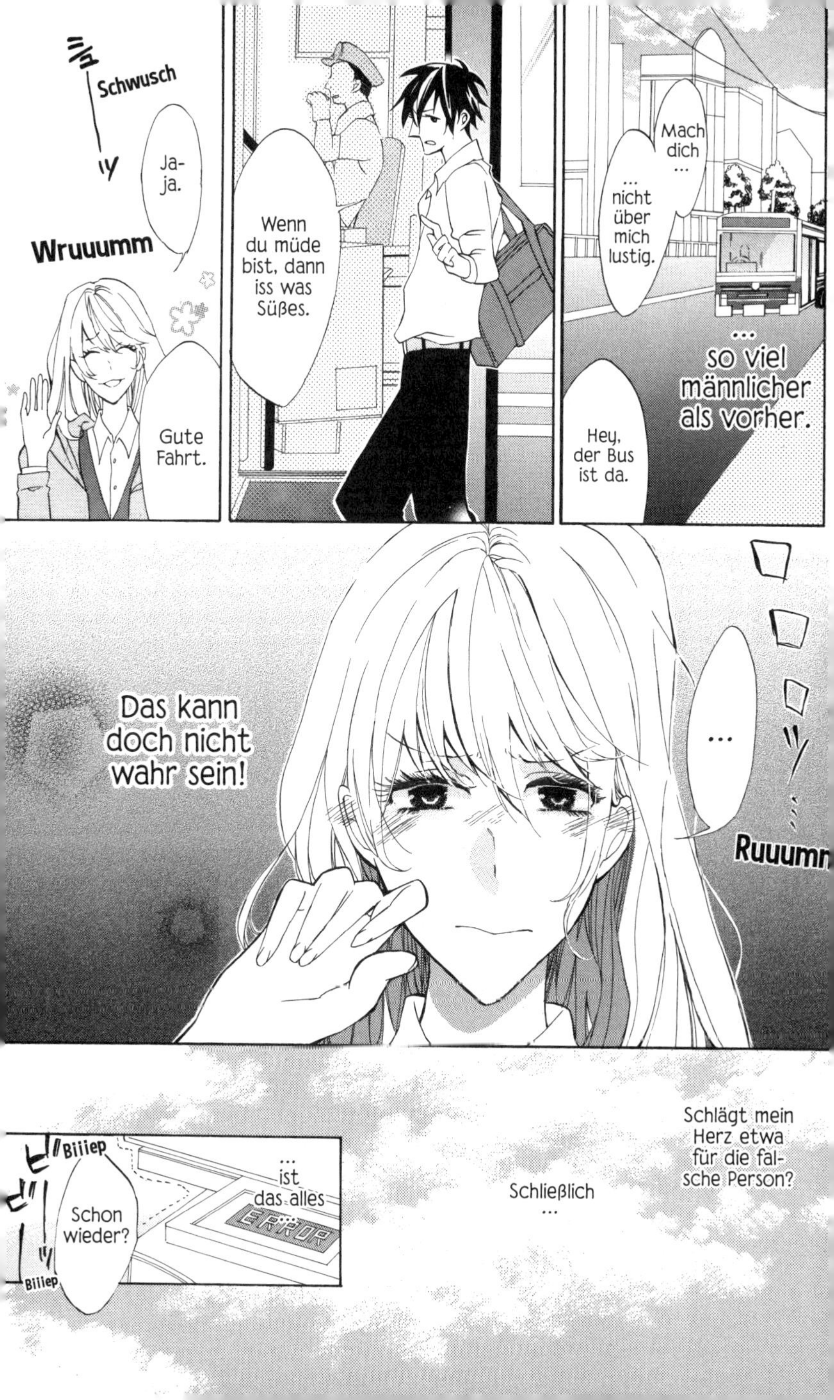

Mach dich ...

... nicht über mich lustig.

... so viel männlicher als vorher.

Hey, der Bus ist da.

Wenn du müde bist, dann iss was Süßes.

Schwusch

Ja-ja.

Wruuumm

Gute Fahrt.

Ruuumm

...

Das kann doch nicht wahr sein!

Schlägt mein Herz etwa für die falsche Person?

Schließlich ...

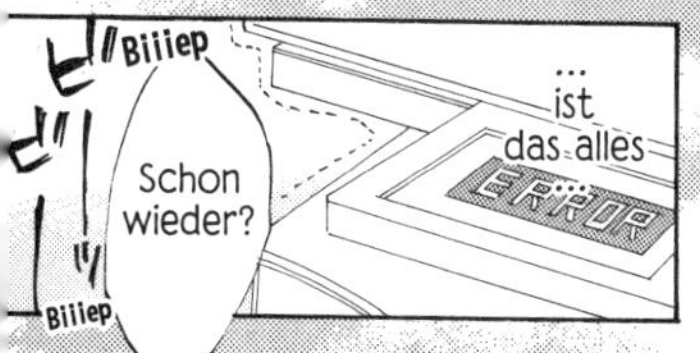

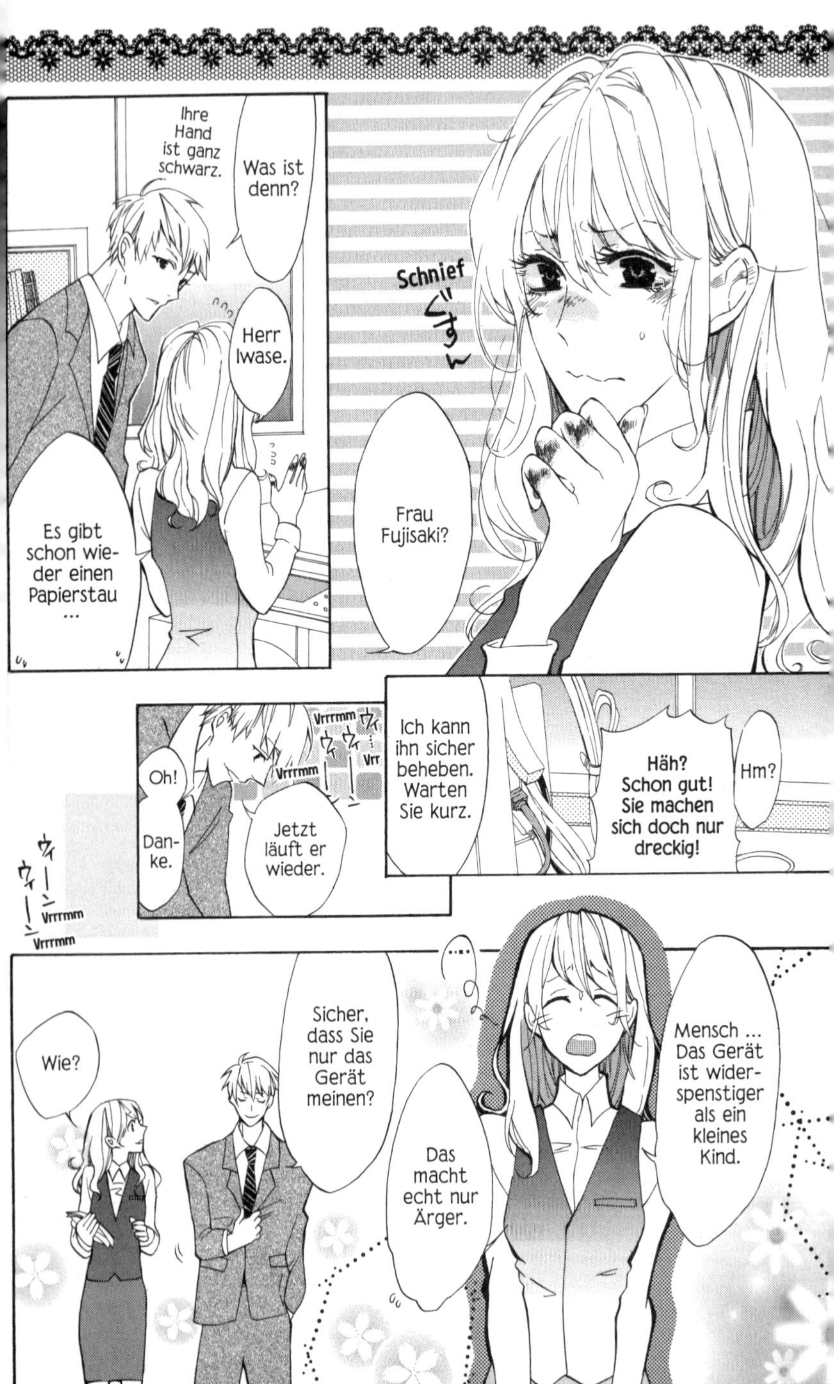
Schnief
ぐすん
Frau Fujisaki?
Was ist denn?
Ihre Hand ist ganz schwarz.
Herr Iwase.
Es gibt schon wieder einen Papierstau ...
Hm?
Häh? Schon gut! Sie machen sich doch nur dreckig!
Ich kann ihn sicher beheben. Warten Sie kurz.
Vrrrmm
Vrr
Vrrrmm
Jetzt läuft er wieder.
Oh!
Dan-ke.
Vrrrmm
Vrrrmm
Mensch ... Das Gerät ist wider-spenstiger als ein kleines Kind.
Das macht echt nur Ärger.
...
Sicher, dass Sie nur das Gerät meinen?
Wie?

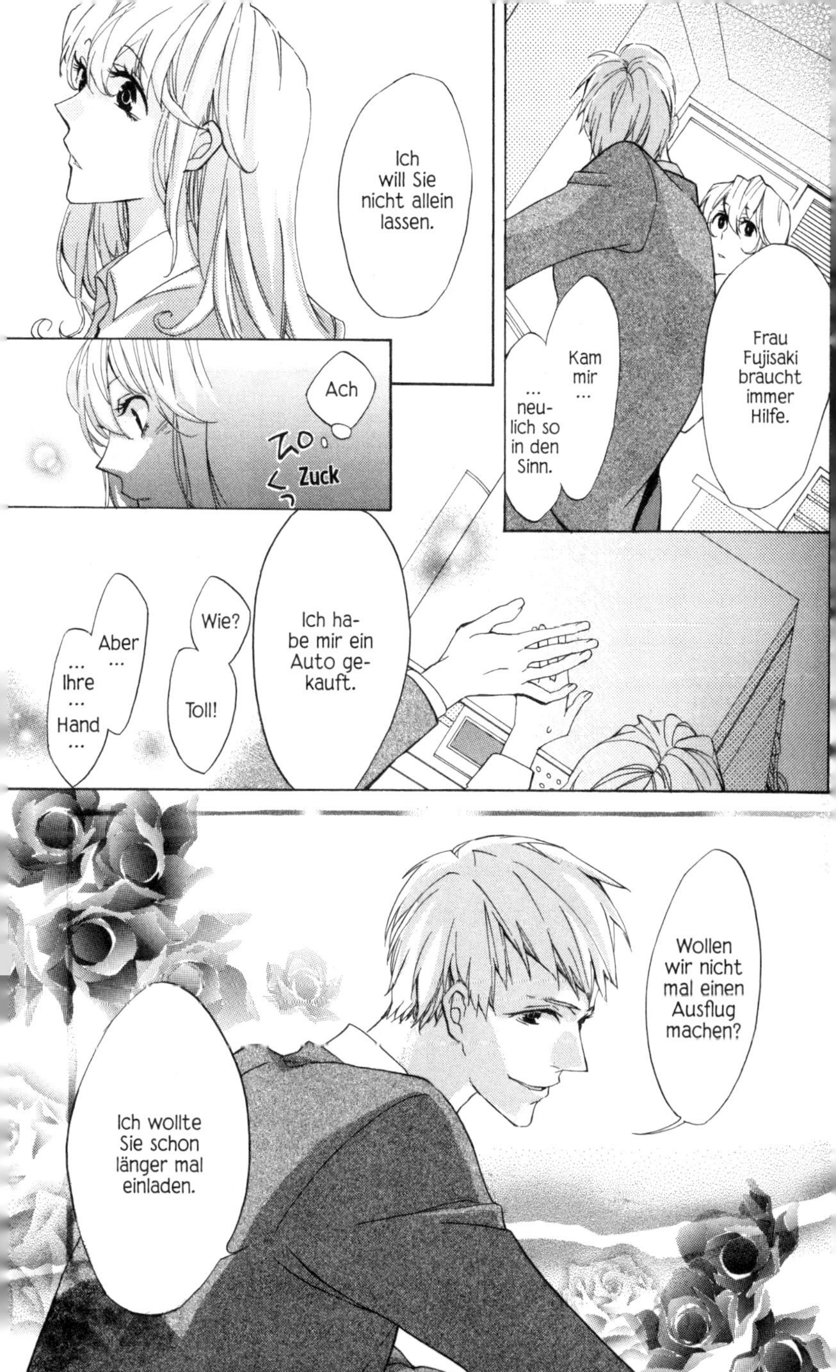
Ich will Sie nicht allein lassen.
Frau Fujisaki braucht immer Hilfe.
Kam mir … … neulich so in den Sinn.
Ach
Zuck
Ich habe mir ein Auto gekauft.
Wie? Toll!
Aber … … Ihre … Hand …
Wollen wir nicht mal einen Ausflug machen?
Ich wollte Sie schon länger mal einladen.

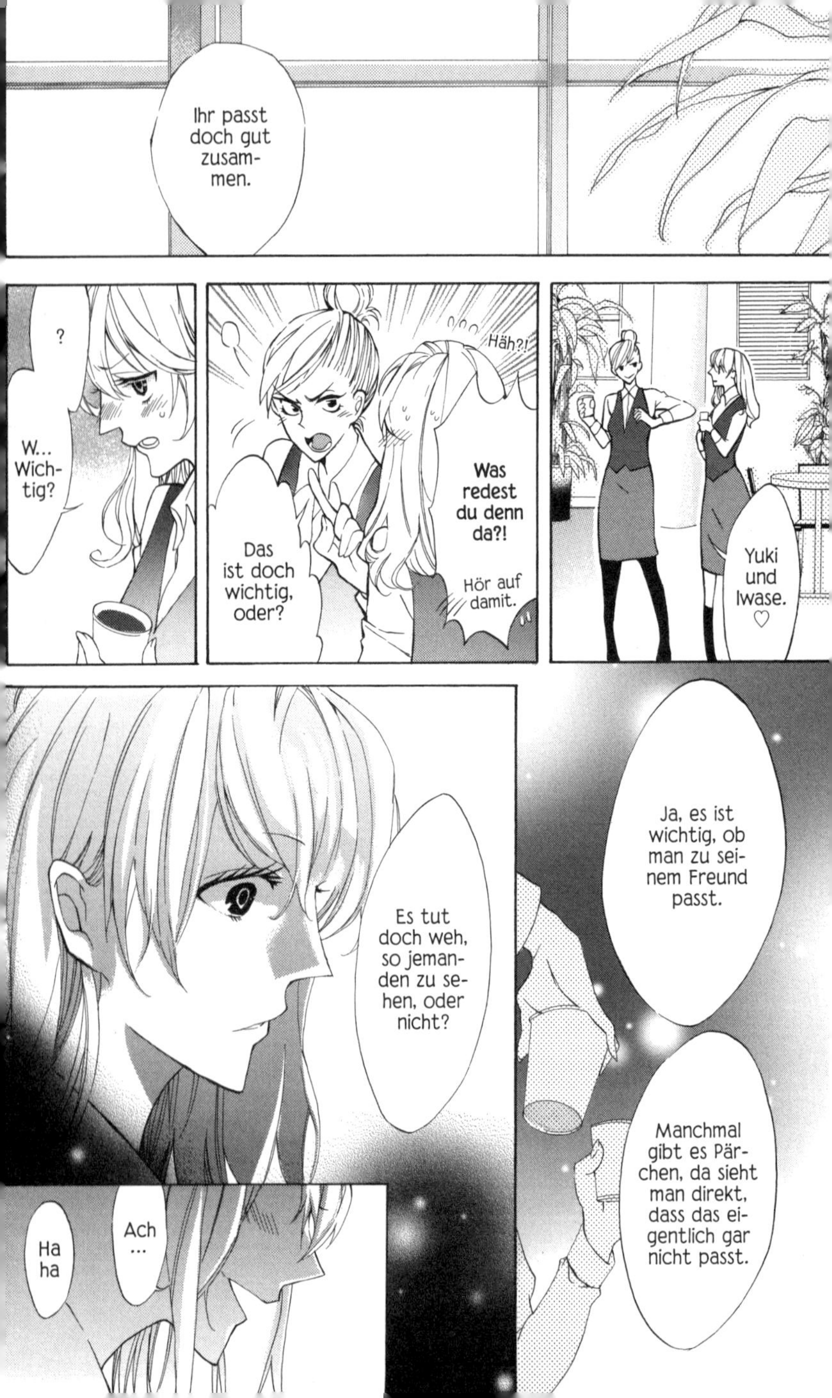
Ihr passt doch gut zusammen.
Yuki und Iwase. ♡
Häh?!
Was redest du denn da?!
Hör auf damit.
Das ist doch wichtig, oder?
?
W... Wichtig?
Ja, es ist wichtig, ob man zu seinem Freund passt.
Manchmal gibt es Pärchen, da sieht man direkt, dass das eigentlich gar nicht passt.
Es tut doch weh, so jemanden zu sehen, oder nicht?
Ach ...
Ha ha

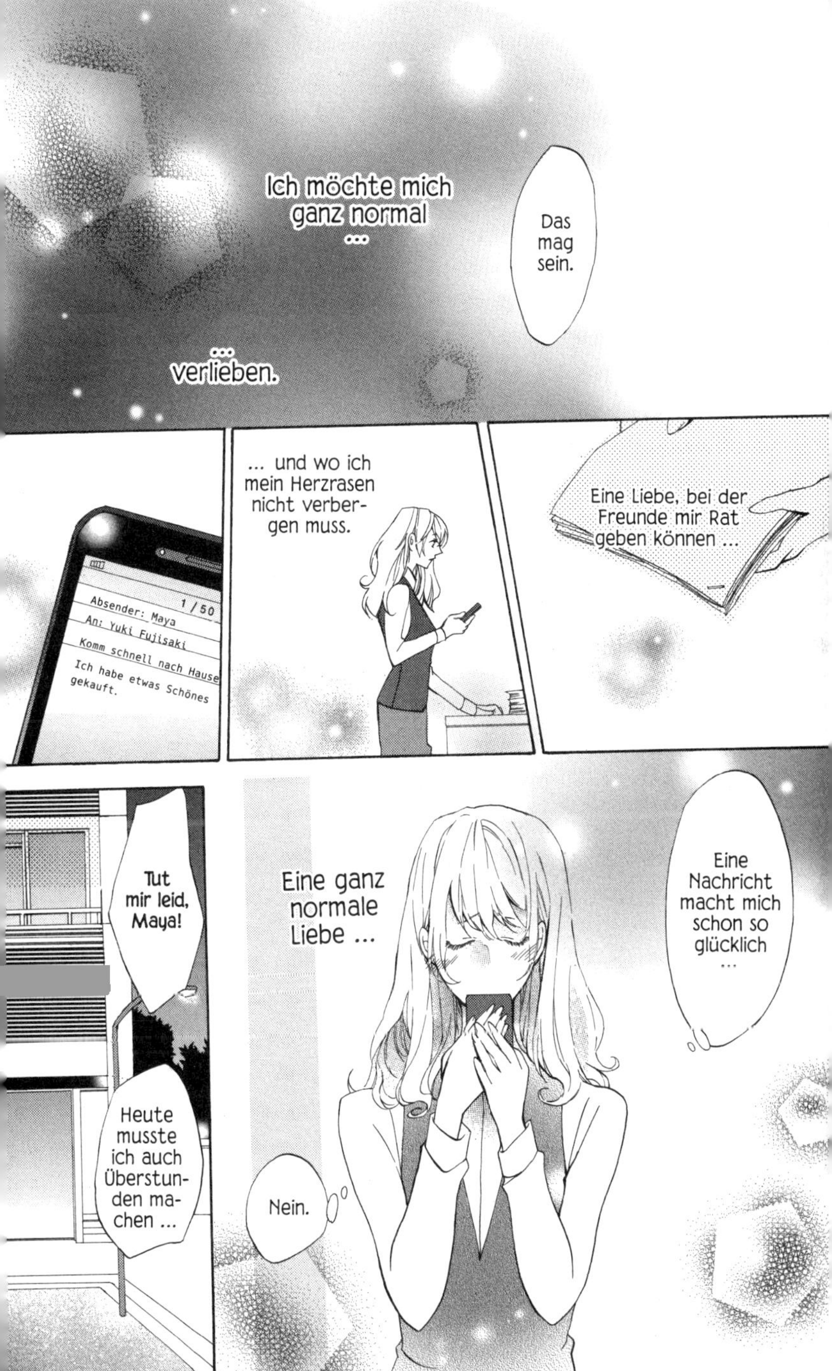
Das mag sein.
Ich möchte mich ganz normal ...
... verlieben.
Eine Liebe, bei der Freunde mir Rat geben können ...
... und wo ich mein Herzrasen nicht verbergen muss.
1 / 50
Absender: Maya
An: Yuki Fujisaki
Komm schnell nach Hause
Ich habe etwas Schönes gekauft.
Eine Nachricht macht mich schon so glücklich ...
Eine ganz normale Liebe ...
Nein.
Tut mir leid, Maya!
Heute musste ich auch Überstunden machen ...

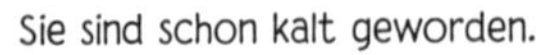
Sie sind schon kalt geworden.

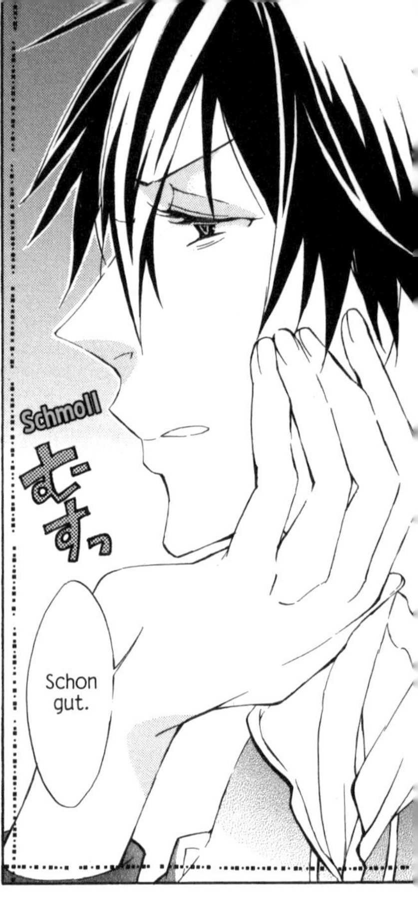
Schmoll
Schon gut.

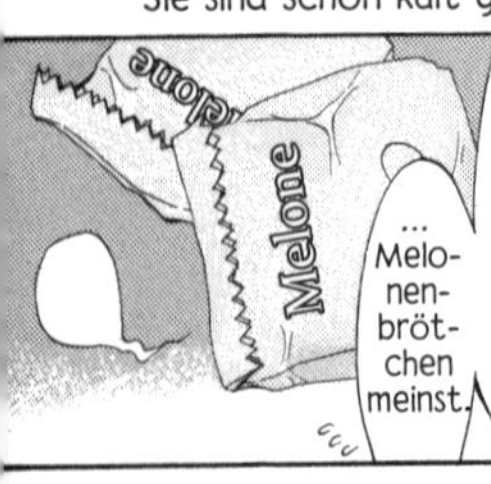
Melone
I… Ich hätte nicht gedacht, dass du mit etwas Schönem frischgebackene …
… Melonenbrötchen meinst.

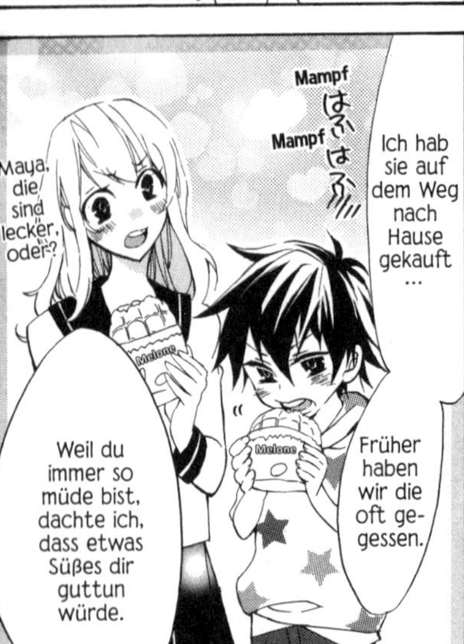
Mampf
Mampf
Ich hab sie auf dem Weg nach Hause gekauft …
Maya, die sind lecker, oder?
Früher haben wir die oft gegessen.
Weil du immer so müde bist, dachte ich, dass etwas Süßes dir guttun würde.
Melone
Melone

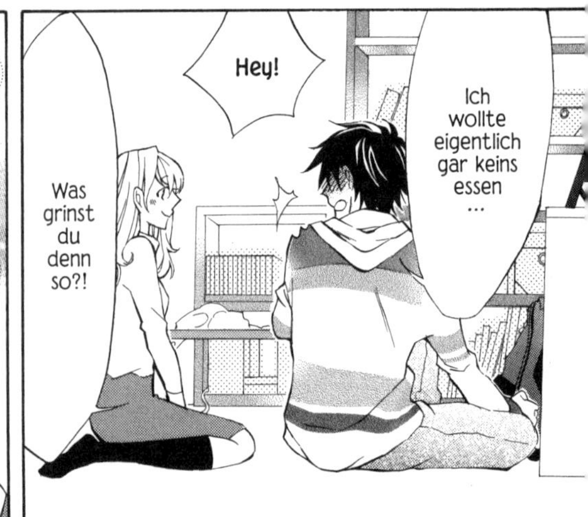
Ich wollte eigentlich gar keins essen …
Hey!
Was grinst du denn so?!

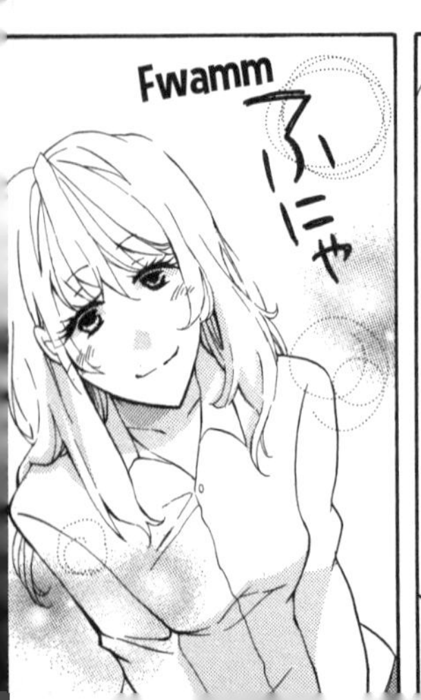
Fwamm

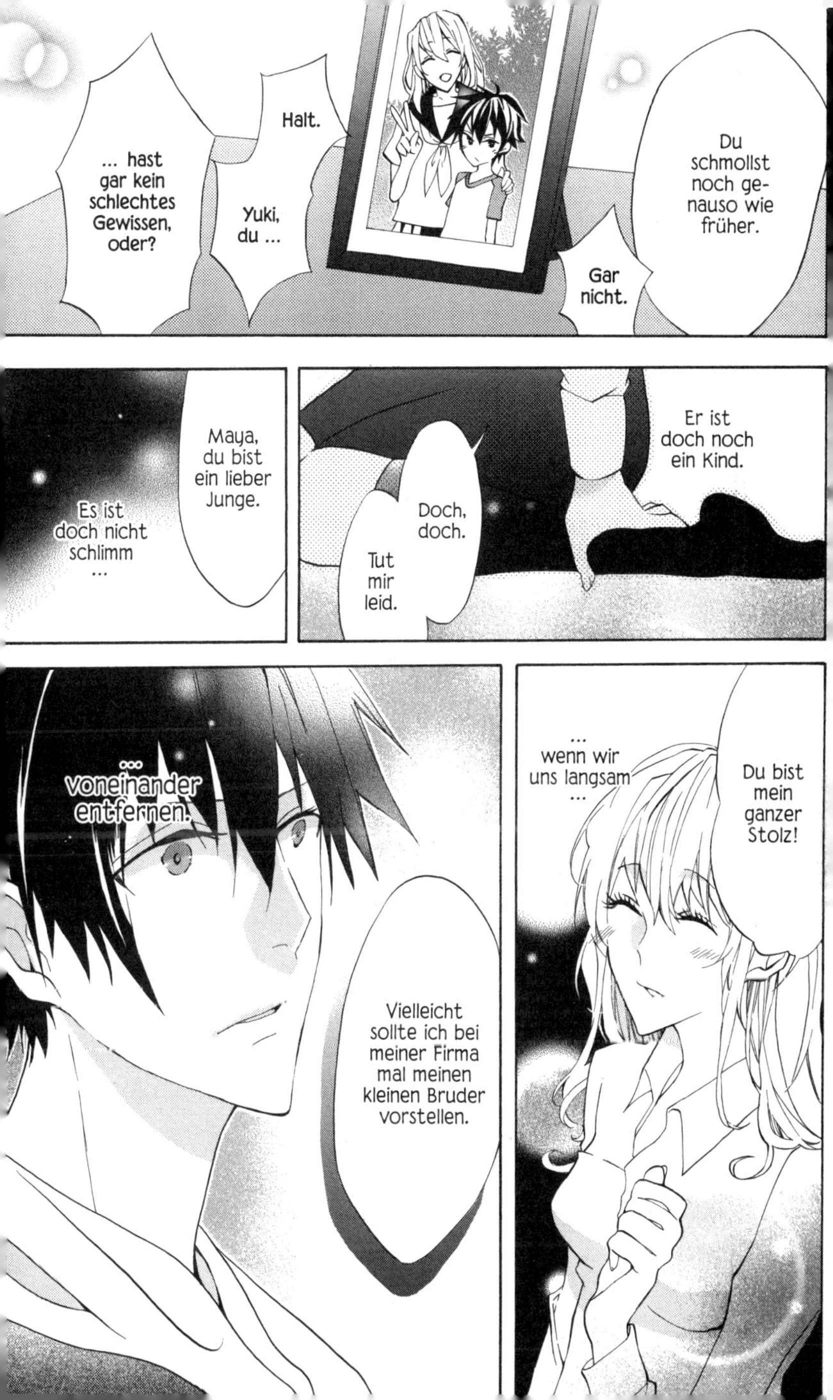

Du schmollst noch genauso wie früher.

Gar nicht.

Halt.

Yuki, du ...

... hast gar kein schlechtes Gewissen, oder?

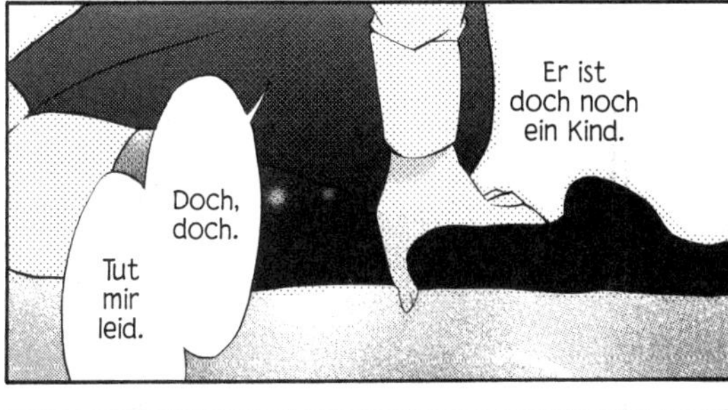

Maya, du bist ein lieber Junge.

Es ist doch nicht schlimm ...

Du bist mein ganzer Stolz!

... wenn wir uns langsam ...

Vielleicht sollte ich bei meiner Firma mal meinen kleinen Bruder vorstellen.

... voneinander entfernen.

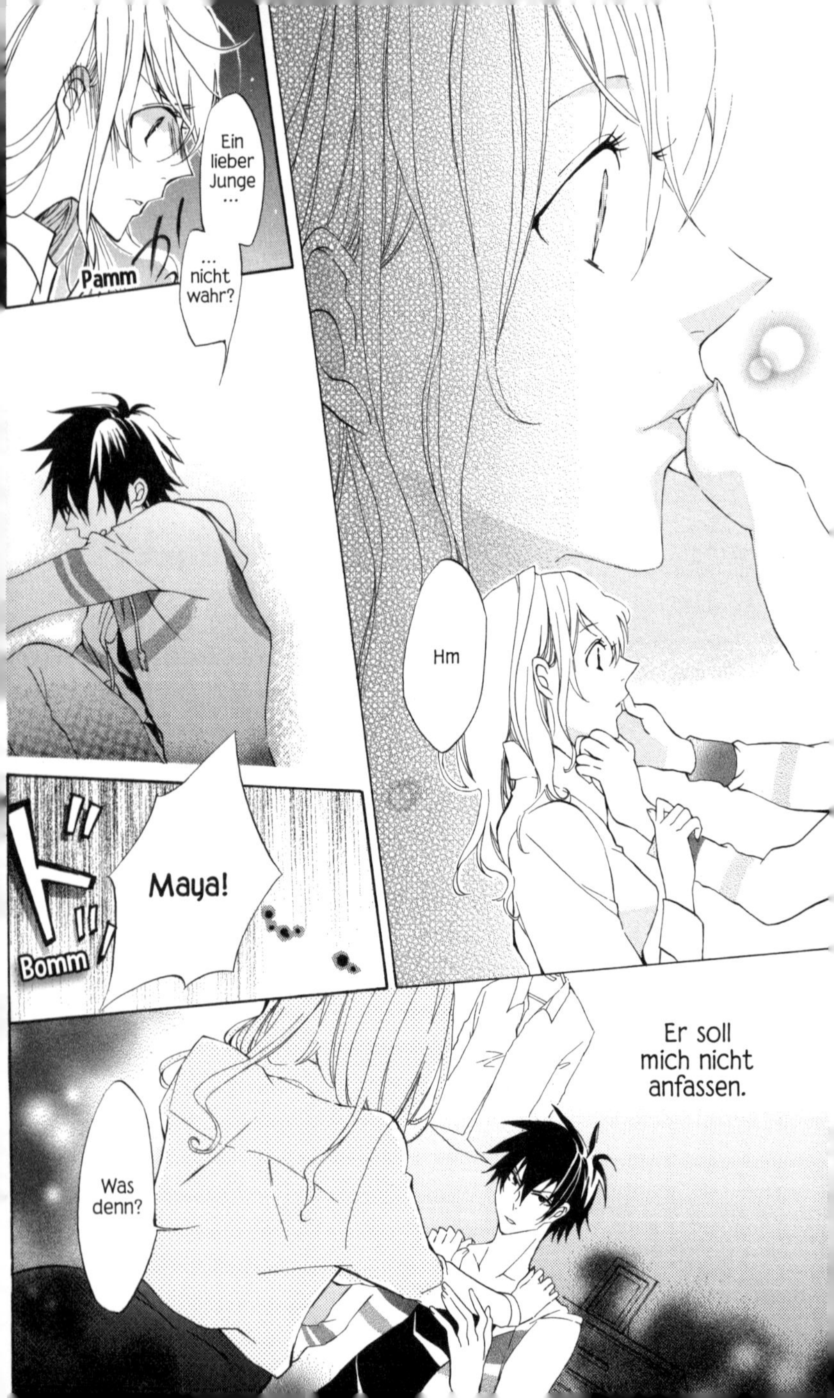
Hm
Ein lieber Junge ...
... nicht wahr?
Pamm
Maya!
Bomm
Er soll mich nicht anfassen.
Was denn?

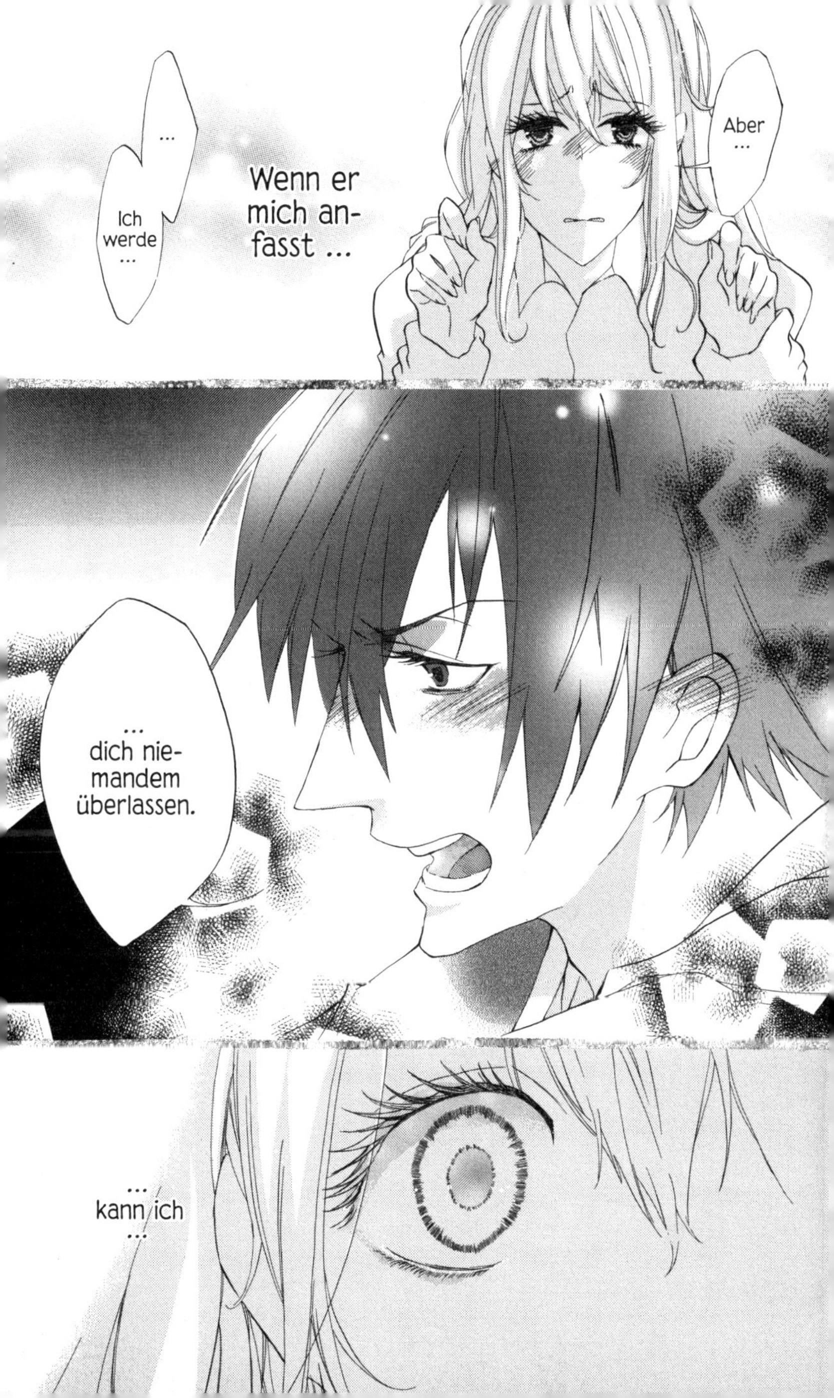
Aber ...
Wenn er mich anfasst ...
...
Ich werde ...
... dich niemandem überlassen.
... kann ich ...

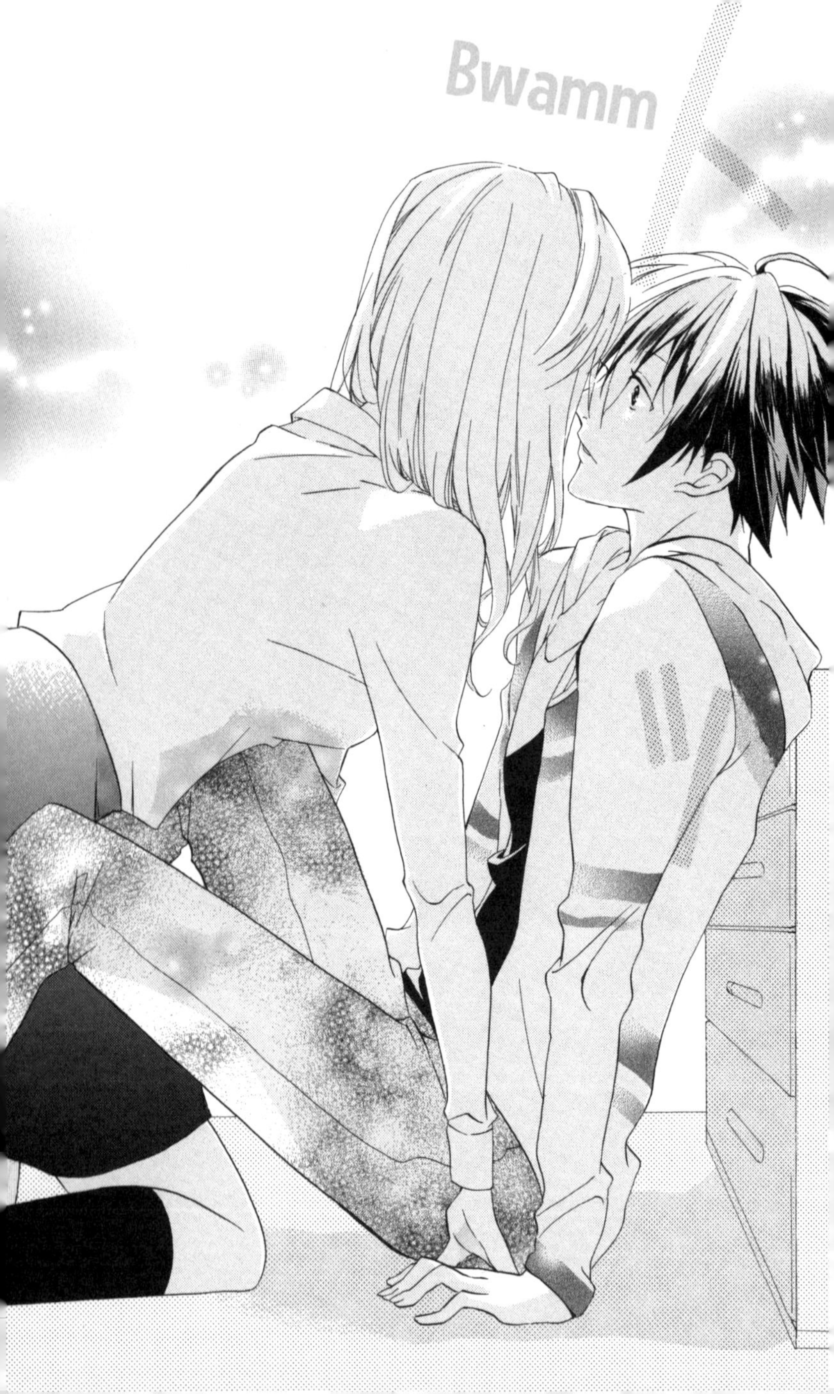
Bwamm

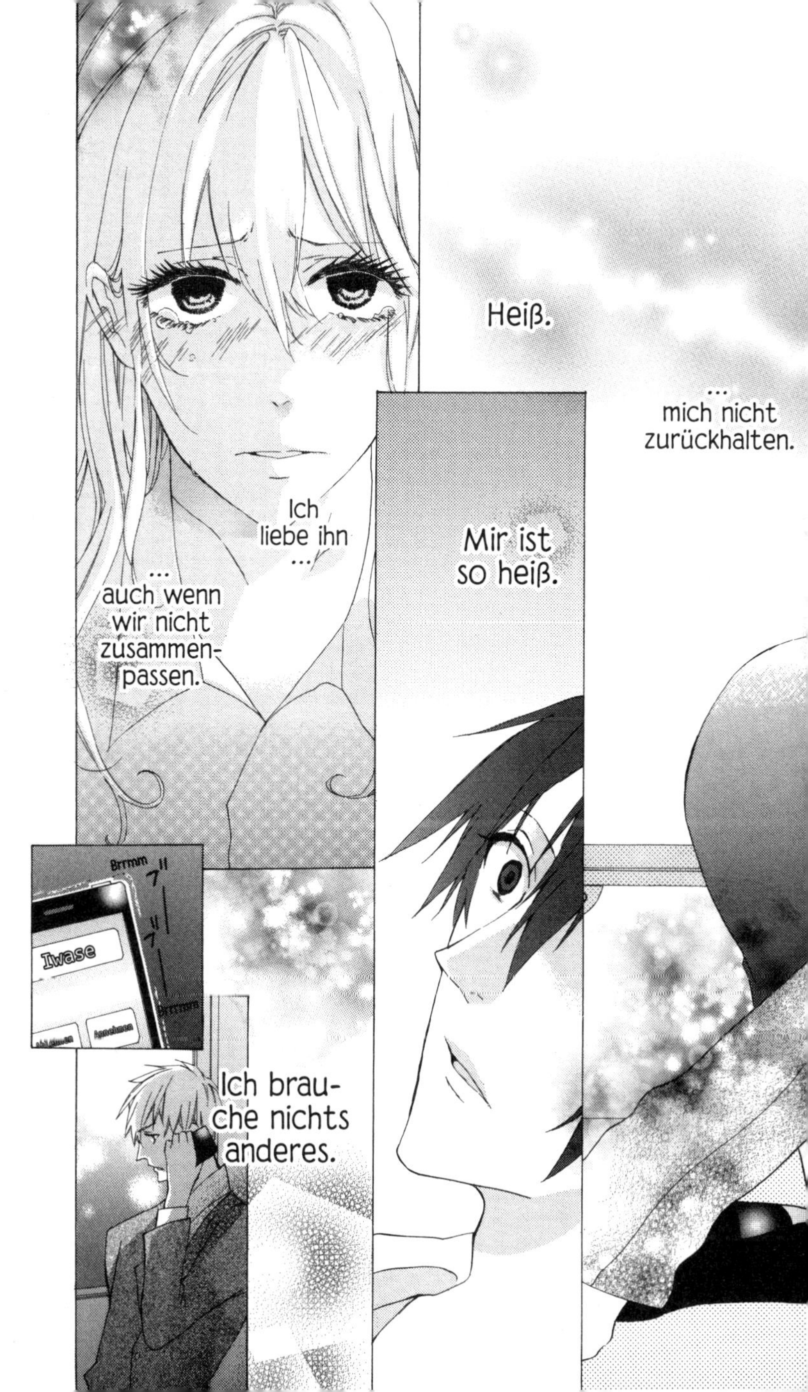
Heiß.
... mich nicht zurückhalten.
Mir ist so heiß.
Ich liebe ihn ...
... auch wenn wir nicht zusammen-passen.
Brrmm
Iwase
Annehmen
Ich brau-che nichts anderes.

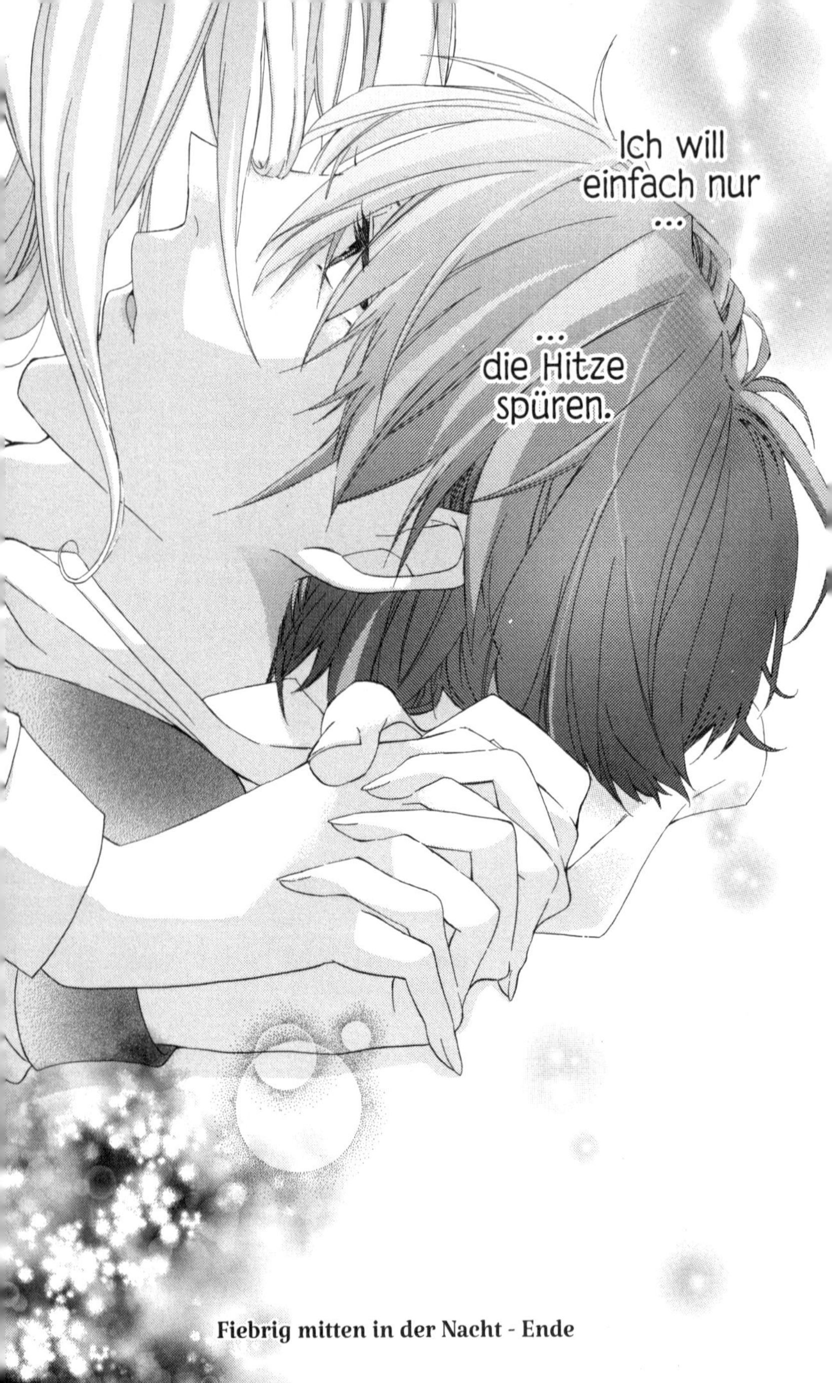
Ich will
einfach nur
...
...
die Hitze
spüren.
Fiebrig mitten in der Nacht - Ende

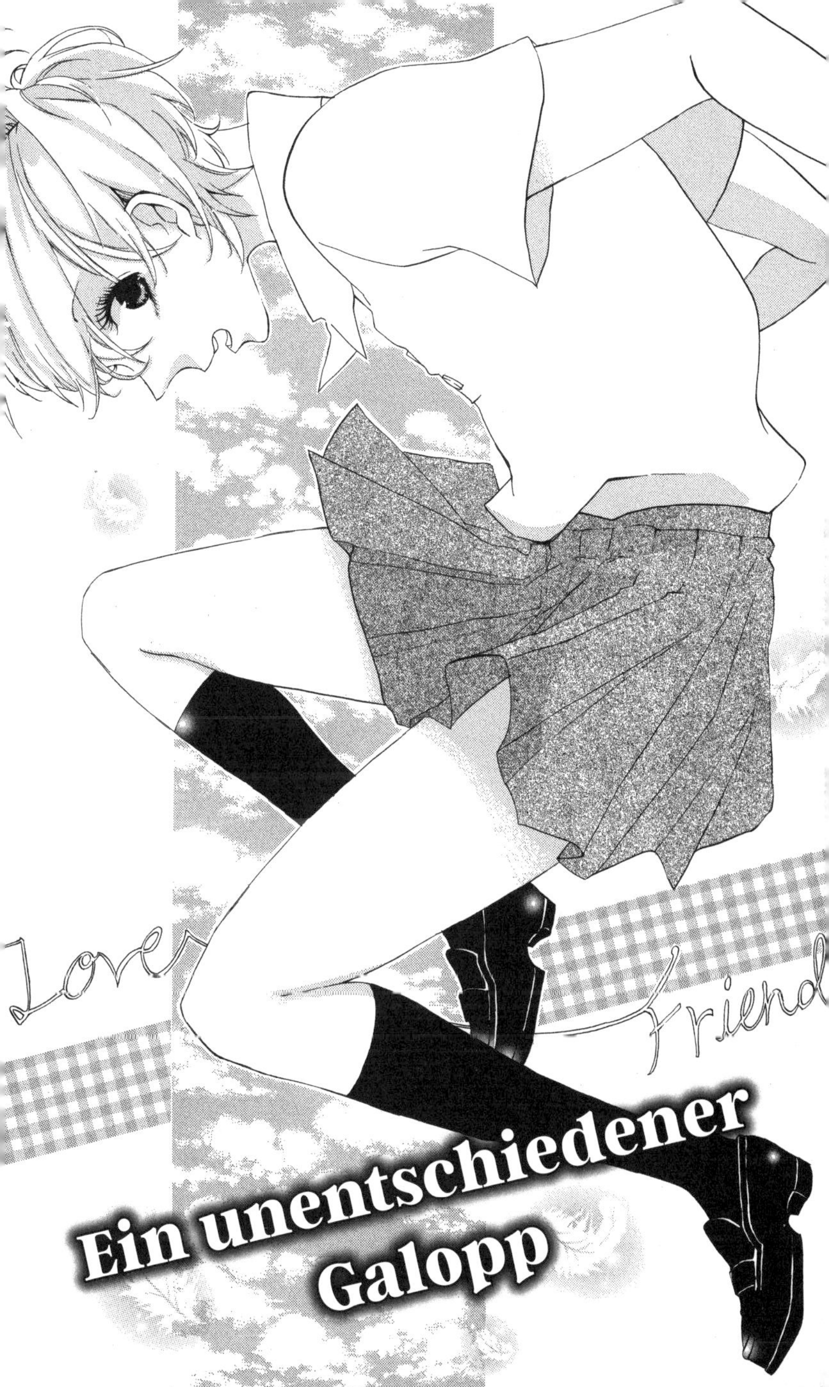
Lover
Friend
Ein unentschiedener Galopp

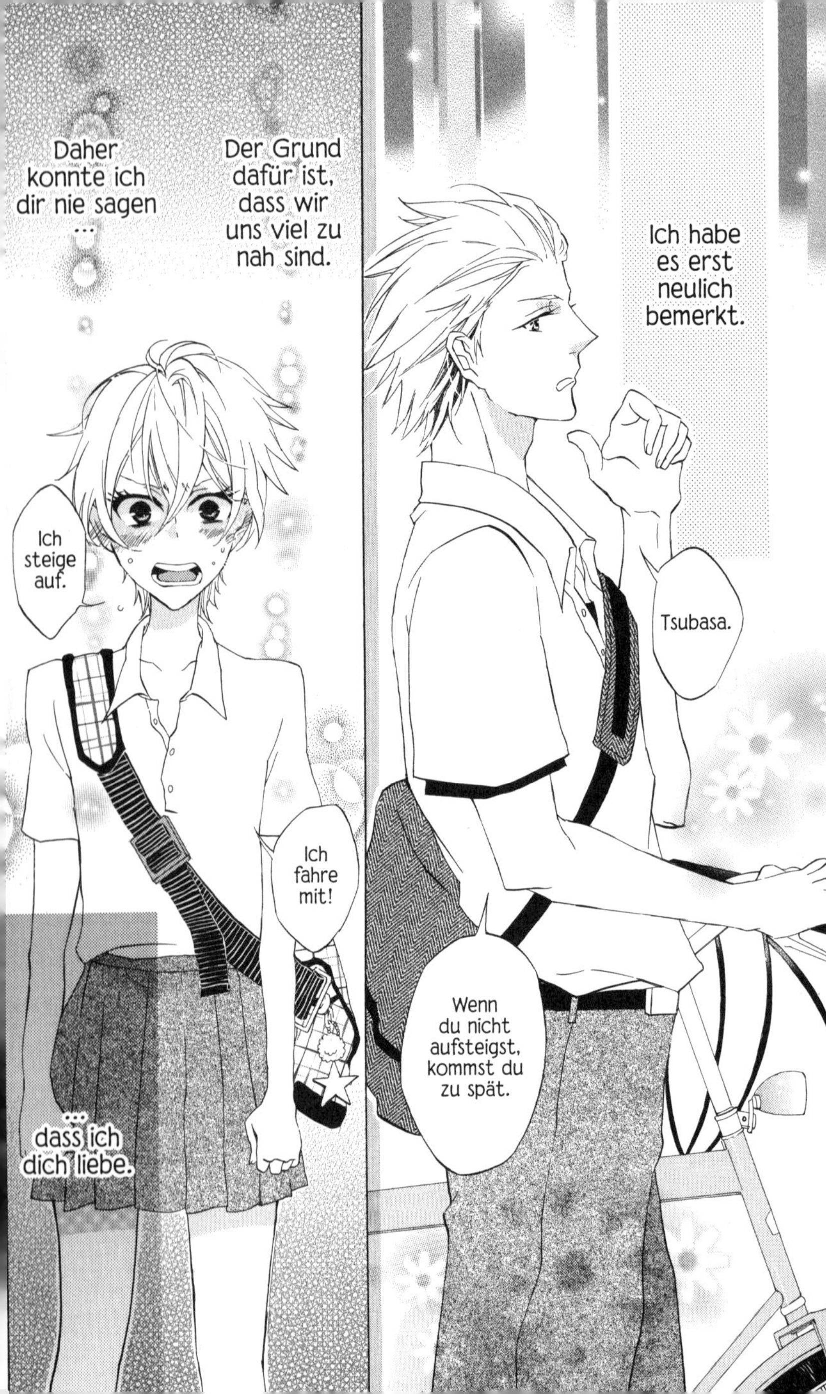
Ich habe es erst neulich bemerkt.
Tsubasa.
Wenn du nicht aufsteigst, kommst du zu spät.
Der Grund dafür ist, dass wir uns viel zu nah sind.
Daher konnte ich dir nie sagen …
Ich fahre mit!
Ich steige auf.
… dass ich dich liebe.

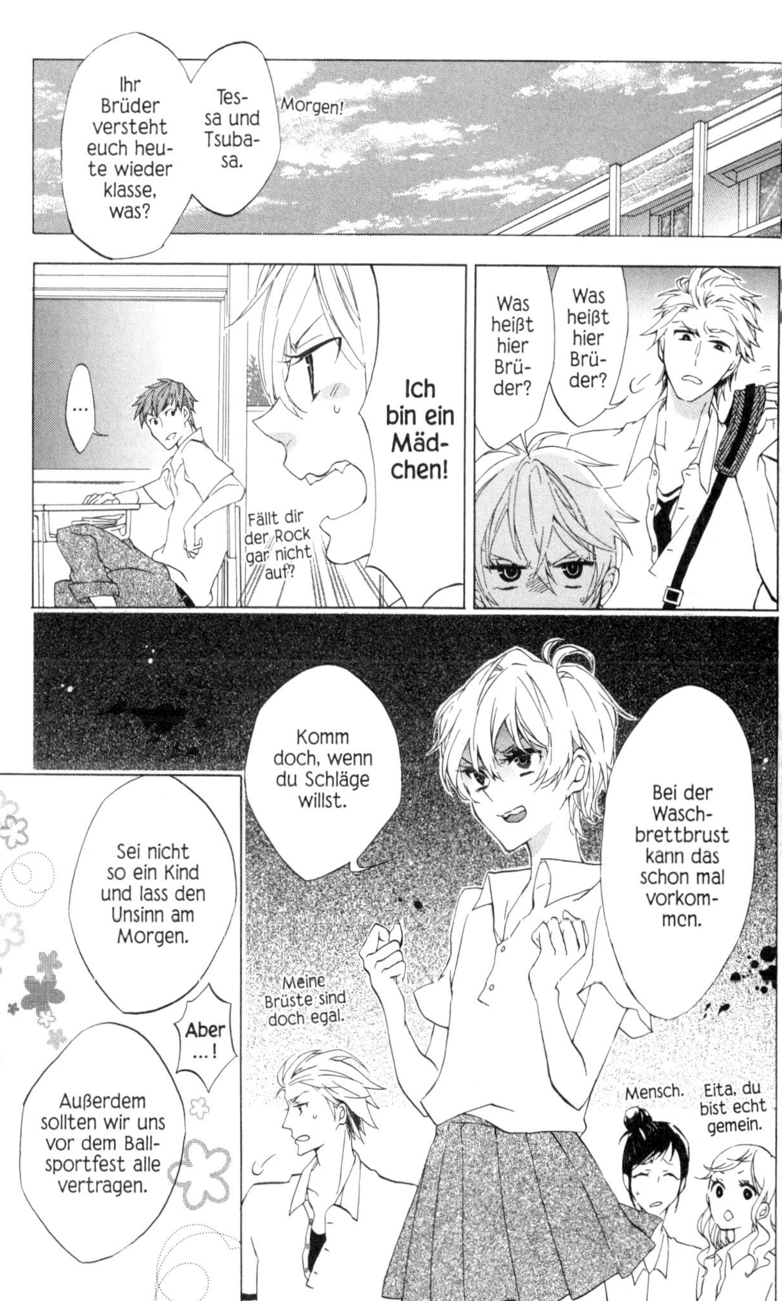
Morgen!
Tessa und Tsubasa.
Ihr Brüder versteht euch heute wieder klasse, was?
Was heißt hier Brüder?
Was heißt hier Brüder?
Ich bin ein Mädchen!
Fällt dir der Rock gar nicht auf?
...
Bei der Waschbrettbrust kann das schon mal vorkommen.
Komm doch, wenn du Schläge willst.
Meine Brüste sind doch egal.
Eita, du bist echt gemein.
Mensch.
Sei nicht so ein Kind und lass den Unsinn am Morgen.
Aber ...!
Außerdem sollten wir uns vor dem Ballsportfest alle vertragen.

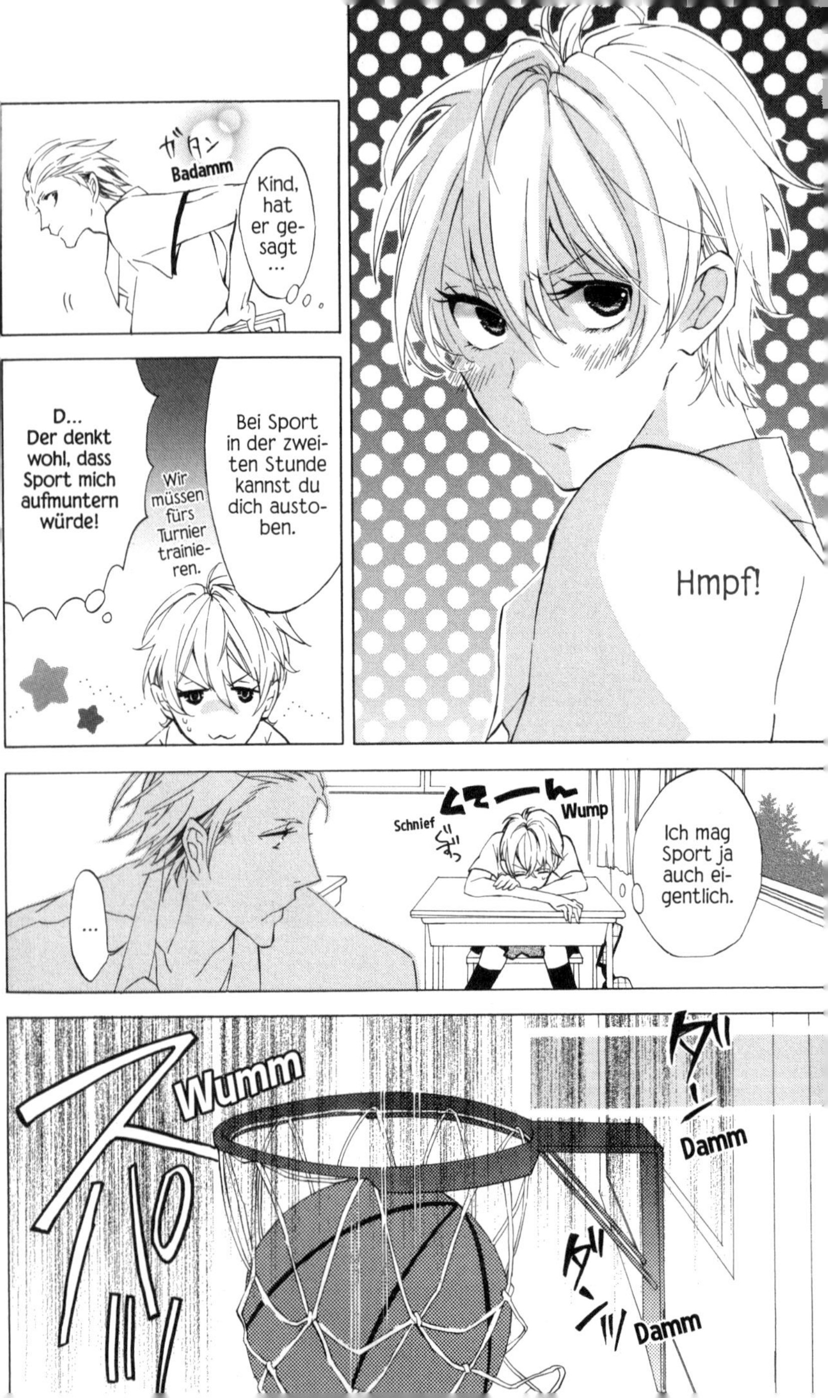

ガタン
Badamm
Kind, hat er gesagt …

Bei Sport in der zweiten Stunde kannst du dich austoben.
Wir müssen fürs Turnier trainieren.
D… Der denkt wohl, dass Sport mich aufmuntern würde!

Hmpf!

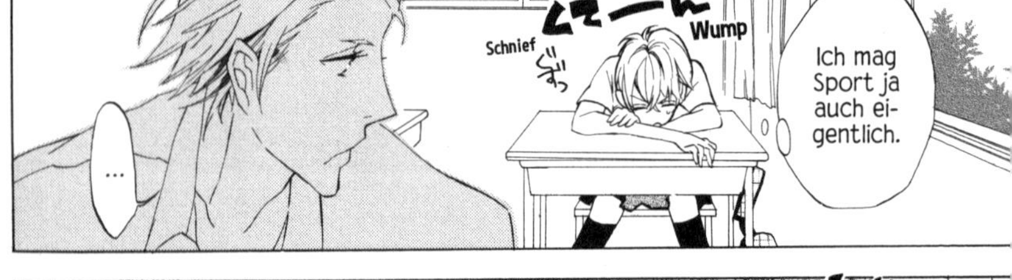

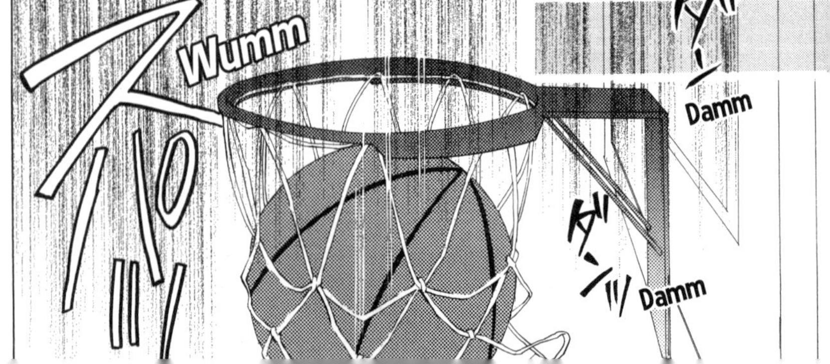

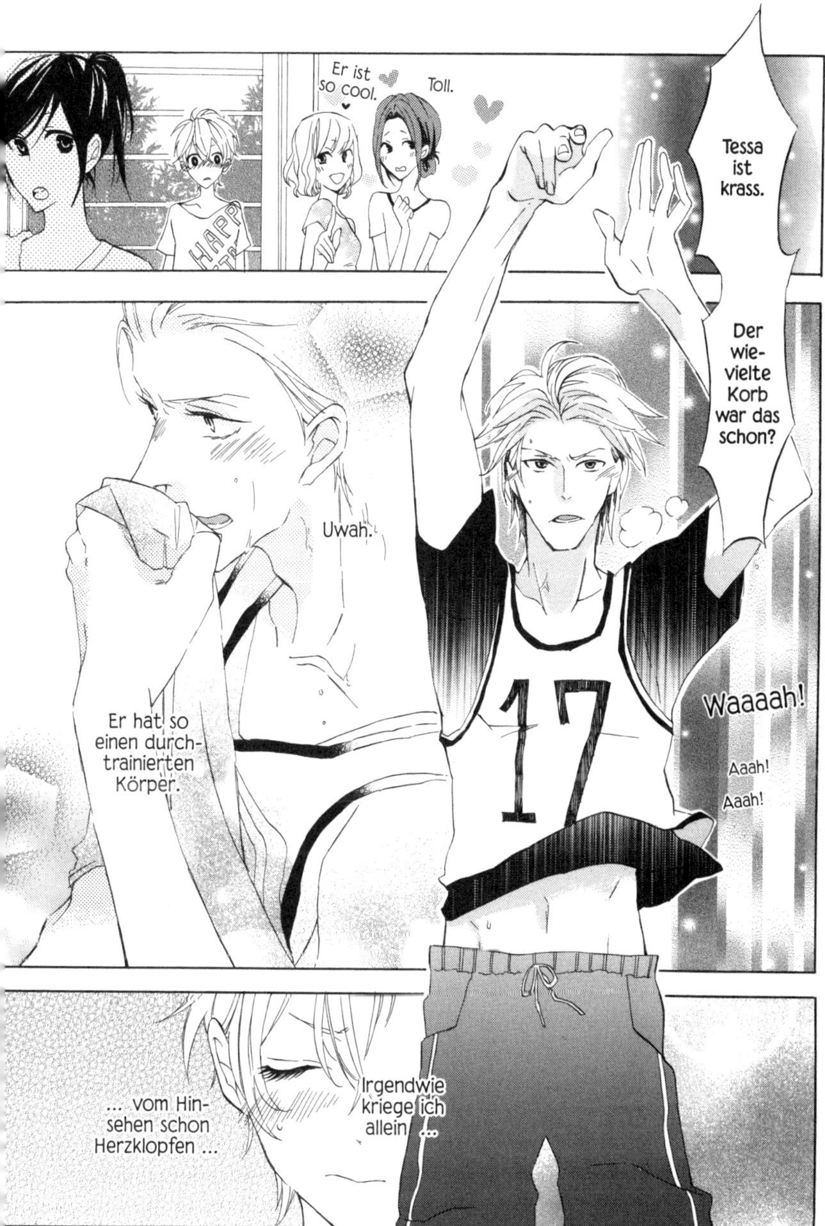
Tessa ist krass.
Toll.
Er ist so cool.
Der wie-vielte Korb war das schon?
Uwah.
Waaaah!
Aaah!
Aaah!
Er hat so einen durch-trainierten Körper.
Irgendwie kriege ich allein ...
... vom Hin-sehen schon Herzklopfen ...

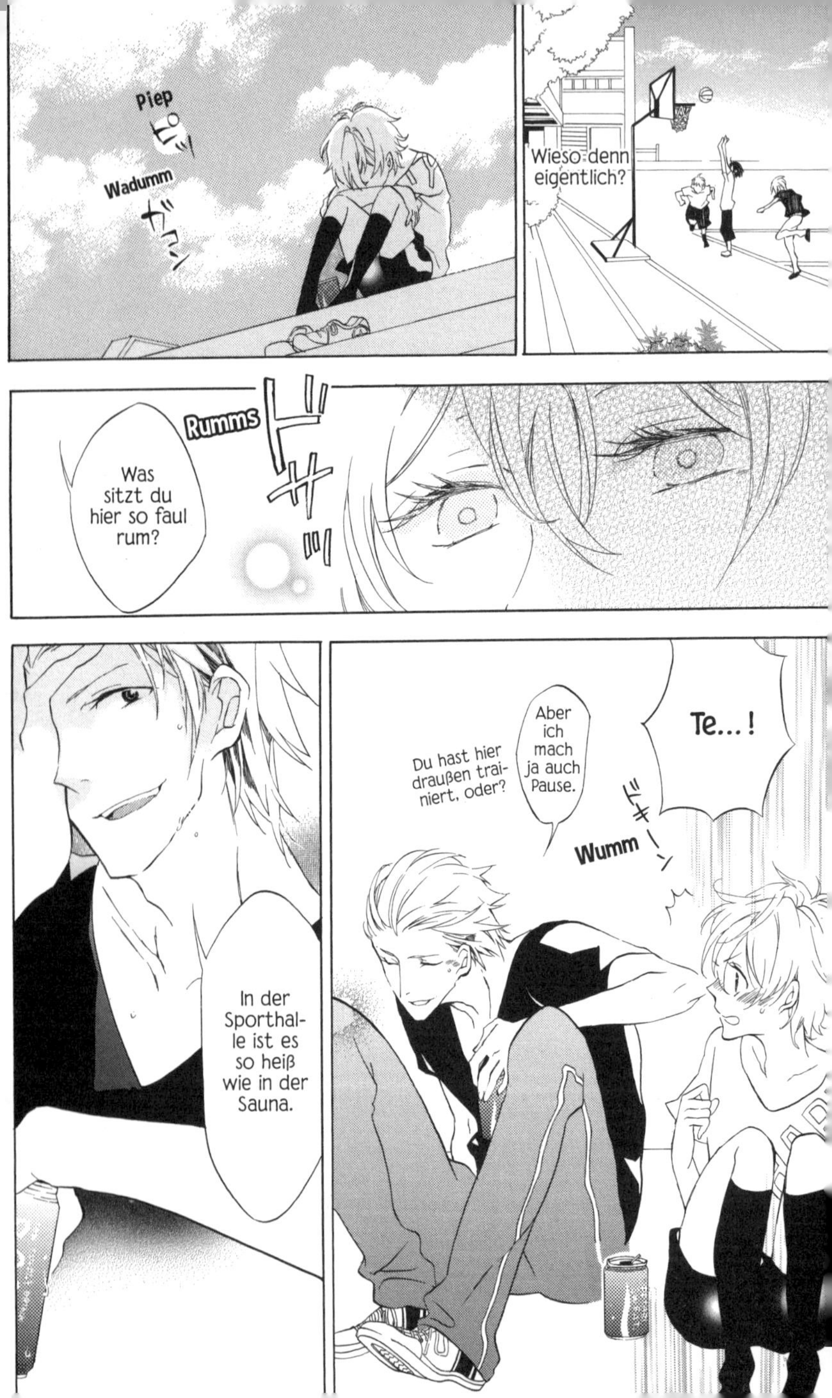
Wieso denn eigentlich?
Piep
Wadumm
Rumms
Was sitzt du hier so faul rum?
Te...!
Wumm
Aber ich mach ja auch Pause.
Du hast hier draußen trainiert, oder?
In der Sporthalle ist es so heiß wie in der Sauna.

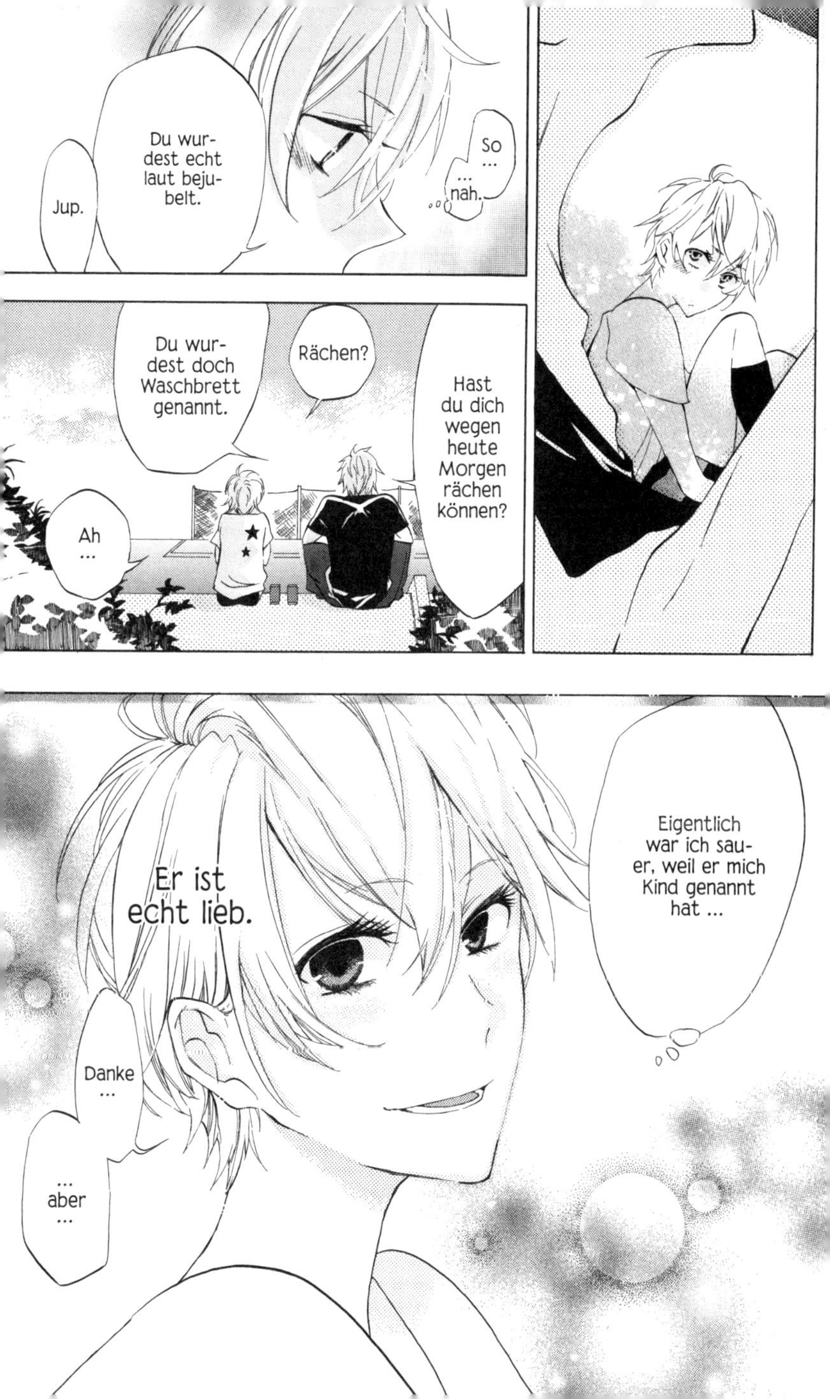

So ...
... nah.
Du wurdest echt laut bejubelt.
Jup.
Hast du dich wegen heute Morgen rächen können?
Rächen?
Du wurdest doch Waschbrett genannt.
Ah ...
Eigentlich war ich sauer, weil er mich Kind genannt hat ...
Er ist echt lieb.
Danke ...
... aber ...

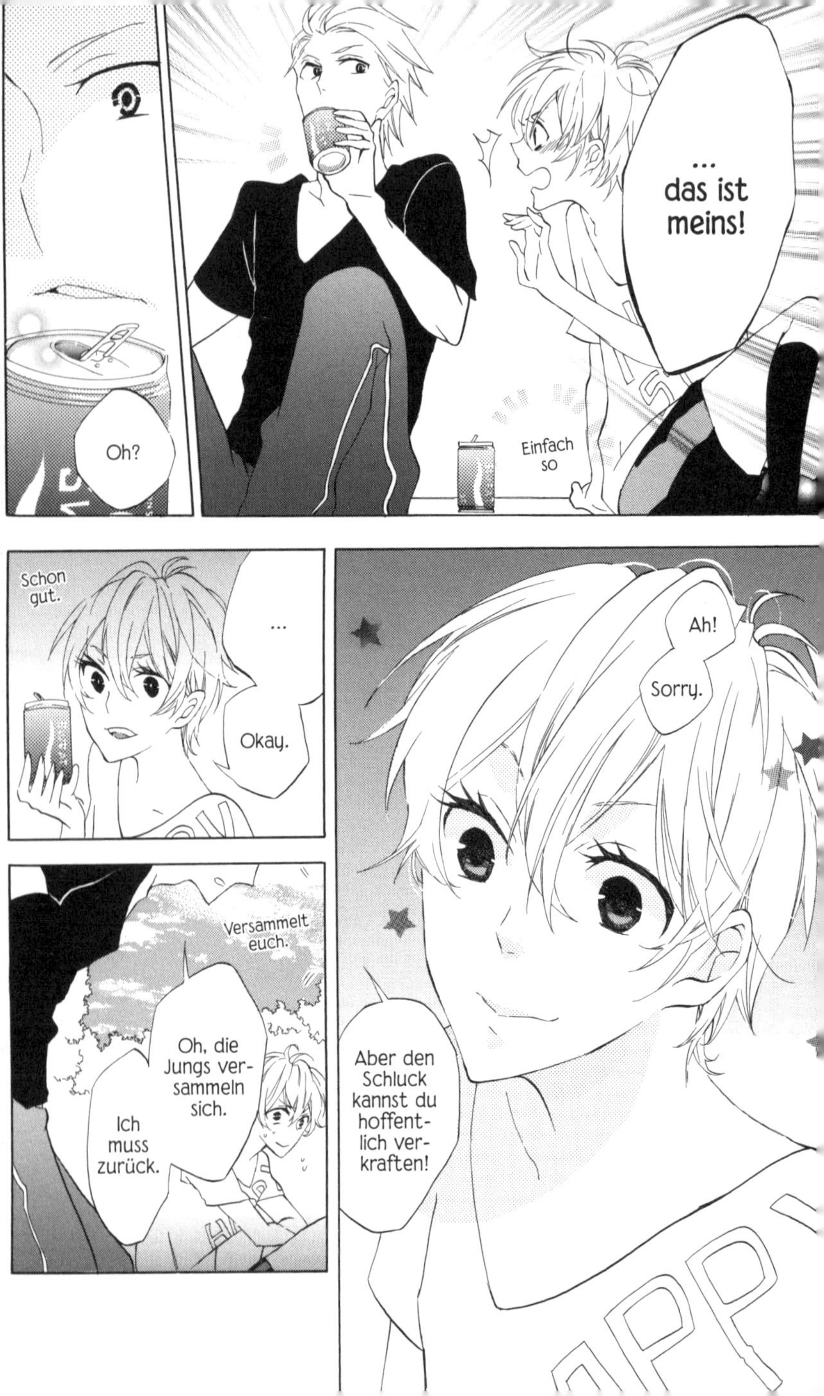

... das ist meins!
Einfach so
Oh?
Ah!
Sorry.
Aber den Schluck kannst du hoffentlich verkraften!

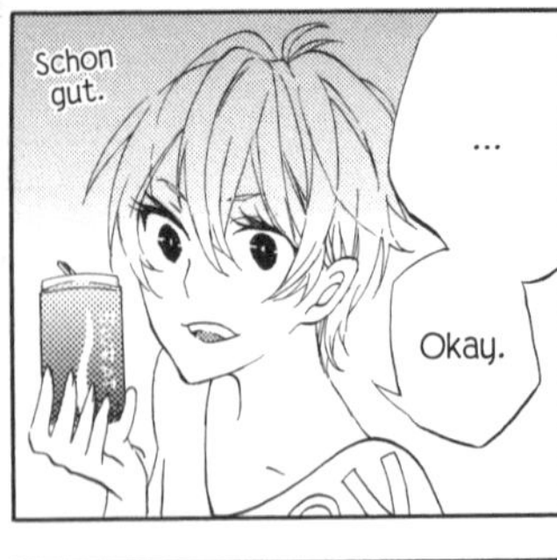

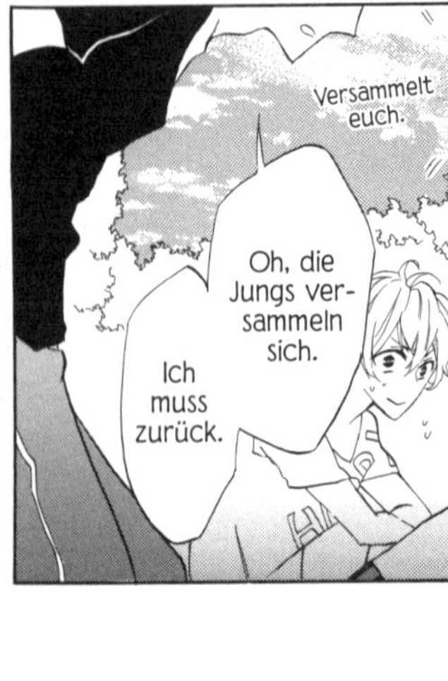

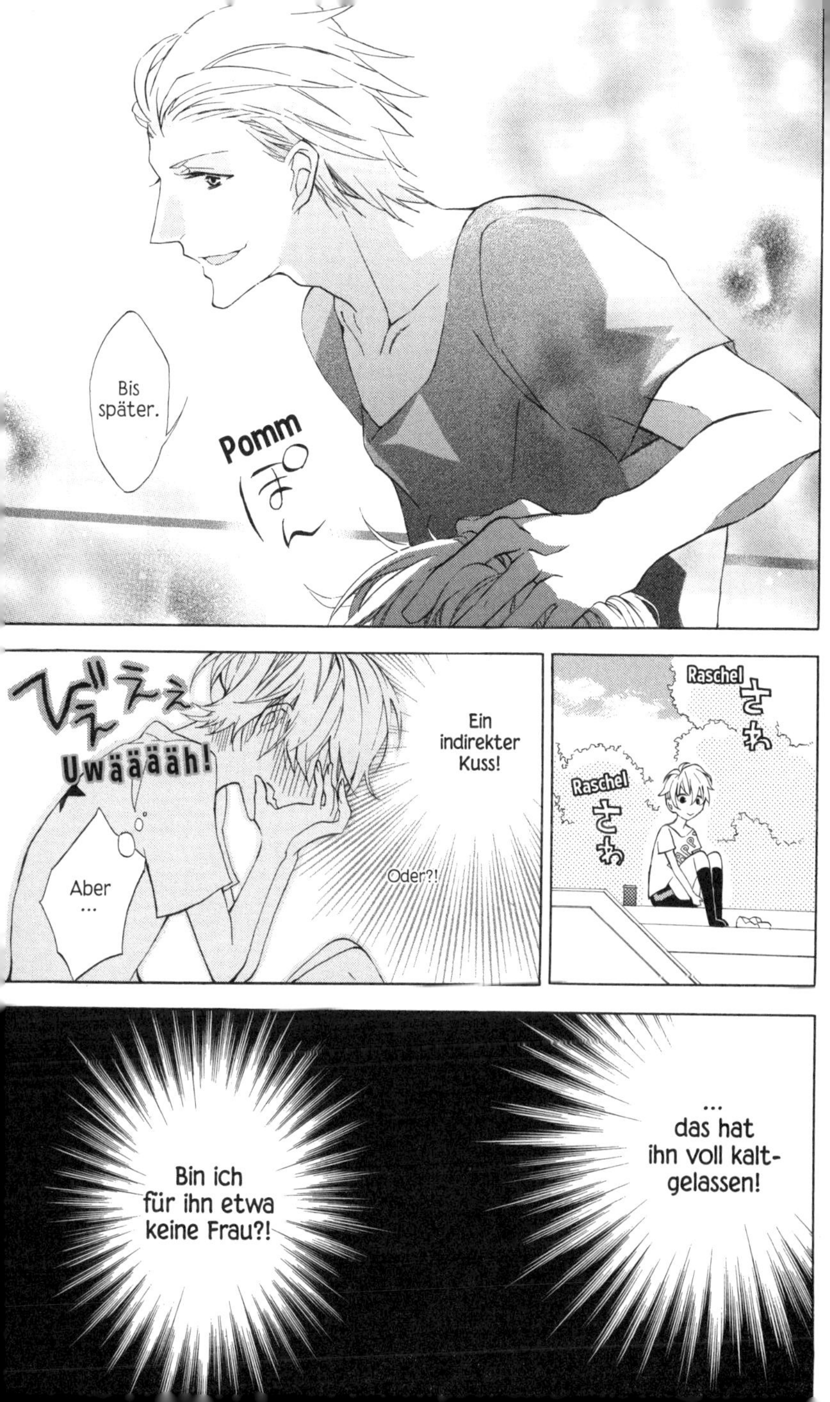

Bis später.

Pomm

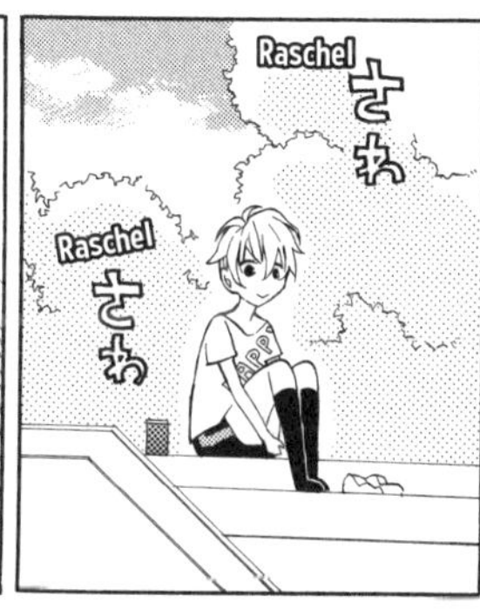

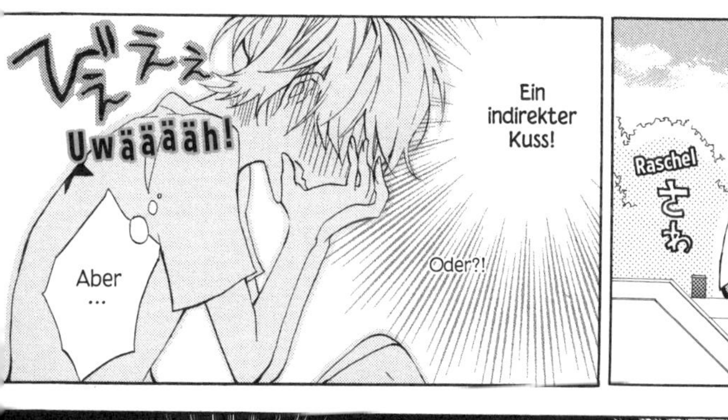

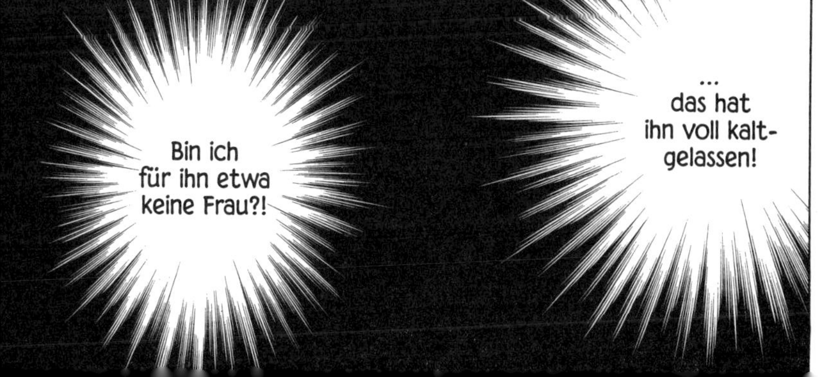

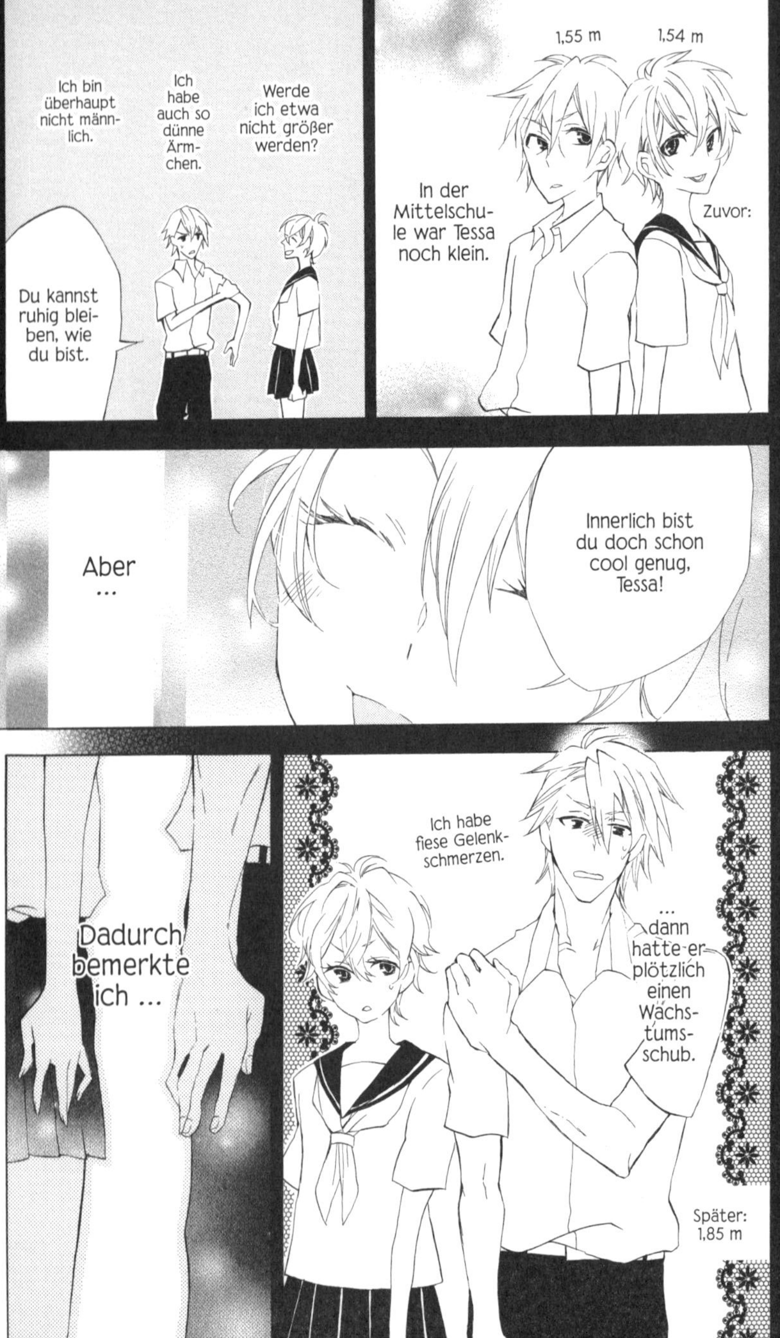
1,55 m
1,54 m
Zuvor:
In der Mittelschu-le war Tessa noch klein.
Werde ich etwa nicht größer werden?
Ich habe auch so dünne Ärm-chen.
Ich bin überhaupt nicht männ-lich.
Du kannst ruhig blei-ben, wie du bist.
Innerlich bist du doch schon cool genug, Tessa!
Aber ...
Ich habe fiese Gelenk-schmerzen.
... dann hatte er plötzlich einen Wachs-tums-schub.
Später: 1,85 m
Dadurch bemerkte ich ...

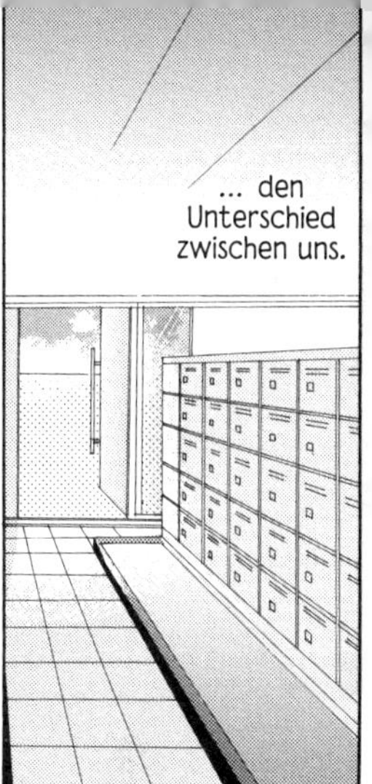
... den Unterschied zwischen uns.

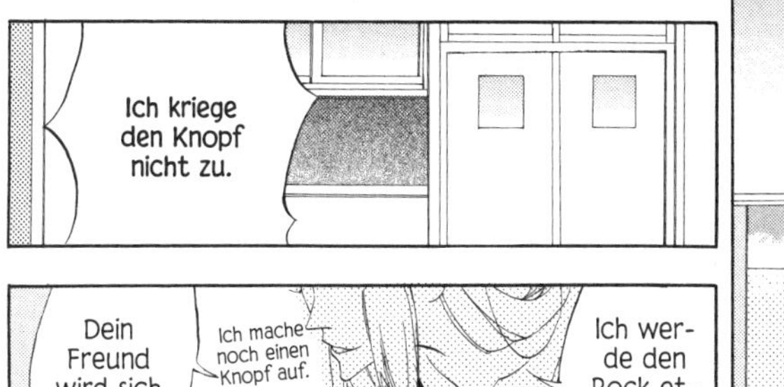
Ich kriege den Knopf nicht zu.

Ich wer-de den Rock et-was mehr umkrem-peln.
Sexy!
Ich mache noch einen Knopf auf.
Dein Freund wird sich sicher freuen.
Ha ha ha
Ah, wie lustig.

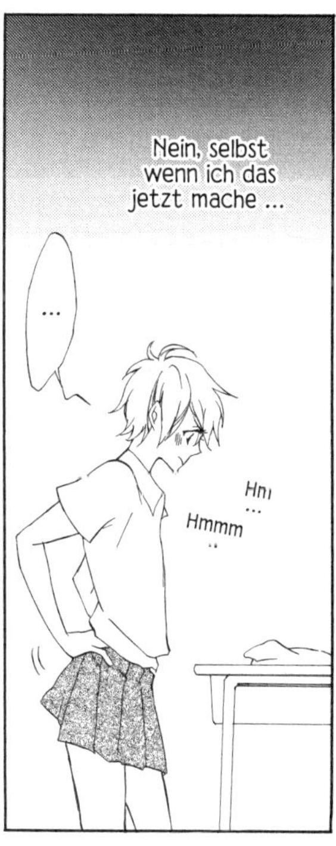
Nein, selbst wenn ich das jetzt mache ...
...
Hm
Hmmm

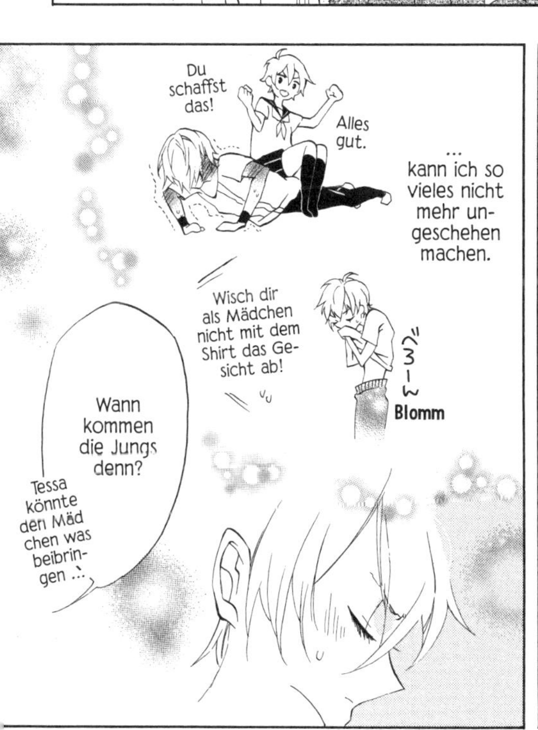
... kann ich so vieles nicht mehr un-geschehen machen.
Du schaffst das!
Alles gut.
Wisch dir als Mädchen nicht mit dem Shirt das Ge-sicht ab!
Blomm
Wann kommen die Jungs denn?
Tessa könnte den Mäd chen was beibrin-gen ...

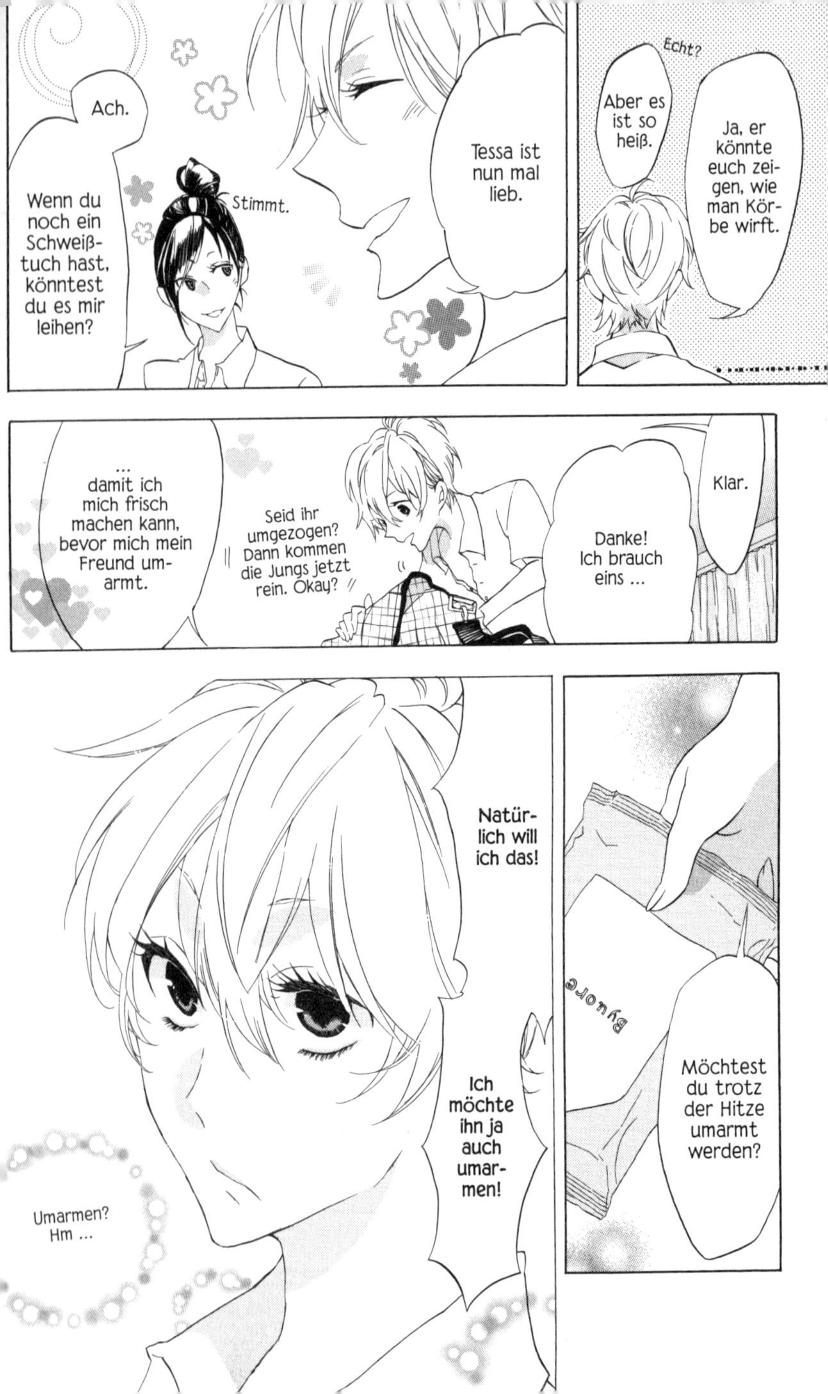
Ja, er könnte euch zeigen, wie man Körbe wirft.
Echt?
Aber es ist so heiß.
Tessa ist nun mal lieb.
Ach.
Stimmt.
Wenn du noch ein Schweißtuch hast, könntest du es mir leihen?
Klar.
Danke! Ich brauch eins ...
Seid ihr umgezogen? Dann kommen die Jungs jetzt rein. Okay?
... damit ich mich frisch machen kann, bevor mich mein Freund umarmt.
Möchtest du trotz der Hitze umarmt werden?
Natürlich will ich das!
Ich möchte ihn ja auch umarmen!
Umarmen? Hm ...

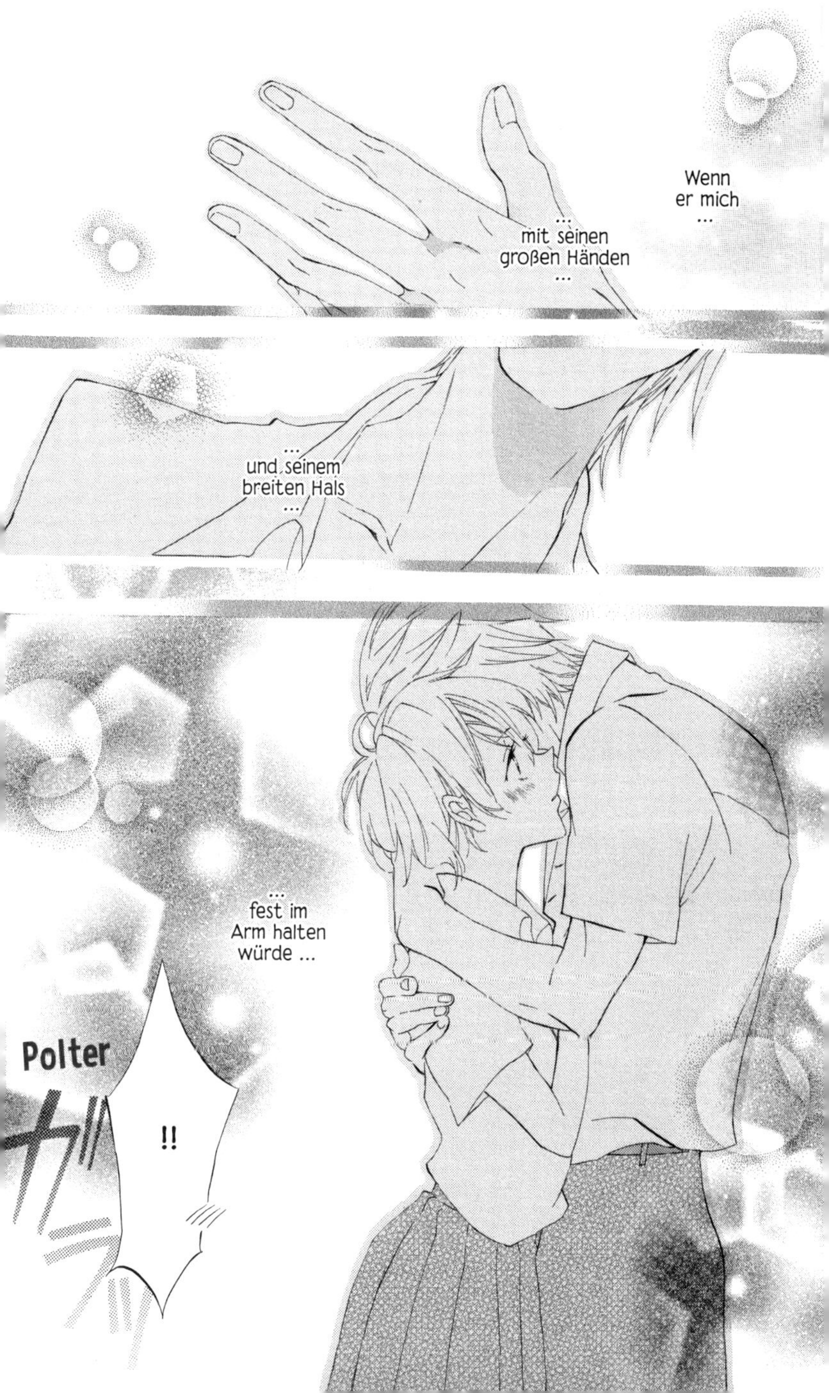
Wenn er mich ...
... mit seinen großen Händen ...
... und seinem breiten Hals ...
... fest im Arm halten würde ...
Polter
!!

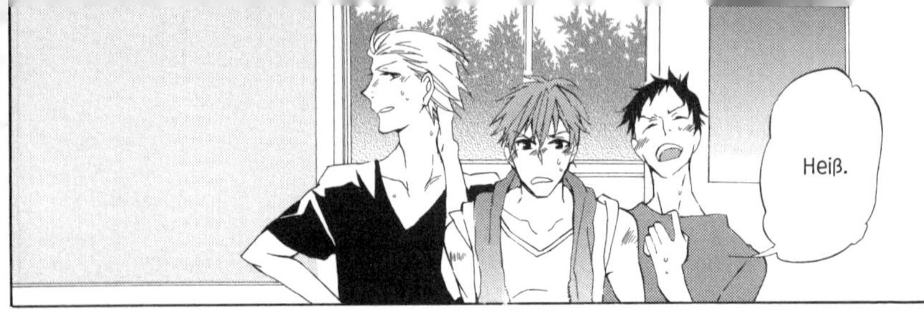

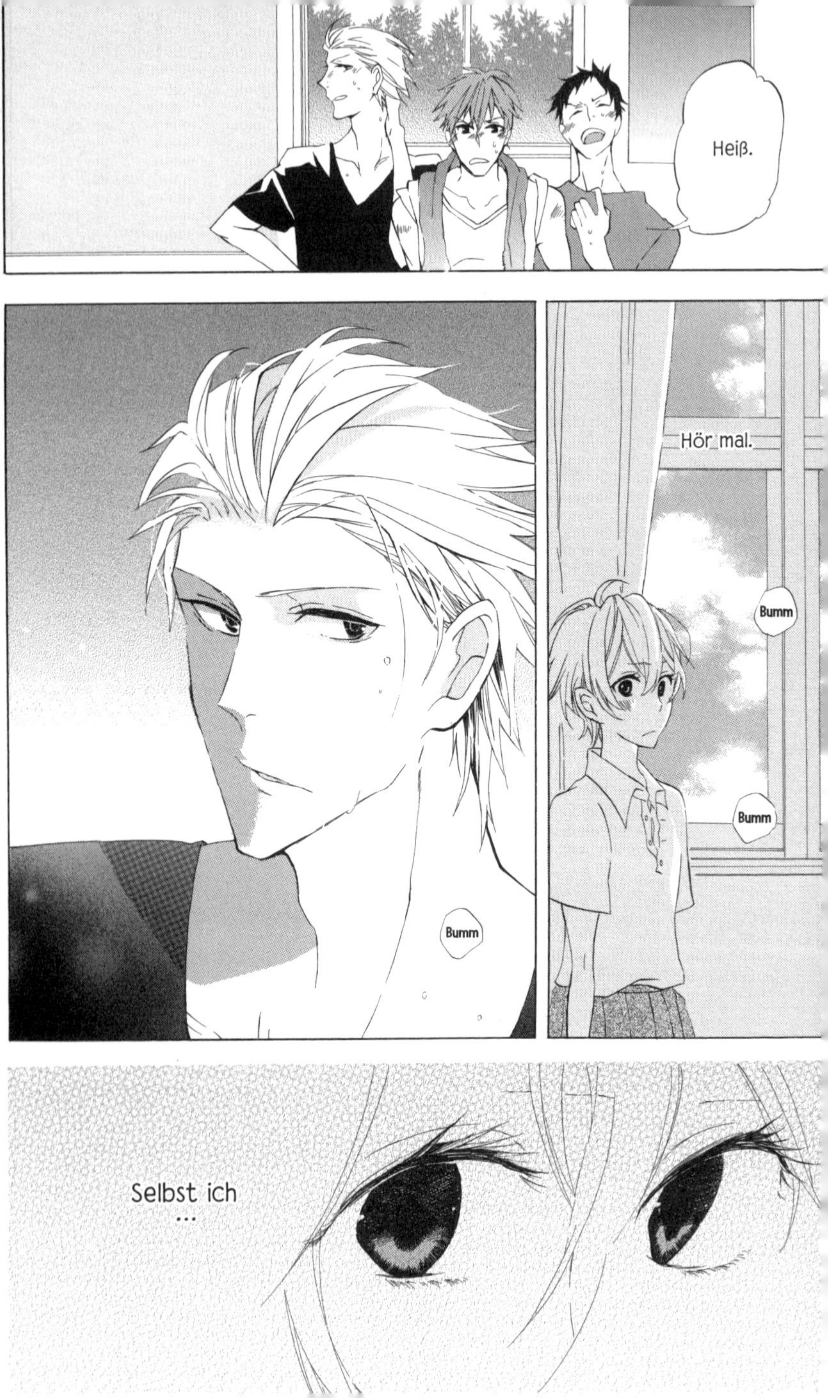

Hör mal.

Bumm

Bumm

Bumm

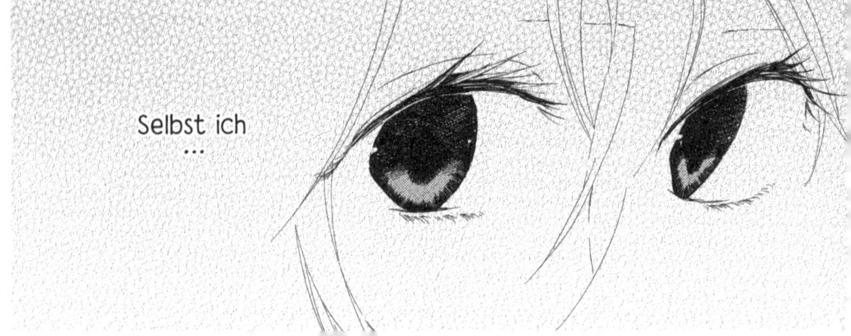

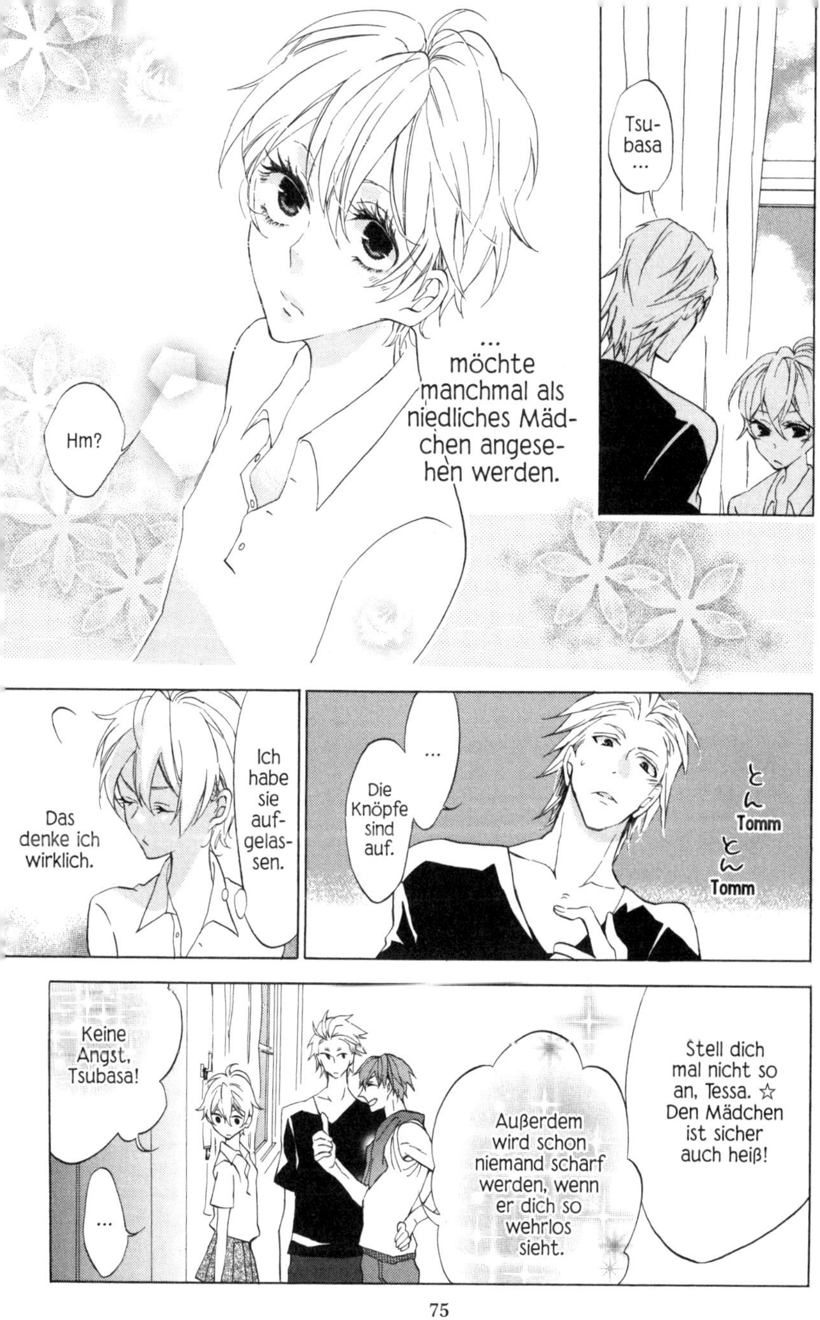

Tsubasa ...

... möchte manchmal als niedliches Mädchen angesehen werden.

Hm?

とん Tomm

とん Tomm

...

Die Knöpfe sind auf.

Ich habe sie aufgelassen.

Das denke ich wirklich.

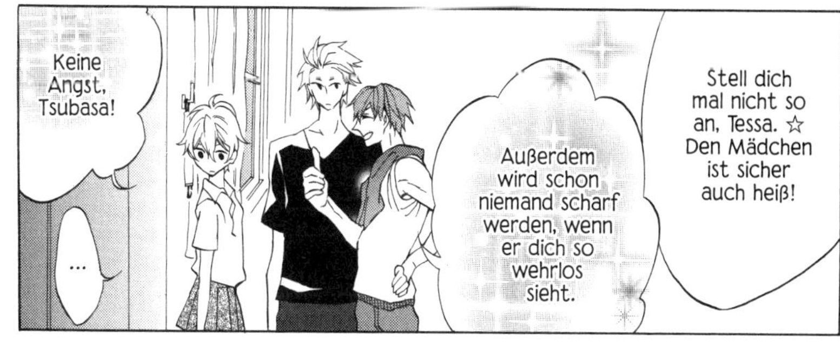

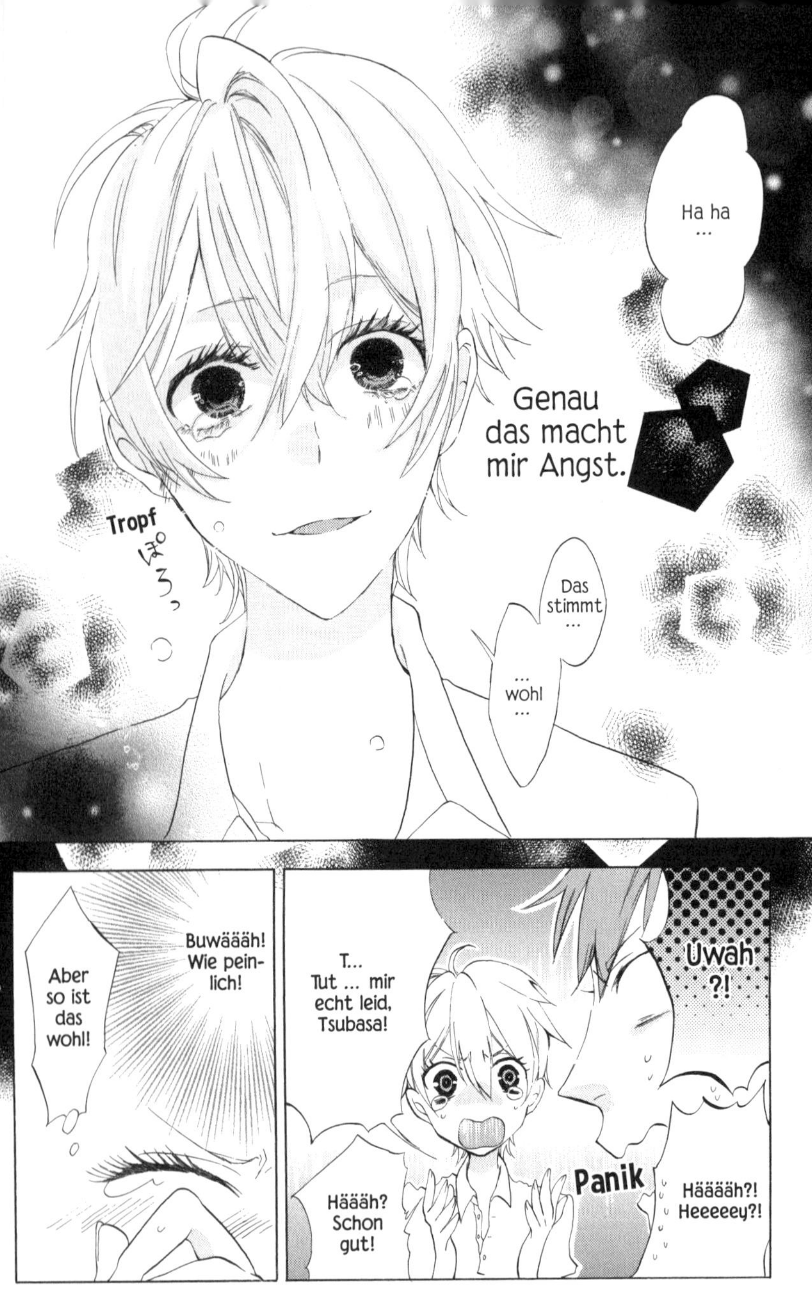
Ha ha …
Genau das macht mir Angst.
Tropf
ぽろっ
Das stimmt …
… wohl …
Uwah ?!
T… Tut … mir echt leid, Tsubasa!
Buwäääh! Wie peinlich!
Aber so ist das wohl!
Häääääh?! Heeeeey?!
Panik
Häääh? Schon gut!

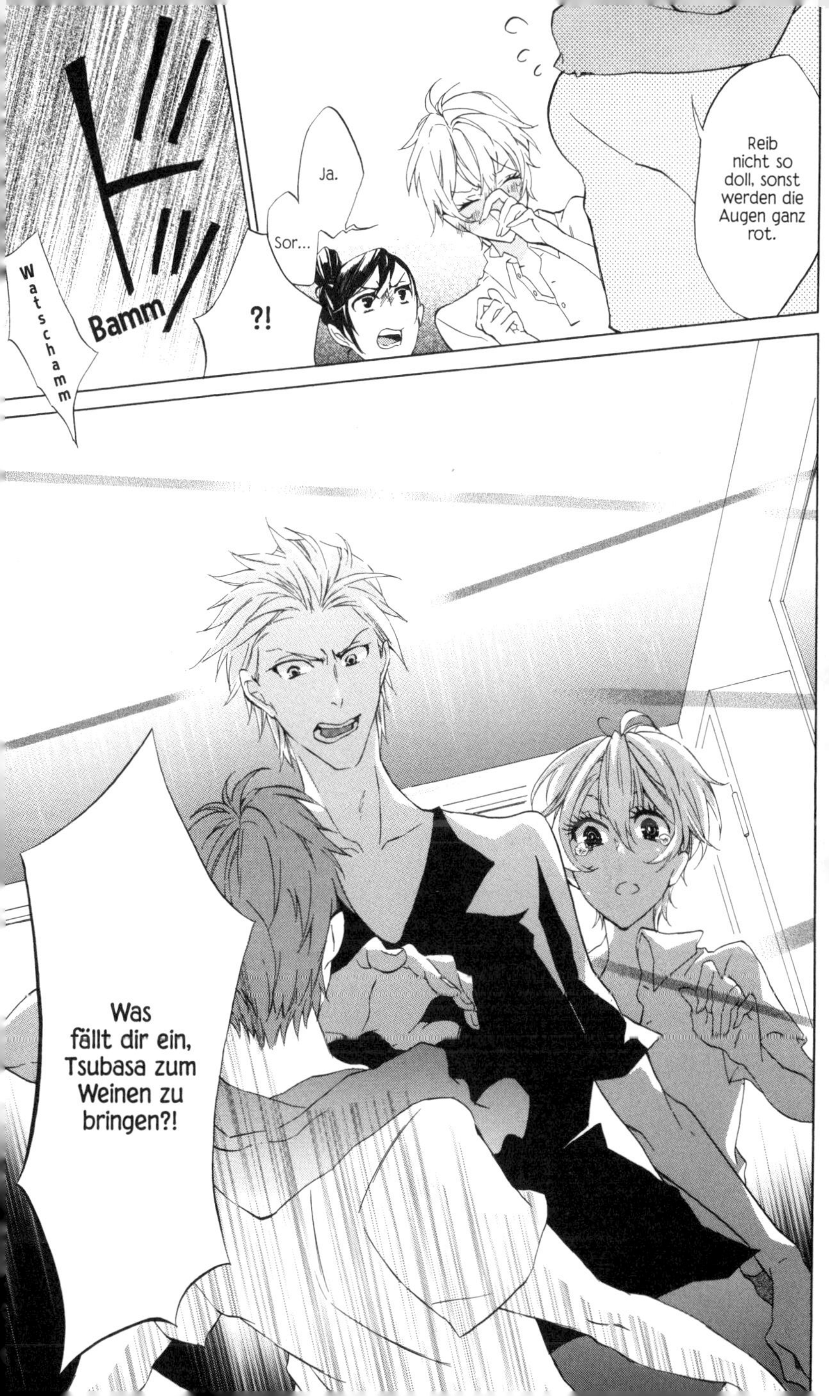
Reib nicht so doll, sonst werden die Augen ganz rot.
Ja.
Sor...
?!
Bamm
Watschamm
Was fällt dir ein, Tsubasa zum Weinen zu bringen?!

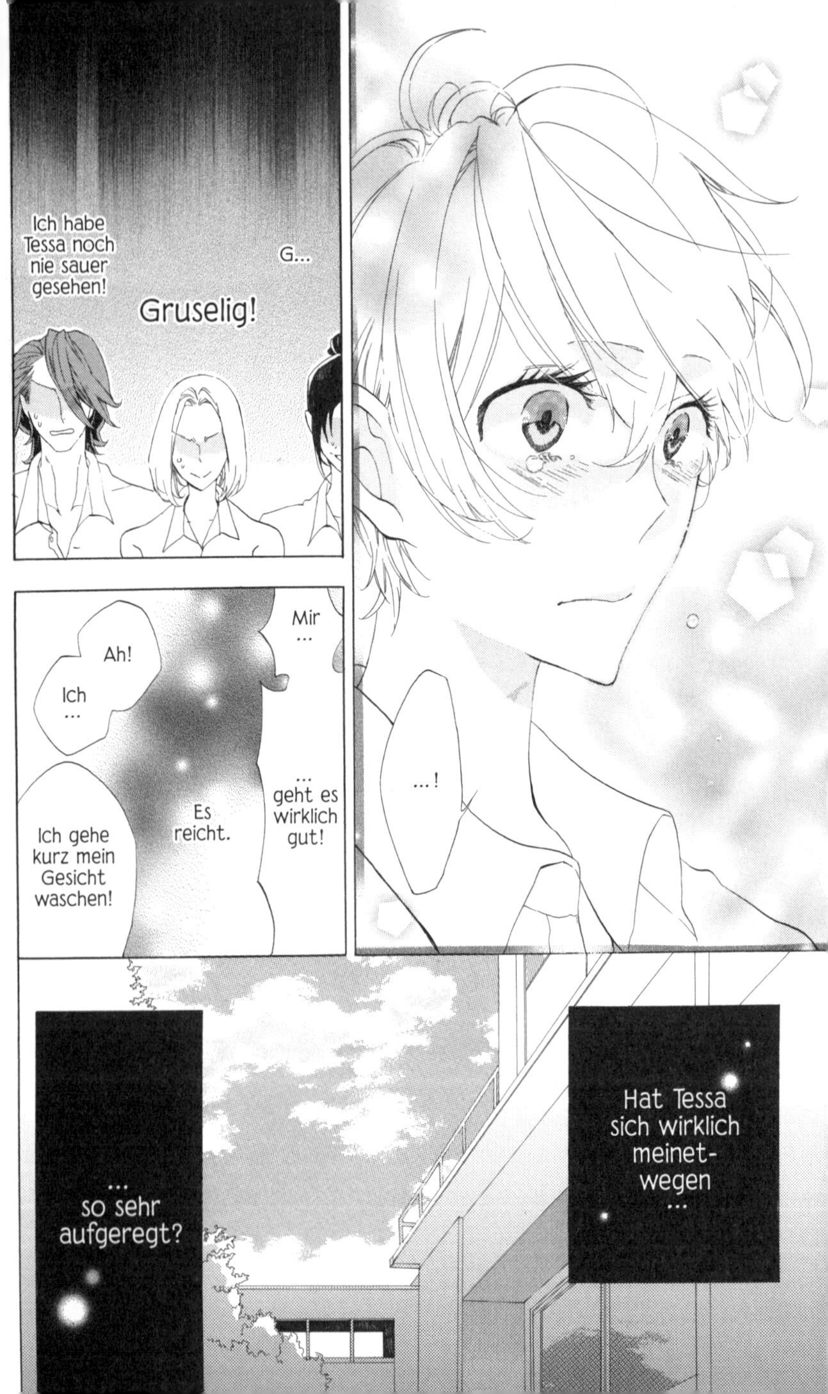
G...
Ich habe Tessa noch nie sauer gesehen!
Gruselig!
Mir ... ... geht es wirklich gut!
Ah! Ich ...
Es reicht.
Ich gehe kurz mein Gesicht waschen!
...!
Hat Tessa sich wirklich meinet-wegen ...
... so sehr aufgeregt?

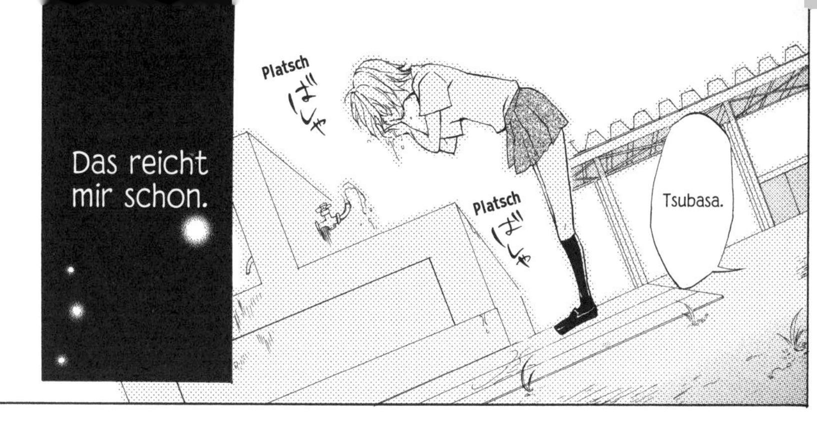
Tsubasa.
Platsch
ばしゃ
Platsch
ばしゃ
Das reicht mir schon.

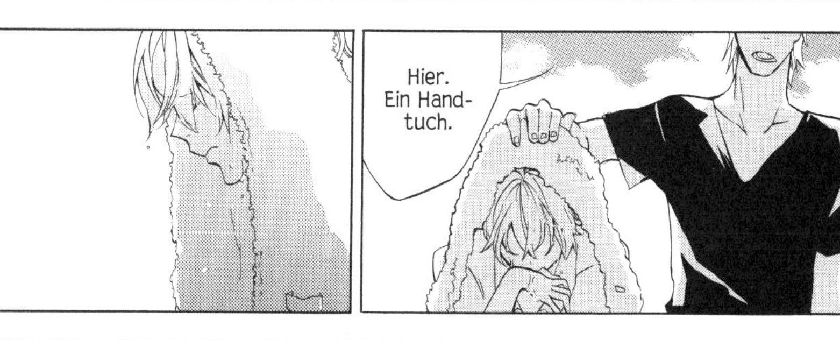
Hier. Ein Handtuch.

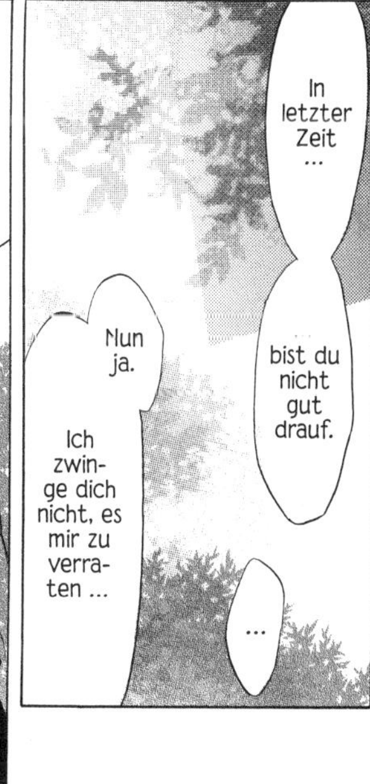
In letzter Zeit ...
... bist du nicht gut drauf.
...
Nun ja.
Ich zwinge dich nicht, es mir zu verraten ...

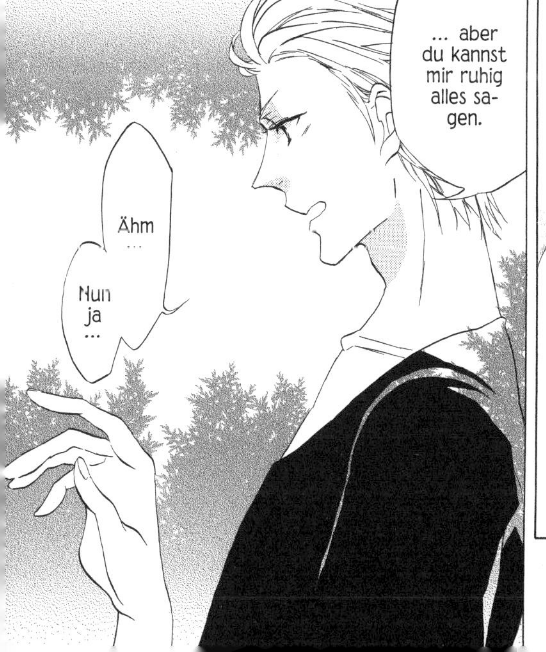
... aber du kannst mir ruhig alles sagen.
Ähm ...
Nun ja ...

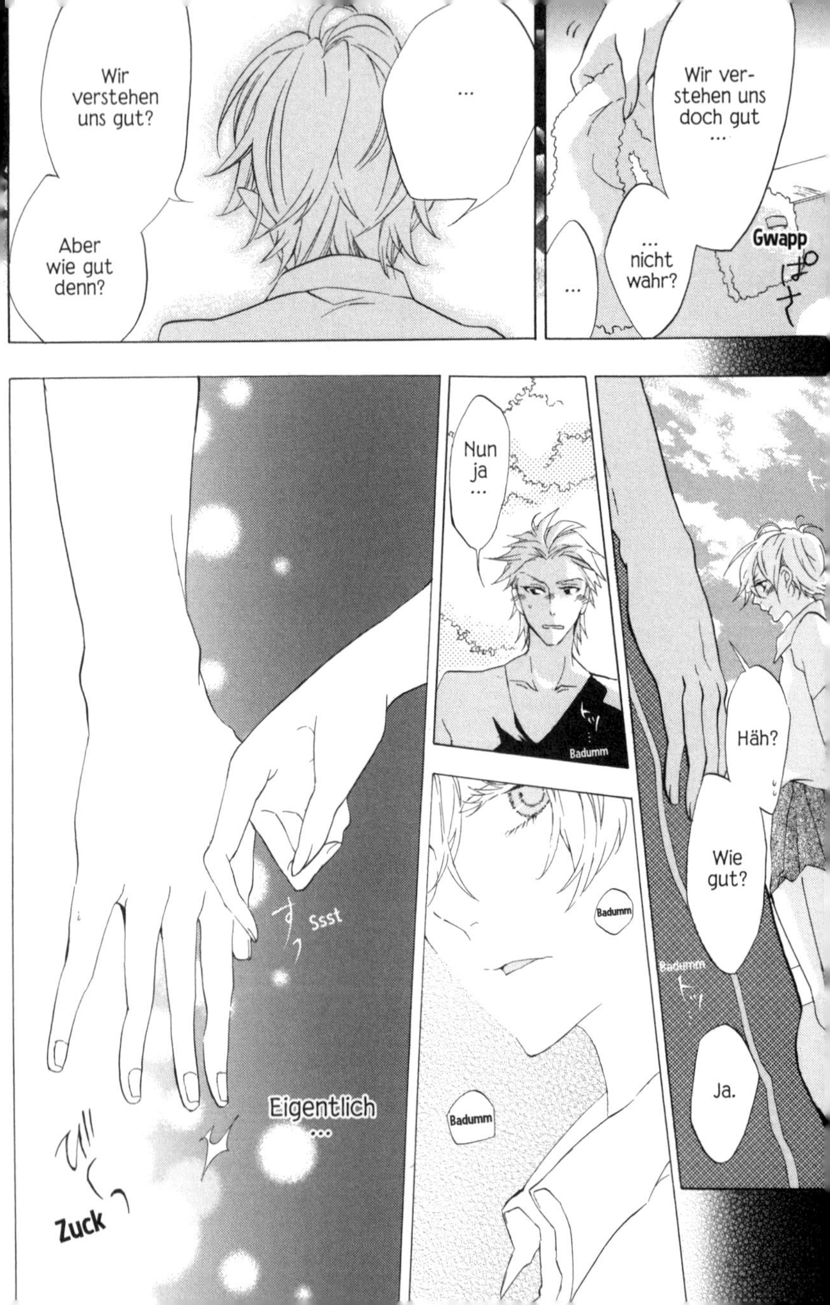
Wir verstehen uns doch gut …
… nicht wahr?
Gwapp
…
…
Wir verstehen uns gut?
Aber wie gut denn?
Häh?
Wie gut?
Badumm
Ja.
Nun ja …
Badumm
Badumm
Badumm
Ssst
Eigentlich …
Zuck

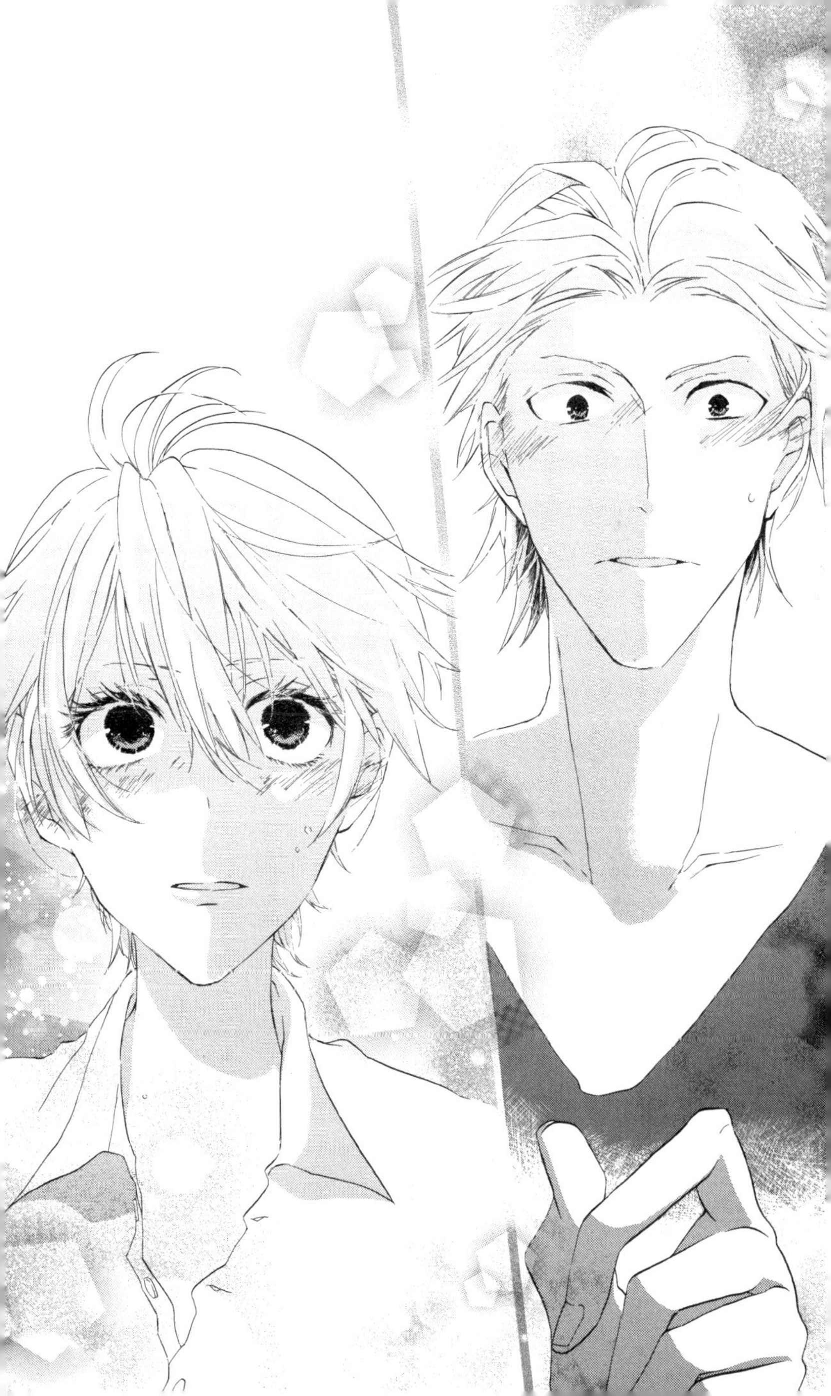

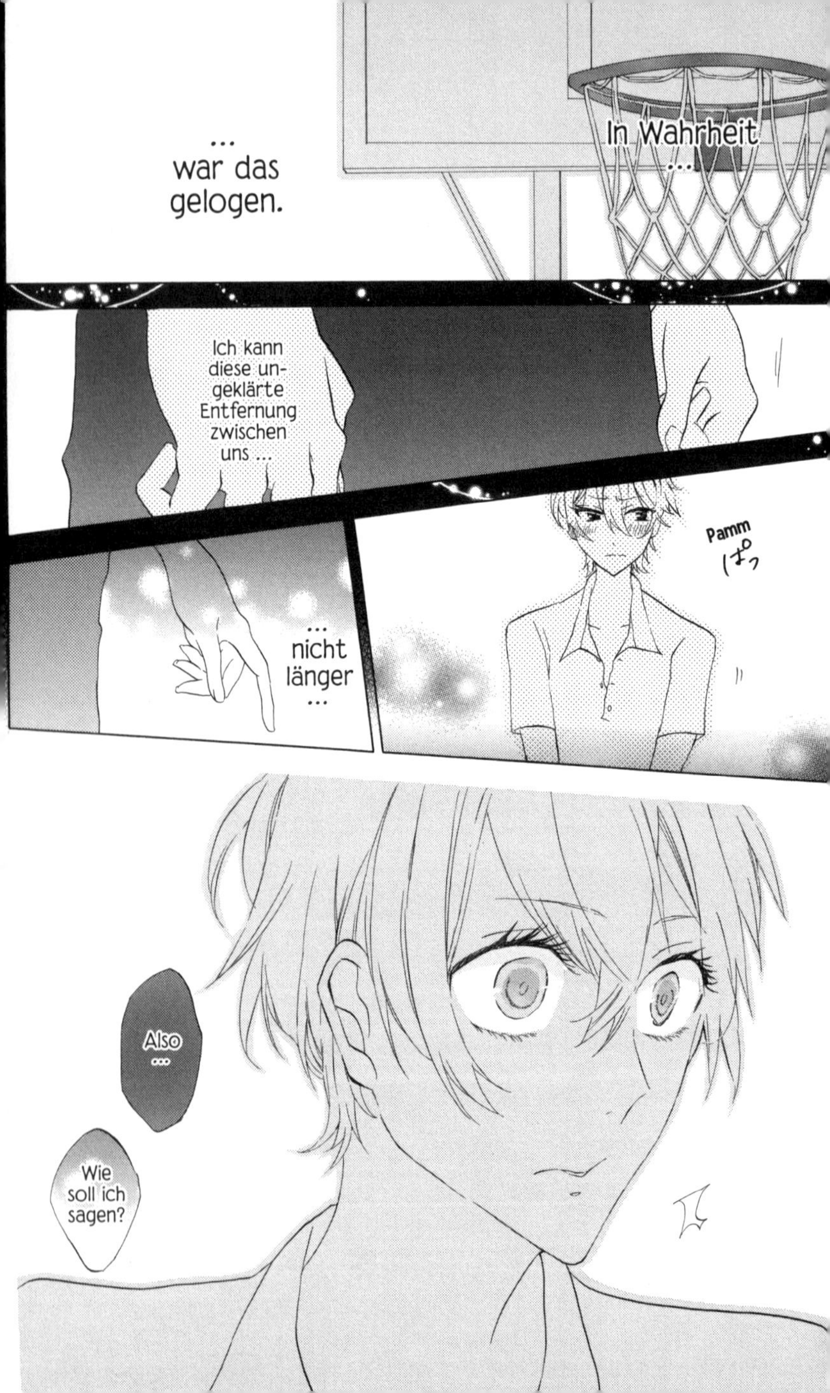
In Wahrheit …
… war das gelogen.
Ich kann diese ungeklärte Entfernung zwischen uns …
Pamm
ぽっ
… nicht länger …
Also …
Wie soll ich sagen?

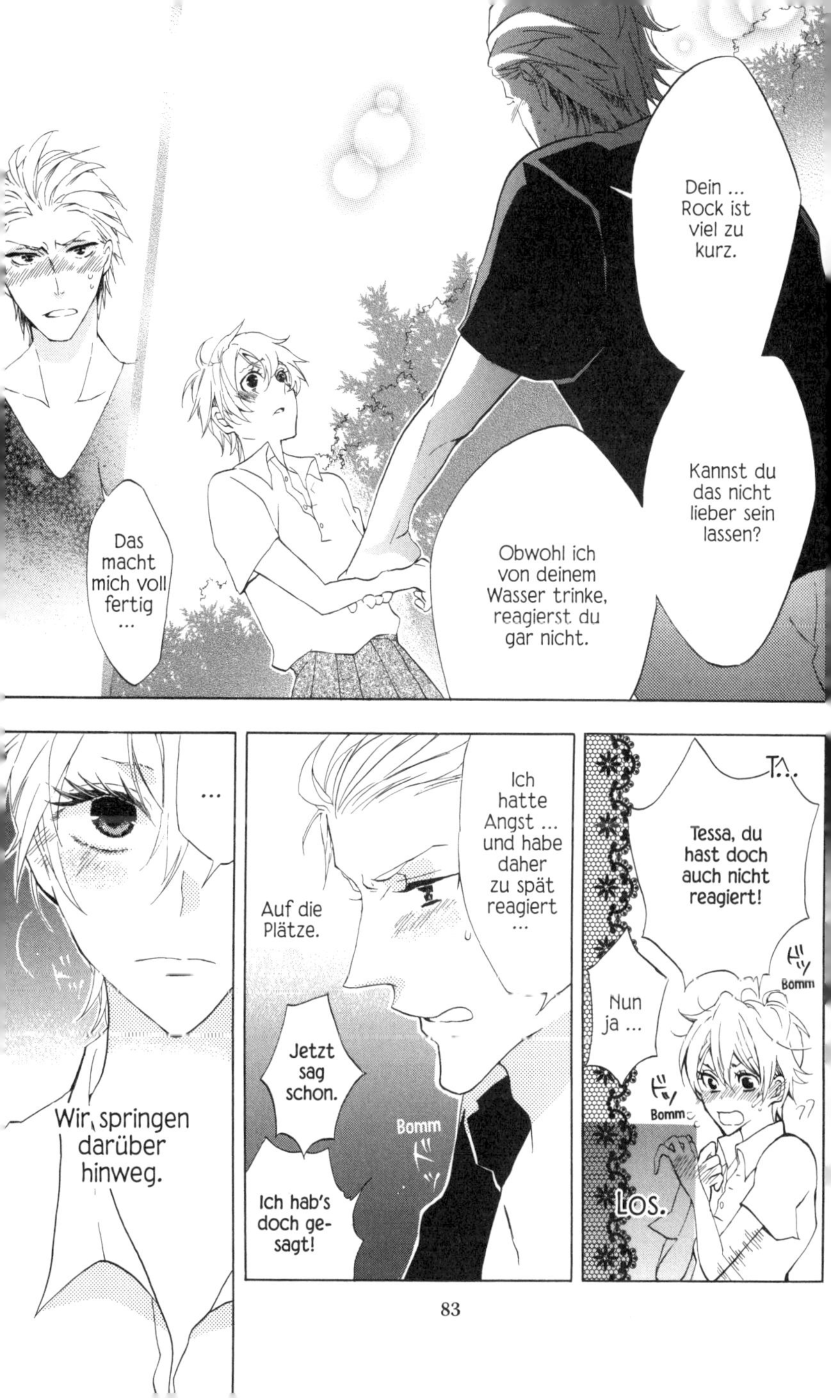

Dein ... Rock ist viel zu kurz.

Kannst du das nicht lieber sein lassen?

Obwohl ich von deinem Wasser trinke, reagierst du gar nicht.

Das macht mich voll fertig ...

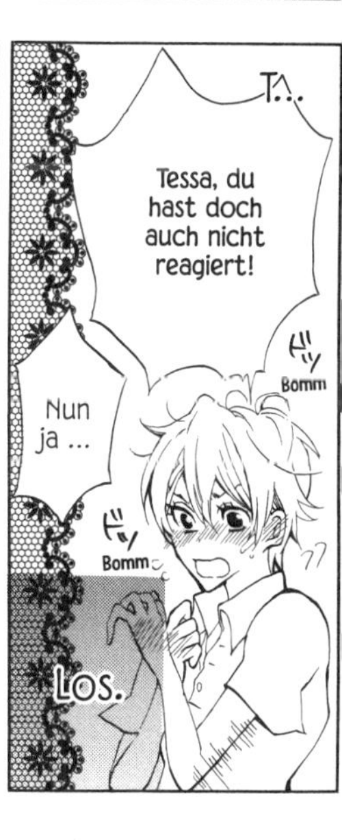

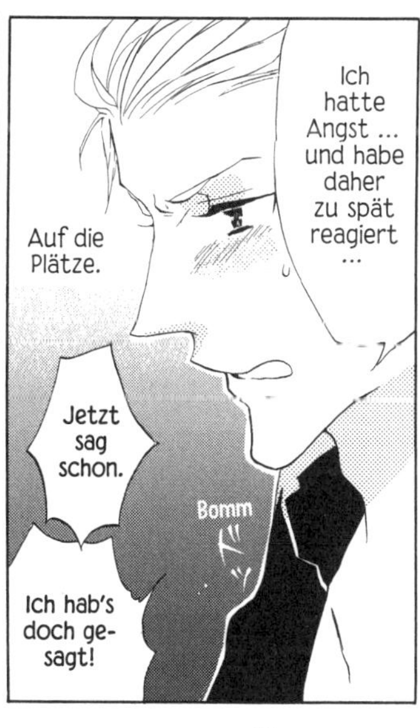

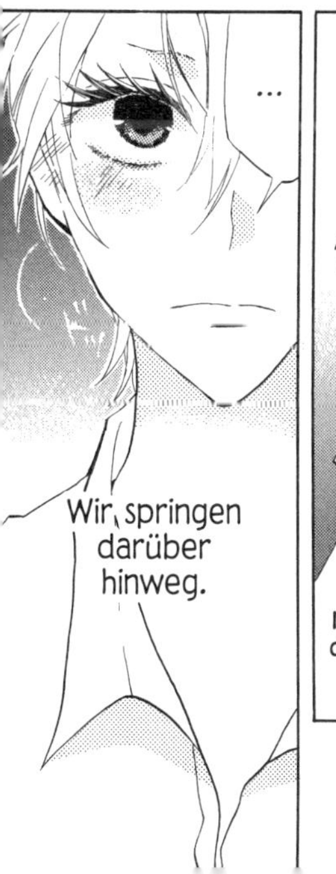

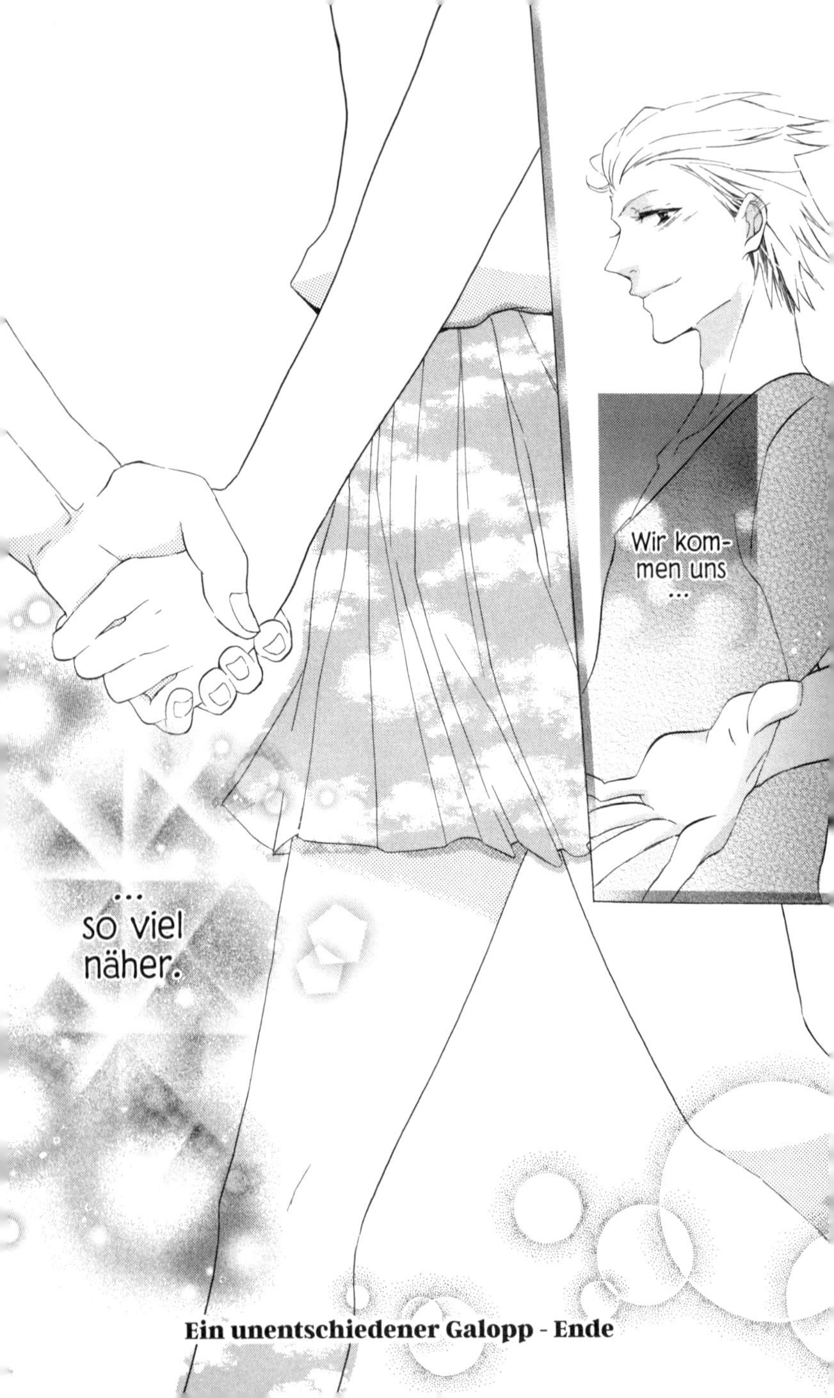

Ein unentschiedener Galopp - Ende

Ein unentschiedener Galopp

Zwar gibt es von Hakusensha den Athena-Preis für neue Mangaka nicht mehr, aber ich habe mit diesem Werk damals den Preis für eine hervorragende Leistung erhalten.

Als ich die Geschichte für diese Sammlung noch einmal gelesen habe, kam sie mir wirklich erfrischend vor. Ich war überrascht, dass ich so etwas gezeichnet hatte. Mir haben die Zeichnungen von Tessa und Tsubasa echt gut gefallen.

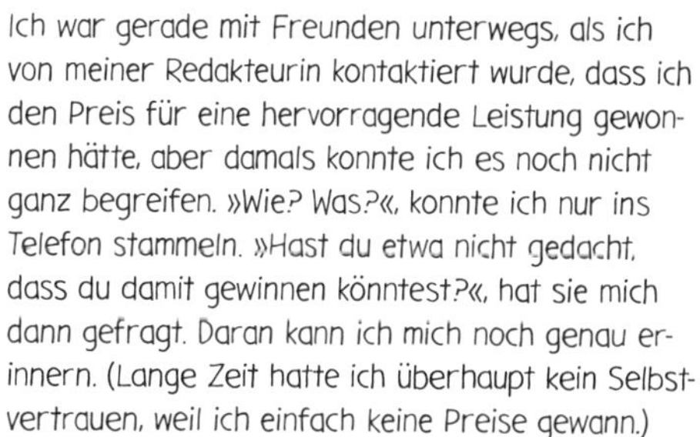

Ich war gerade mit Freunden unterwegs, als ich von meiner Redakteurin kontaktiert wurde, dass ich den Preis für eine hervorragende Leistung gewonnen hätte, aber damals konnte ich es noch nicht ganz begreifen. »Wie? Was?«, konnte ich nur ins Telefon stammeln. »Hast du etwa nicht gedacht, dass du damit gewinnen könntest?«, hat sie mich dann gefragt. Daran kann ich mich noch genau erinnern. (Lange Zeit hatte ich überhaupt kein Selbstvertrauen, weil ich einfach keine Preise gewann.)

Fiebrig mitten in der Nacht und *Ein unentschiedener Galopp* sind zwei Geschichten aus der Zeit, wo ich bei vielen Wettbewerben mitgemacht habe. Ich habe viele schöne Erinnerungen an sie.

Laufbahn der Stellas

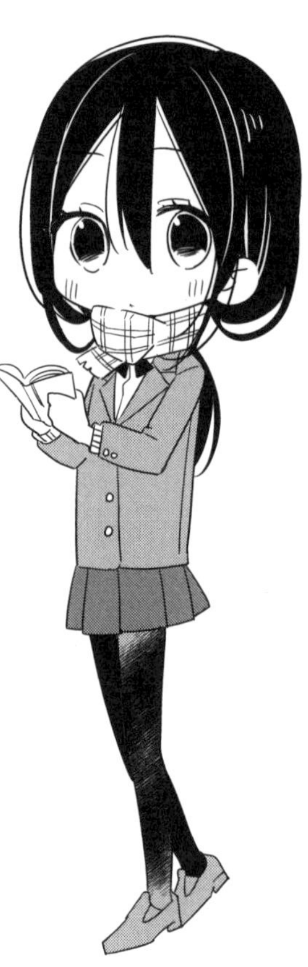

Die Monologe am Anfang und beim Höhepunkt brachten mich dazu, diese Geschichte zu zeichnen.

Eigentlich wollte ich ein sportliches Mädchen und einen schlauen Jungen zeichnen, aber meine Redakteurin gab mir den Ratschlag, dass es andersrum doch sicherlich spannender wäre. So ist am Ende diese Geschichte dabei rausgekommen.

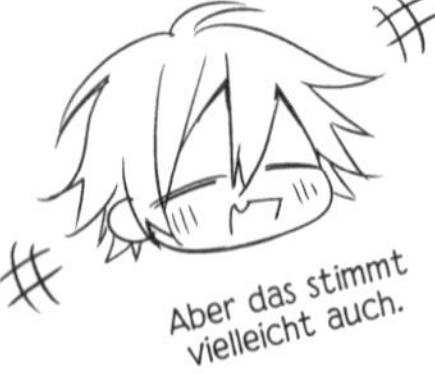

Meine Redakteurin meinte auch, dass Erihara ganz schön frech wäre.

Ich liebe das Wort Stella. Es bedeutet Stern. Bei *Azfareo* habe ich es auch als Namen verwendet, aber im Titel dieser Geschichte passt es einfach perfekt. (Dabei habe ich sonst immer Probleme damit, einen Titel zu finden.)

Als Catchphrase hatte sich meine Redakteurin fürs Magazin folgenden Satz ausgedacht: »Springe und gewinne den Stern für dich!« Vielen lieben Dank dafür!

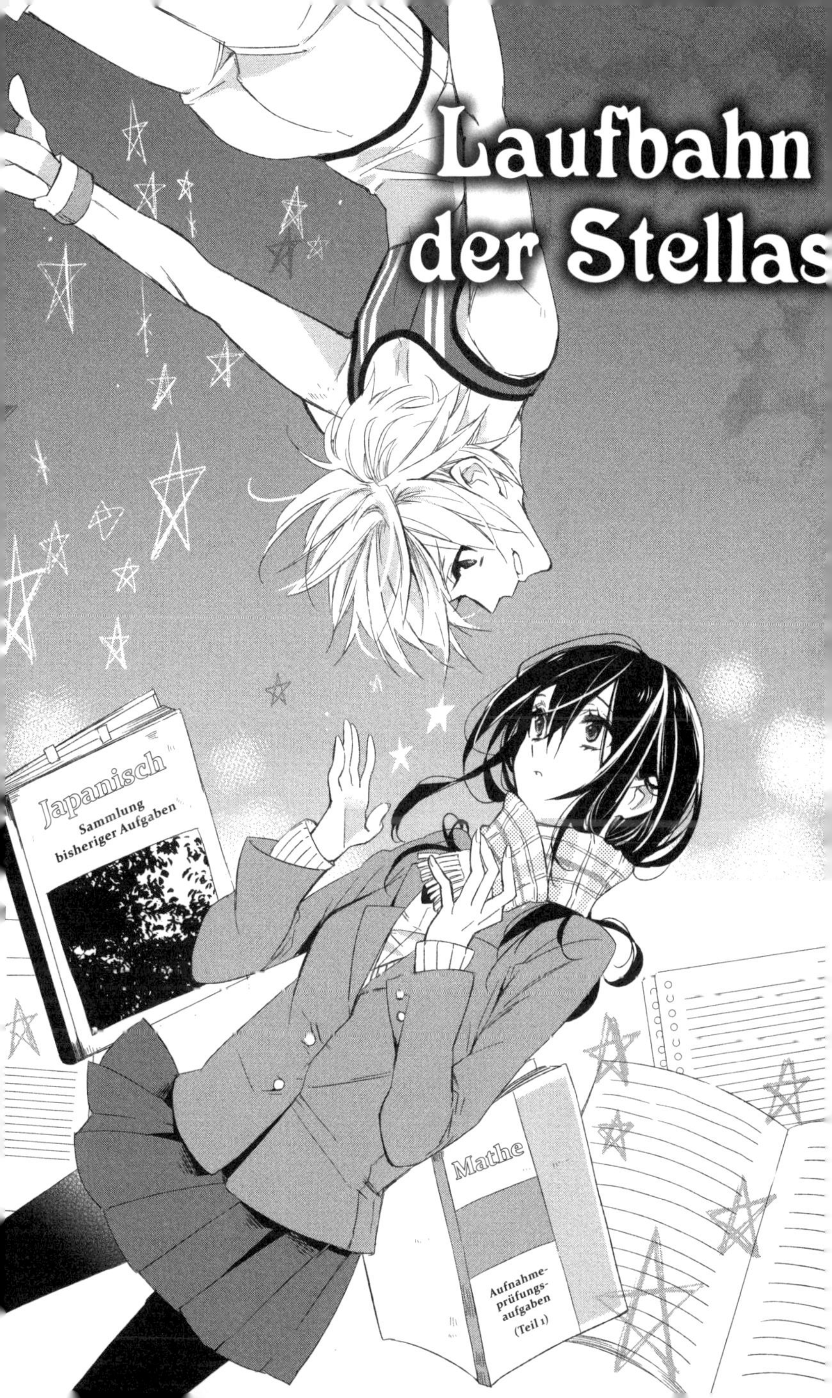
Laufbahn der Stellas
Japanisch
Sammlung bisheriger Aufgaben
Mathe
Aufnahme-
prüfungs-
aufgaben
(Teil 1)

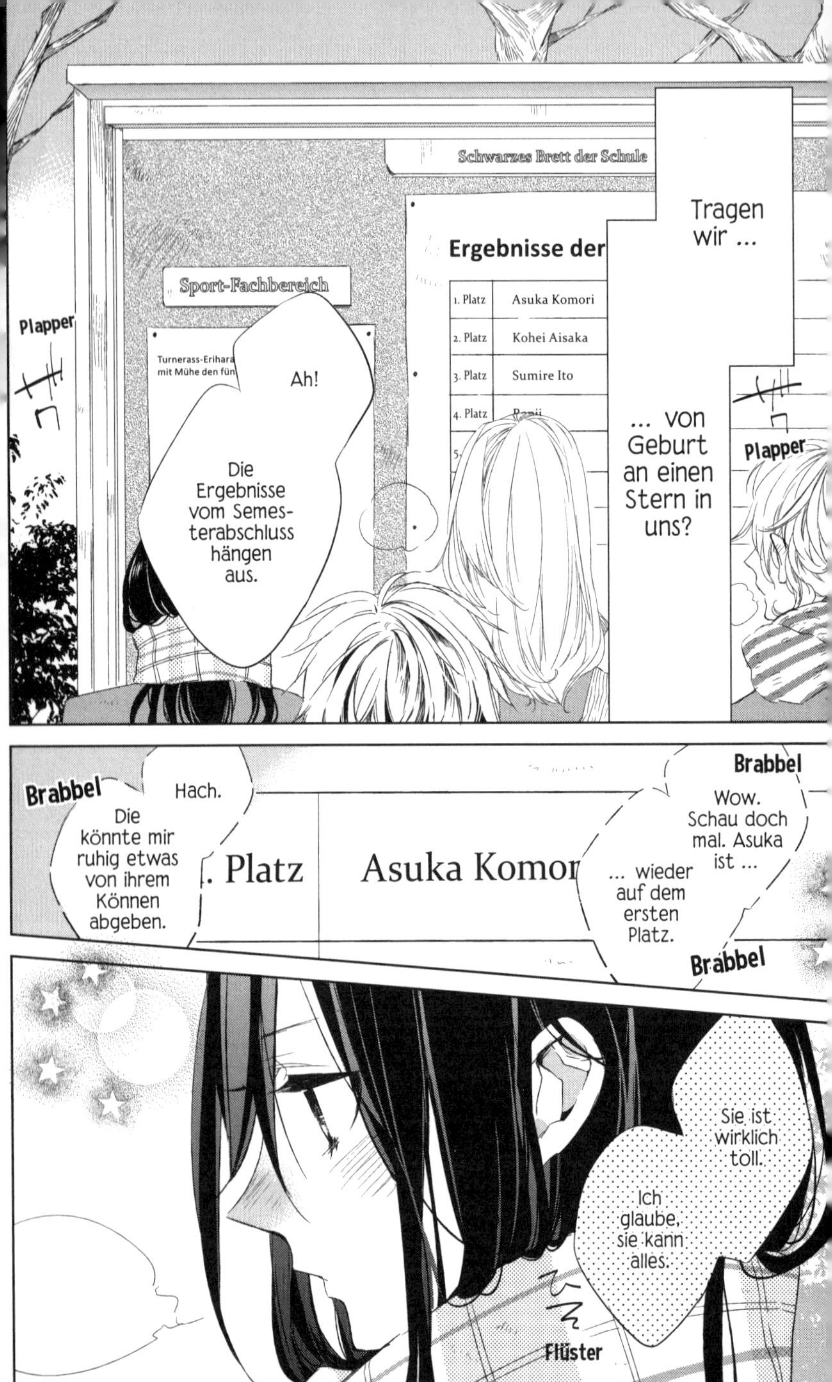
Schwarzes Brett der Schule
Tragen wir ...
... von Geburt an einen Stern in uns?
Plapper
Ergebnisse der
1. Platz Asuka Komori
2. Platz Kohei Aisaka
3. Platz Sumire Ito
4. Platz
Sport-Fachbereich
Ah!
Die Ergebnisse vom Semesterabschluss hängen aus.
Plapper
Brabbel
Wow. Schau doch mal. Asuka ist ...
... wieder auf dem ersten Platz.
Brabbel
Hach.
Die könnte mir ruhig etwas von ihrem Können abgeben.
Brabbel
Sie ist wirklich toll.
Ich glaube, sie kann alles.
Flüster

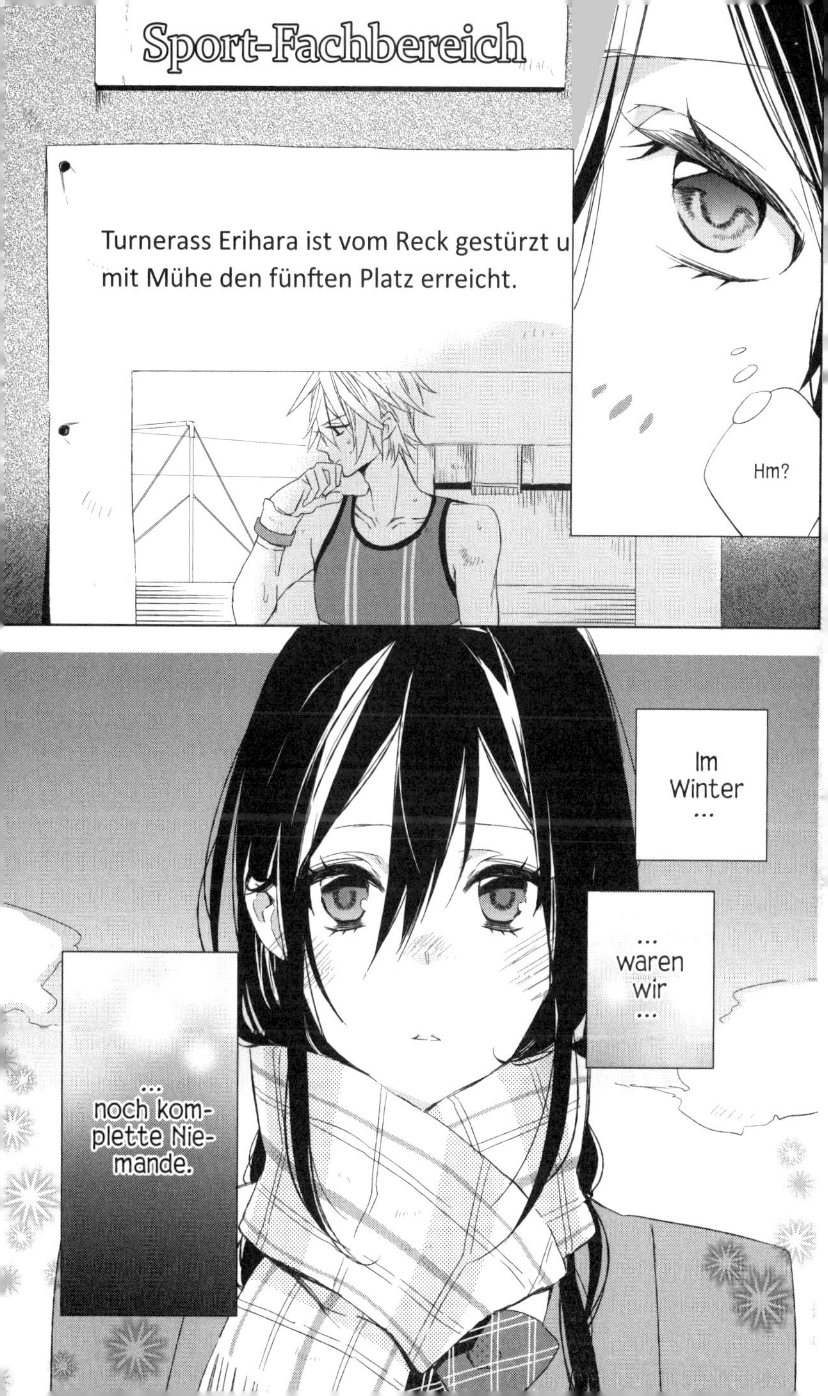
Sport-Fachbereich
Turnerass Erihara ist vom Reck gestürzt u
mit Mühe den fünften Platz erreicht.
Hm?
Im Winter ...
... waren wir ...
... noch komplette Niemande.

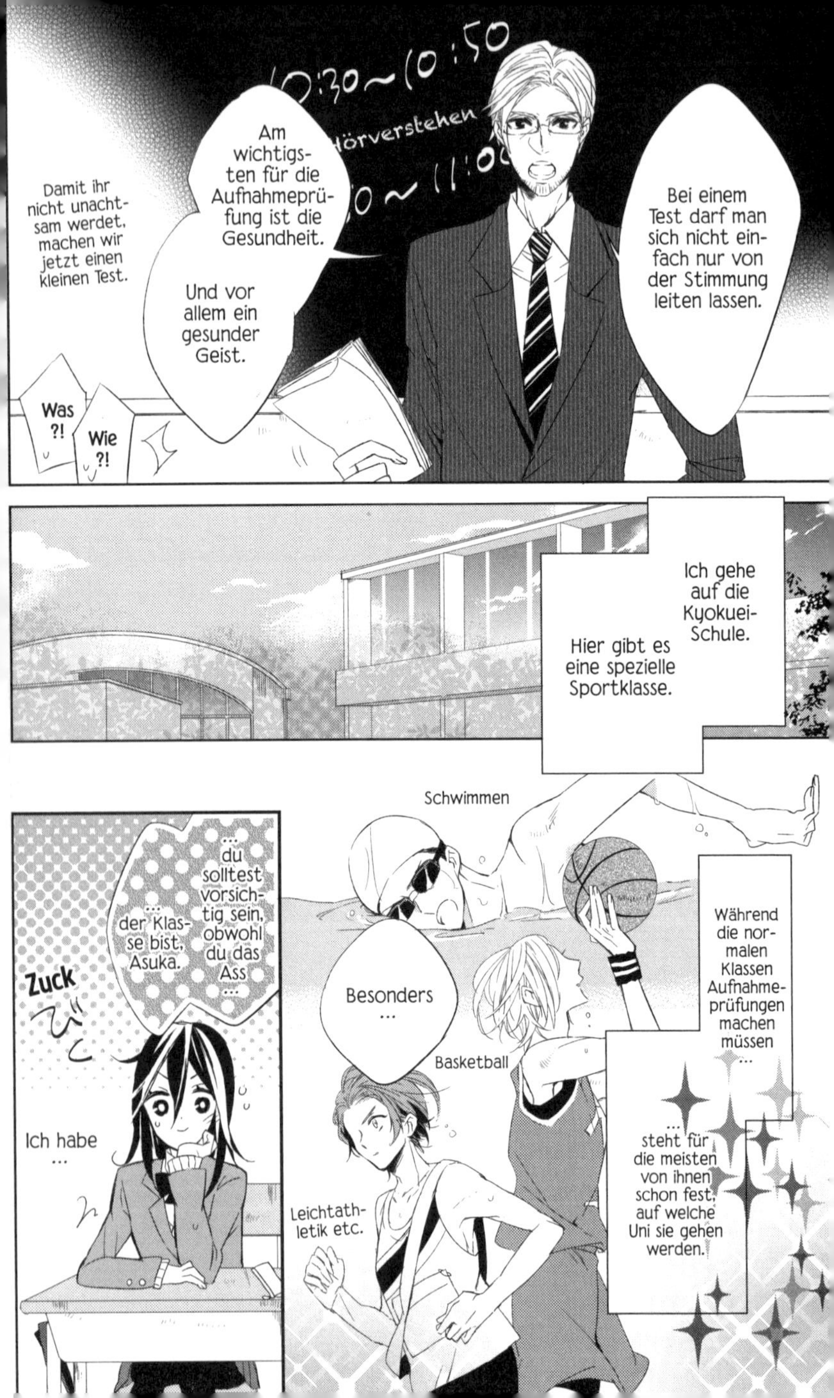

10:30~10:50

Hörverstehen

Bei einem Test darf man sich nicht einfach nur von der Stimmung leiten lassen.

Am wichtigsten für die Aufnahmeprüfung ist die Gesundheit.

Und vor allem ein gesunder Geist.

Damit ihr nicht unachtsam werdet, machen wir jetzt einen kleinen Test.

Was?!

Wie?!

Ich gehe auf die Kyokuei-Schule.

Hier gibt es eine spezielle Sportklasse.

Während die normalen Klassen Aufnahmeprüfungen machen müssen …

… steht für die meisten von ihnen schon fest, auf welche Uni sie gehen werden.

Schwimmen

Basketball

Leichtathletik etc.

Besonders …

… du solltest vorsichtig sein, obwohl du das Ass …

… der Klasse bist, Asuka.

Zuck

びく

Ich habe …

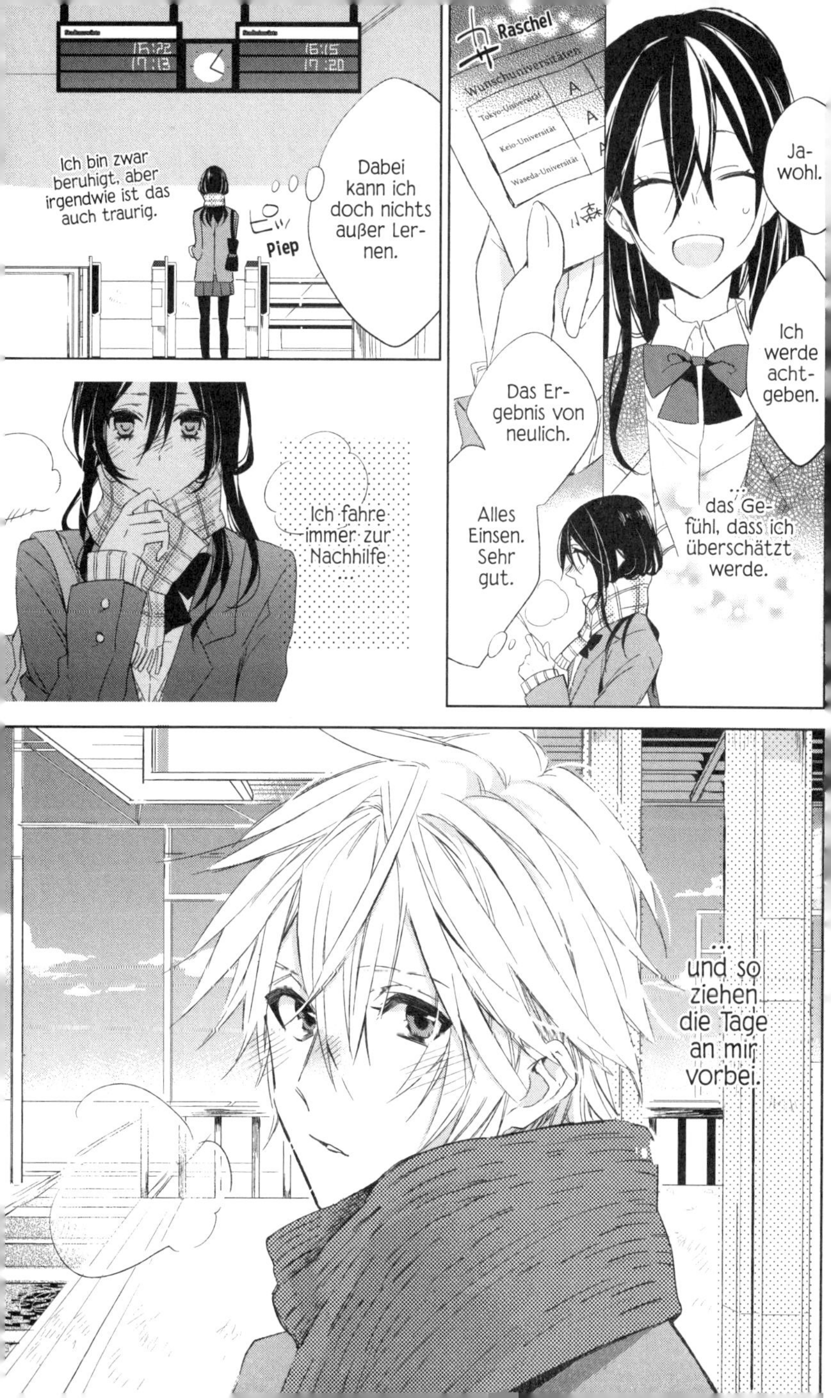

Raschel

Wunschuniversitäten

Tokyo-Universität A

Keio-Universität A

Waseda-Universität A

Das Ergebnis von neulich.

Ja-wohl.

Alles Einsen. Sehr gut.

Ich werde acht-geben.

... das Gefühl, dass ich überschätzt werde.

16:22 17:13 16:15 17:20

Piep

Dabei kann ich doch nichts außer Ler-nen.

Ich bin zwar beruhigt, aber irgendwie ist das auch traurig.

Ich fahre immer zur Nachhilfe ...

... und so ziehen die Tage an mir vorbei.

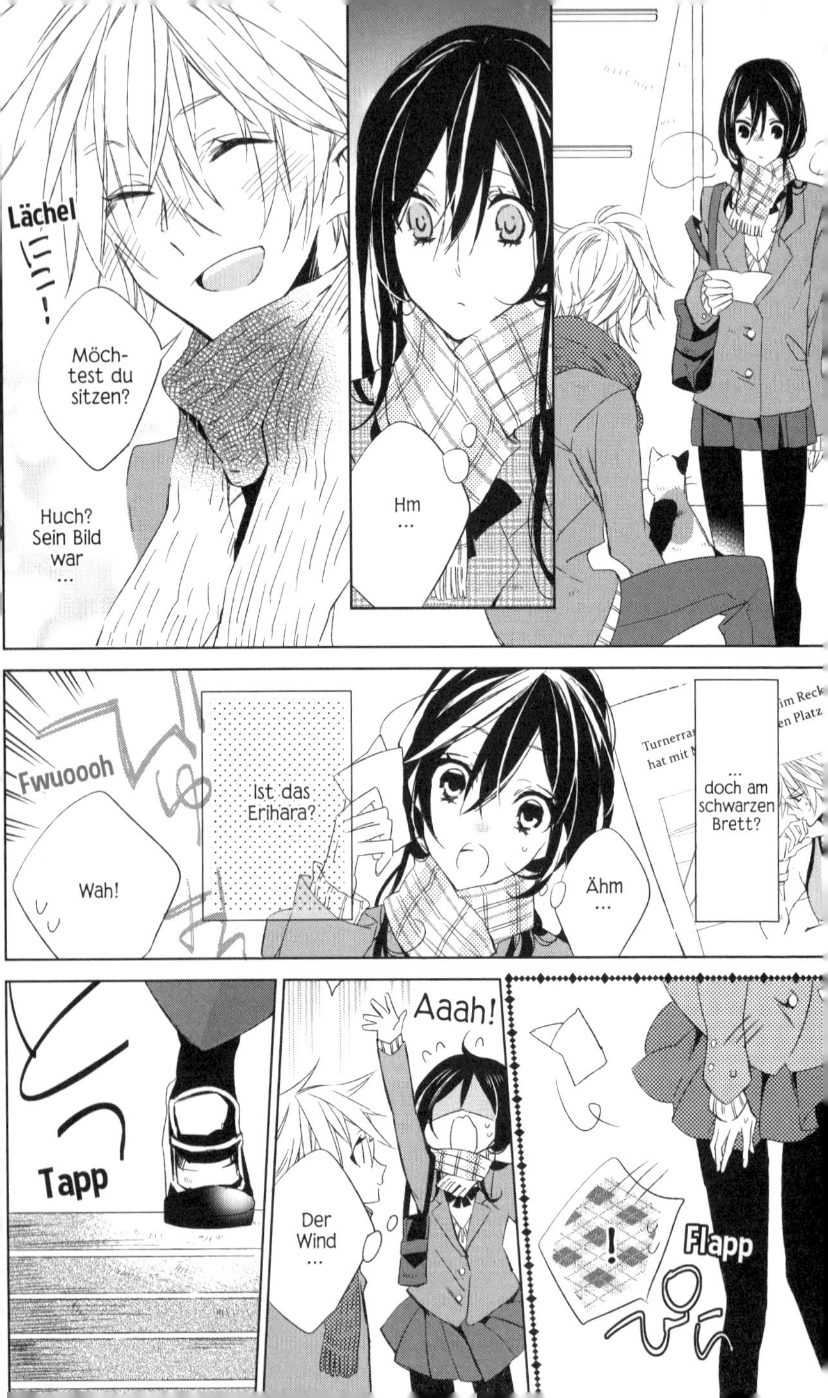

Hm
…
Lächel
Möch-
test du
sitzen?
Huch?
Sein Bild
war
…
…
doch am
schwarzen
Brett?
Ähm
…
Ist das
Erihara?
Fwuoooh
Wah!

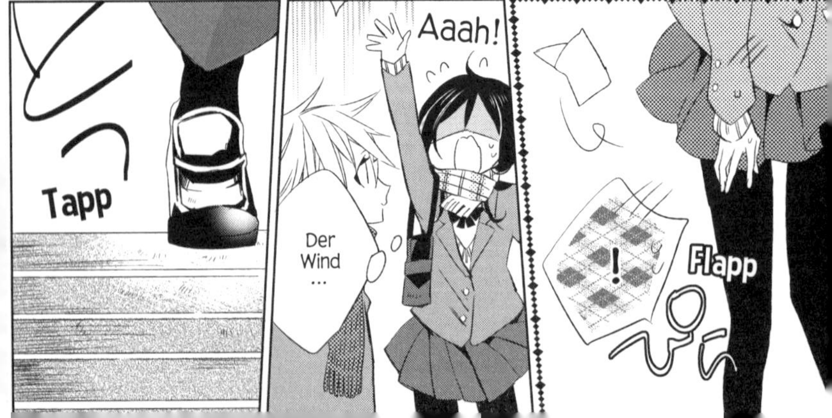

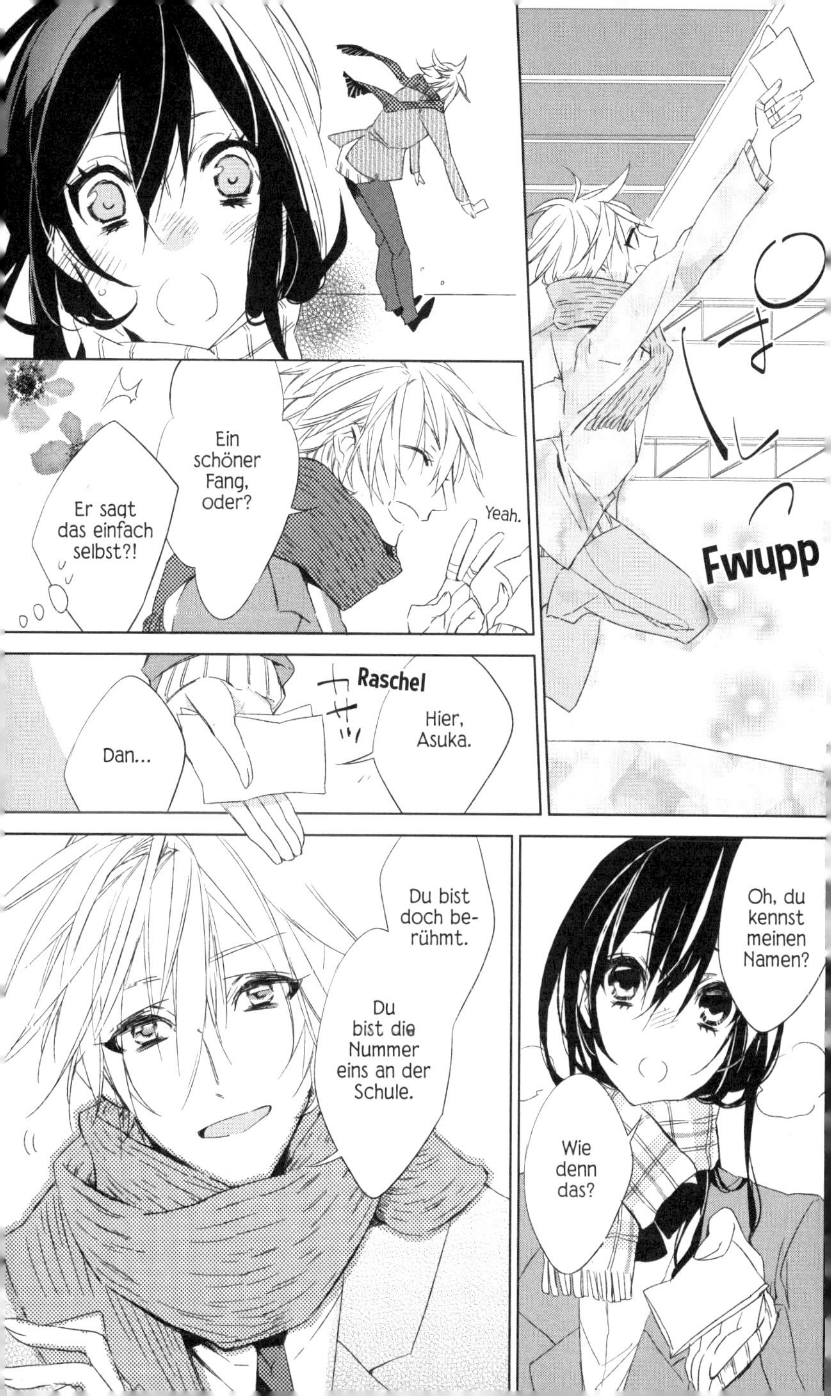

Fwupp
Ein schöner Fang, oder?
Yeah.
Er sagt das einfach selbst?!
Raschel
Hier, Asuka.
Dan…
Oh, du kennst meinen Namen?
Wie denn das?
Du bist doch be- rühmt.
Du bist die Nummer eins an der Schule.

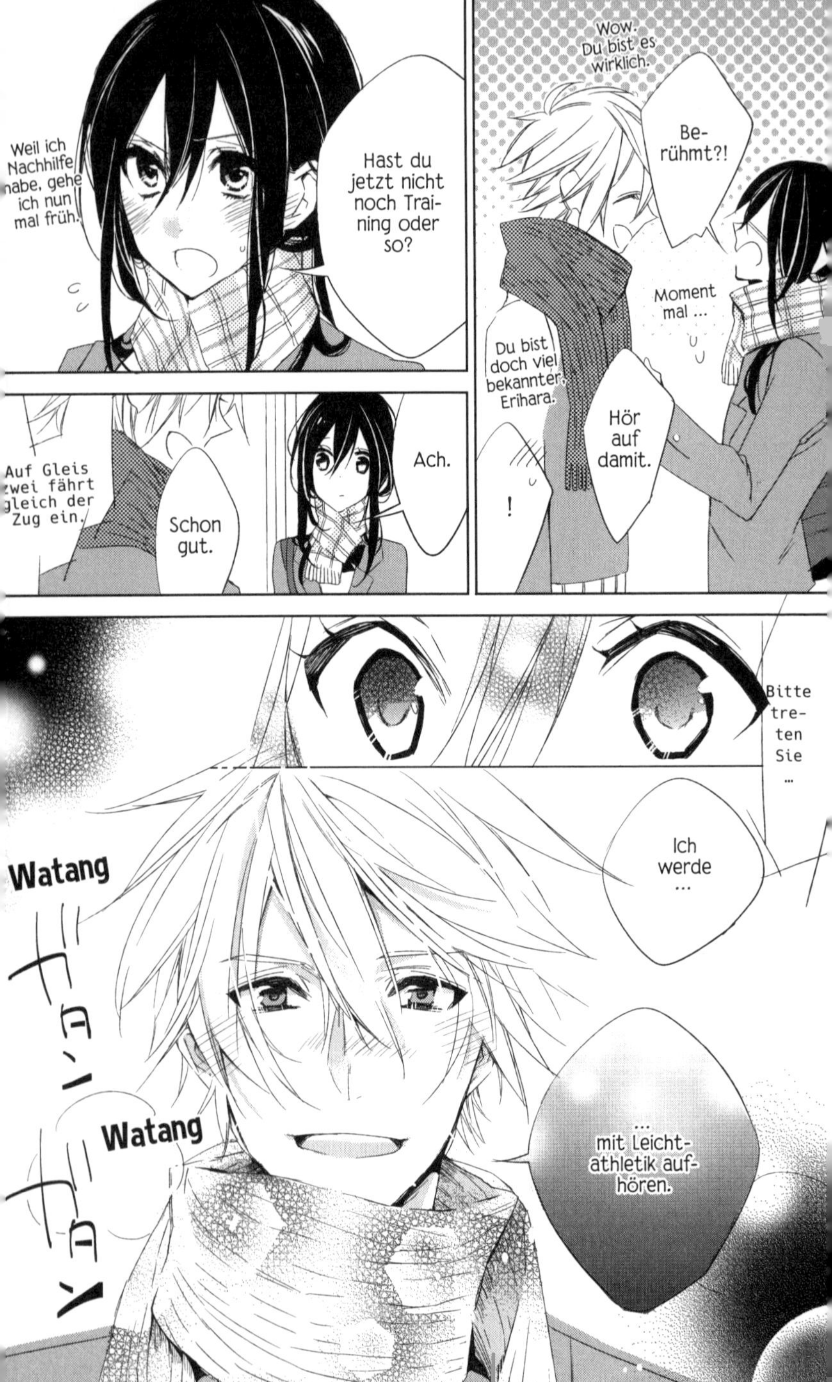
Wow. Du bist es wirklich.
Be-rühmt?!
Hast du jetzt nicht noch Trai-ning oder so?
Weil ich Nachhilfe habe, gehe ich nun mal früh!
Moment mal ...
Du bist doch viel bekannter, Erihara.
Hör auf damit.
!
Ach.
Schon gut.
Auf Gleis zwei fährt gleich der Zug ein.
Bitte tre-ten Sie ...
Ich werde ...
... mit Leicht-athletik auf-hören.
Watang
Watang

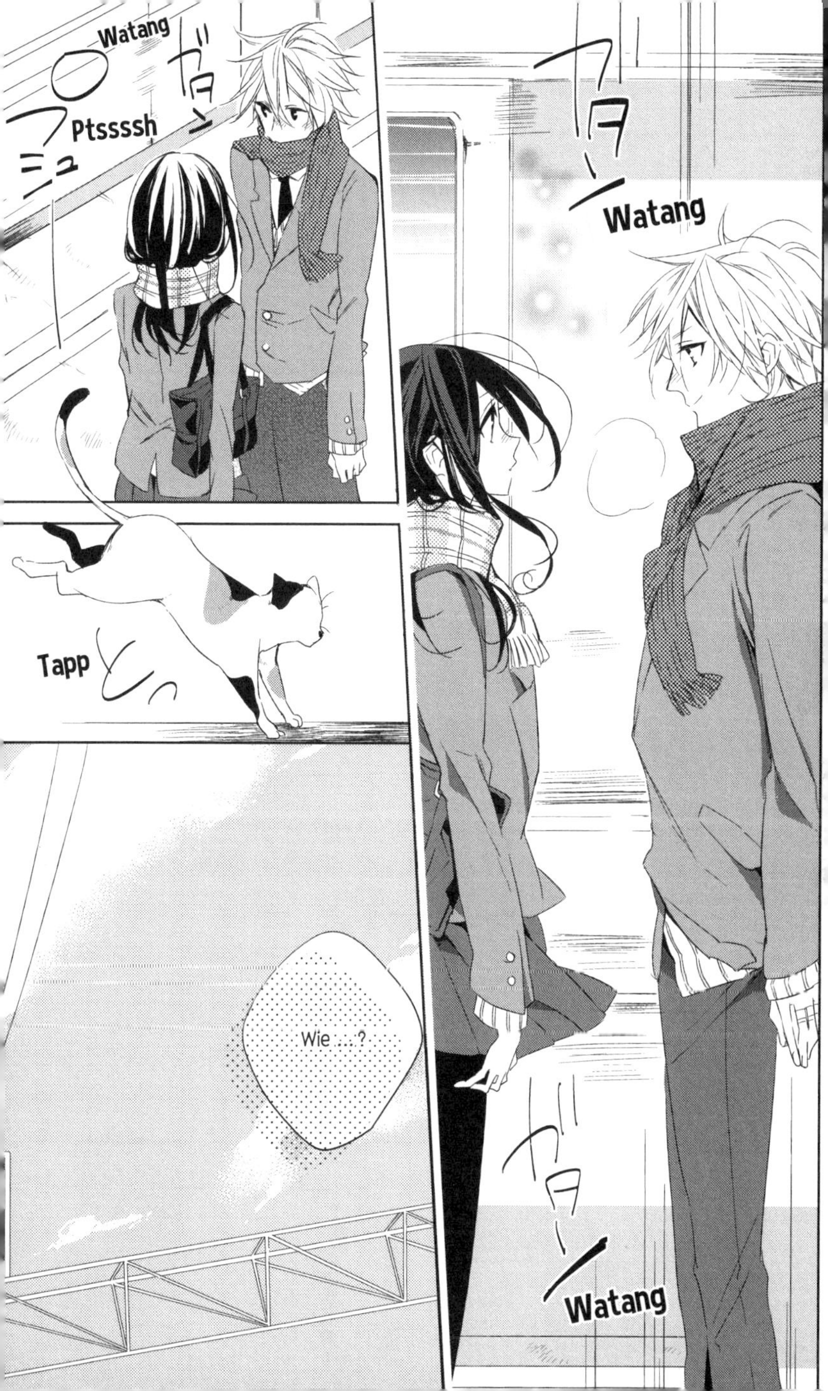
Watang
Watang
Ptssssh
Tapp
Wie …?
Watang

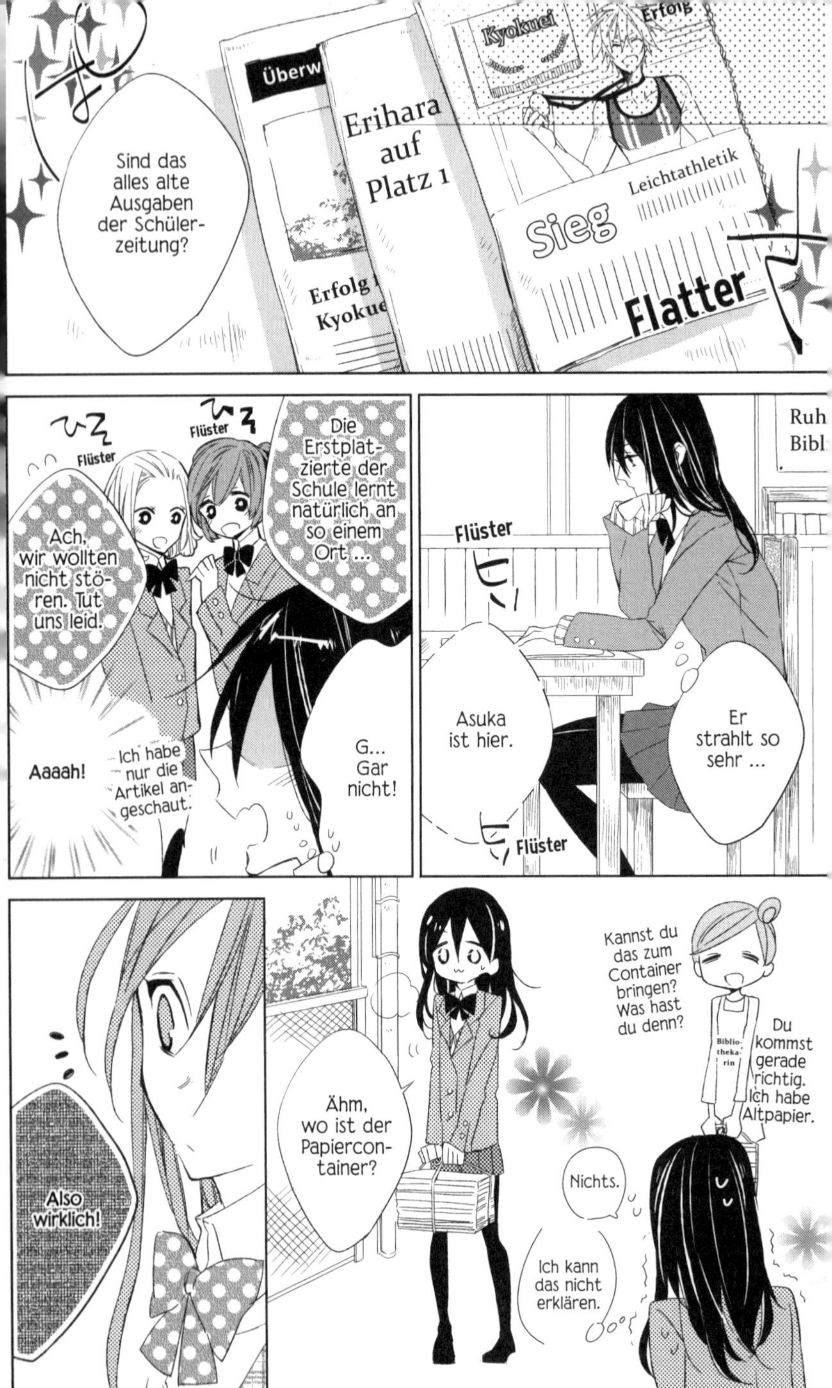

Sind das alles alte Ausgaben der Schülerzeitung?
Überw
Erihara auf Platz 1
Erfolg
Kyokue
Kyokuei
Erfolg
Leichtathletik
Sieg
Flatter
Ruh
Bibl
Flüster
Flüster
Asuka ist hier.
Er strahlt so sehr ...
Flüster
Flüster
Die Erstplatzierte der Schule lernt natürlich an so einem Ort ...
Ach, wir wollten nicht stören. Tut uns leid.
G... Gar nicht!
Ich habe nur die Artikel angeschaut.
Aaaah!
Kannst du das zum Container bringen? Was hast du denn?
Bibliothekarin
Du kommst gerade richtig. Ich habe Altpapier.
Nichts.
Ich kann das nicht erklären.
Ähm, wo ist der Papiercontainer?
Also wirklich!

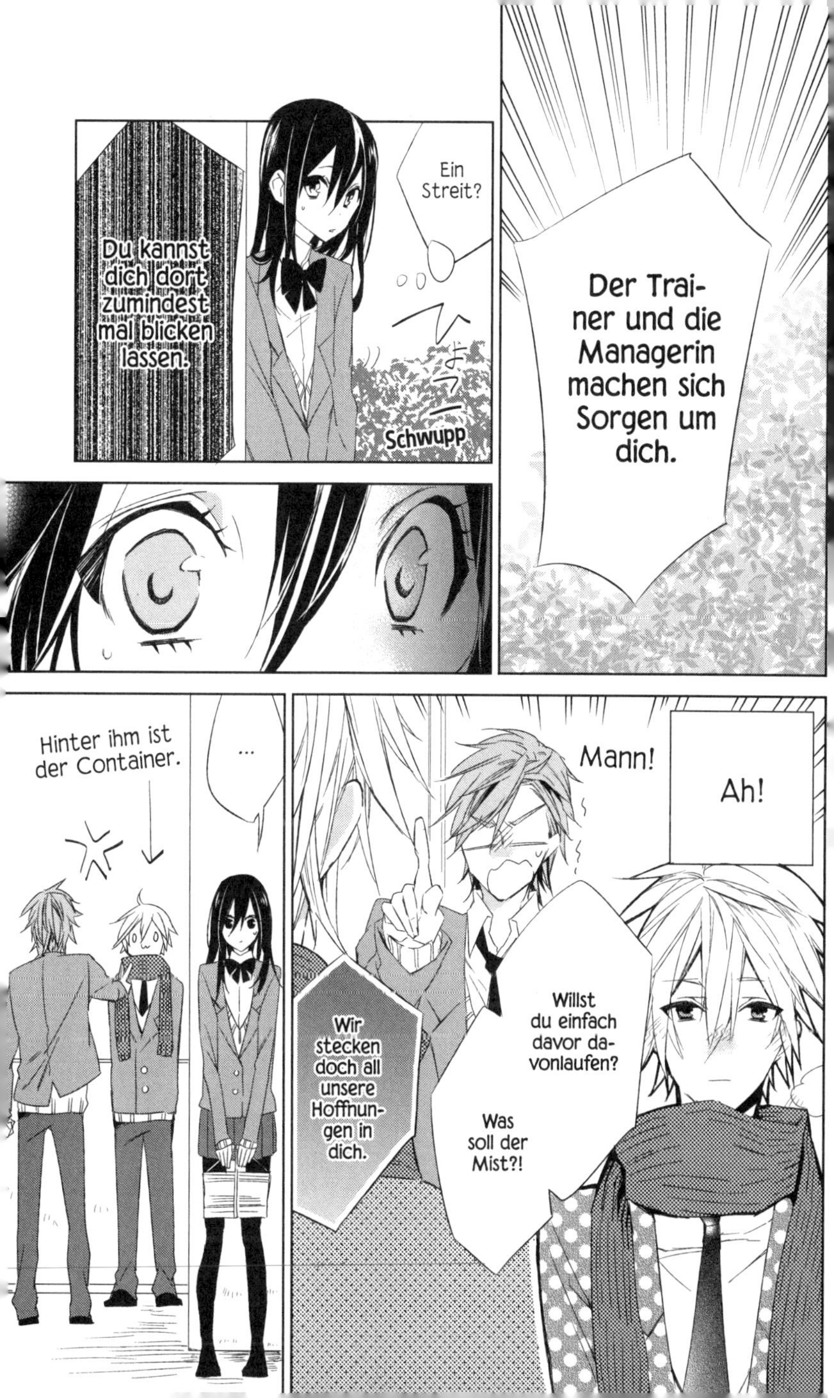

Der Trainer und die Managerin machen sich Sorgen um dich.

Ein Streit?

Schwupp

Du kannst dich dort zumindest mal blicken lassen.

Ah!

Mann!

Willst du einfach davor davonlaufen?

Was soll der Mist?!

Wir stecken doch all unsere Hoffnungen in dich.

...

Hinter ihm ist der Container.

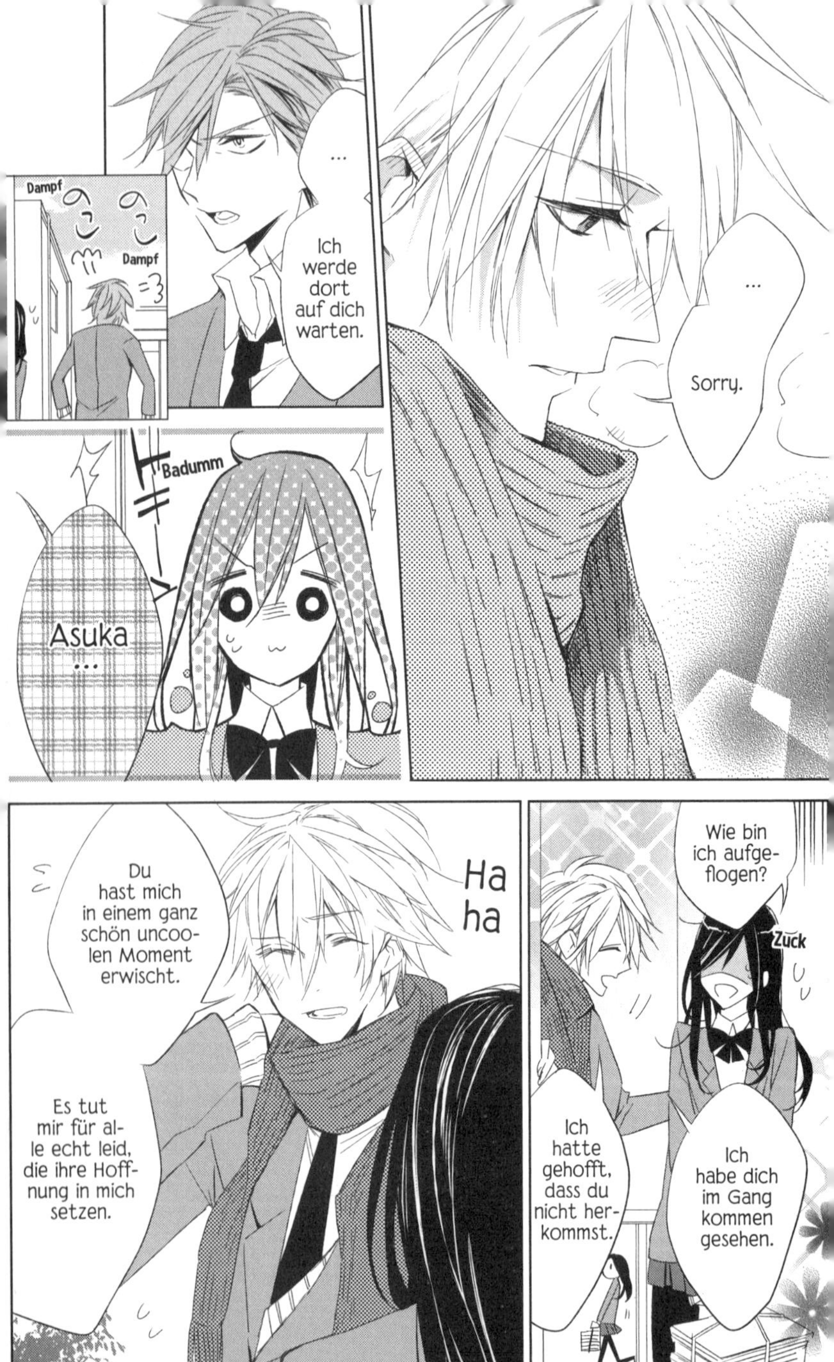
...
Sorry.
...
Ich werde dort auf dich warten.
Dampf
Dampf
Badumm
Asuka ...
Wie bin ich aufgeflogen?
Zuck
Ich habe dich im Gang kommen gesehen.
Ich hatte gehofft, dass du nicht herkommst.
Haha
Du hast mich in einem ganz schön uncoolen Moment erwischt.
Es tut mir für alle echt leid, die ihre Hoffnung in mich setzen.

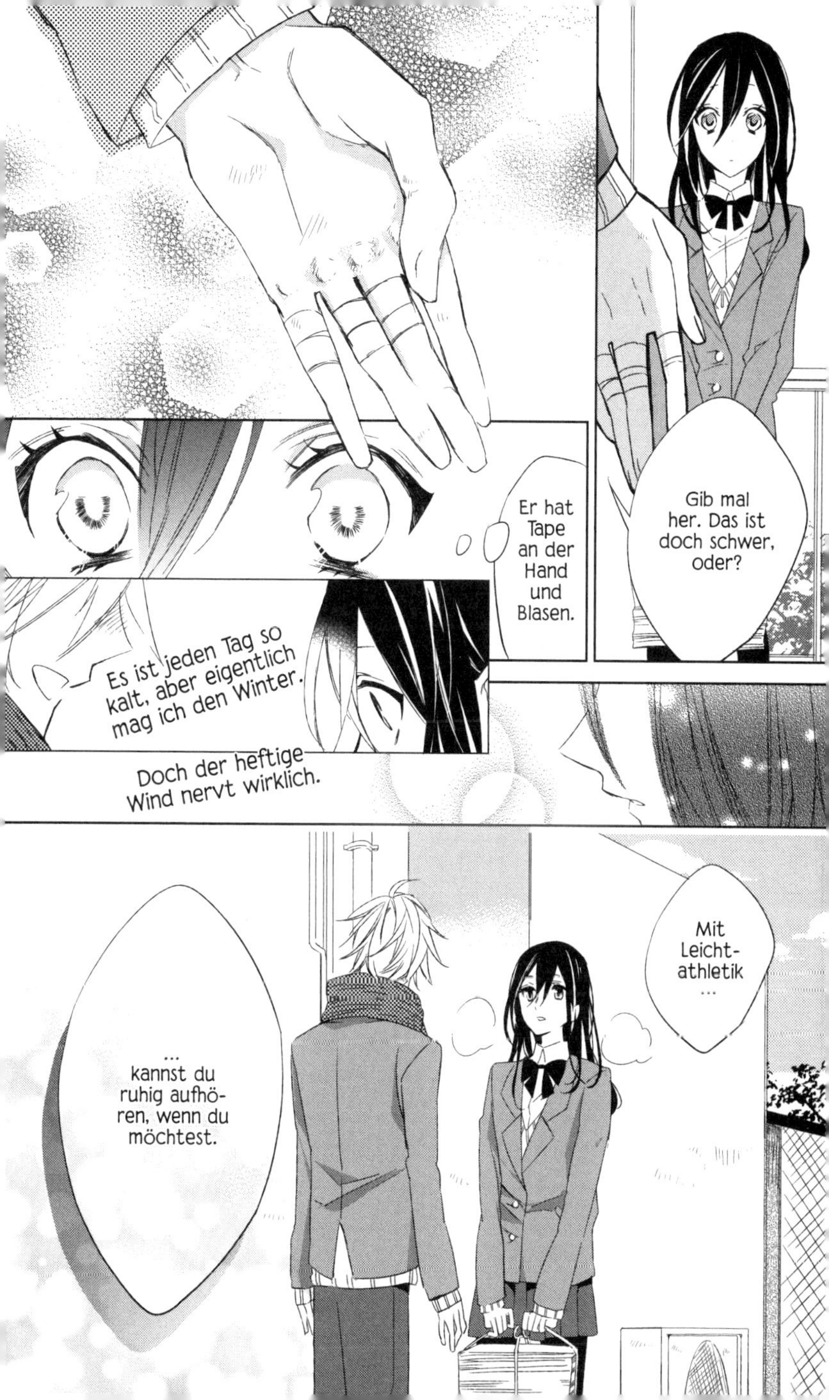
Gib mal her. Das ist doch schwer, oder?
Er hat Tape an der Hand und Blasen.
Es ist jeden Tag so kalt, aber eigentlich mag ich den Winter.
Doch der heftige Wind nervt wirklich.
Mit Leicht-athletik ...
... kannst du ruhig aufhö-ren, wenn du möchtest.

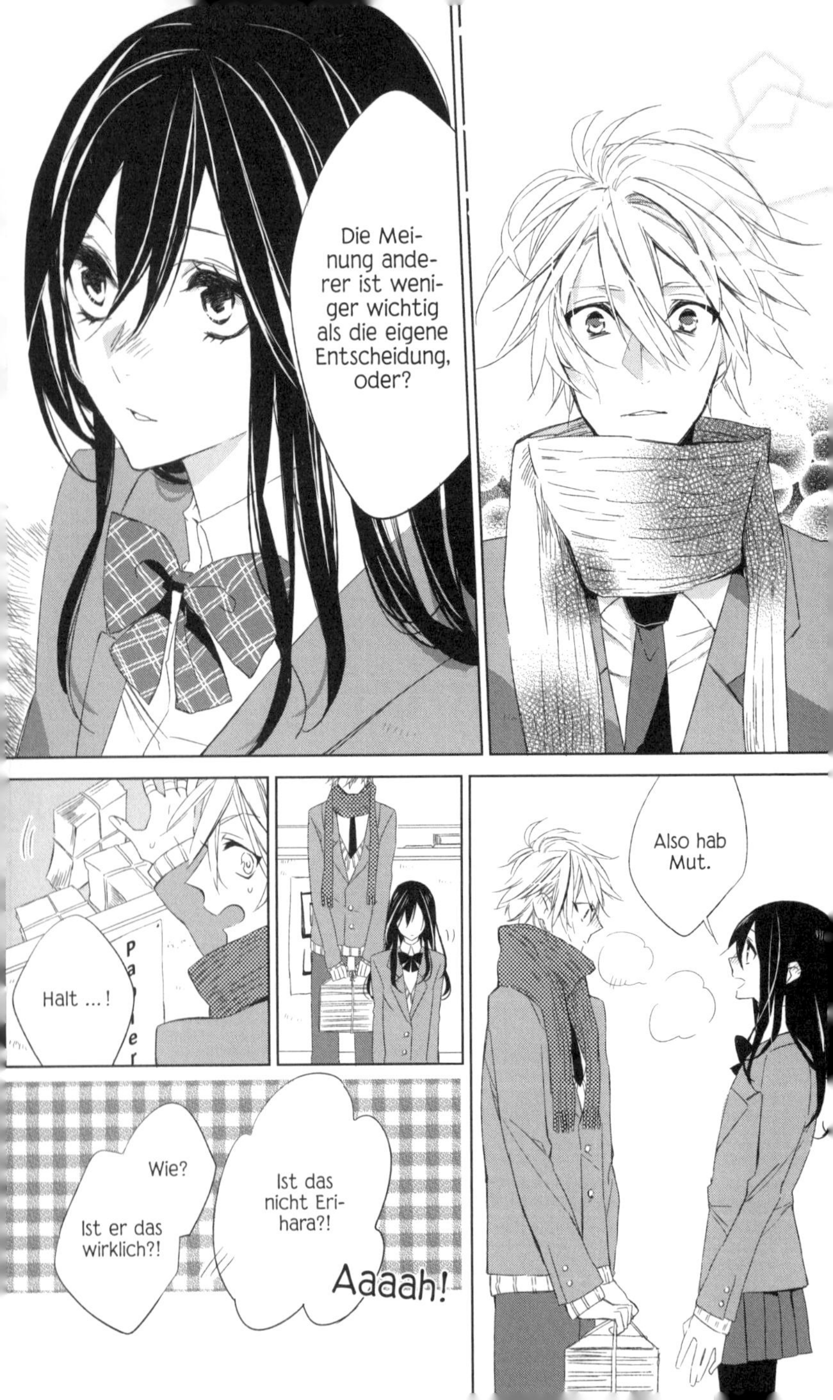

Die Mei-
nung ande-
rer ist weni-
ger wichtig
als die eigene
Entscheidung,
oder?

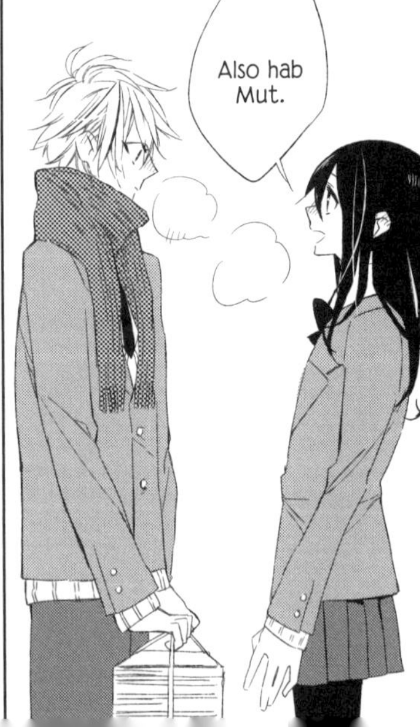

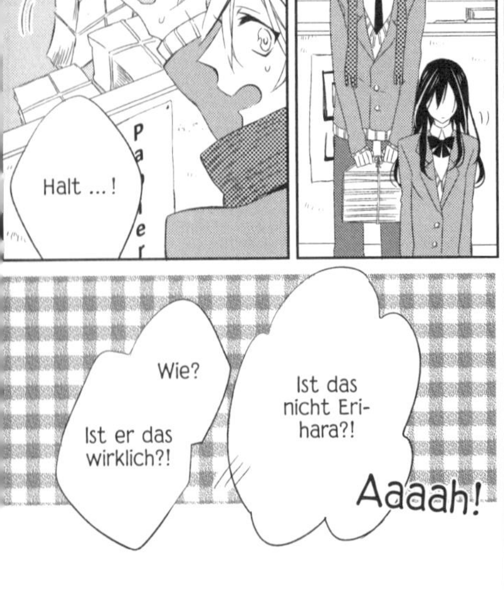

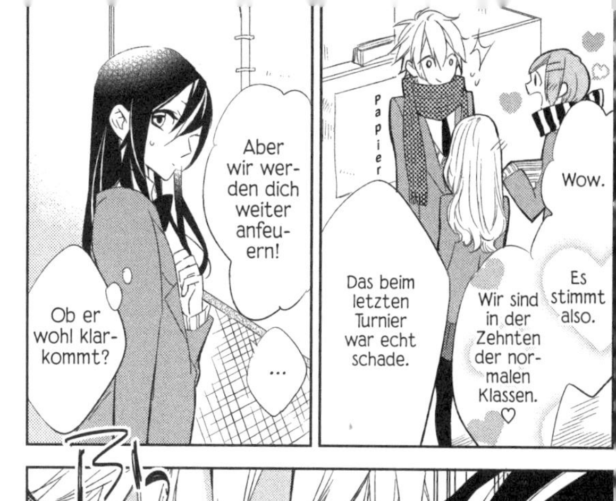

Wow.
Es stimmt also.
Papier
Wir sind in der Zehnten der normalen Klassen. ♡
Das beim letzten Turnier war echt schade.
Aber wir werden dich weiter anfeuern!
...
Ob er wohl klarkommt?

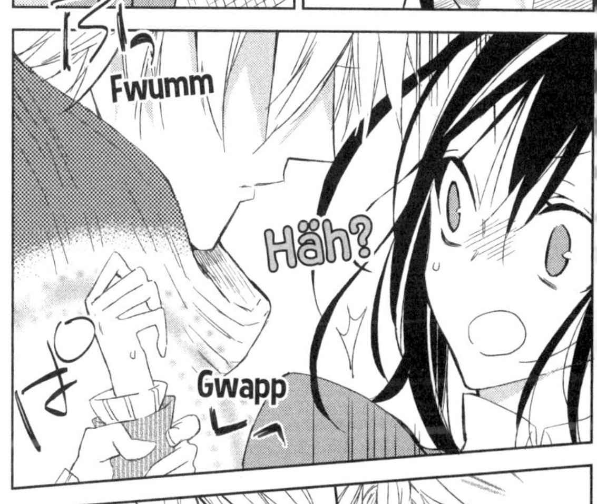

Fwumm
Häh?
Gwapp

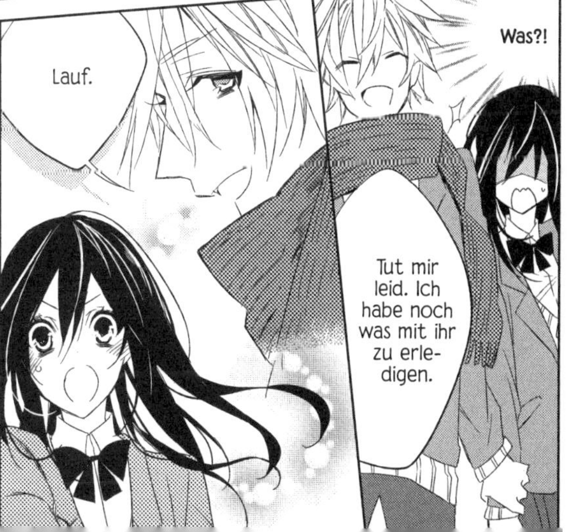

Was?!
Lauf.
Tut mir leid. Ich habe noch was mit ihr zu erledigen.

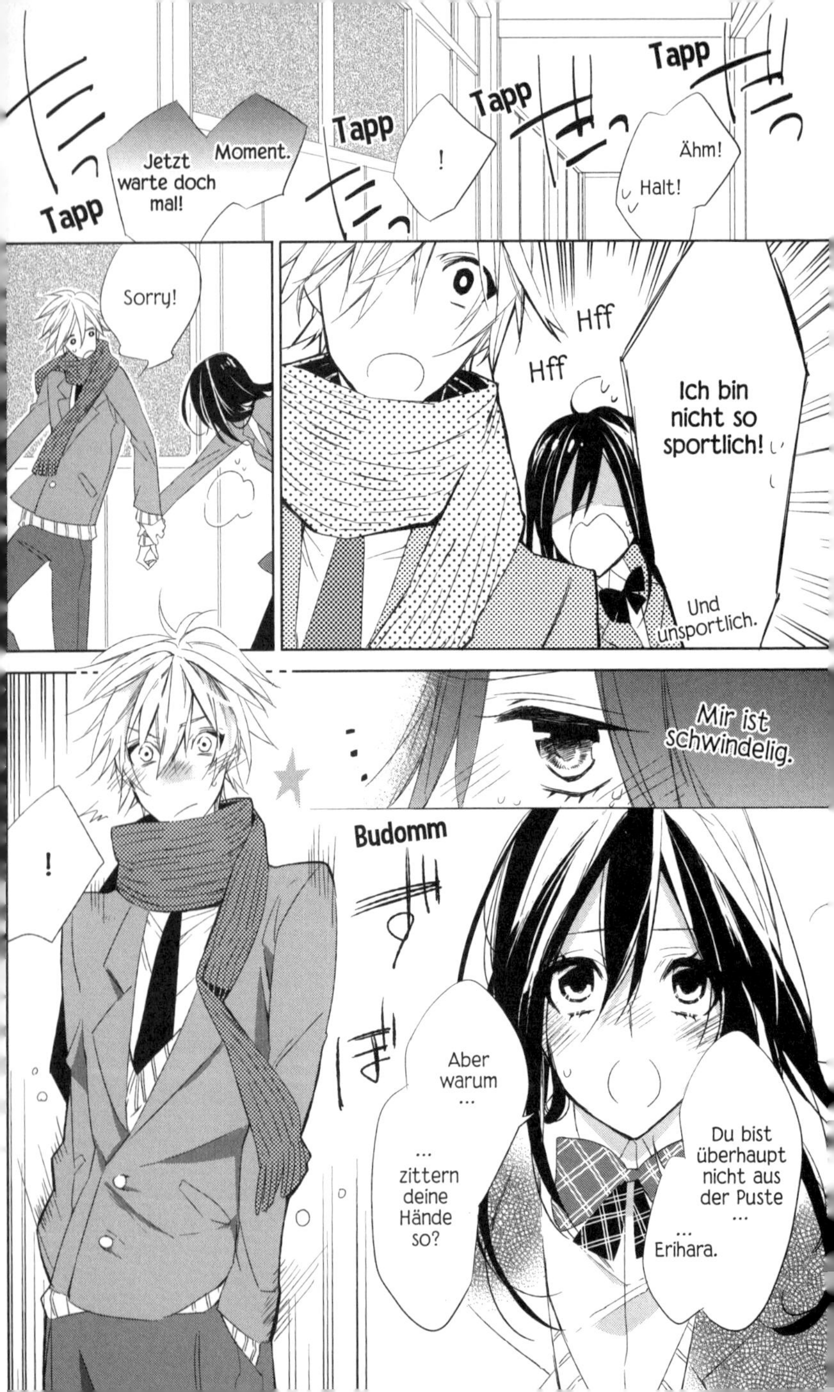
Tapp
Tapp
Tapp
Tapp
Ähm!
Halt!
!
Moment.
Jetzt warte doch mal!
Tapp
Ich bin nicht so sportlich!
Hff
Hff
Und unsportlich.
Sorry!
Mir ist schwindelig.
Budomm
!
Du bist überhaupt nicht aus der Puste ...
... Erihara.
Aber warum ...
... zittern deine Hände so?

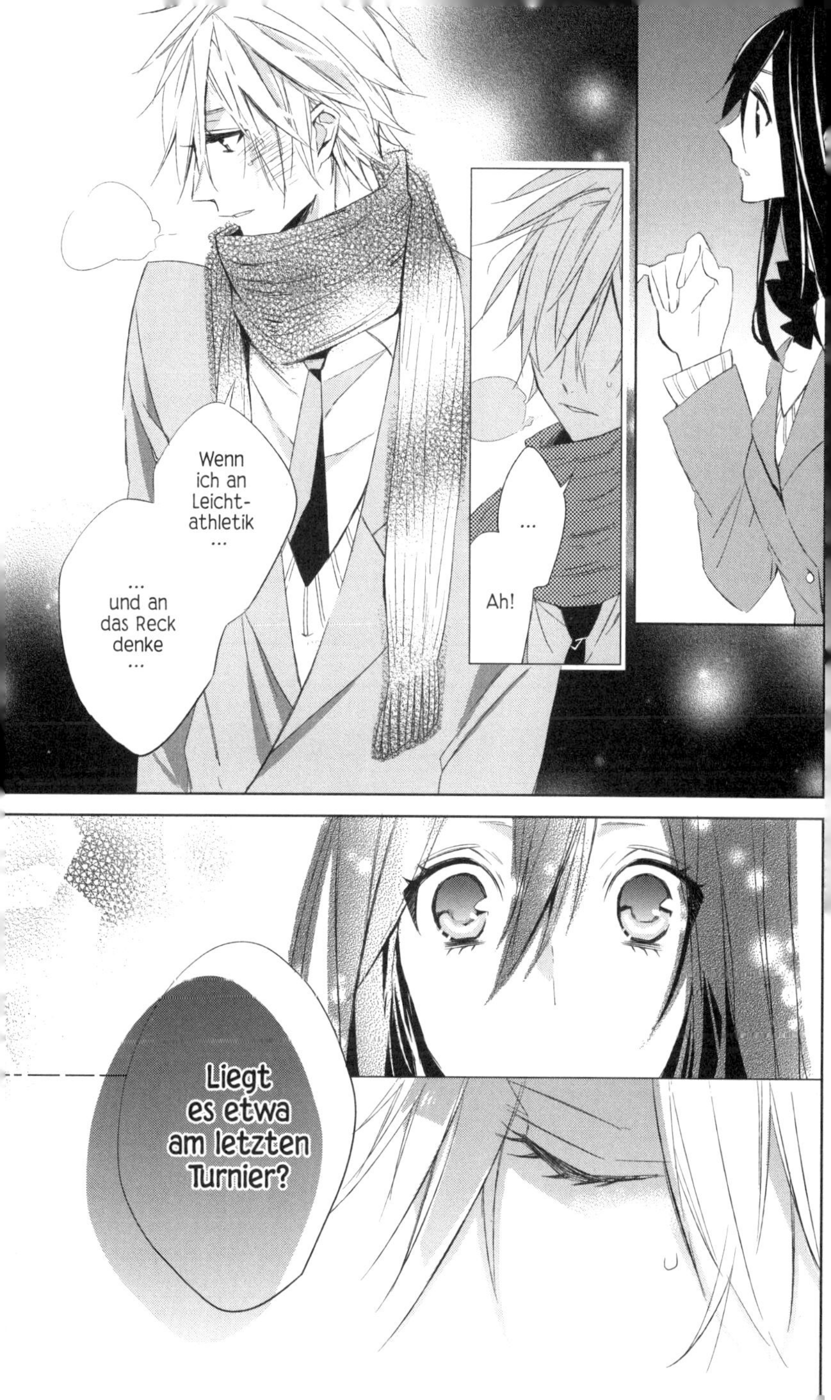

...

Ah!

Wenn ich an Leichtathletik ...

... und an das Reck denke ...

Liegt es etwa am letzten Turnier?

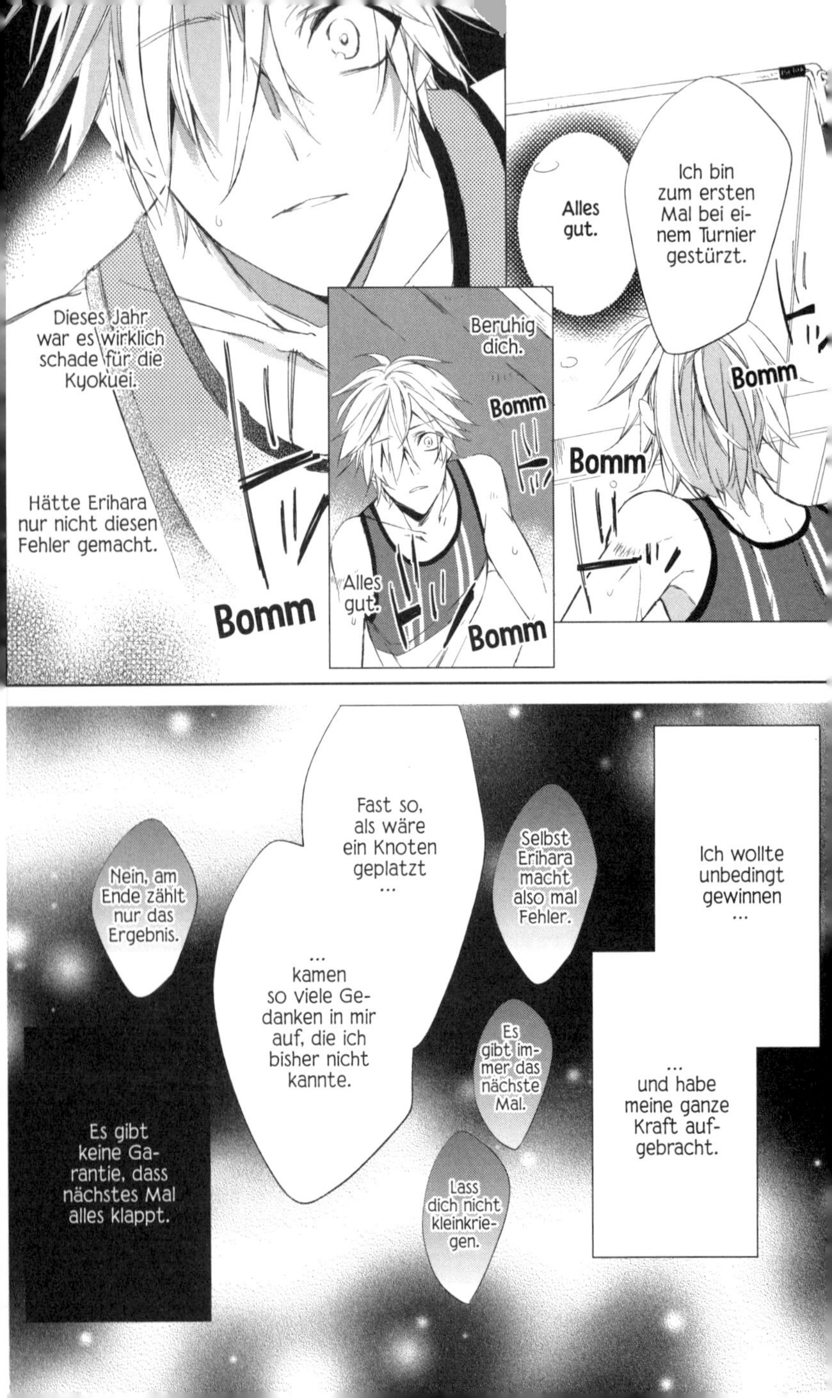

Ich bin zum ersten Mal bei einem Turnier gestürzt.

Alles gut.

Bomm

Bomm

Beruhig dich.

Bomm

Alles gut.

Bomm

Dieses Jahr war es wirklich schade für die Kyokuei.

Hätte Erihara nur nicht diesen Fehler gemacht.

Bomm

Ich wollte unbedingt gewinnen ...

... und habe meine ganze Kraft aufgebracht.

Selbst Erihara macht also mal Fehler.

Es gibt immer das nächste Mal.

Lass dich nicht kleinkriegen.

Fast so, als wäre ein Knoten geplatzt ...

... kamen so viele Gedanken in mir auf, die ich bisher nicht kannte.

Nein, am Ende zählt nur das Ergebnis.

Es gibt keine Garantie, dass nächstes Mal alles klappt.

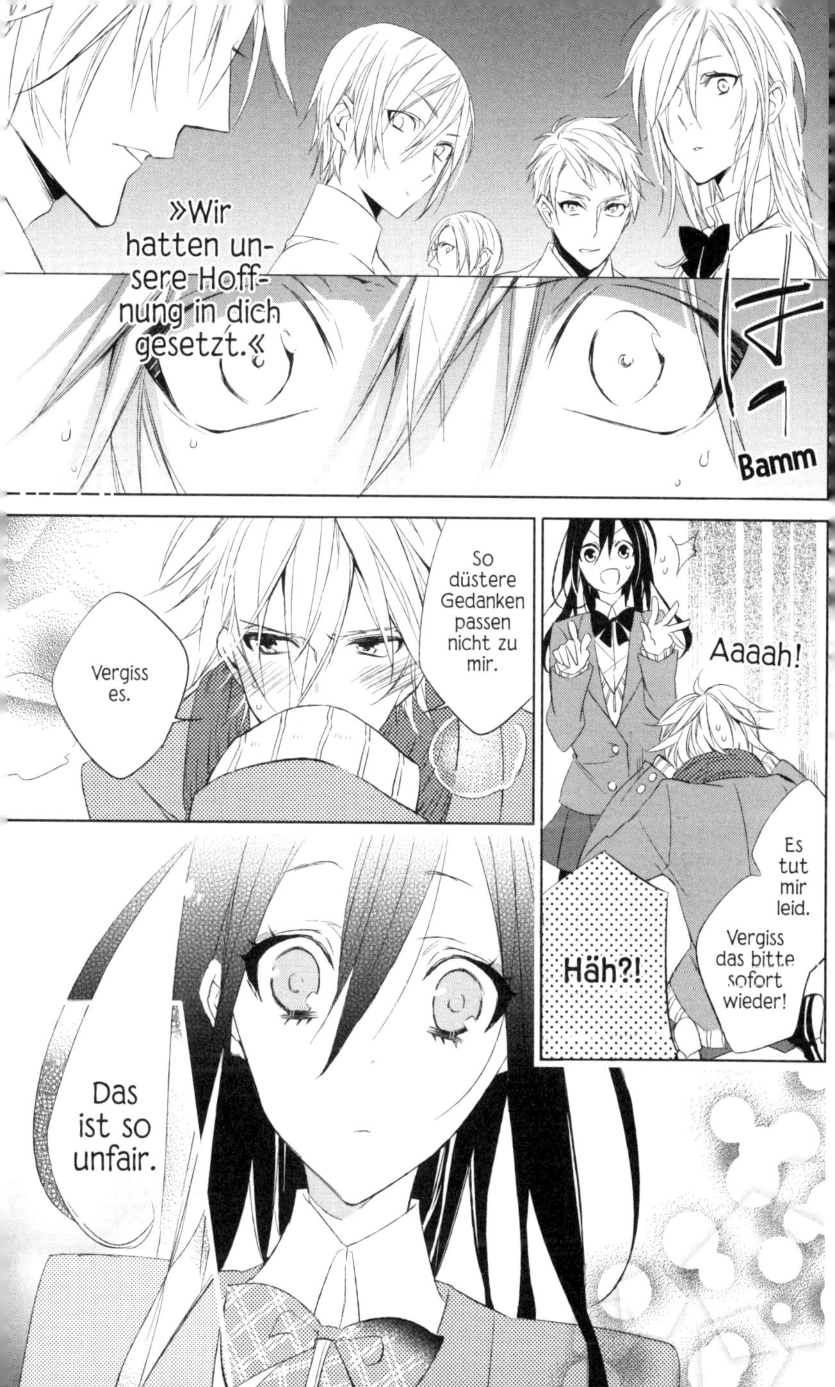
»Wir hatten unsere Hoffnung in dich gesetzt.«
Bamm
So düstere Gedanken passen nicht zu mir.
Vergiss es.
Aaaah!
Es tut mir leid.
Vergiss das bitte sofort wieder!
Häh?!
Das ist so unfair.

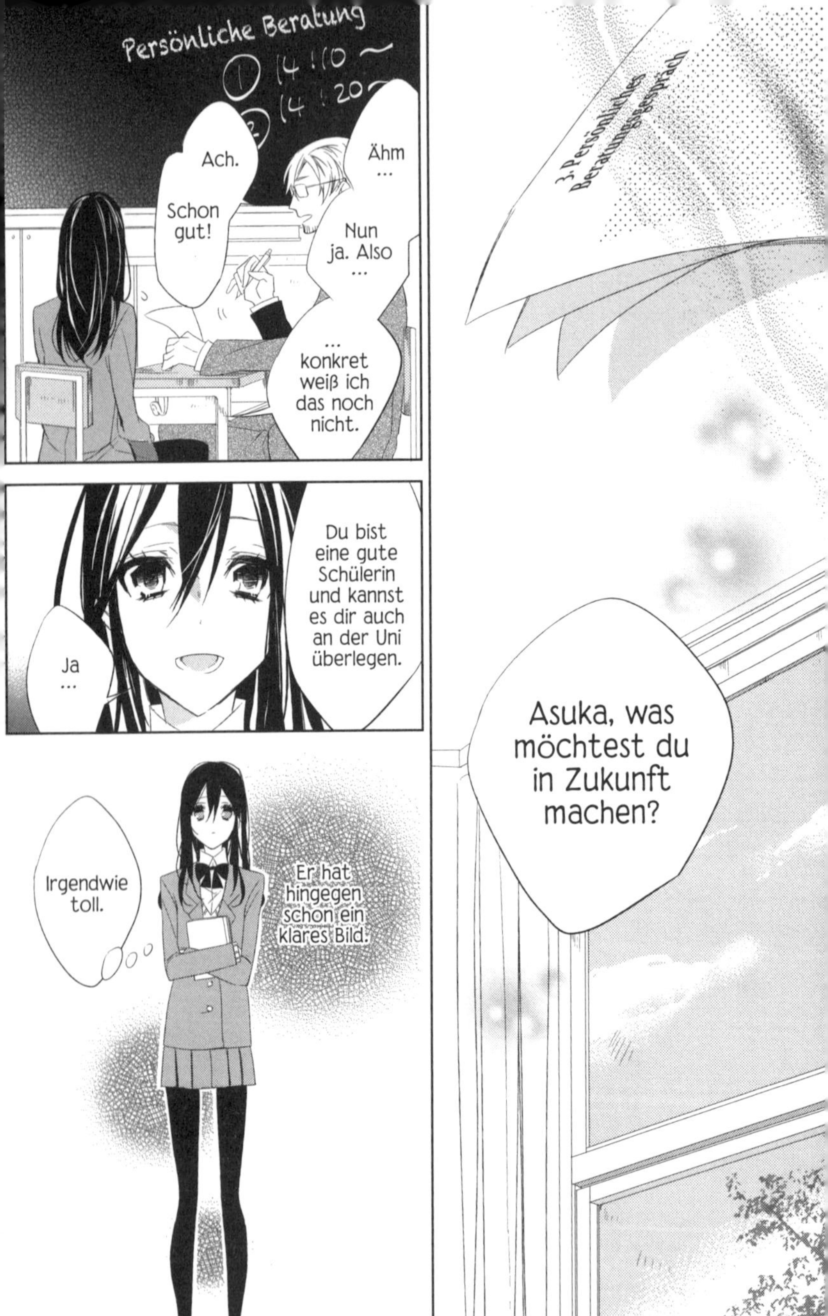
3. Persönliches Beratungsgespräch
Asuka, was möchtest du in Zukunft machen?
Persönliche Beratung
① 14:10 ~
② 14:20 ~
Ähm …
Nun ja. Also …
… konkret weiß ich das noch nicht.
Ach.
Schon gut!
Du bist eine gute Schülerin und kannst es dir auch an der Uni überlegen.
Ja …
Er hat hingegen schon ein klares Bild.
Irgendwie toll.

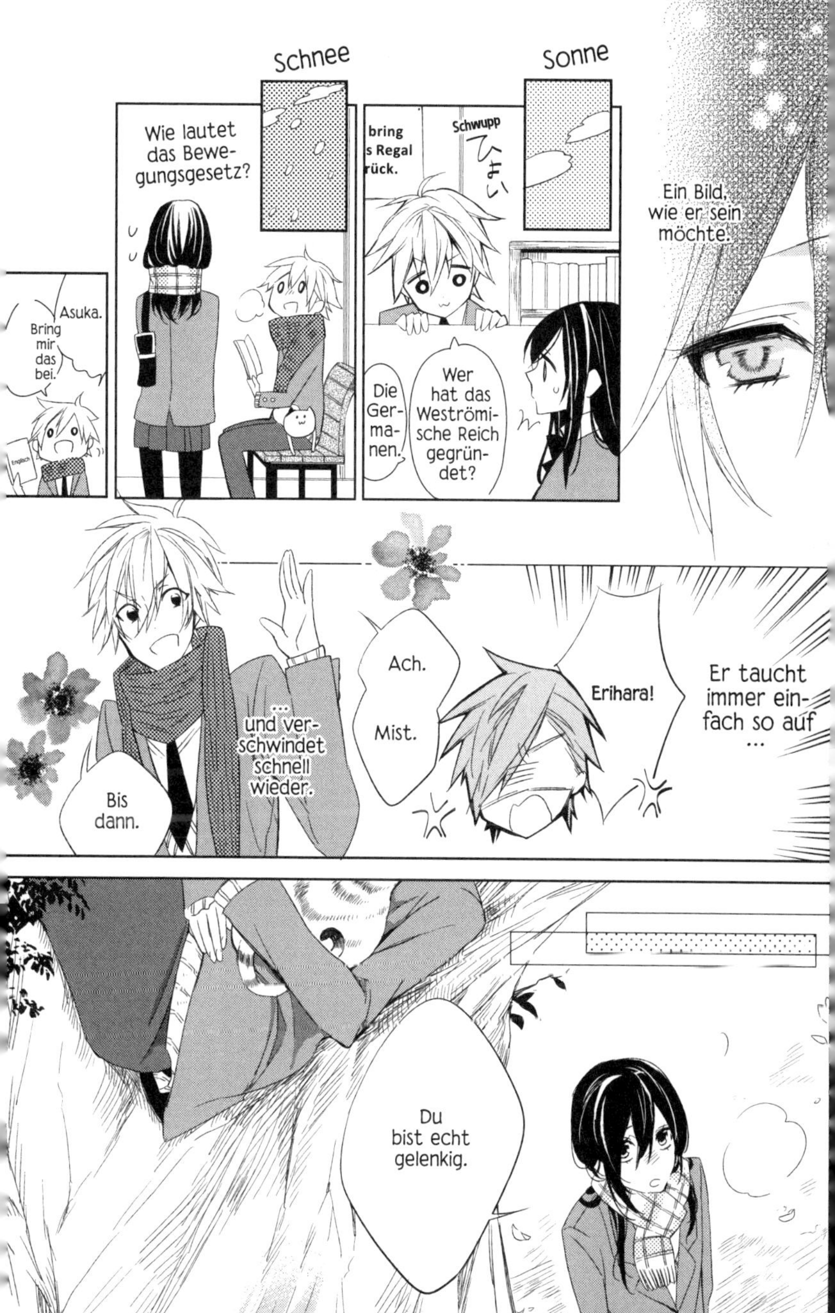
Ein Bild, wie er sein möchte.
Sonne
Schwupp
ひょい
bring
s Regal
rück.
Schnee
Wie lautet das Bewegungsgesetz?
Wer hat das Weströmische Reich gegründet?
Die Germanen.
Asuka.
Bring mir das bei.
Englisch
Er taucht immer einfach so auf …
Erihara!
Ach.
Mist.
… und verschwindet schnell wieder.
Bis dann.
Du bist echt gelenkig.

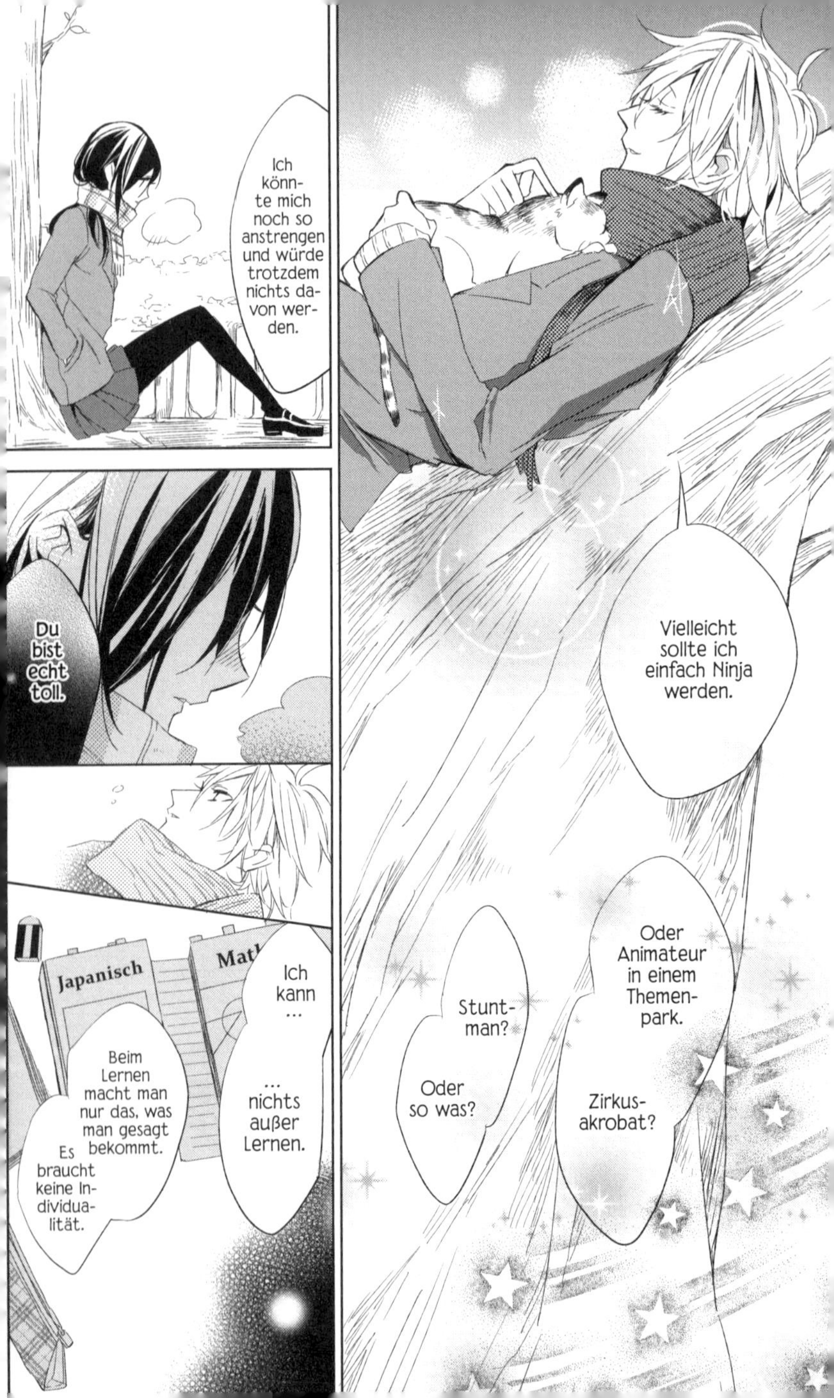
Vielleicht sollte ich einfach Ninja werden.
Oder Animateur in einem Themenpark.
Zirkusakrobat?
Stuntman?
Oder so was?
Ich könnte mich noch so anstrengen und würde trotzdem nichts davon werden.
Du bist echt toll.
Ich kann ...
... nichts außer Lernen.
Beim Lernen macht man nur das, was man gesagt bekommt.
Es braucht keine Individualität.
Japanisch
Math

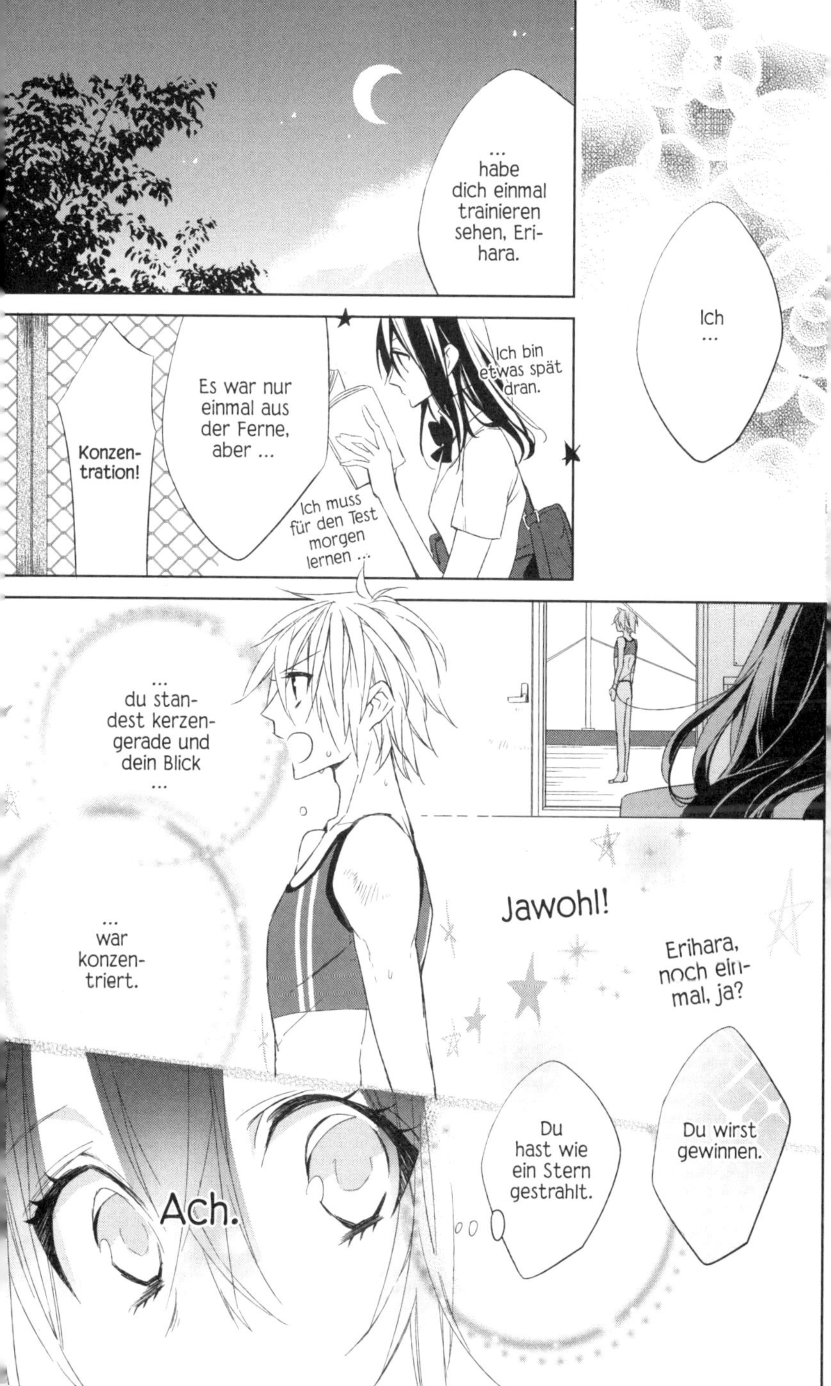

Ich …
… habe dich einmal trainieren sehen, Erihara.
Ich bin etwas spät dran.
Ich muss für den Test morgen lernen …
Es war nur einmal aus der Ferne, aber …
Konzentration!
… du standest kerzengerade und dein Blick …
… war konzentriert.
Erihara, noch einmal, ja?
Jawohl!
Du wirst gewinnen.
Du hast wie ein Stern gestrahlt.
Ach.

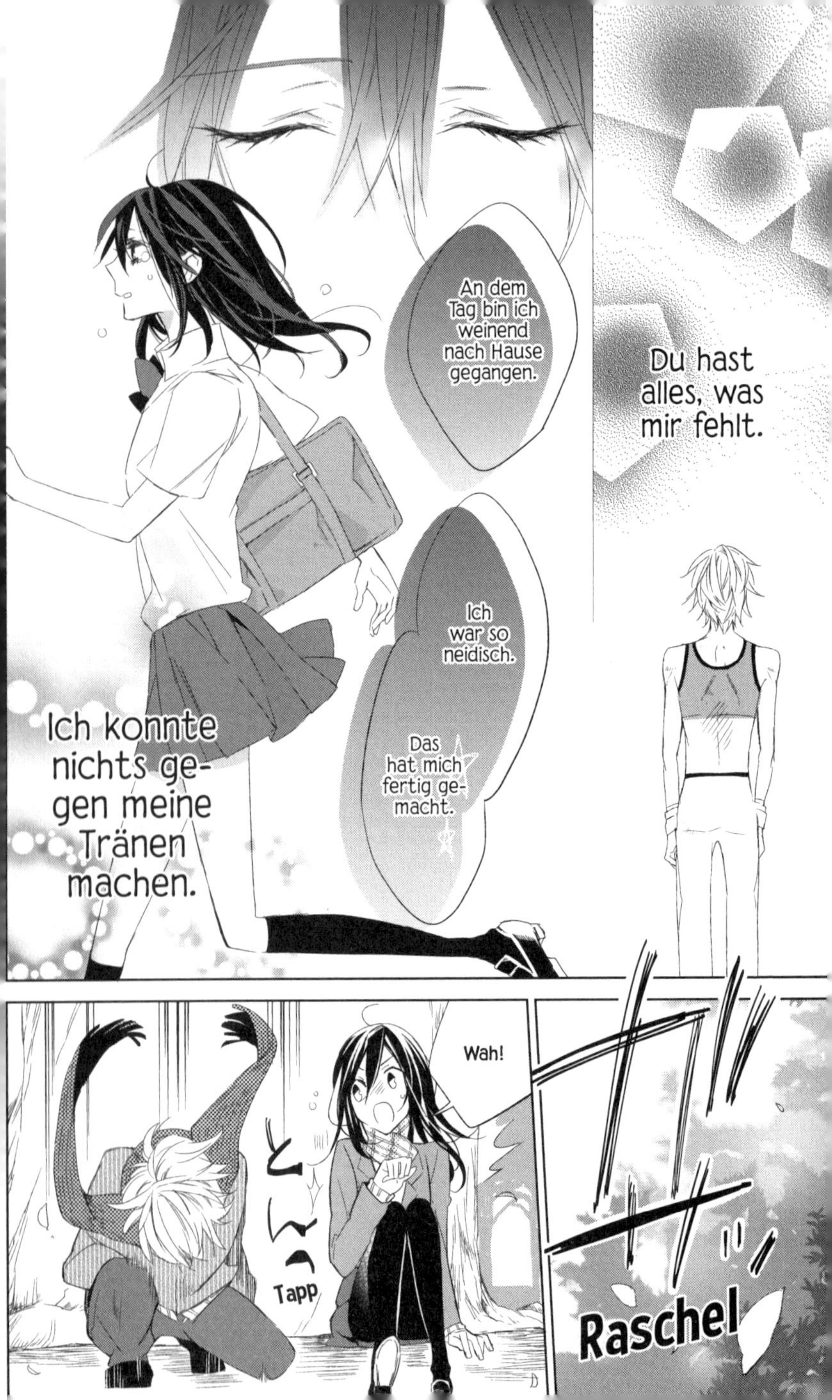
Du hast alles, was mir fehlt.
An dem Tag bin ich weinend nach Hause gegangen.
Ich war so neidisch.
Das hat mich fertig gemacht.
Ich konnte nichts gegen meine Tränen machen.
Raschel
Wah!
Tapp

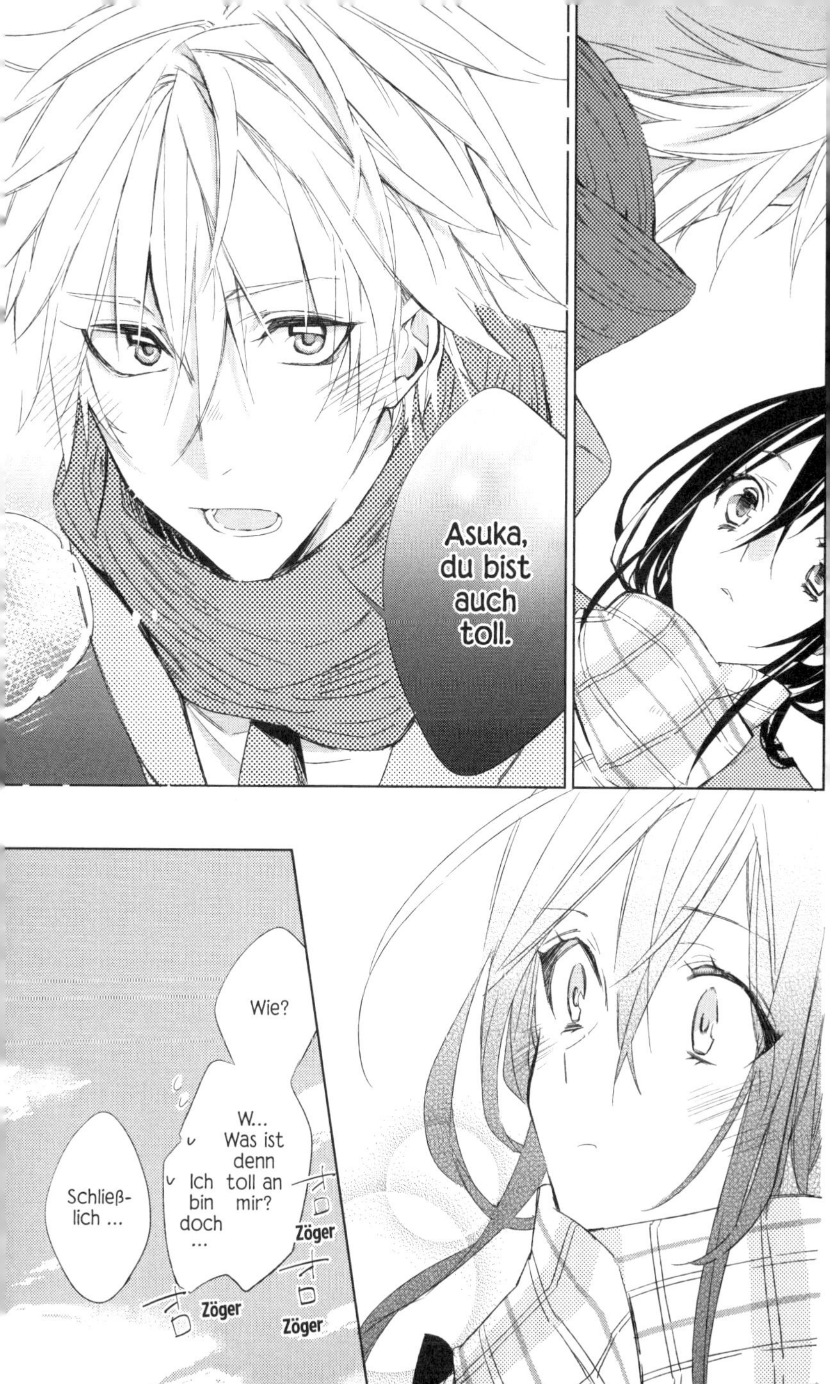

Asuka, du bist auch toll.
Wie?
W... Was ist denn toll an mir?
Ich bin doch ...
Zöger
Zöger
Zöger
Schließ-lich ...

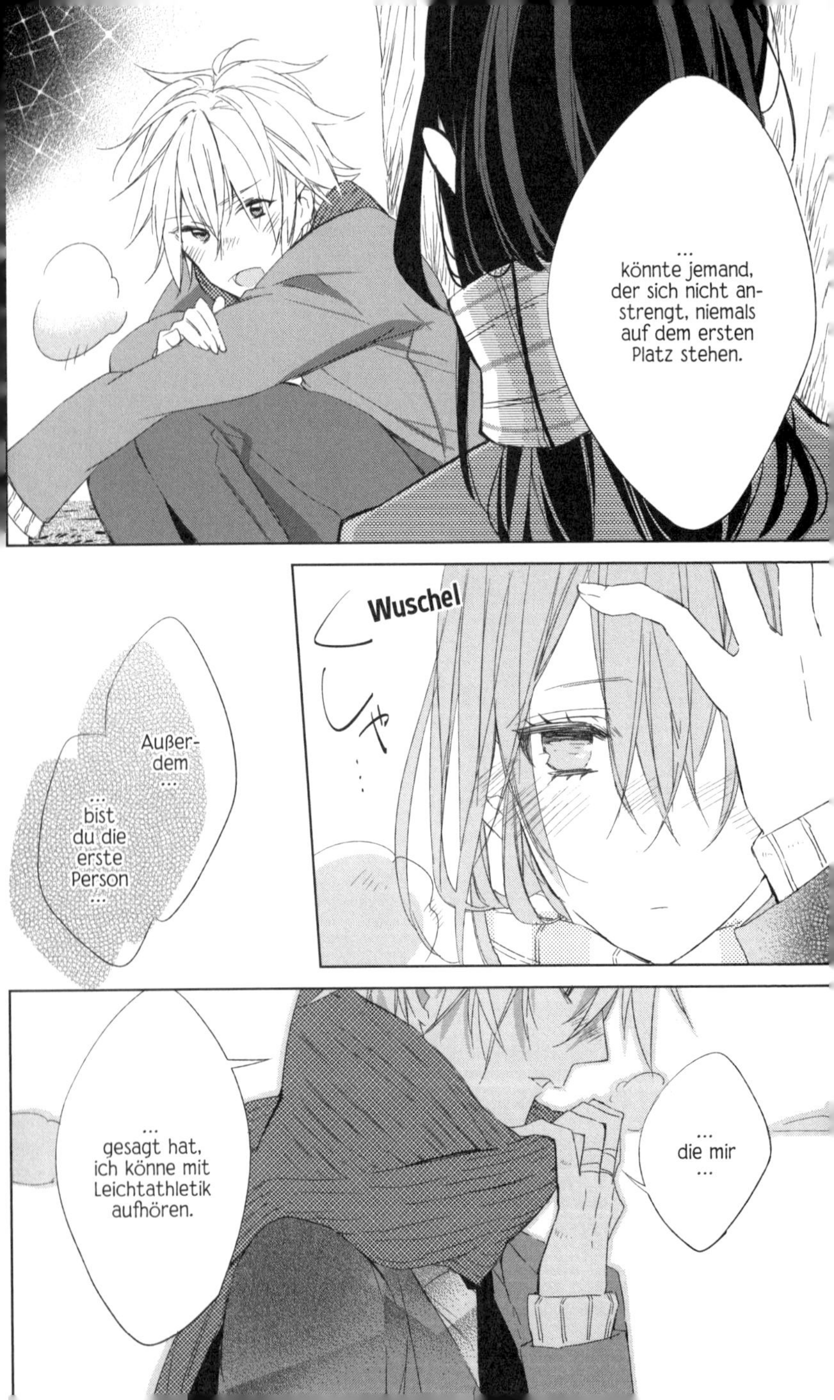

...
könnte jemand,
der sich nicht an-
strengt, niemals
auf dem ersten
Platz stehen.

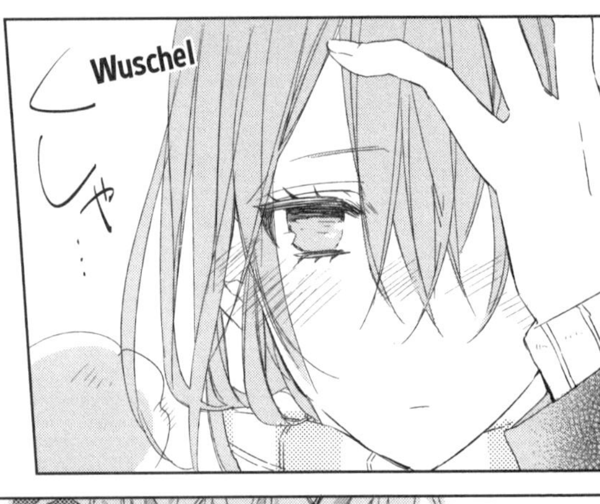

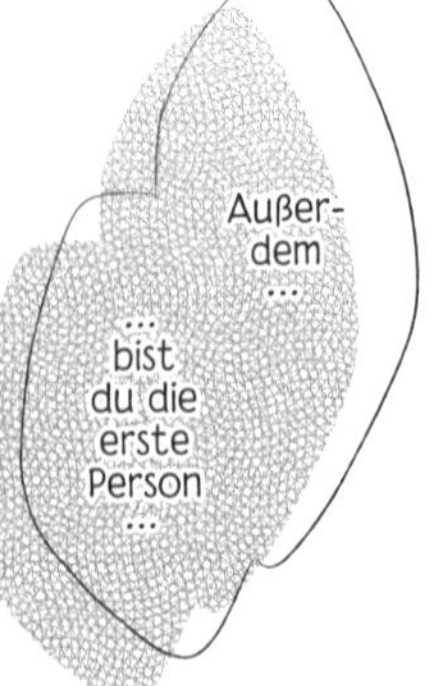

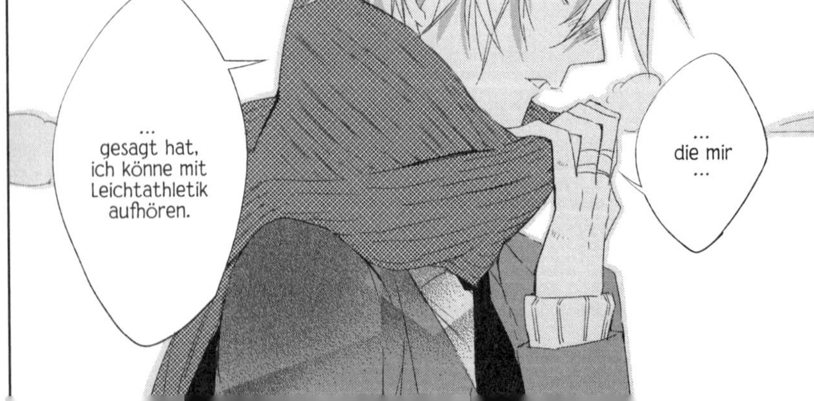

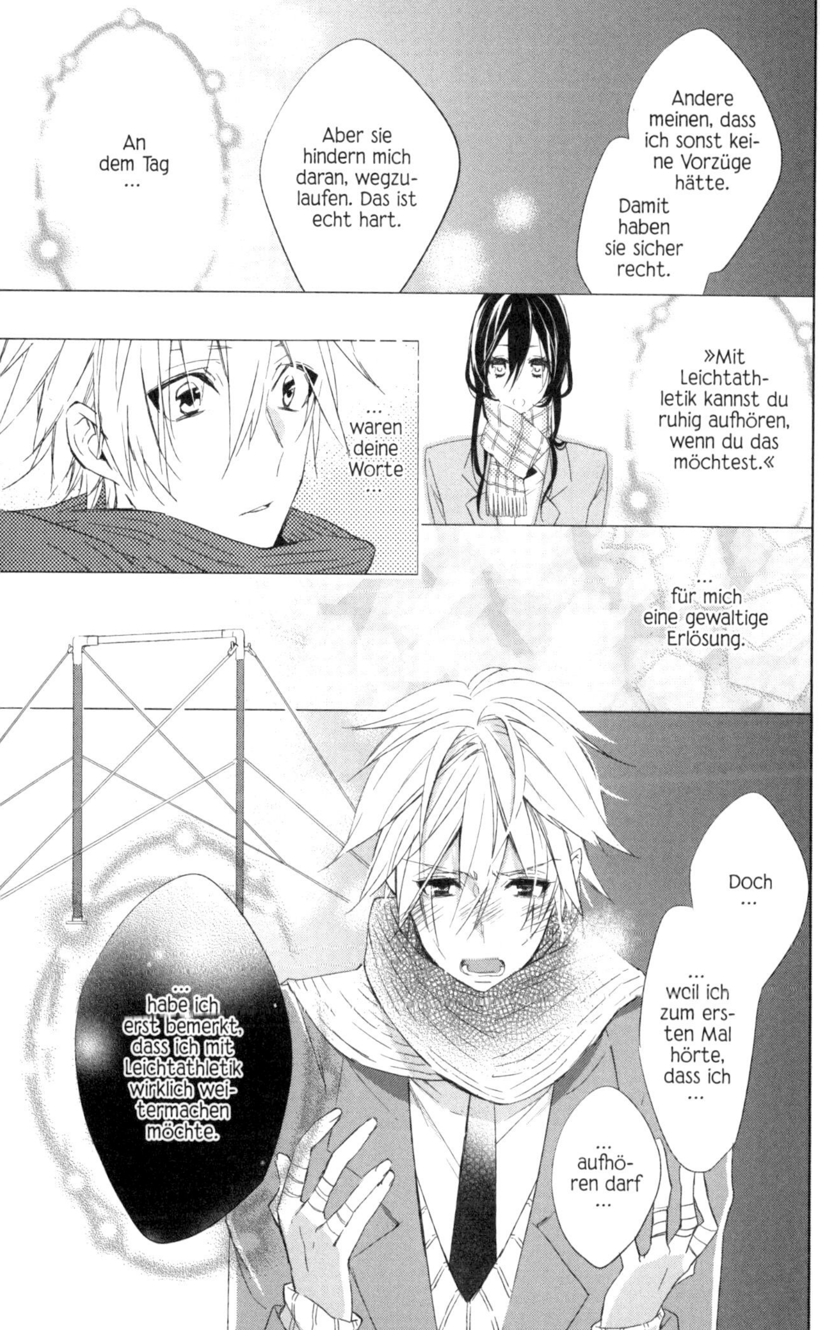
Andere meinen, dass ich sonst keine Vorzüge hätte.
Damit haben sie sicher recht.
Aber sie hindern mich daran, wegzulaufen. Das ist echt hart.
An dem Tag …
»Mit Leichtathletik kannst du ruhig aufhören, wenn du das möchtest.«
… waren deine Worte …
… für mich eine gewaltige Erlösung.
Doch …
… weil ich zum ersten Mal hörte, dass ich …
… aufhören darf …
… habe ich erst bemerkt, dass ich mit Leichtathletik wirklich weitermachen möchte.

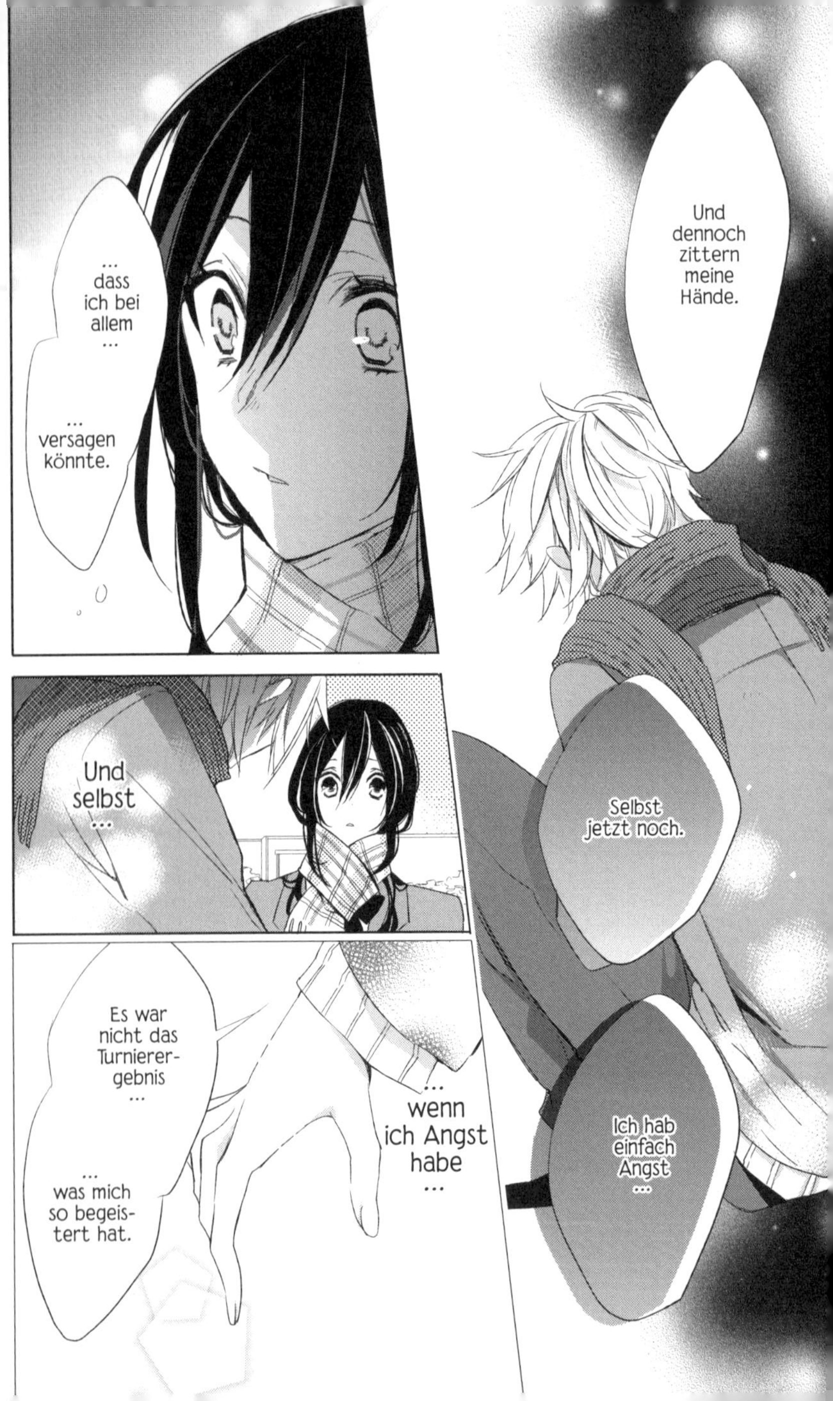
Und dennoch zittern meine Hände.
... dass ich bei allem ...
... versagen könnte.
Selbst jetzt noch.
Und selbst ...
Ich hab einfach Angst ...
... wenn ich Angst habe ...
Es war nicht das Turnierergebnis ...
... was mich so begeistert hat.

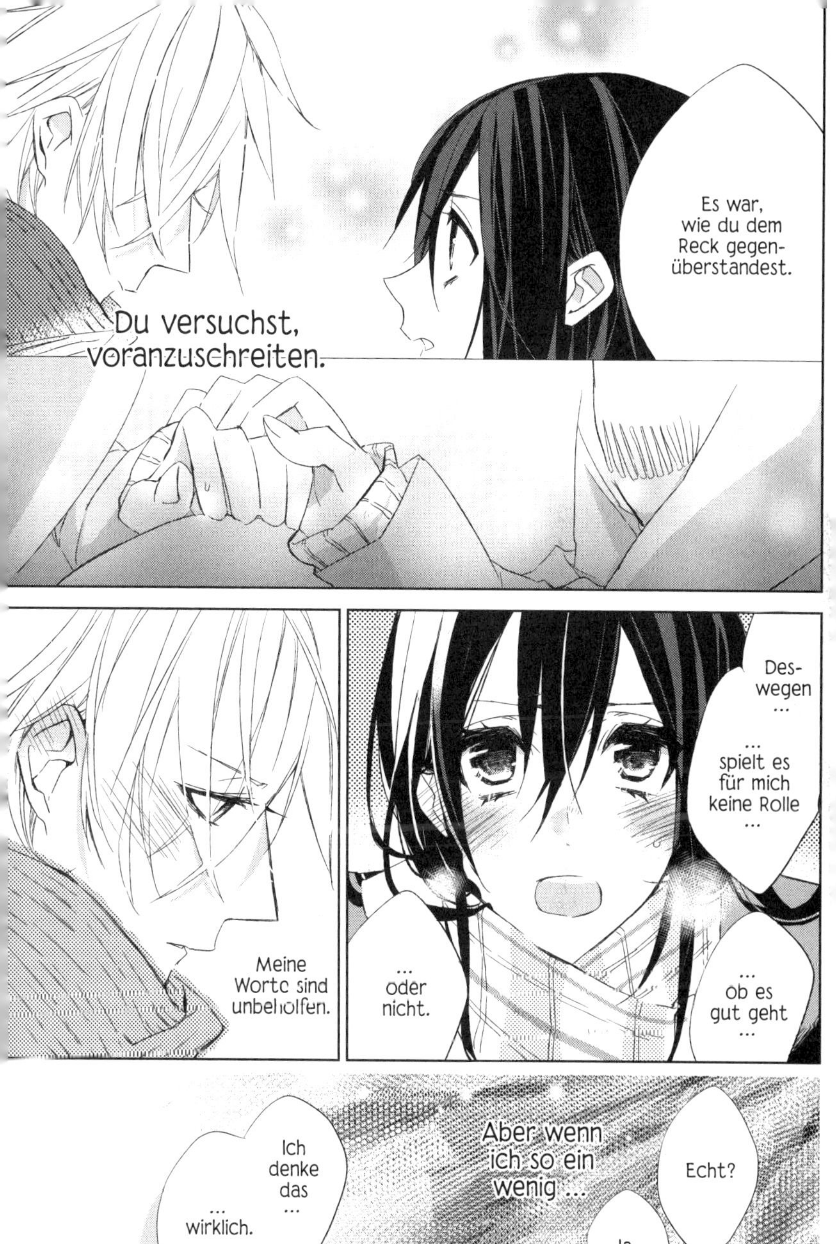
Es war, wie du dem Reck gegenüberstandest.
Du versuchst, voranzuschreiten.
Deswegen …
… spielt es für mich keine Rolle …
… ob es gut geht …
… oder nicht.
Meine Worte sind unbeholfen.
Echt?
Ja.
Aber wenn ich so ein wenig …
Ich denke das …
… wirklich.

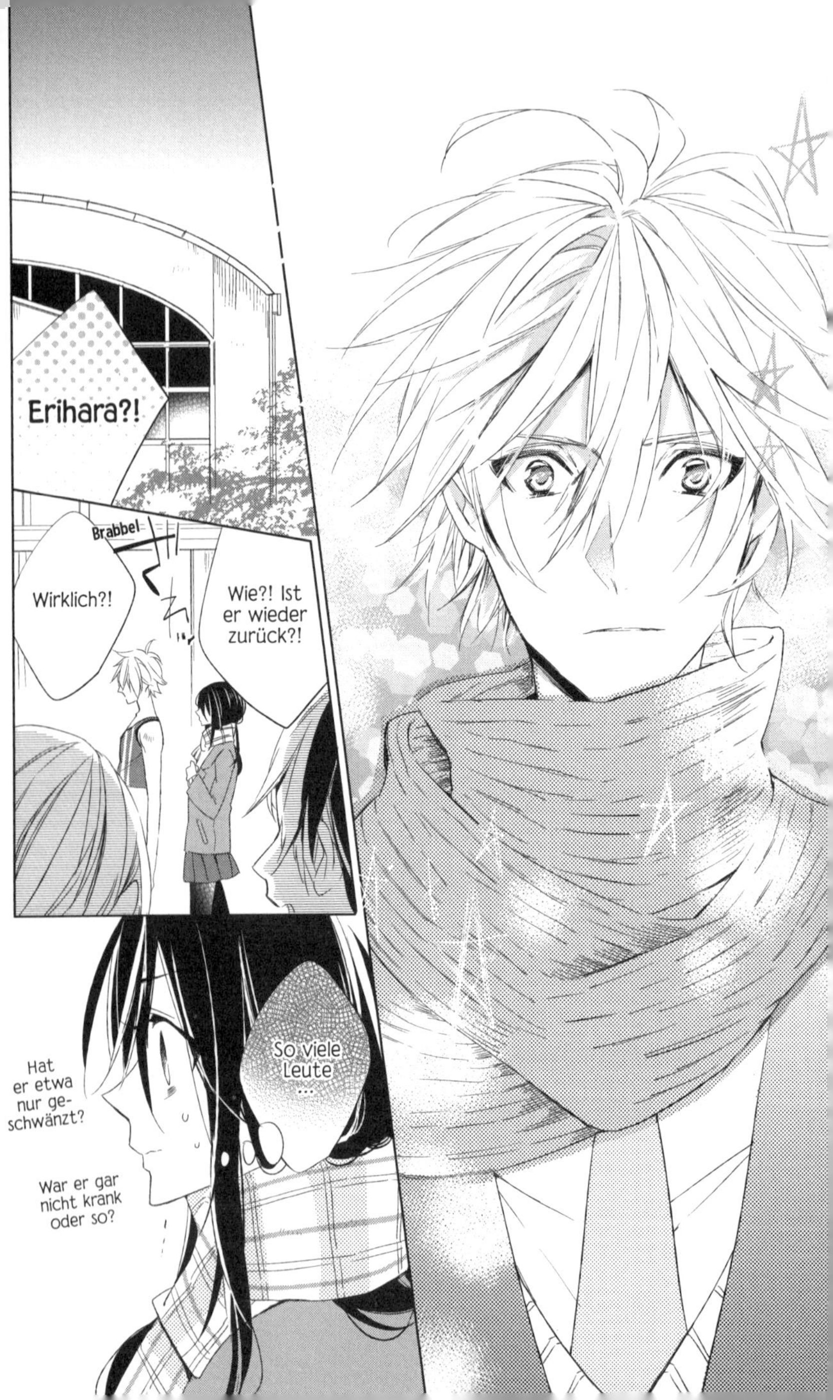
Erihara?!
Wie?! Ist er wieder zurück?!
Brabbel
Wirklich?!
So viele Leute ...
Hat er etwa nur geschwänzt?
War er gar nicht krank oder so?

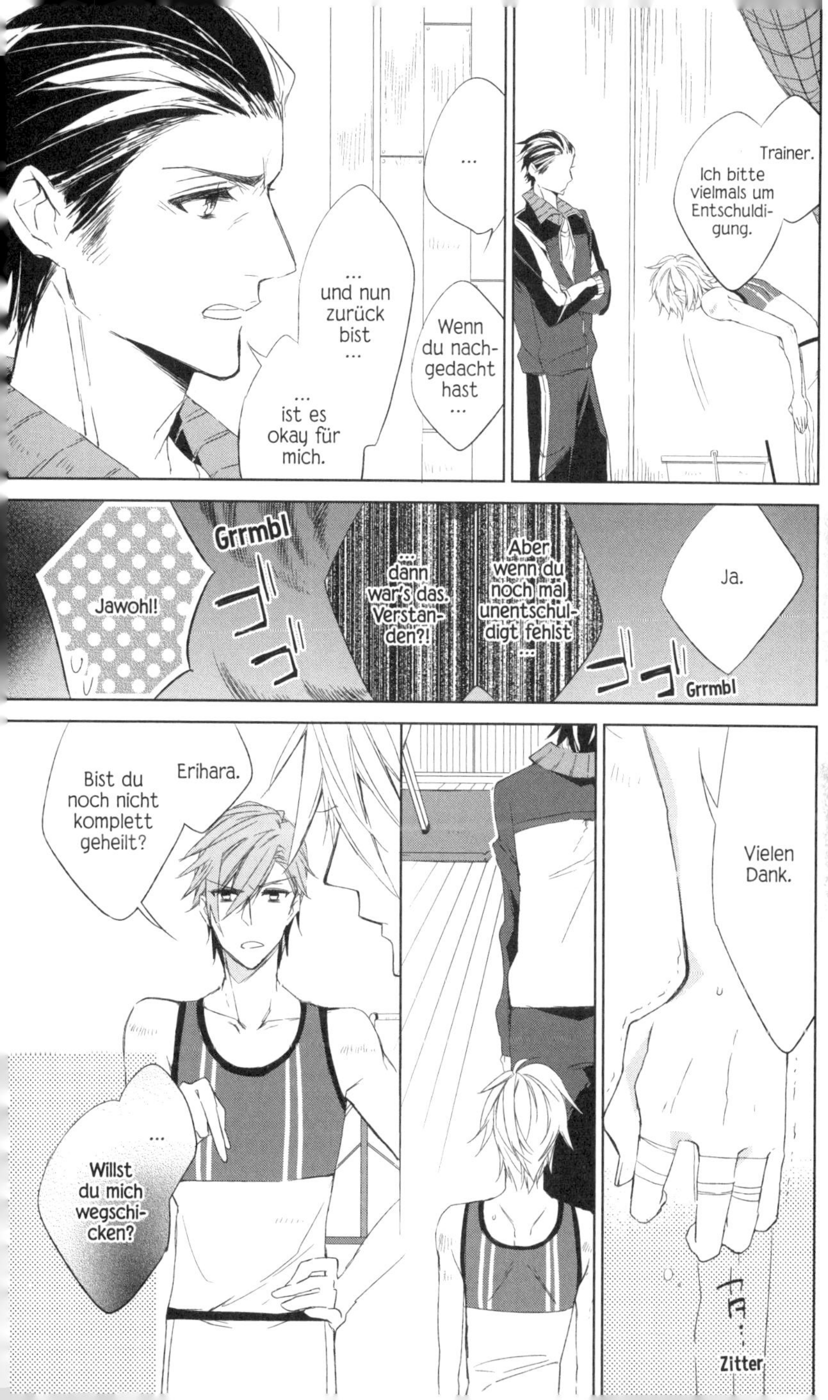
Trainer.
Ich bitte vielmals um Entschuldigung.
...
Wenn du nachgedacht hast ...
... und nun zurück bist ...
... ist es okay für mich.
Ja.
Grrmbl
Aber wenn du noch mal unentschuldigt fehlst ...
... dann war's das. Verstanden?!
Grrmbl
Jawohl!
Vielen Dank.
Zitter
Erihara.
Bist du noch nicht komplett geheilt?
... Willst du mich wegschicken?

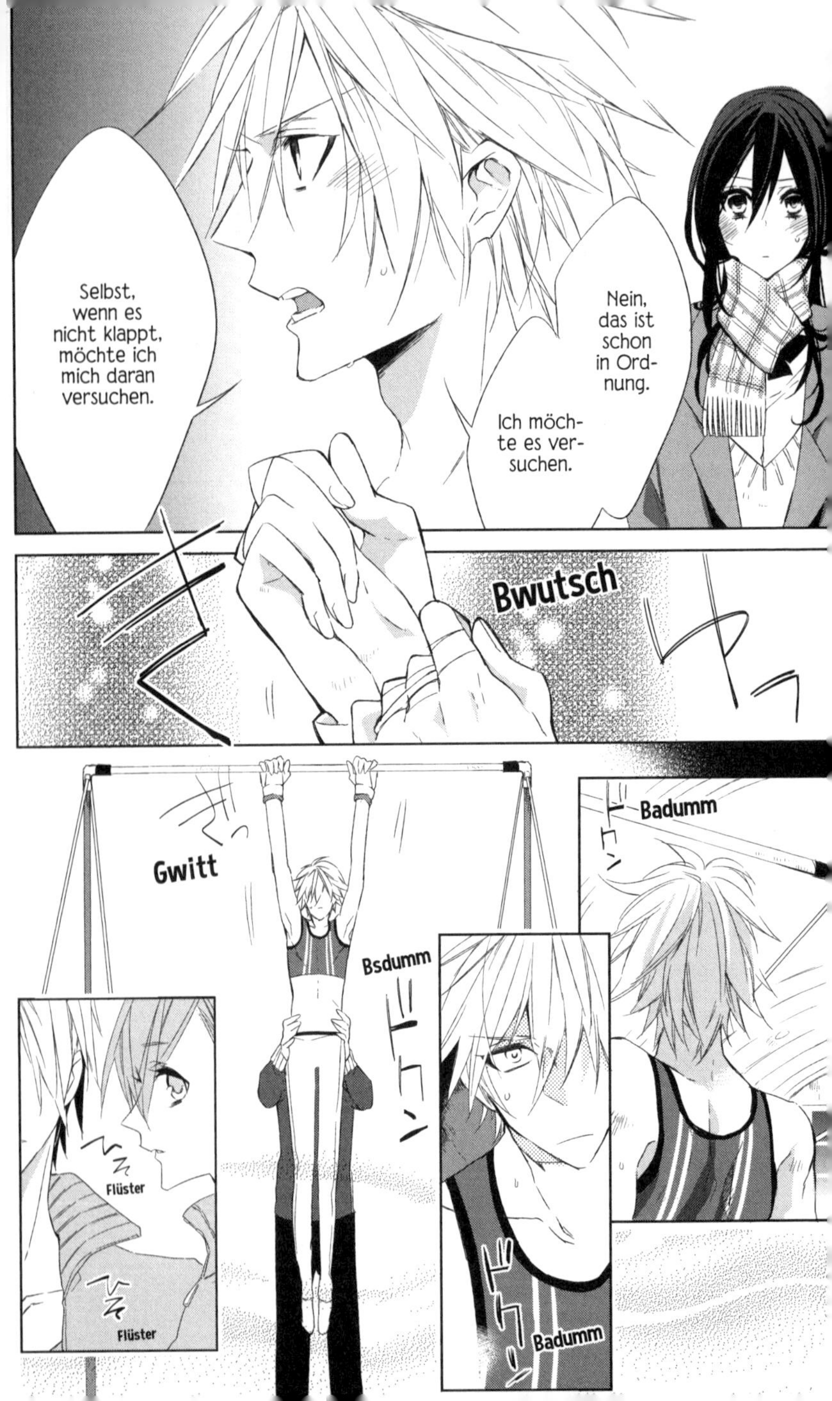
Nein, das ist schon in Ordnung.
Ich möchte es versuchen.
Selbst, wenn es nicht klappt, möchte ich mich daran versuchen.
Bwutsch
Badumm
Gwitt
Bsdumm
Badumm
Flüster
Flüster

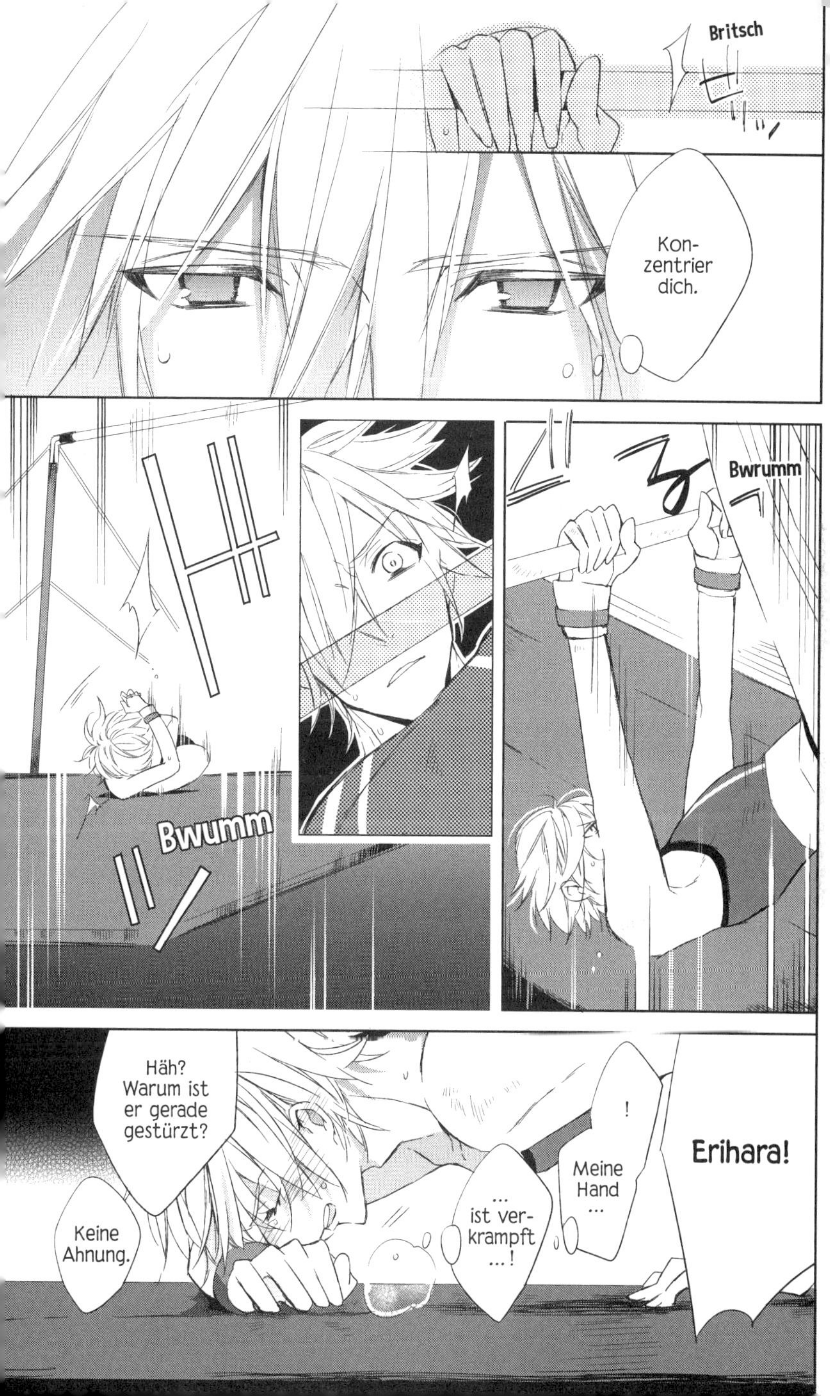
Britsch
Konzentrier dich.
Bwrumm
Bwumm
Erihara!
!
Meine Hand ...
... ist verkrampft ...!
Häh? Warum ist er gerade gestürzt?
Keine Ahnung.

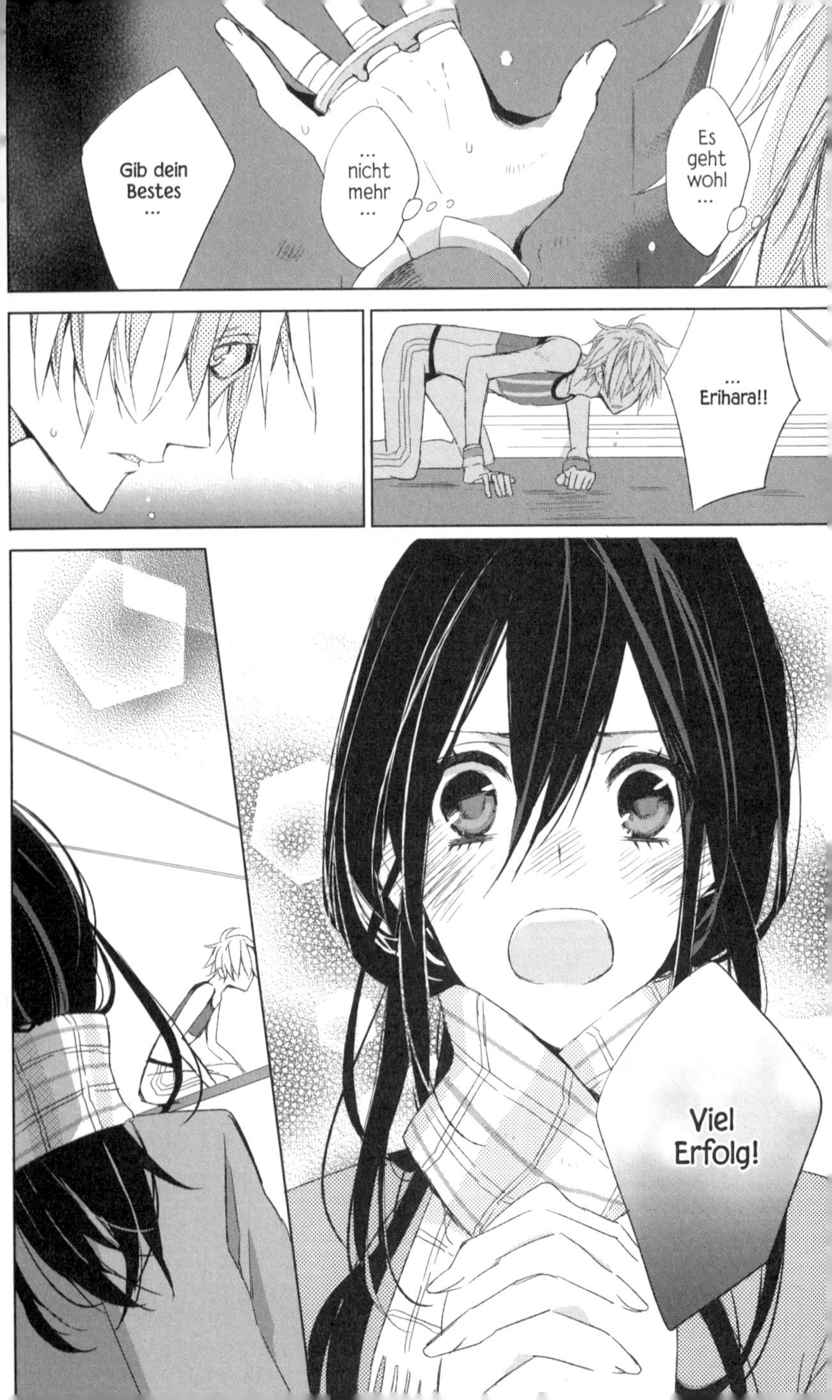

Es geht wohl ...
... nicht mehr ...
Gib dein Bestes ...
... Erihara!!
Viel Erfolg!

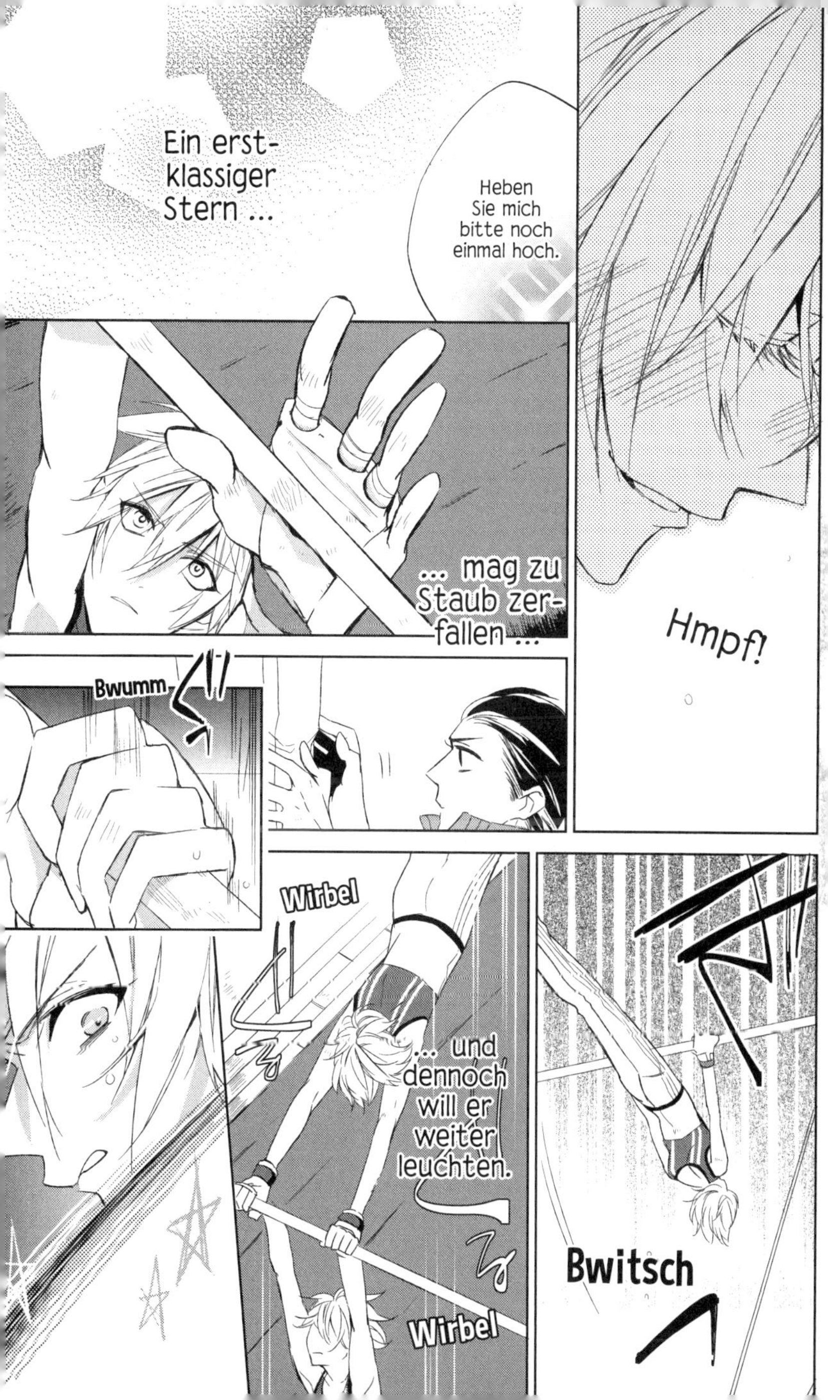
Ein erst-
klassiger
Stern ...
Heben
Sie mich
bitte noch
einmal hoch.
Hmpf!
... mag zu
Staub zer-
fallen ...
Bwumm
Wirbel
... und
dennoch
will er
weiter
leuchten.
Wirbel
Bwitsch

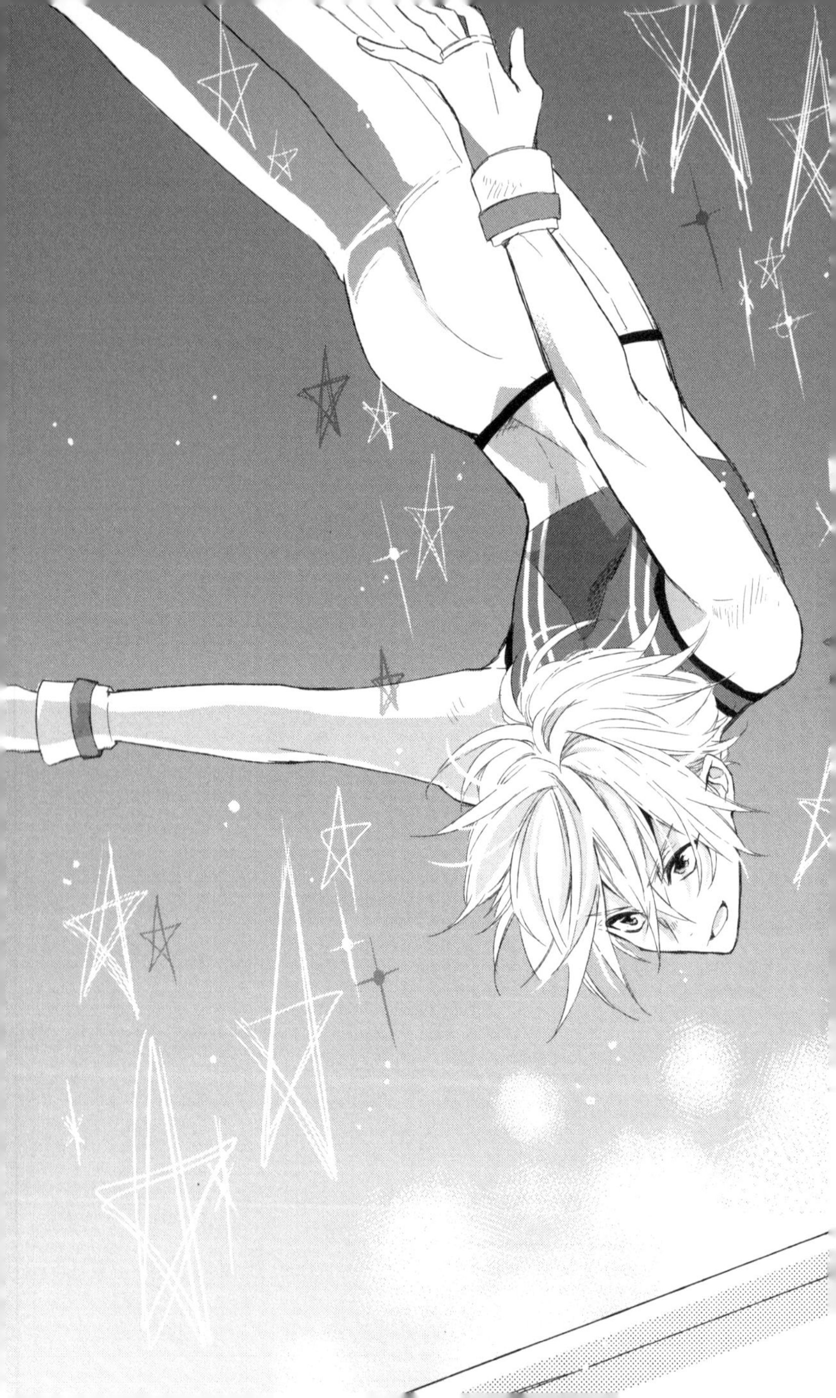

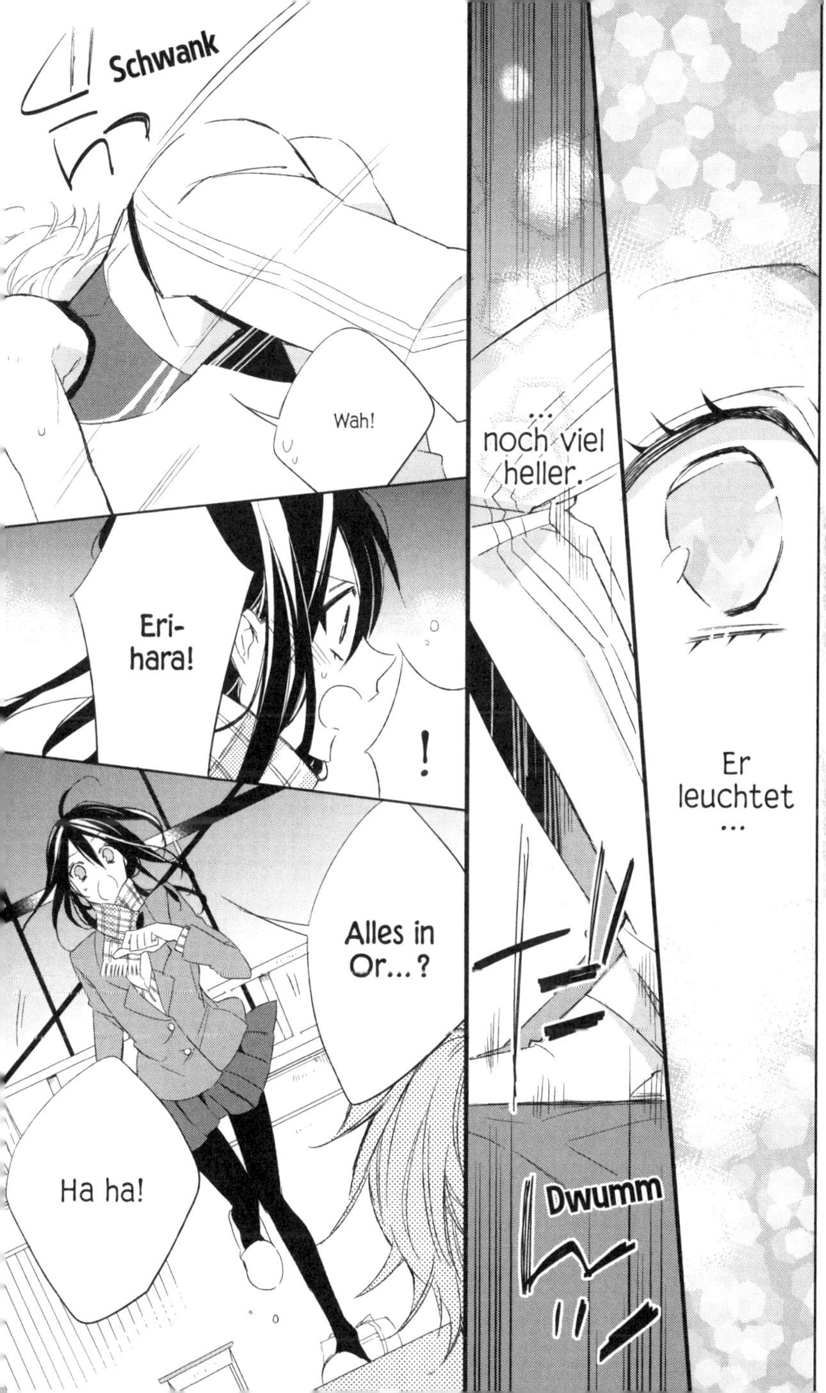
Er leuchtet ...
... noch viel heller.
Dwumm
Schwank
Wah!
Eri-hara!
!
Alles in Or...?
Ha ha!

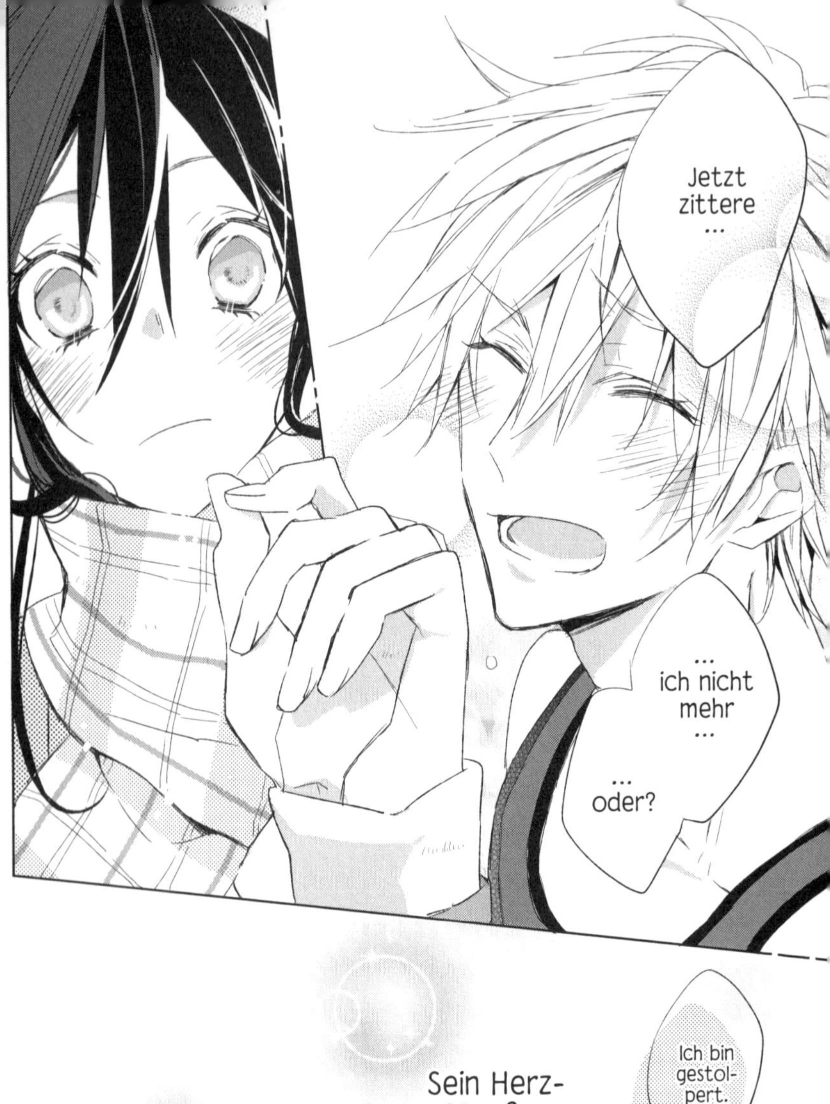

Ich bin gestolpert.

Sein Herzklopfen hat sich …

… wohl auch auf mich übertragen.

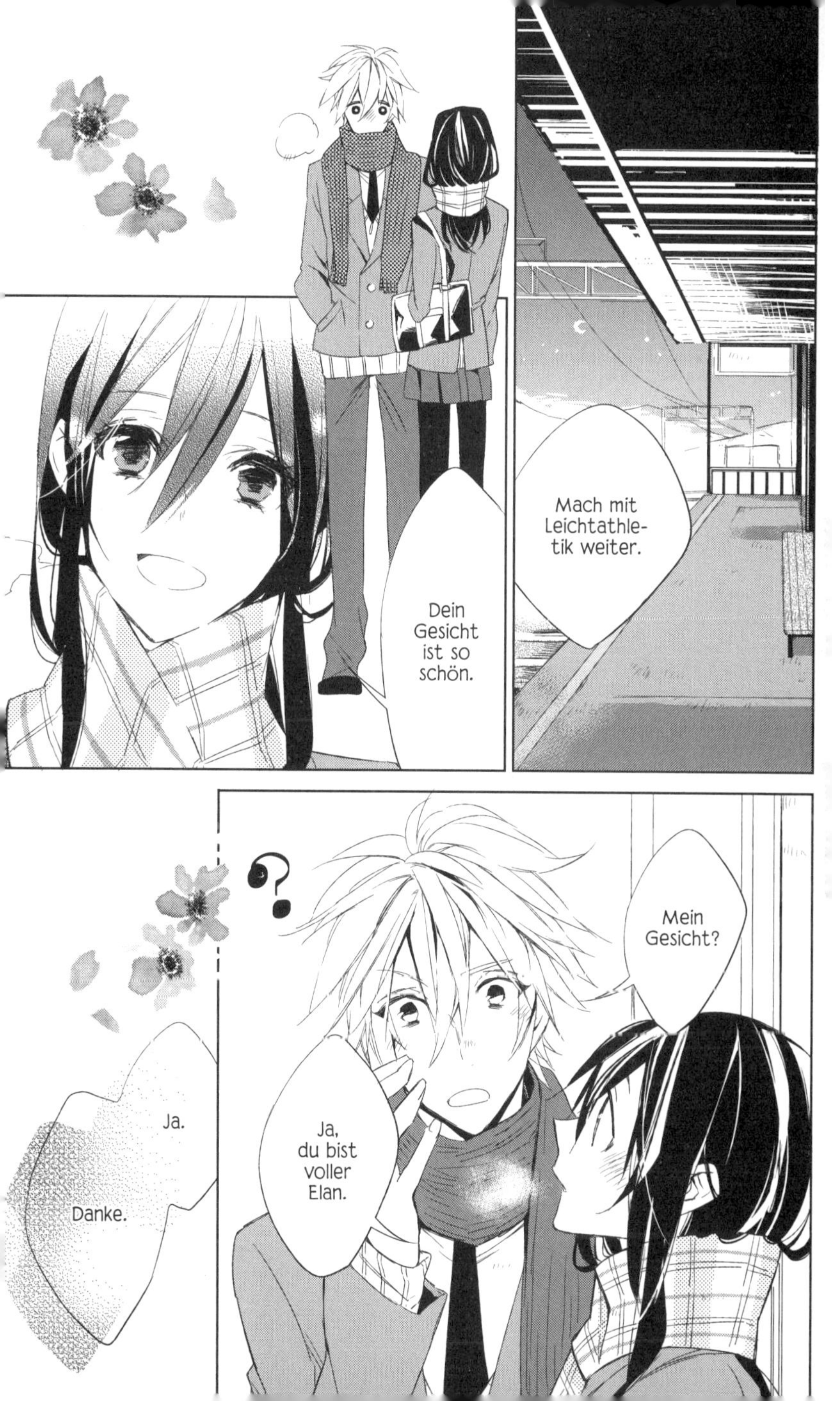

Mach mit Leichtathle-
tik weiter.

Dein Gesicht ist so schön.

Mein Gesicht?

Ja, du bist voller Elan.

Ja.

Danke.

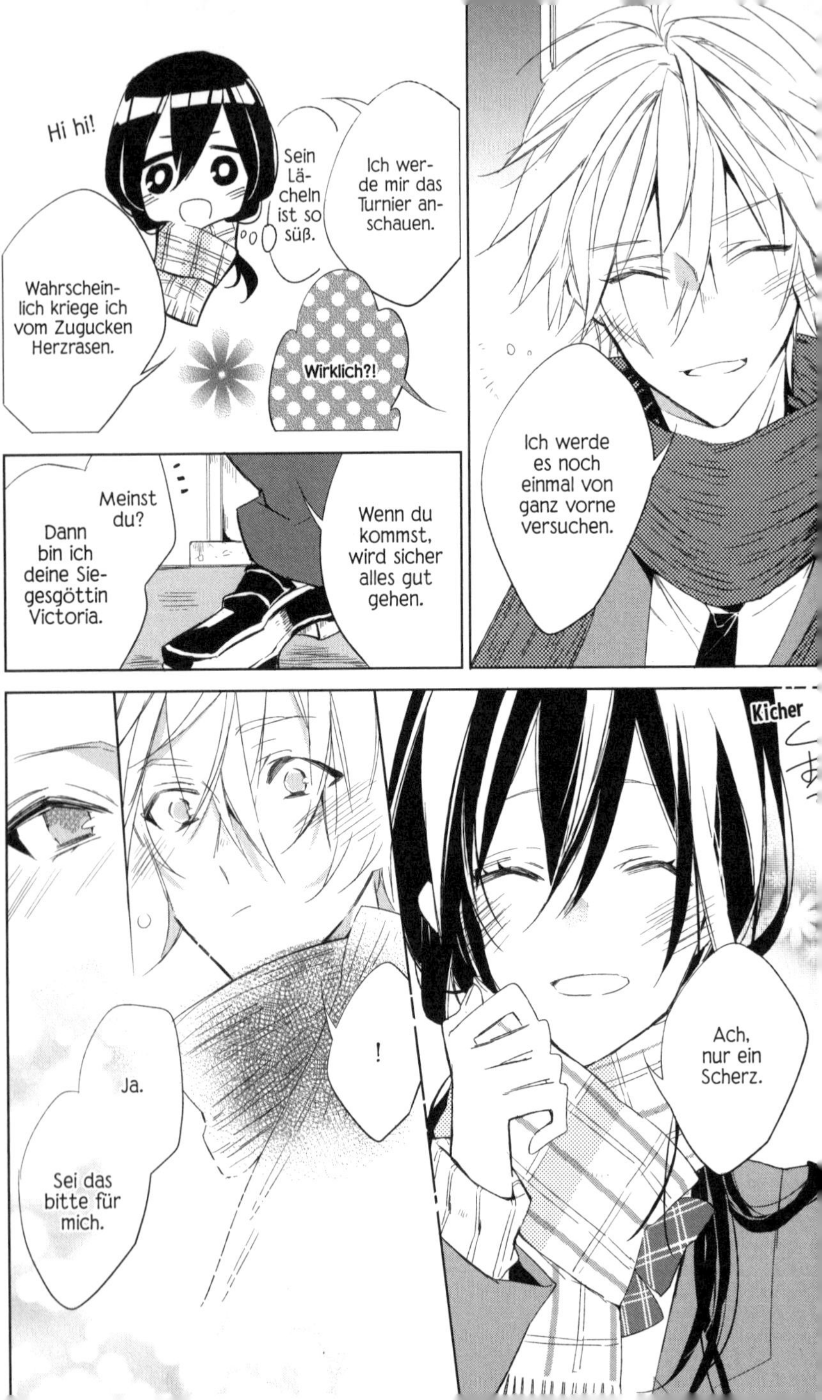

Ich werde es noch einmal von ganz vorne versuchen.

Ich werde mir das Turnier anschauen.

Sein Lächeln ist so süß.

Wirklich?!

Hi hi!

Wahrscheinlich kriege ich vom Zugucken Herzrasen.

Wenn du kommst, wird sicher alles gut gehen.

Meinst du?

Dann bin ich deine Siegesgöttin Victoria.

Kicher

Ach, nur ein Scherz.

!

Ja.

Sei das bitte für mich.

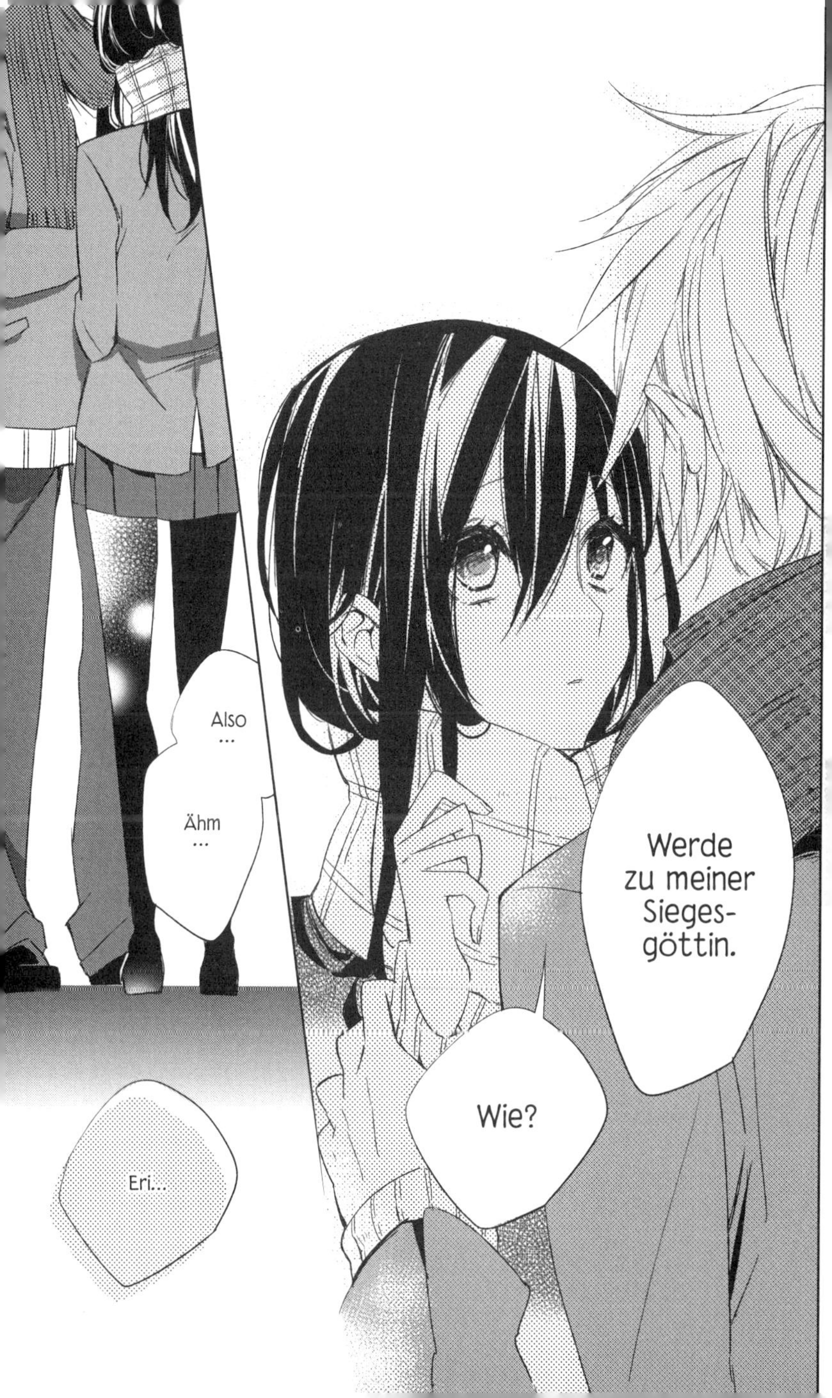
Werde zu meiner Sieges-göttin.
Also ...
Ähm ...
Wie?
Eri...

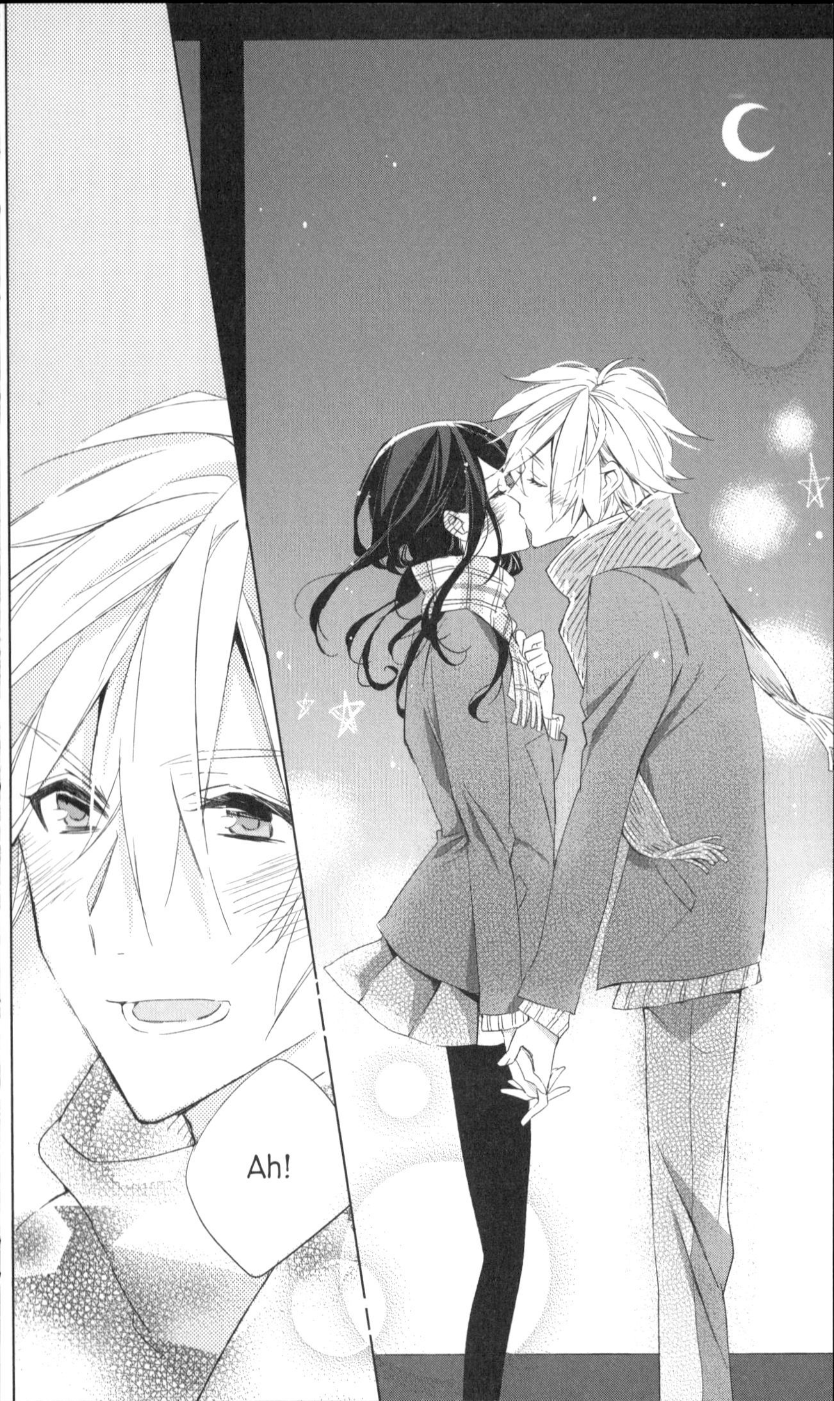
Ah!

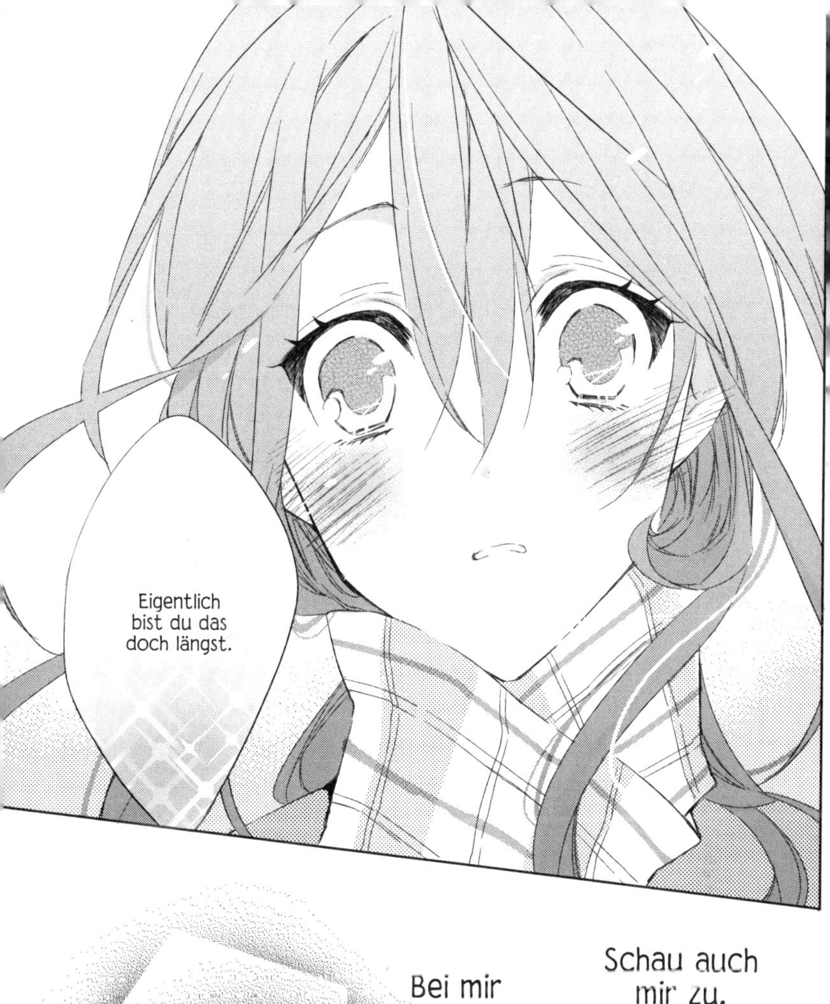

Schau auch mir zu.

Bei mir dauert es noch ein wenig ...

... aber ich werde auch meinen Stern finden.

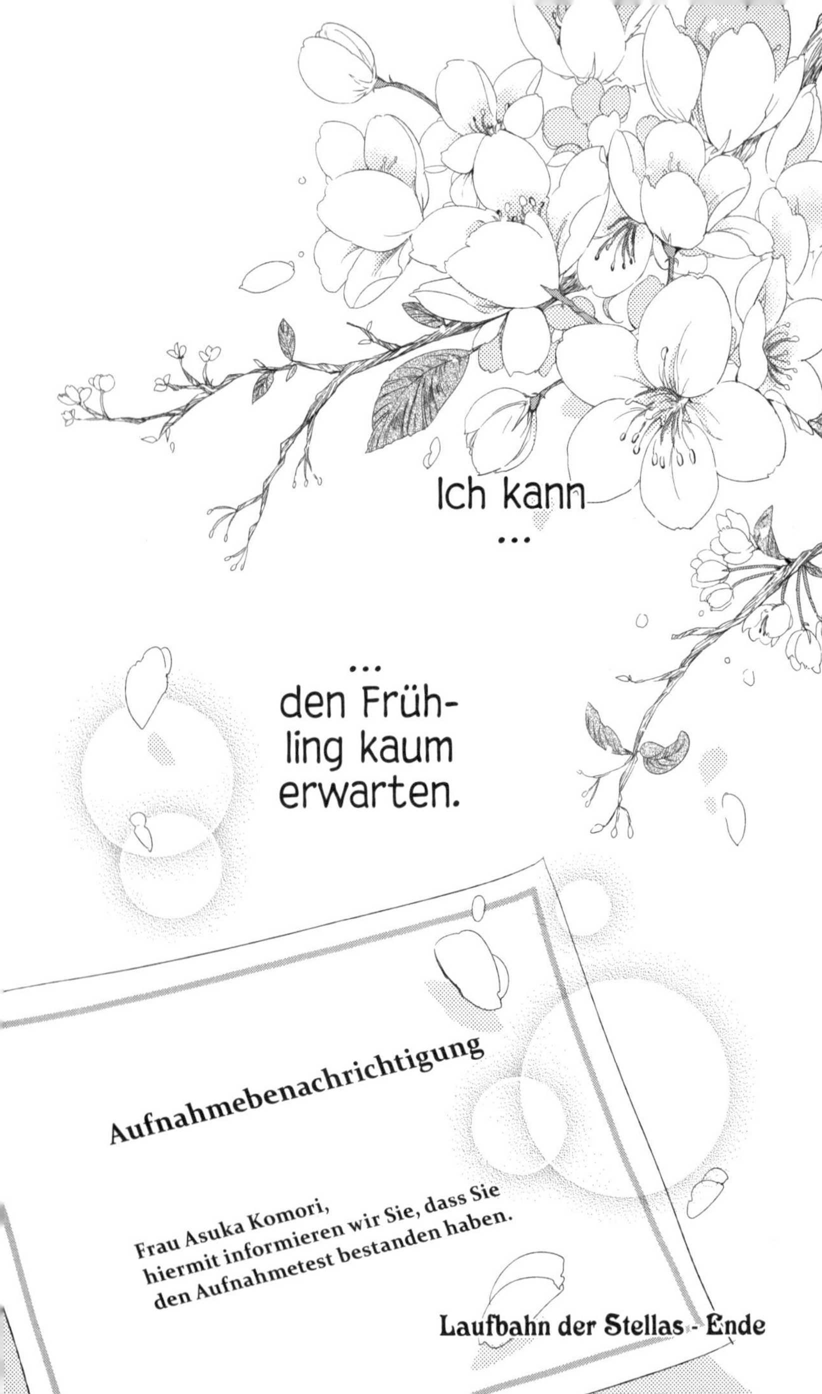
Ich kann
...
... den Früh-
ling kaum
erwarten.
Aufnahmebenachrichtigung
Frau Asuka Komori,
hiermit informieren wir Sie, dass Sie
den Aufnahmetest bestanden haben.
Laufbahn der Stellas - Ende

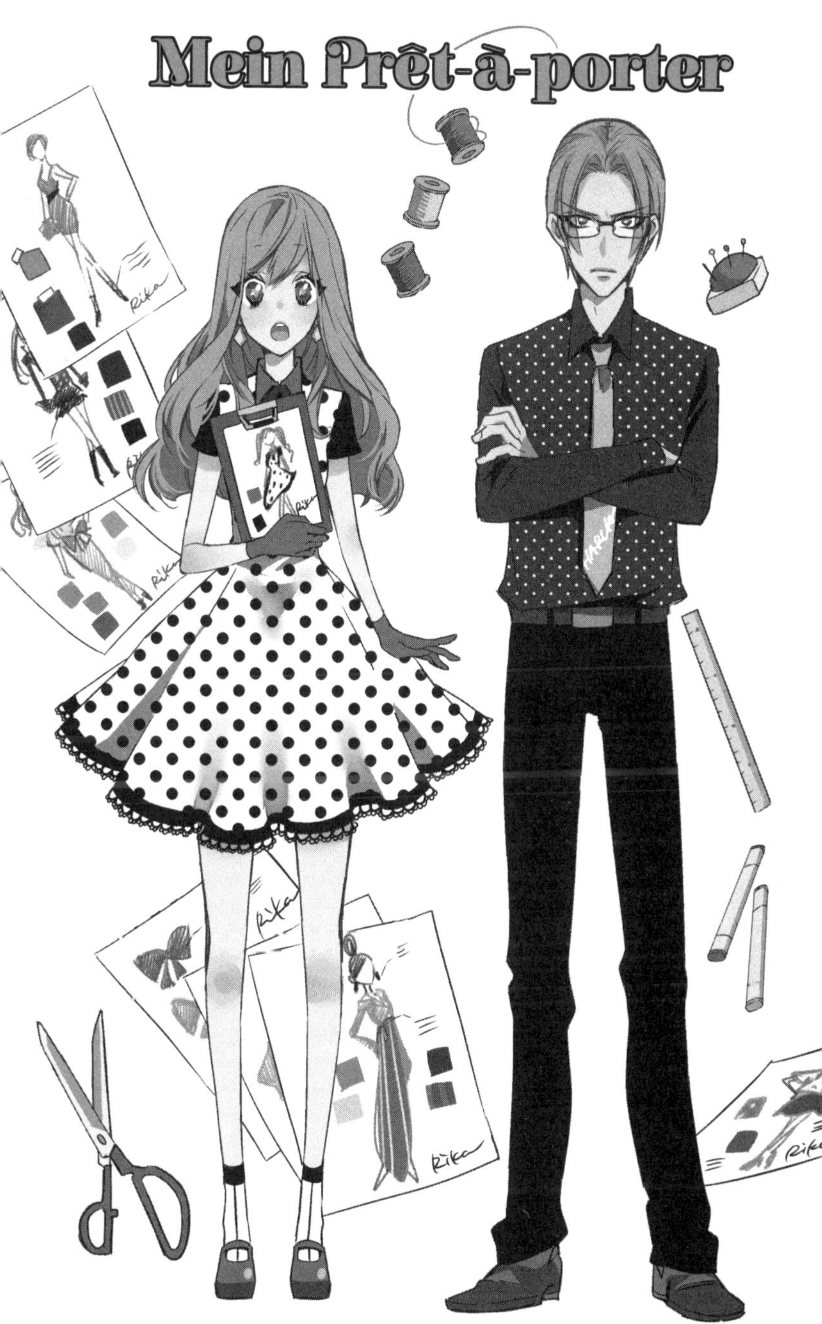
Mein Prêt-à-porter

Mein Prêt-à-porter

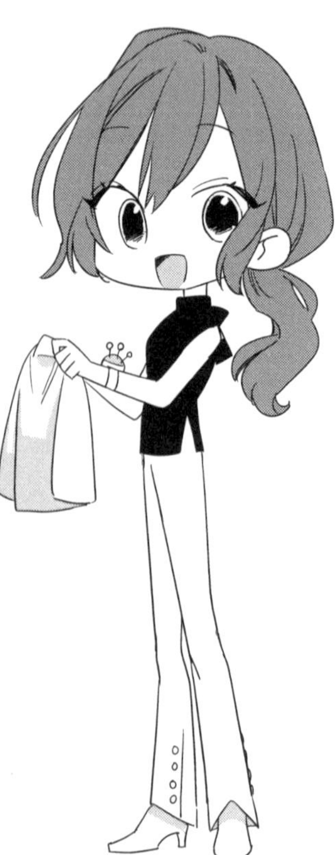

Wenn ich jetzt zurückschaue, sind die Striche wirklich dick geworden. Zu der Zeit wollte ich gerne etwas dickere Linien zeichnen, aber die hier sind wirklich sehr fett geworden ...

Ich liebe Charaktere, die zwar ein strenges Gesicht haben, aber eigentlich nett sind. Somit erinnert Kujo hier vielleicht ein wenig an Kotaro in *Shojo nach der Schule*.

Hrmpf

Ich wollte Charaktere zeichnen, die mit verschränkten Armen breit dastehen.

Rika hat als Kind mehr die Fee bewundert, die ihr ein schönes Kleid gezaubert hat, als Aschenputtel. Aus diesem Grund ist sie Designerin geworden, um viele Leute mit Kleidung zu beglücken.

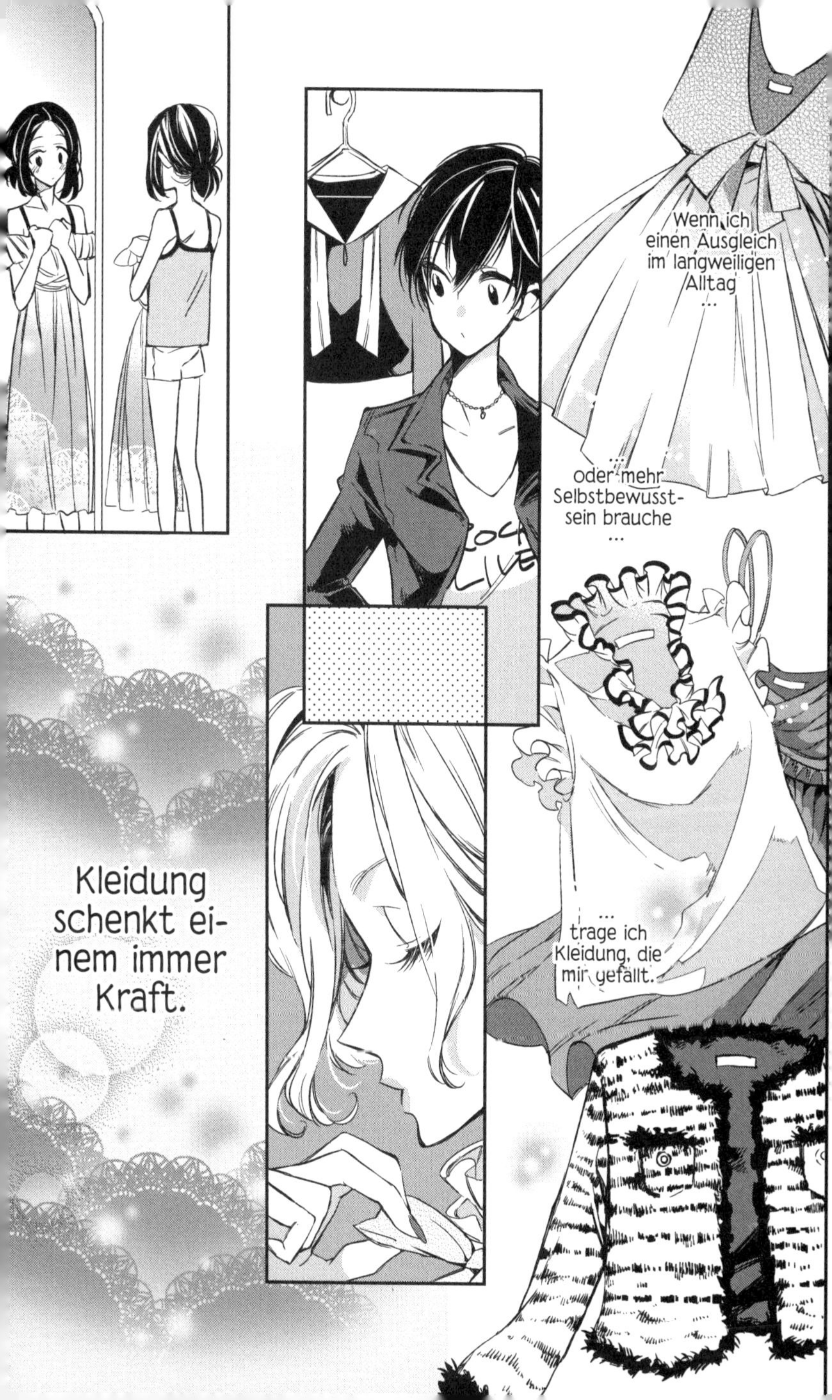
Wenn ich einen Ausgleich im langweiligen Alltag ...
... oder mehr Selbstbewusstsein brauche ...
... trage ich Kleidung, die mir gefällt.
Kleidung schenkt einem immer Kraft.

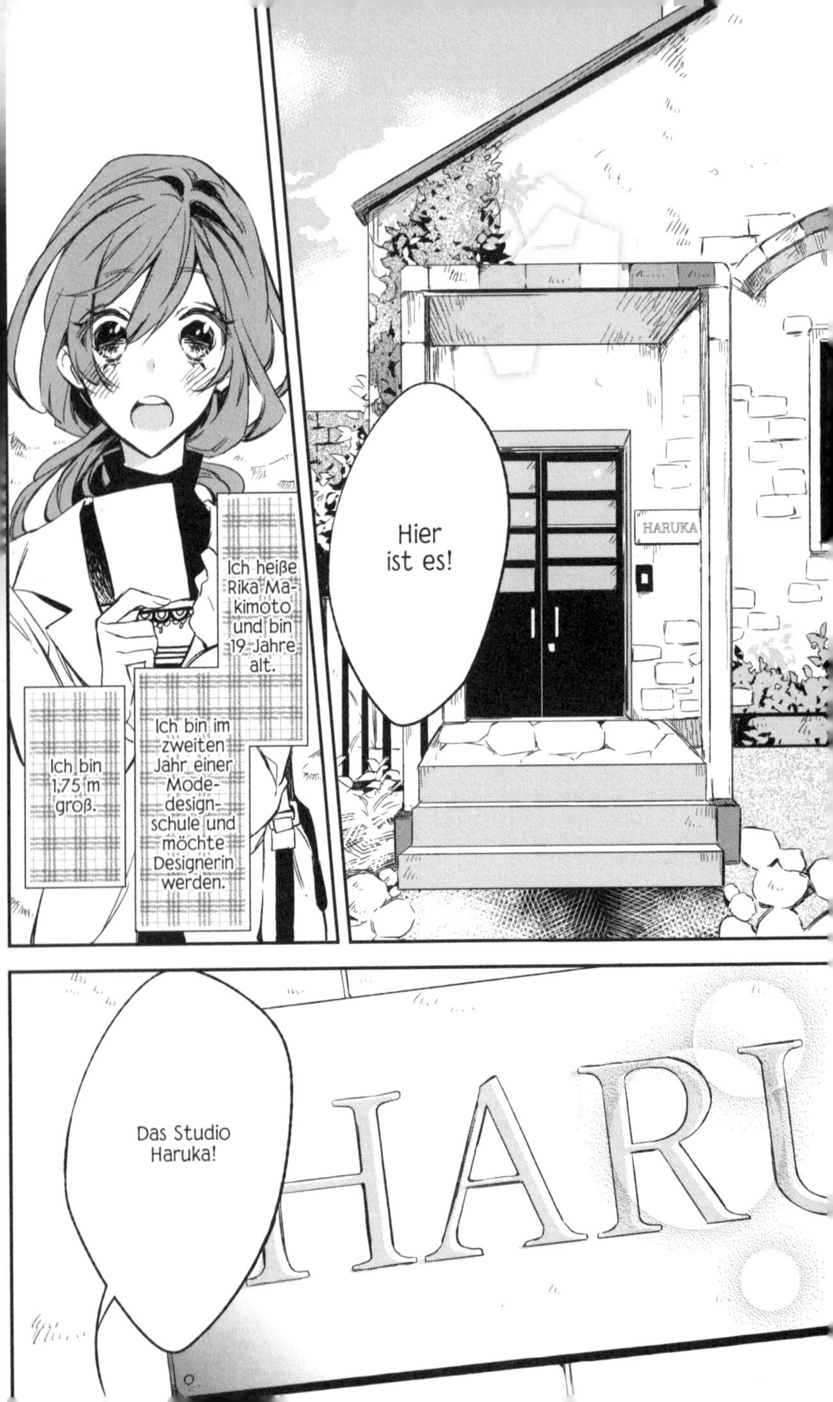

HARUKA

Hier ist es!

Ich heiße Rika Makimoto und bin 19 Jahre alt.

Ich bin im zweiten Jahr einer Modedesignschule und möchte Designerin werden.

Ich bin 1,75 m groß.

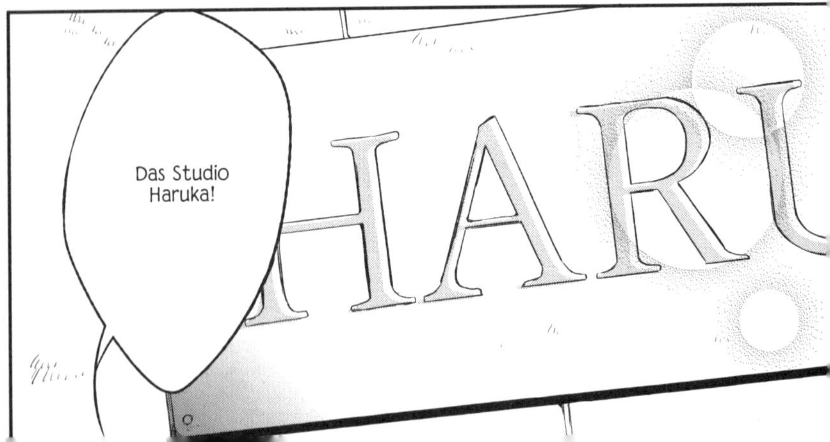

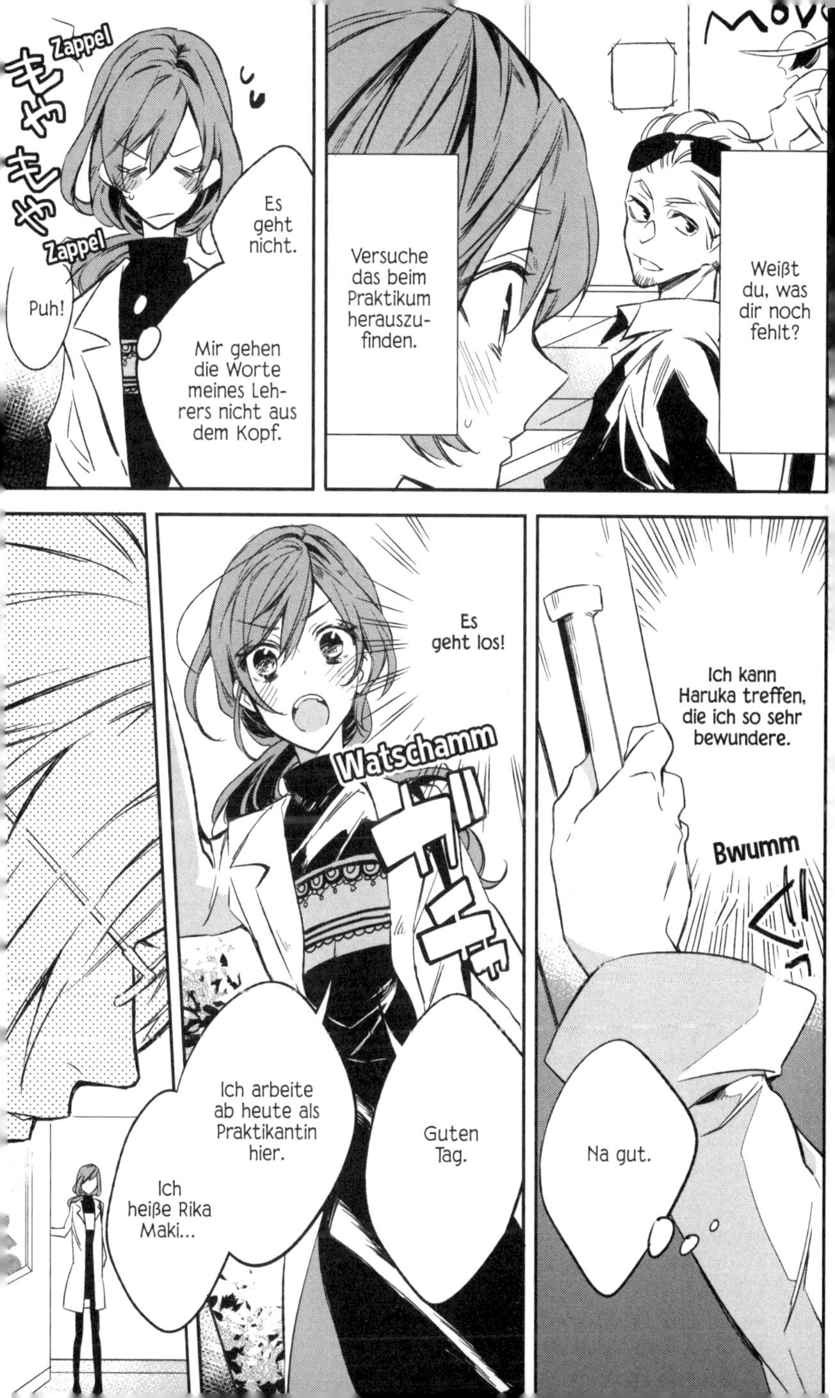

Weißt du, was dir noch fehlt?

Versuche das beim Praktikum herauszufinden.

Es geht nicht.

Mir gehen die Worte meines Lehrers nicht aus dem Kopf.

Zappel

もやもや

Zappel

Puh!

Ich kann Haruka treffen, die ich so sehr bewundere.

Bwumm

Na gut.

Es geht los!

Watschamm

Guten Tag.

Ich arbeite ab heute als Praktikantin hier.

Ich heiße Rika Maki...

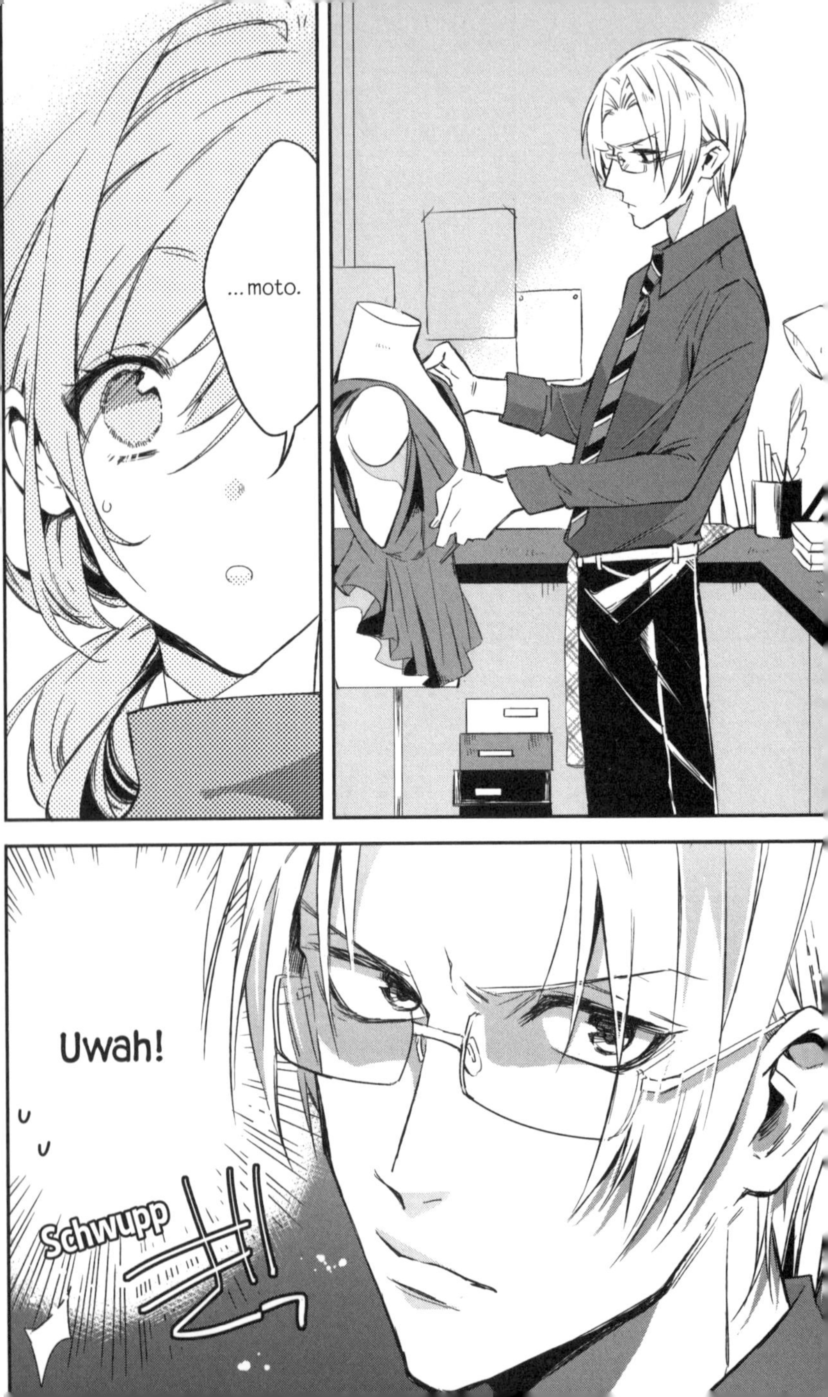

...moto.
Uwah!
Schwupp

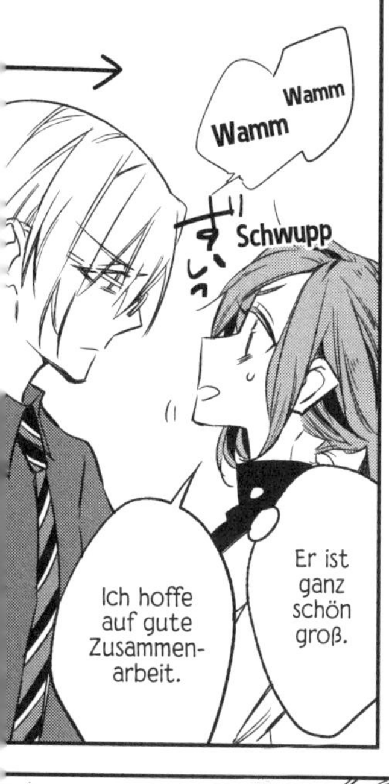

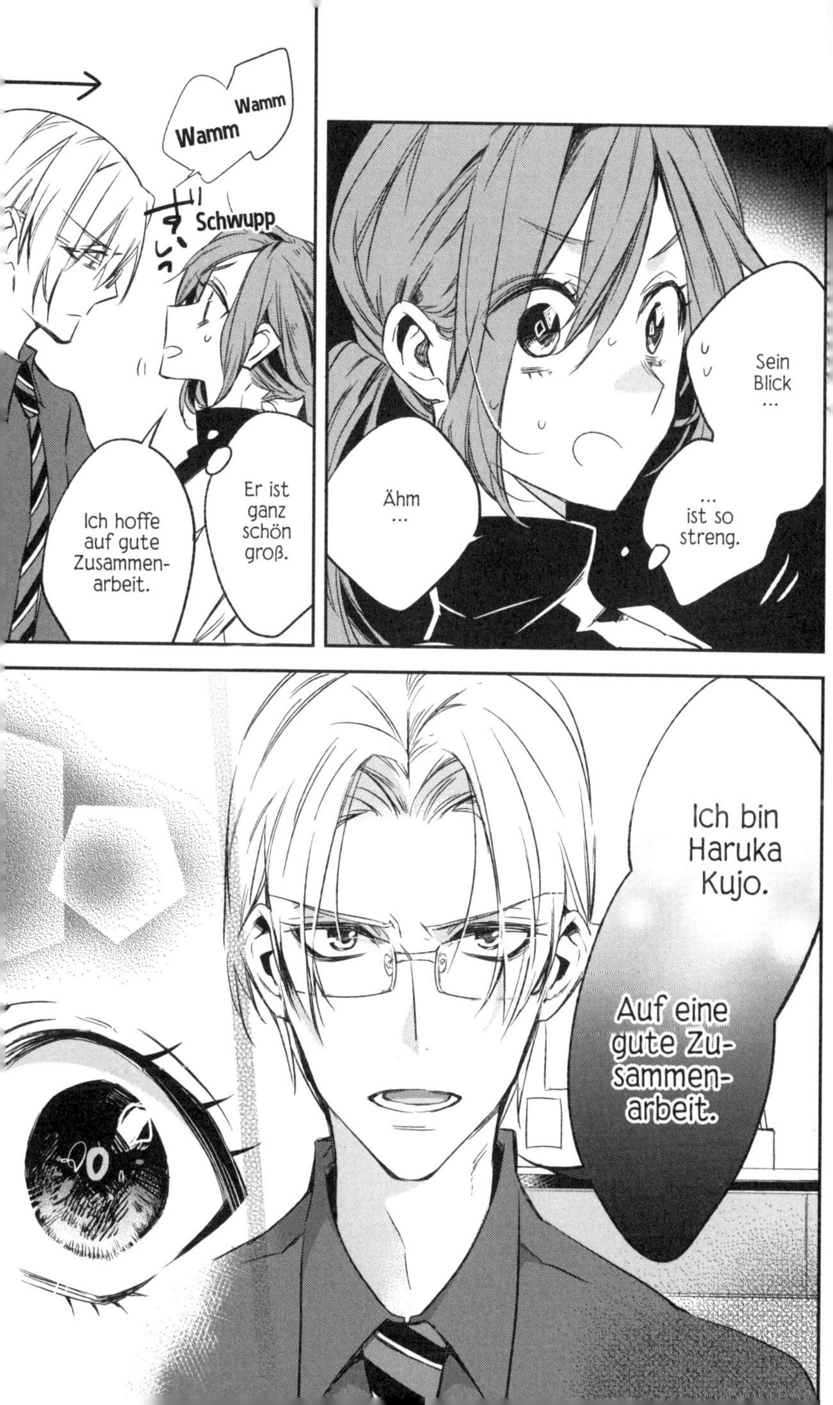

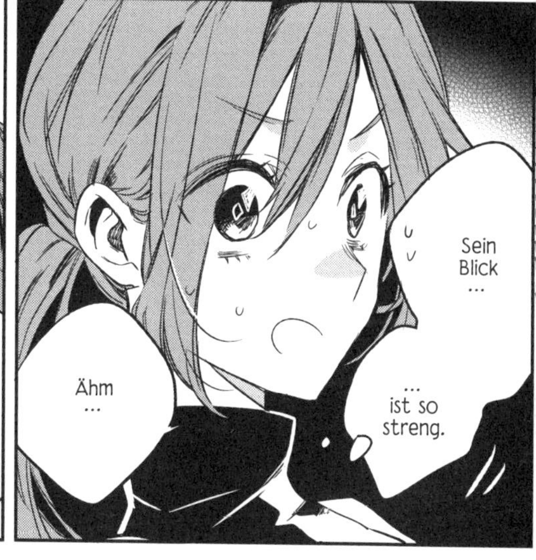

Ich bin Haruka Kujo.

Auf eine gute Zusammenarbeit.

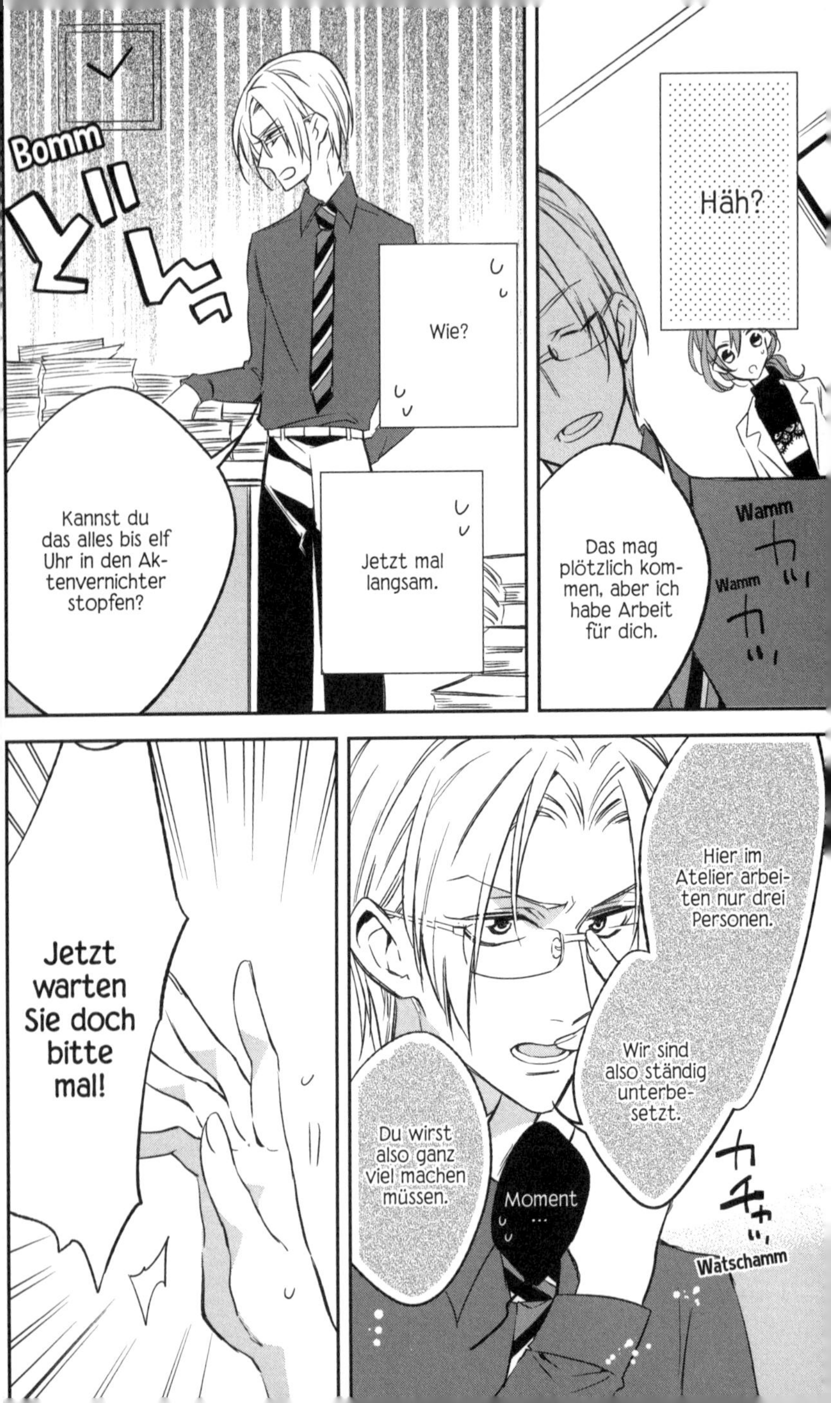

Das mag plötzlich kommen, aber ich habe Arbeit für dich.

Wamm

Wamm

Häh?

Wie?

Jetzt mal langsam.

Kannst du das alles bis elf Uhr in den Aktenvernichter stopfen?

Bomm

Hier im Atelier arbeiten nur drei Personen.

Wir sind also ständig unterbesetzt.

Du wirst also ganz viel machen müssen.

Moment …

Watschamm

Jetzt warten Sie doch bitte mal!

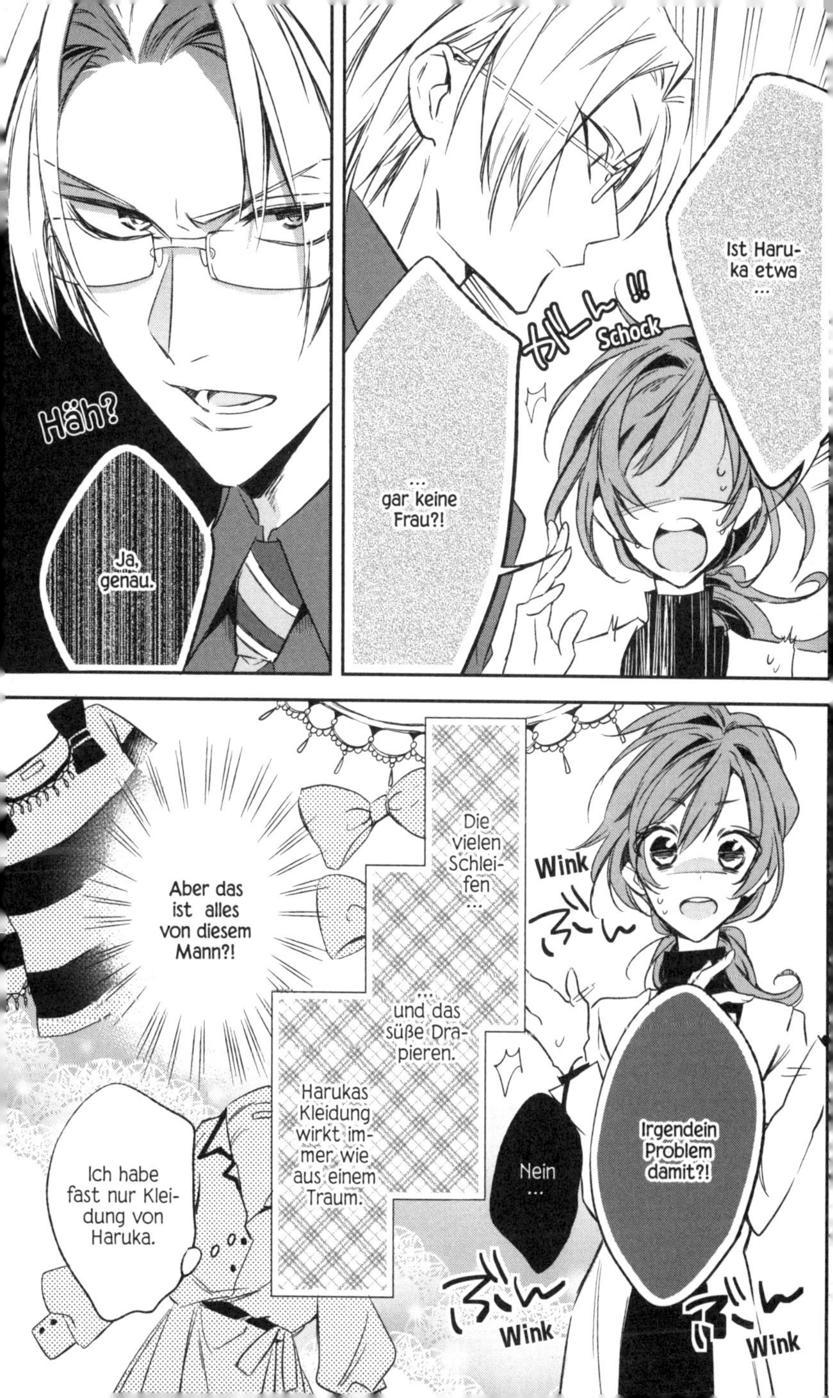

Ist Haru-ka etwa …
がしん!!
Schock
… gar keine Frau?!
Häh?
Ja, genau.
Irgendein Problem damit?!
Nein …
ぶんぶん
Wink
Die vielen Schlei-fen …
… und das süße Dra-pieren.
Harukas Kleidung wirkt im-mer wie aus einem Traum.
Aber das ist alles von diesem Mann?!
Ich habe fast nur Klei-dung von Haruka.

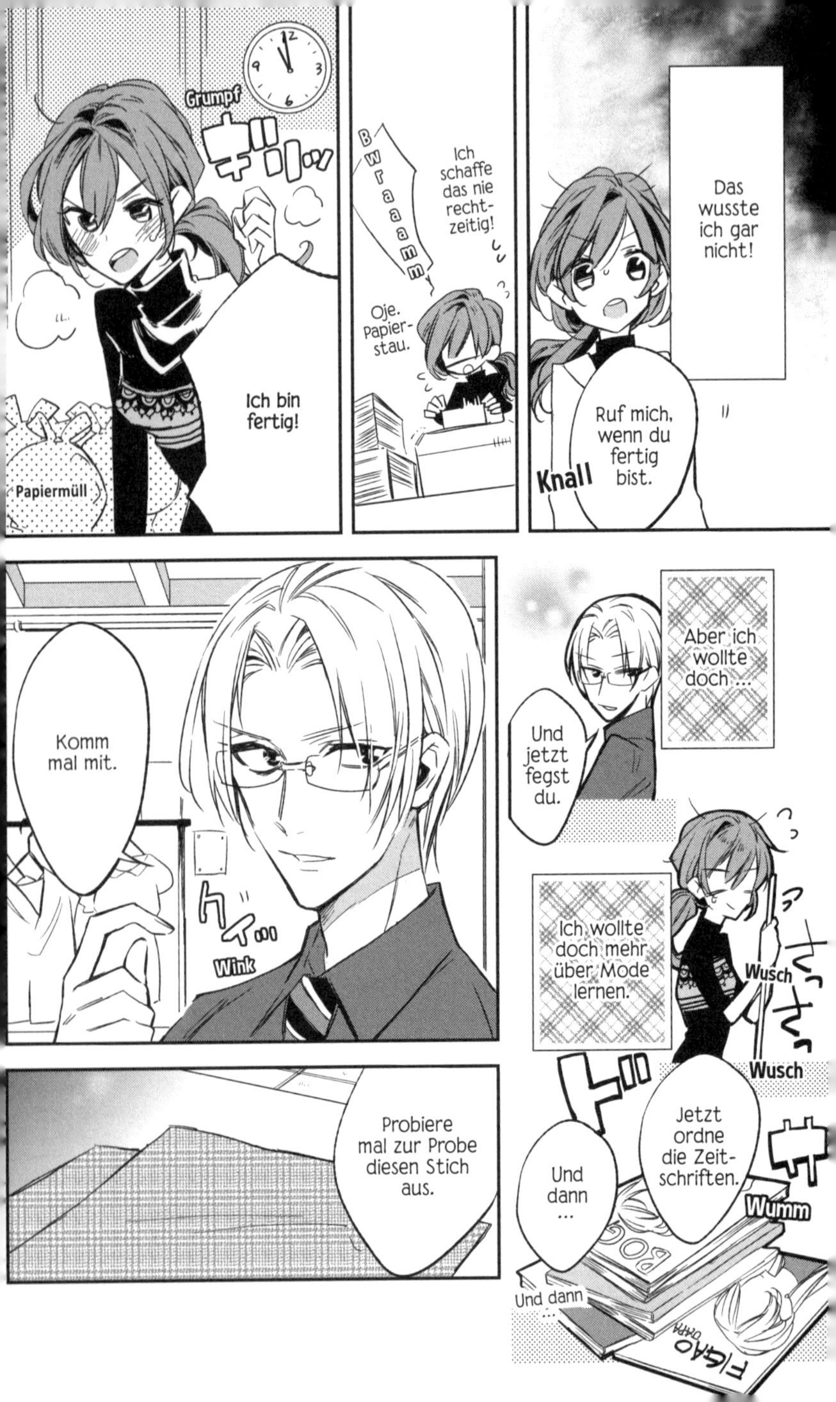

Das wusste ich gar nicht!

Ruf mich, wenn du fertig bist.

Knall

Ich schaffe das nie rechtzeitig!

Bwraaammy

Oje. Papierstau.

Grumpf

Ich bin fertig!

Papiermüll

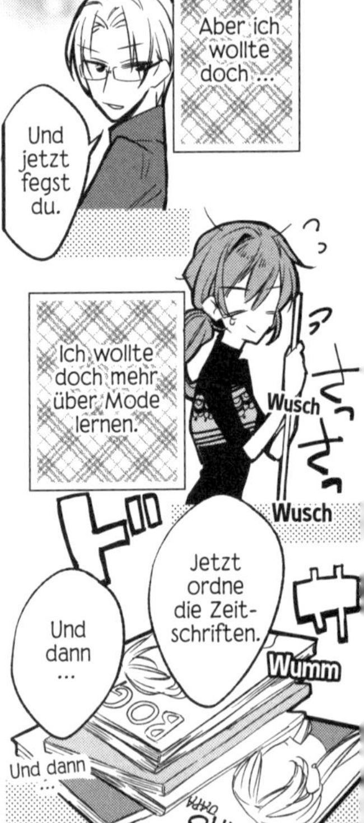

Komm mal mit.

Wink

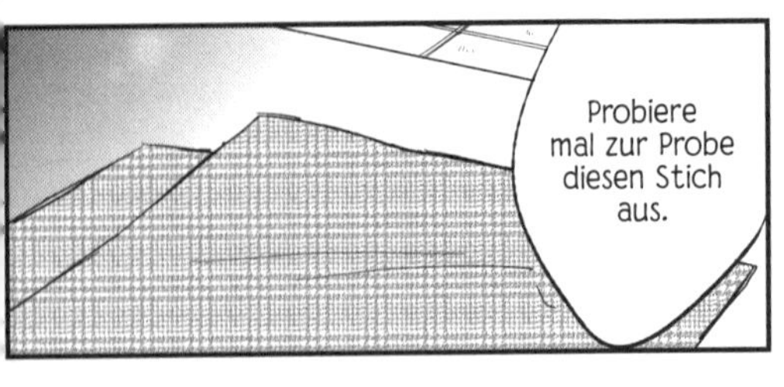

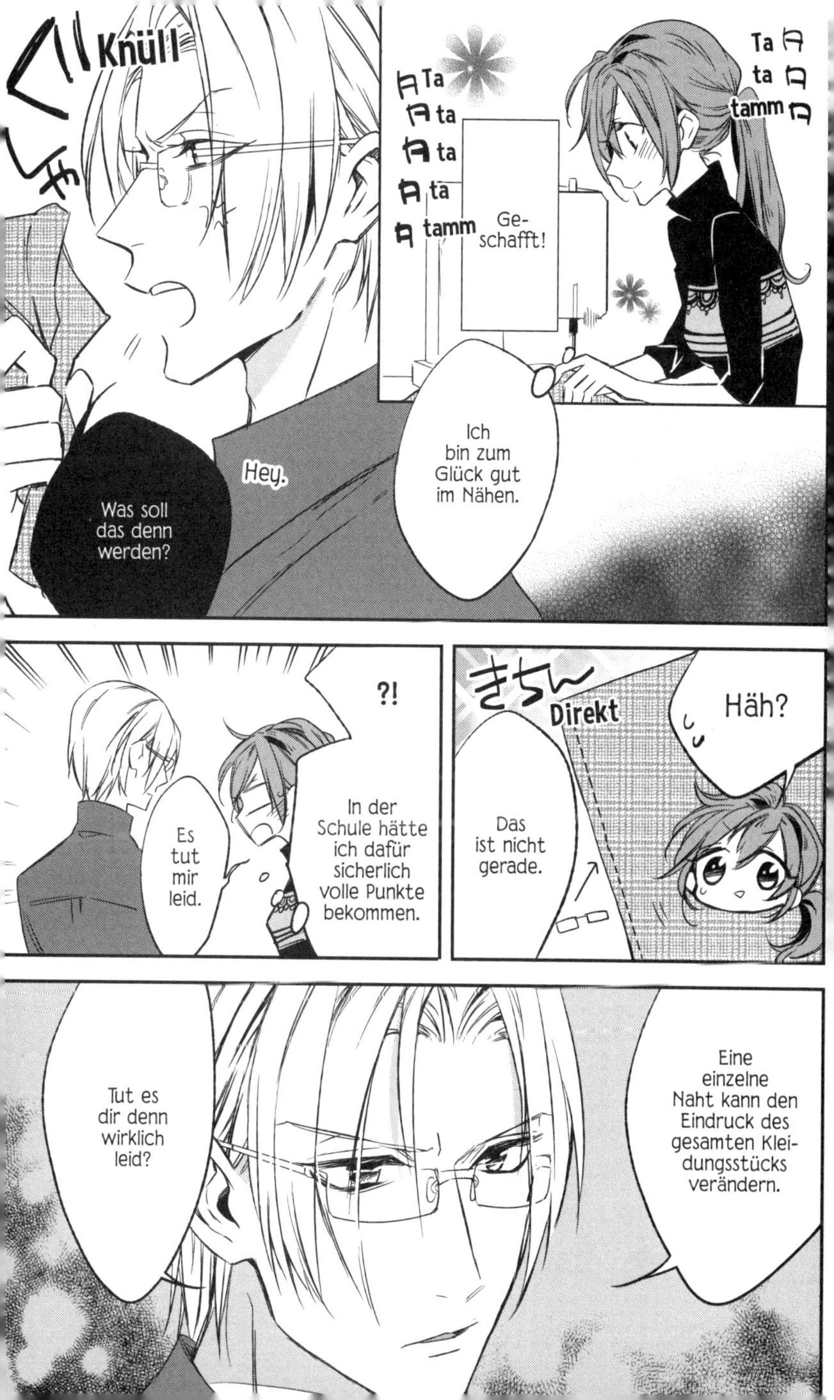

Ta ta tamm
Ta ta ta ta tamm
Geschafft!
Ich bin zum Glück gut im Nähen.
Knüll
Hey.
Was soll das denn werden?

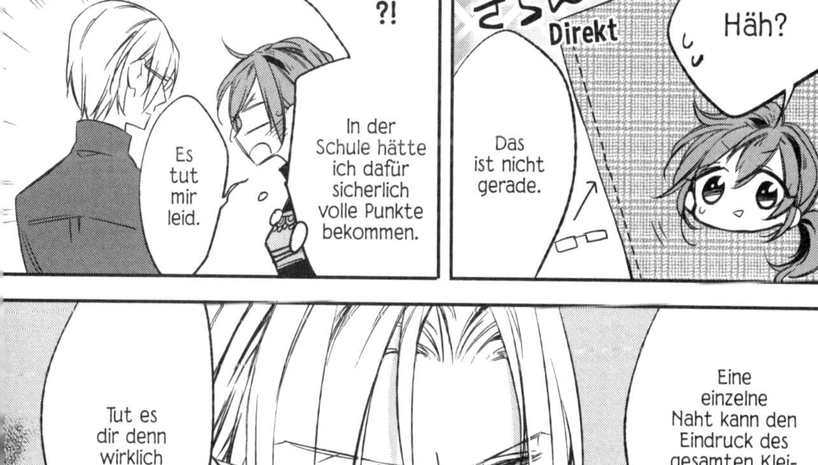

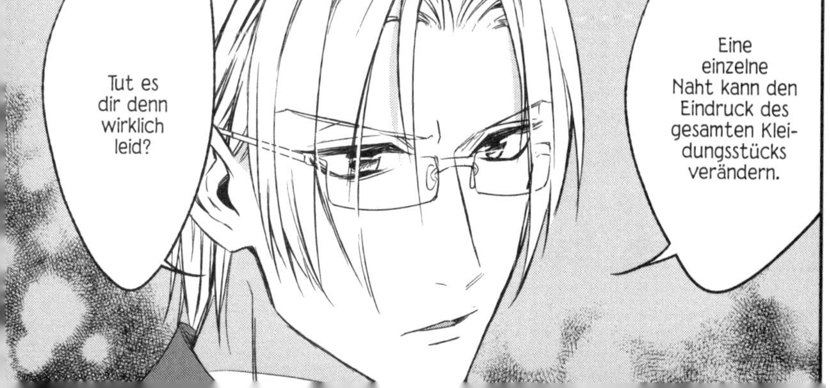

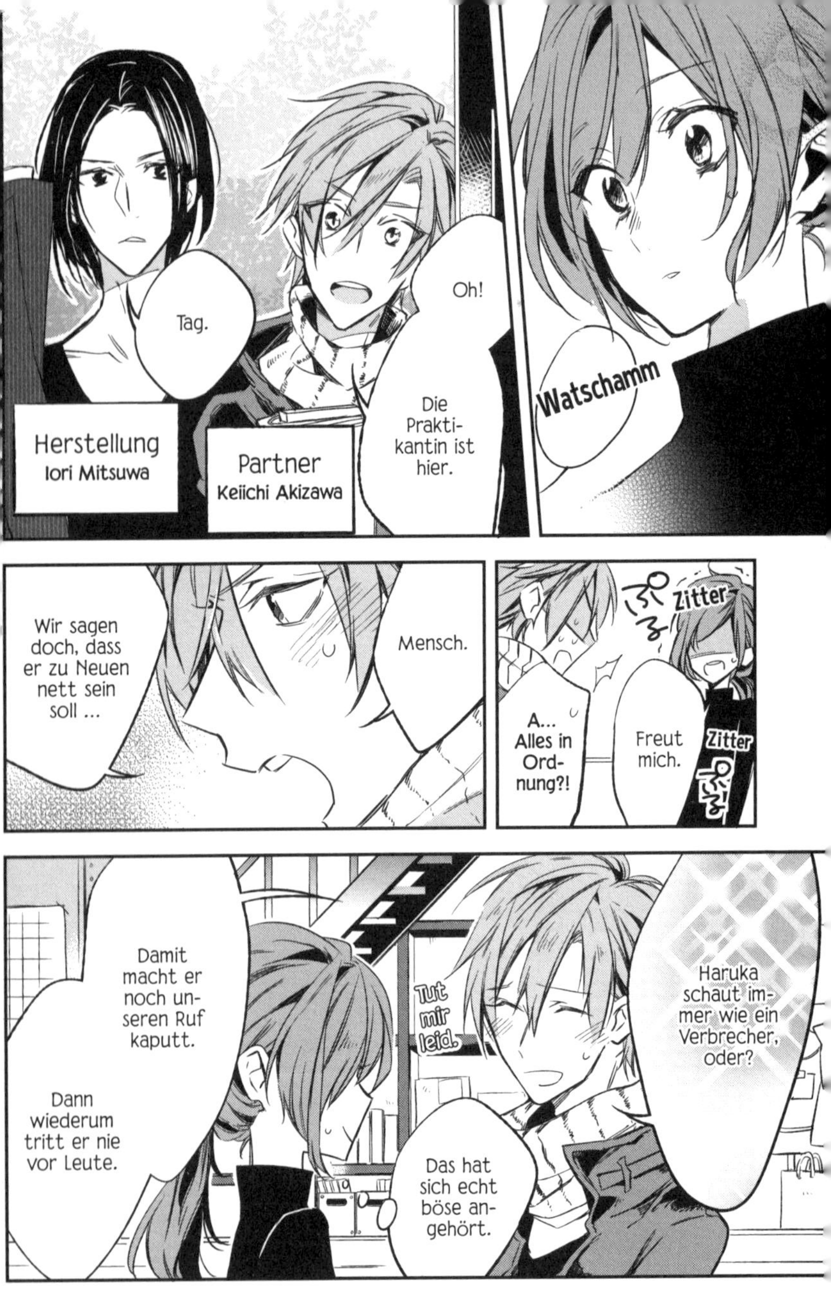

Watschamm

Oh!

Die Prakti-
kantin ist
hier.

Tag.

Partner
Keiichi Akizawa

Herstellung
Iori Mitsuwa

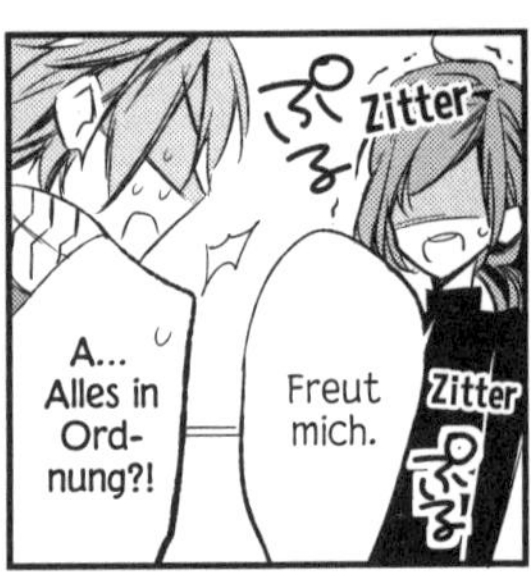

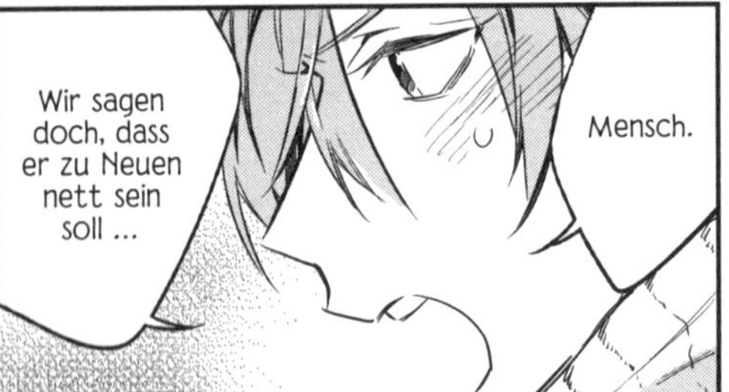

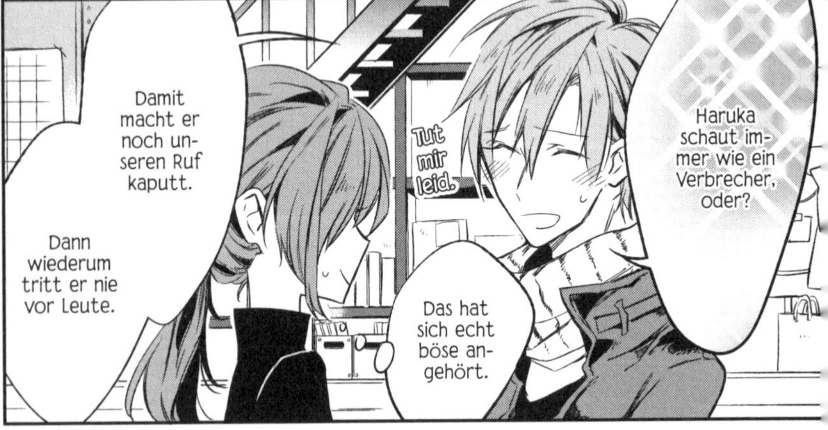

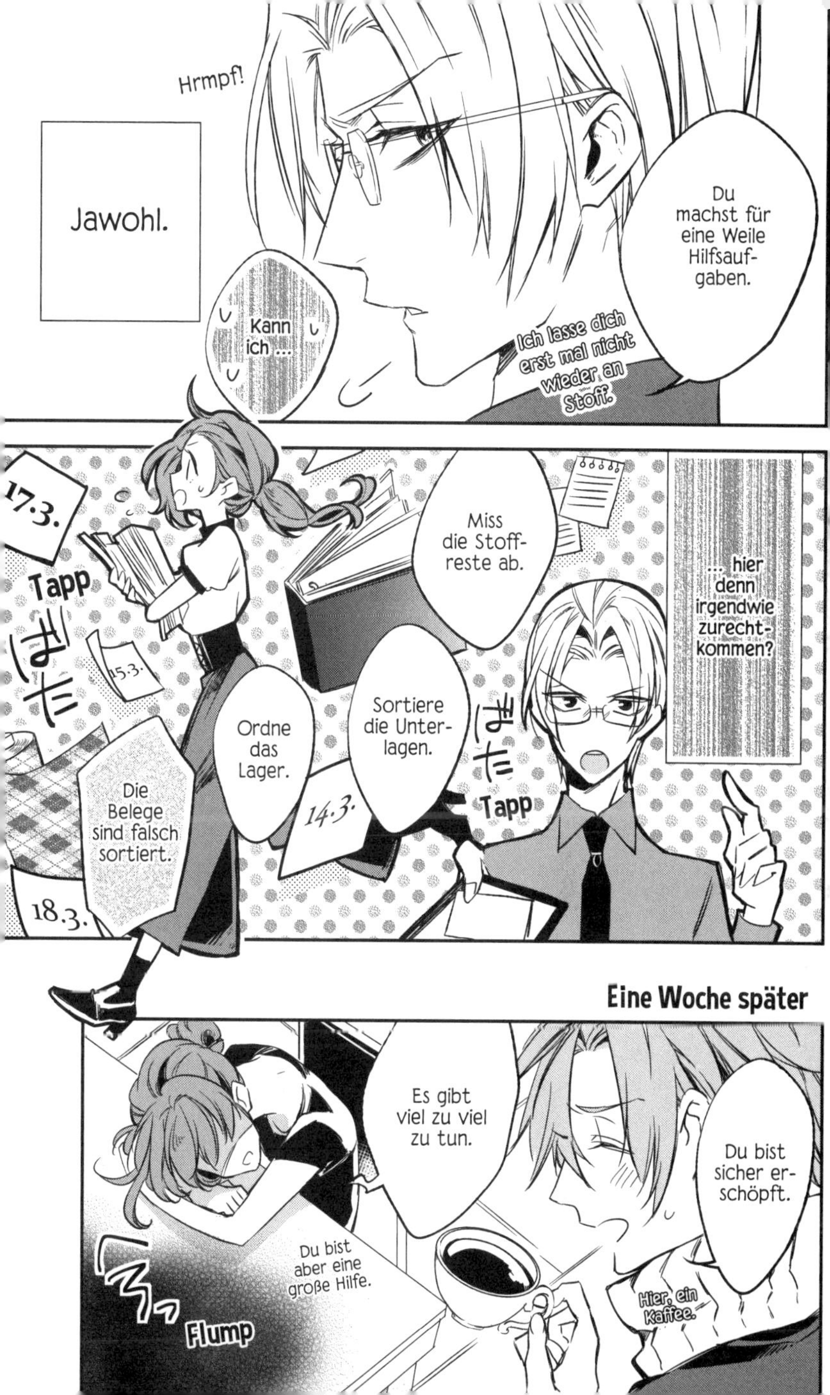
Hrmpf!
Du machst für eine Weile Hilfsaufgaben.
Ich lasse dich erst mal nicht wieder an Stoff.
Kann ich …
Jawohl.
… hier denn irgendwie zurechtkommen?
Miss die Stoffreste ab.
Sortiere die Unterlagen.
Ordne das Lager.
Die Belege sind falsch sortiert.
Tapp
Tapp
17.3.
15.3.
14.3.
18.3.
Eine Woche später
Du bist sicher erschöpft.
Es gibt viel zu viel zu tun.
Hier, ein Kaffee.
Du bist aber eine große Hilfe.
Flump

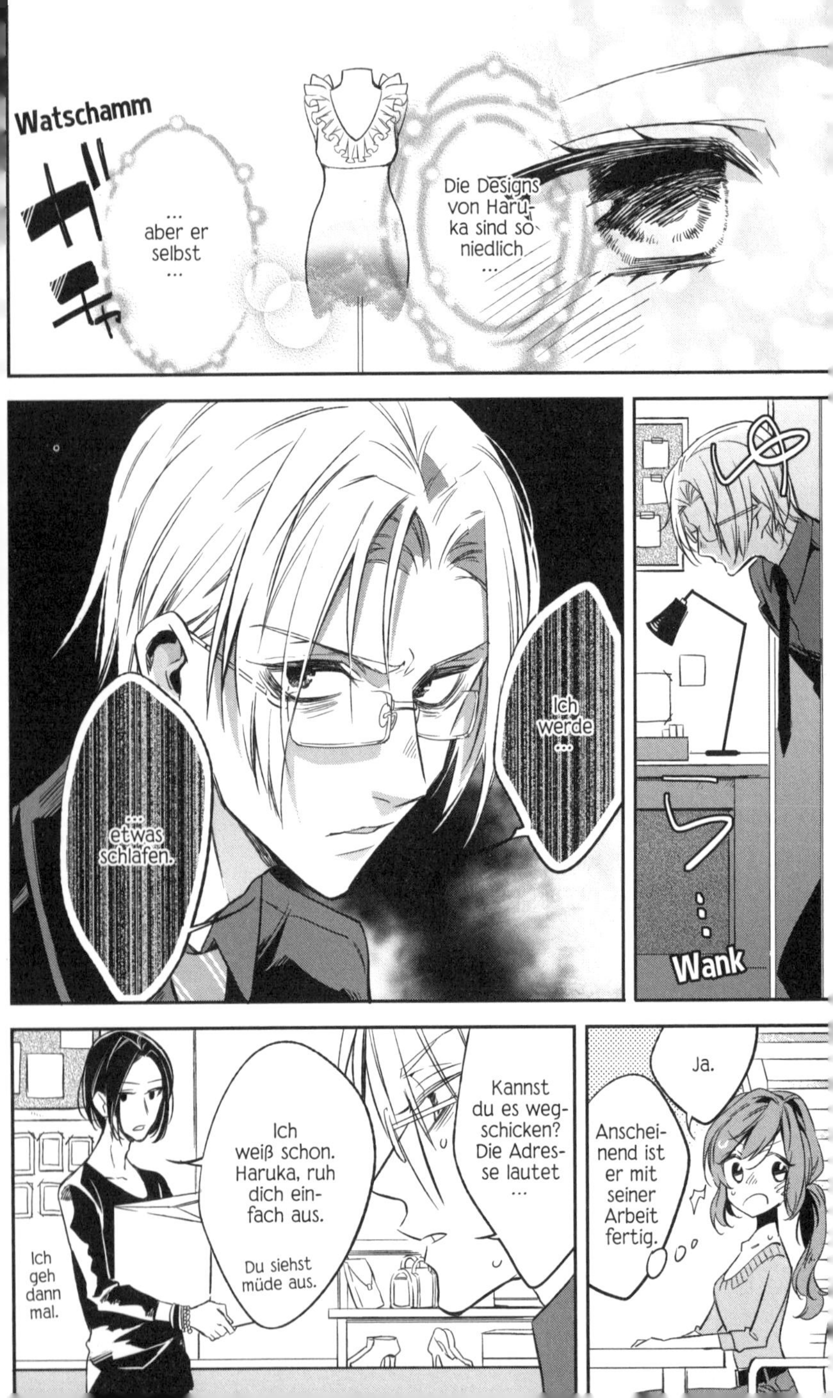

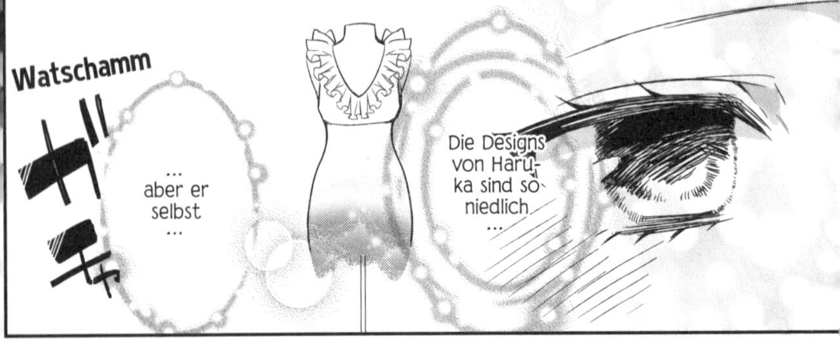

Wank

Ich werde ...

... etwas schlafen.

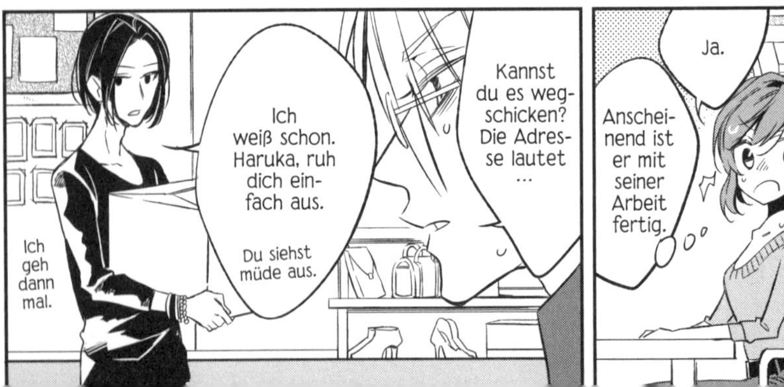

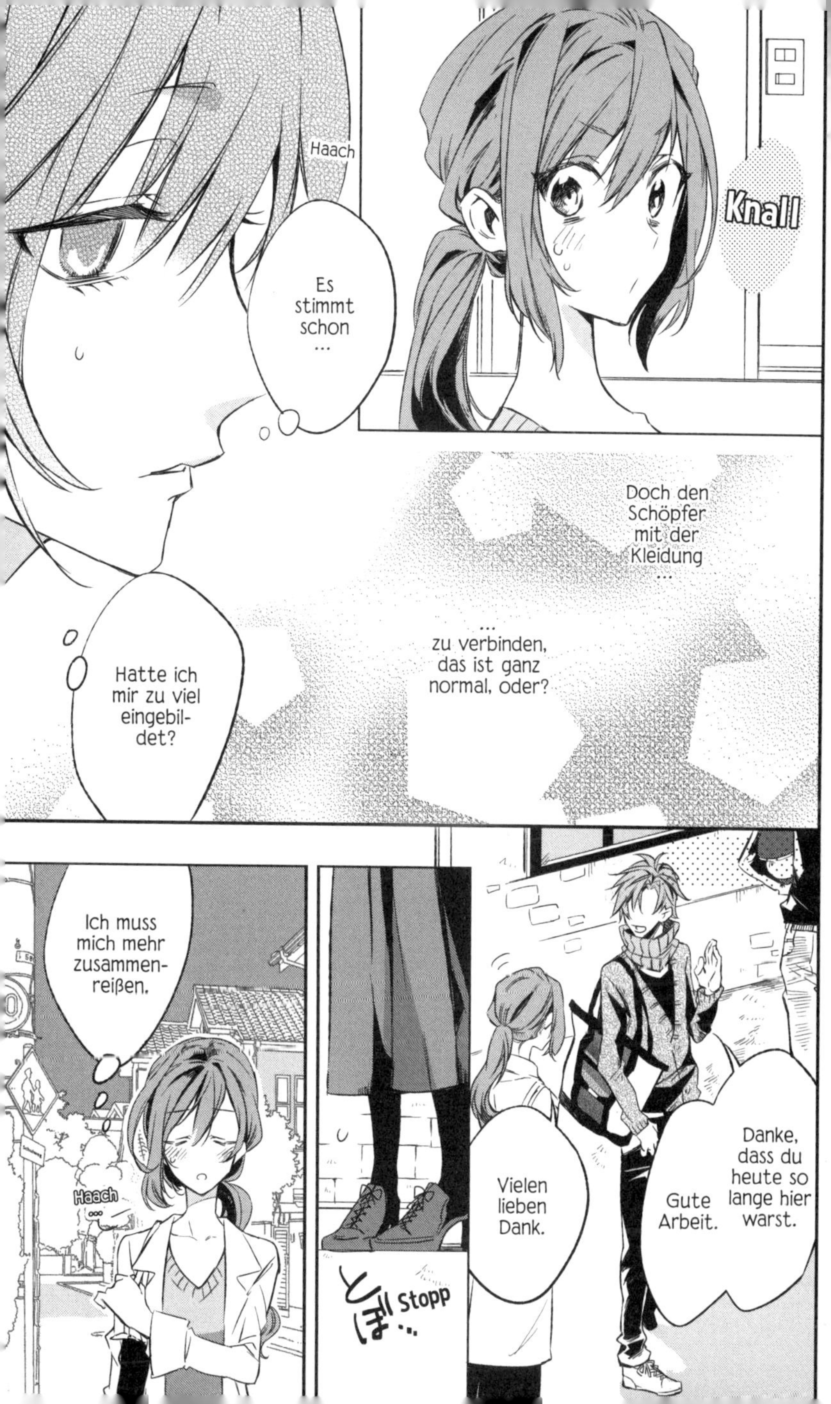
Knall
Haach
Es stimmt schon …
Doch den Schöpfer mit der Kleidung …
… zu verbinden, das ist ganz normal, oder?
Hatte ich mir zu viel eingebil-det?
Danke, dass du heute so lange hier warst.
Gute Arbeit.
Vielen lieben Dank.
Stopp
Ich muss mich mehr zusammen-reißen.
Haach …

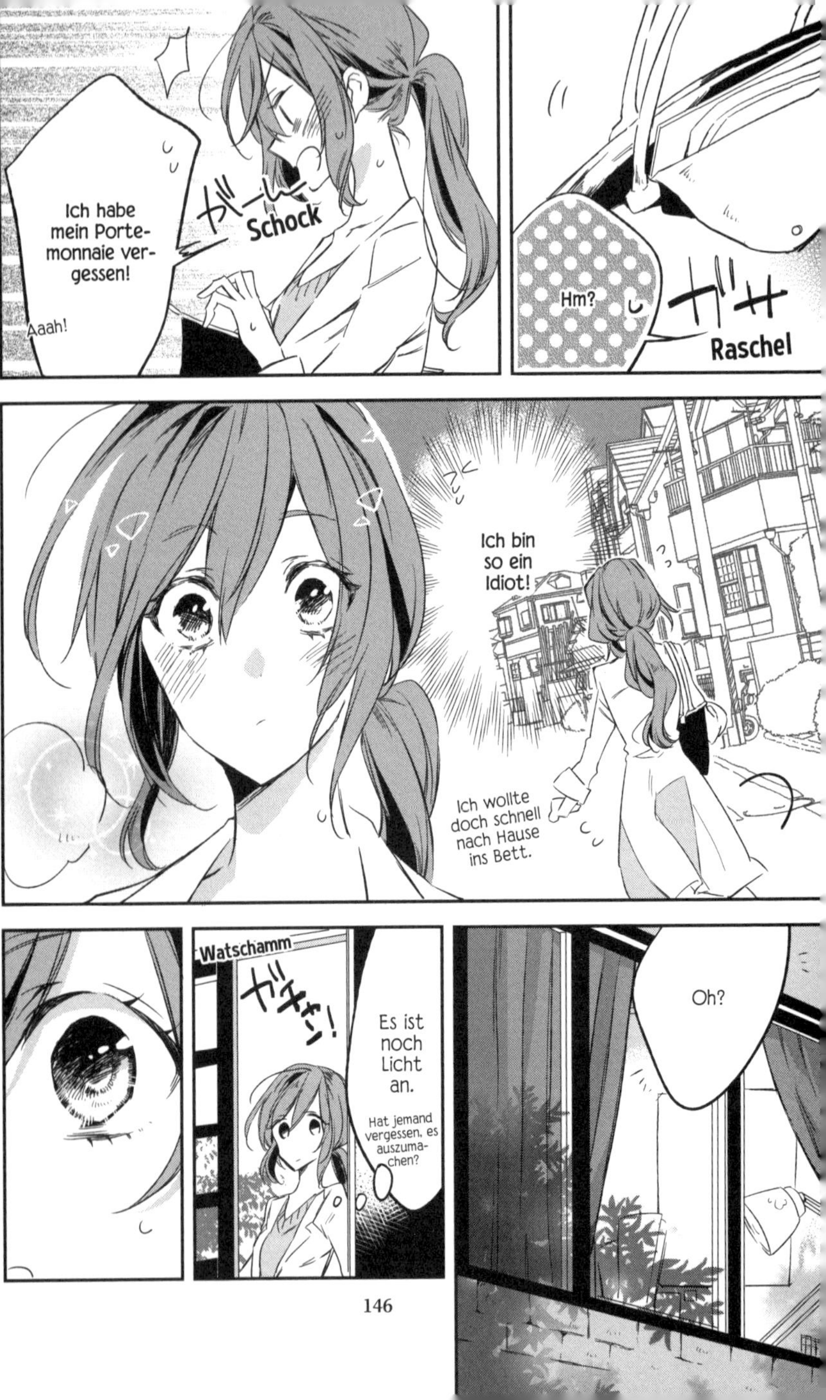

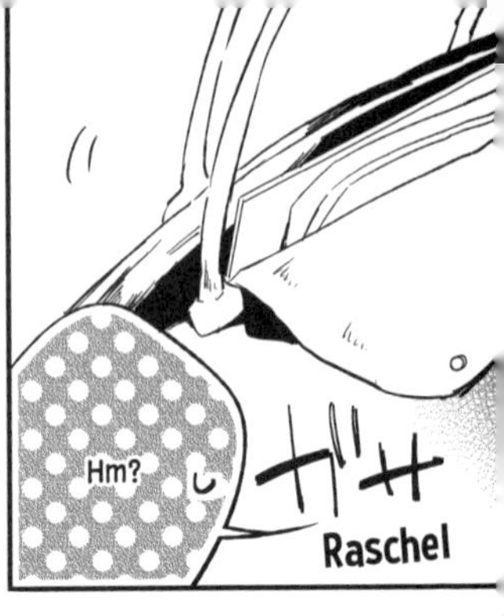

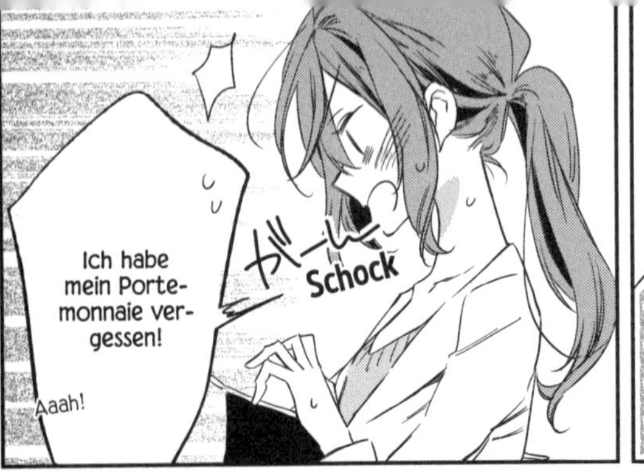

Ich bin so ein Idiot!

Ich wollte doch schnell nach Hause ins Bett.

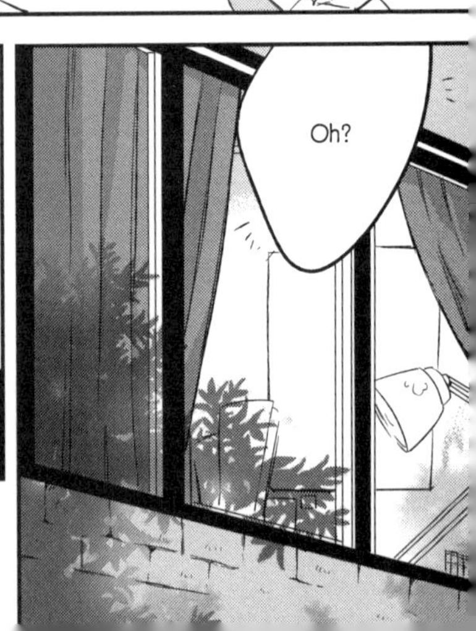

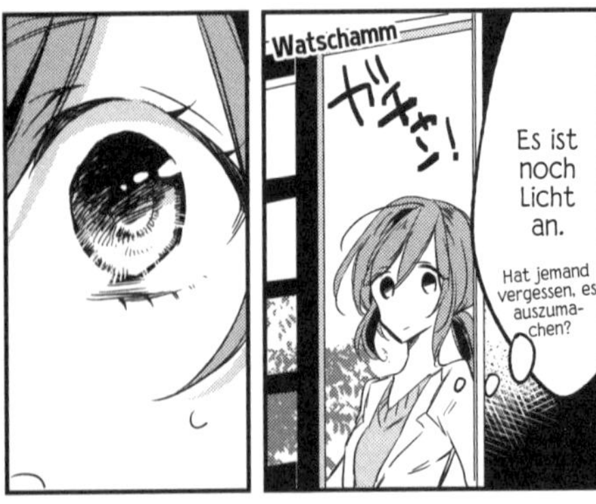

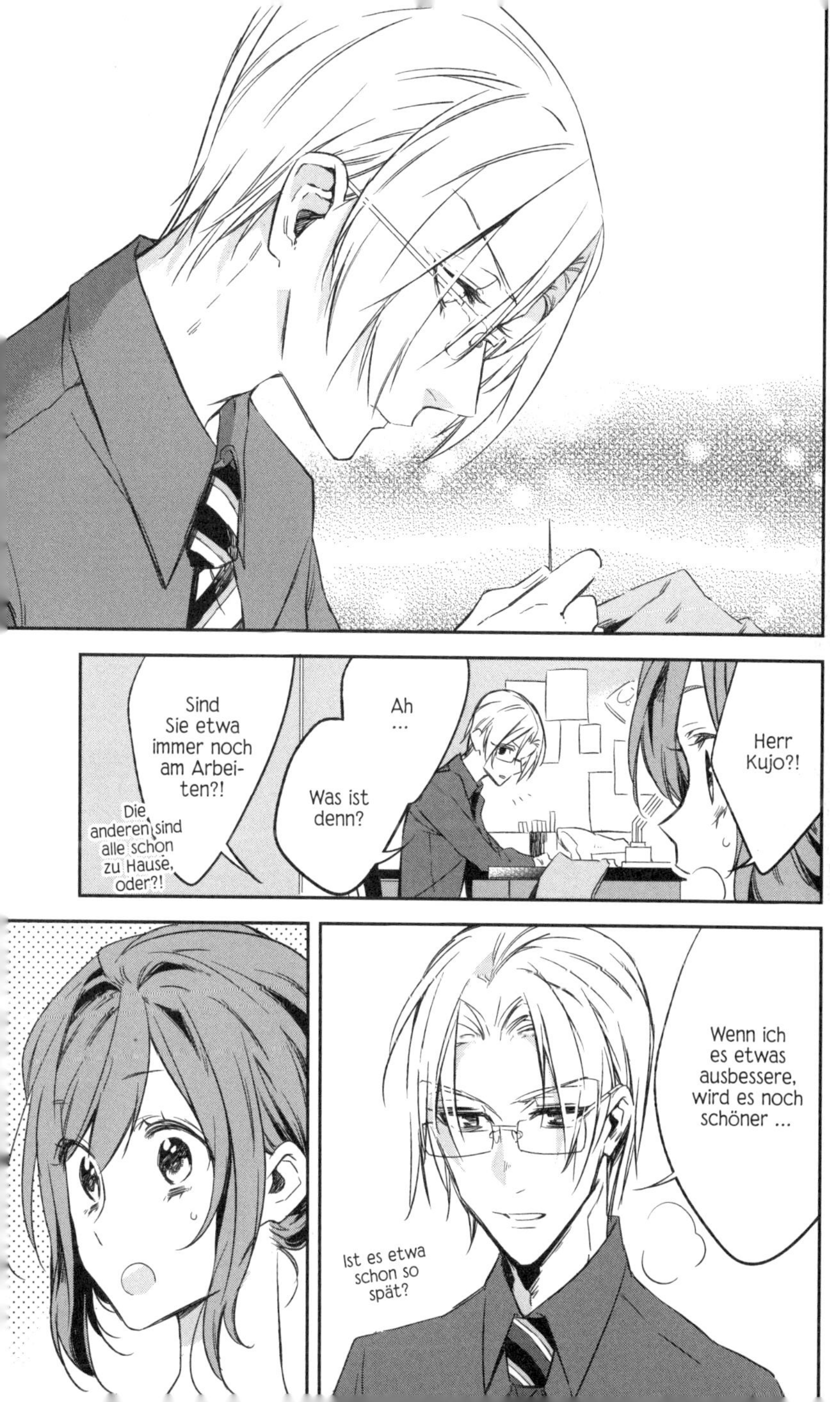

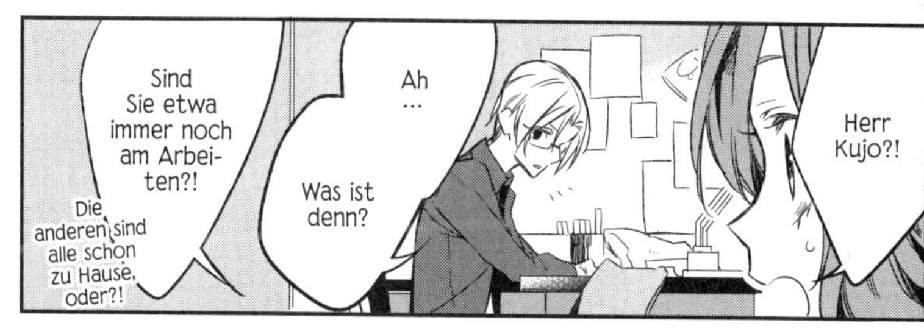
Herr Kujo?!
Ah ...
Was ist denn?
Sind Sie etwa immer noch am Arbeiten?!
Die anderen sind alle schon zu Hause, oder?!

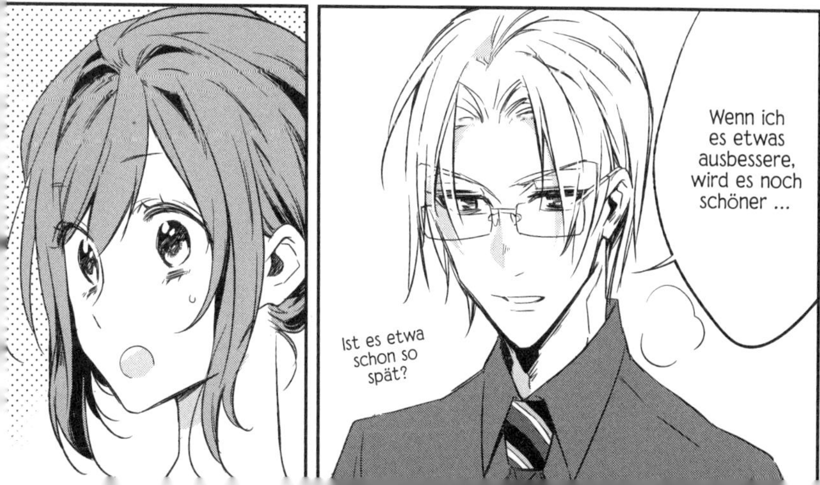
Wenn ich es etwas ausbessere, wird es noch schöner ...
Ist es etwa schon so spät?

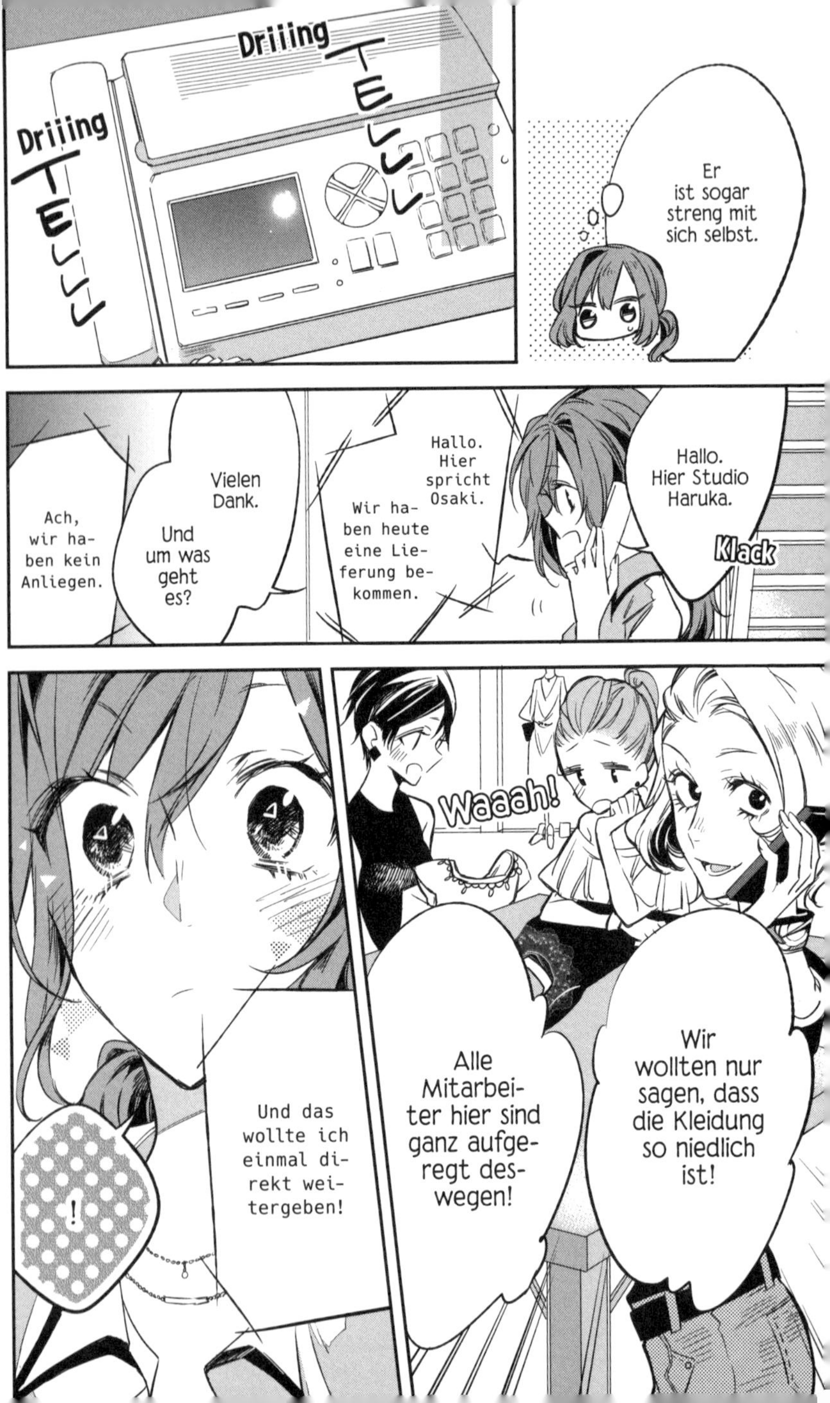

Driiing
TELLL
Driiing
TELLL
Er ist sogar streng mit sich selbst.
Klack
Hallo. Hier Studio Haruka.
Hallo. Hier spricht Osaki.
Wir haben heute eine Lieferung bekommen.
Vielen Dank.
Und um was geht es?
Ach, wir haben kein Anliegen.
Waaah!
Wir wollten nur sagen, dass die Kleidung so niedlich ist!
Alle Mitarbeiter hier sind ganz aufgeregt deswegen!
Und das wollte ich einmal direkt weitergeben!
!

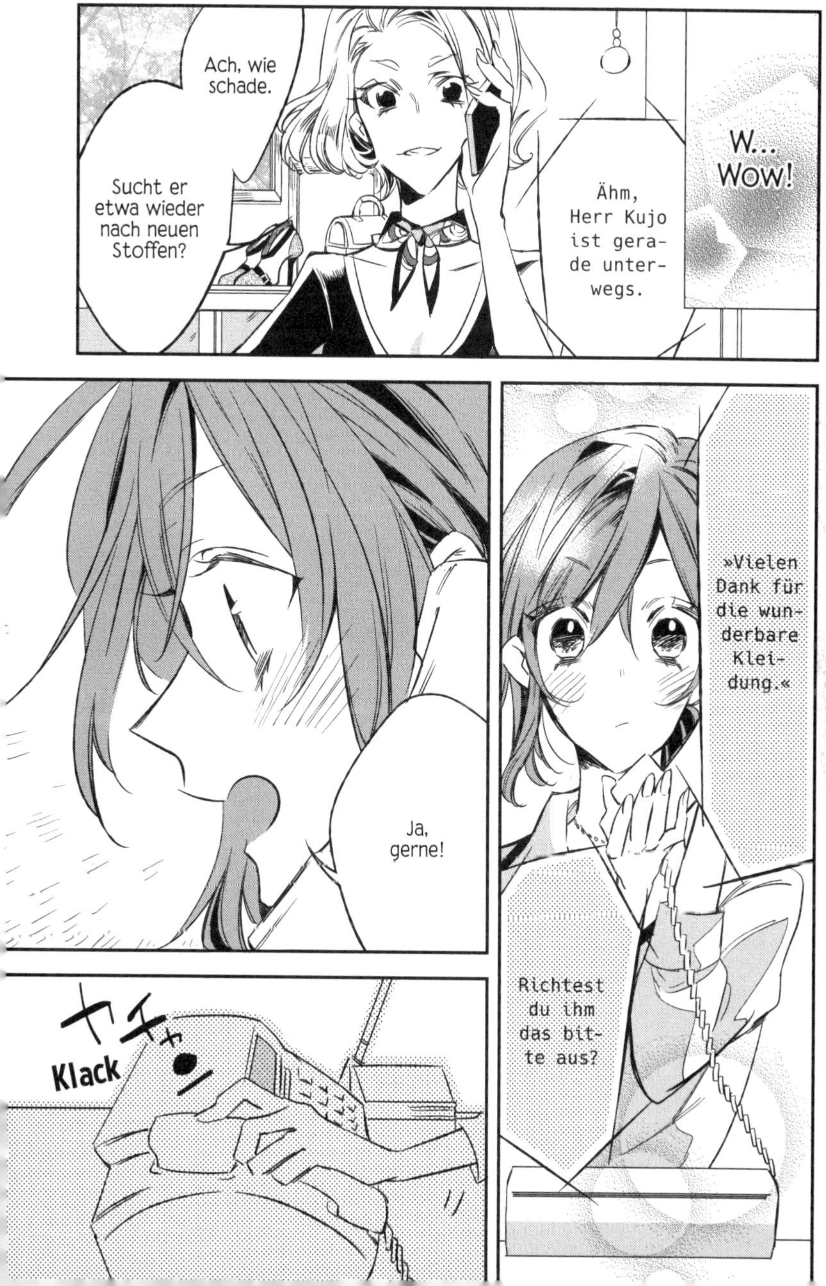

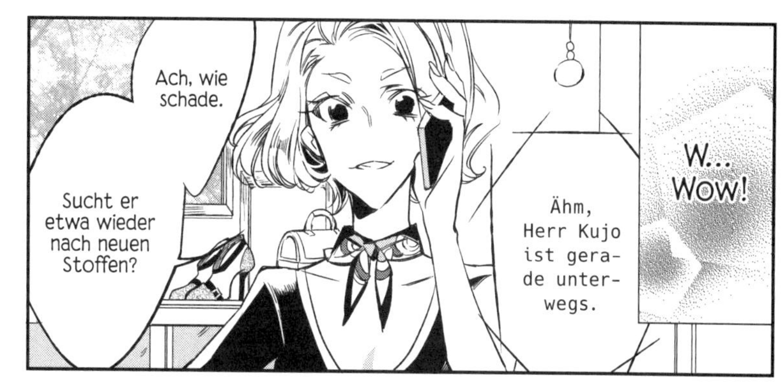

»Vielen Dank für die wunderbare Kleidung.«

Richtest du ihm das bitte aus?

Ja, gerne!

Klack

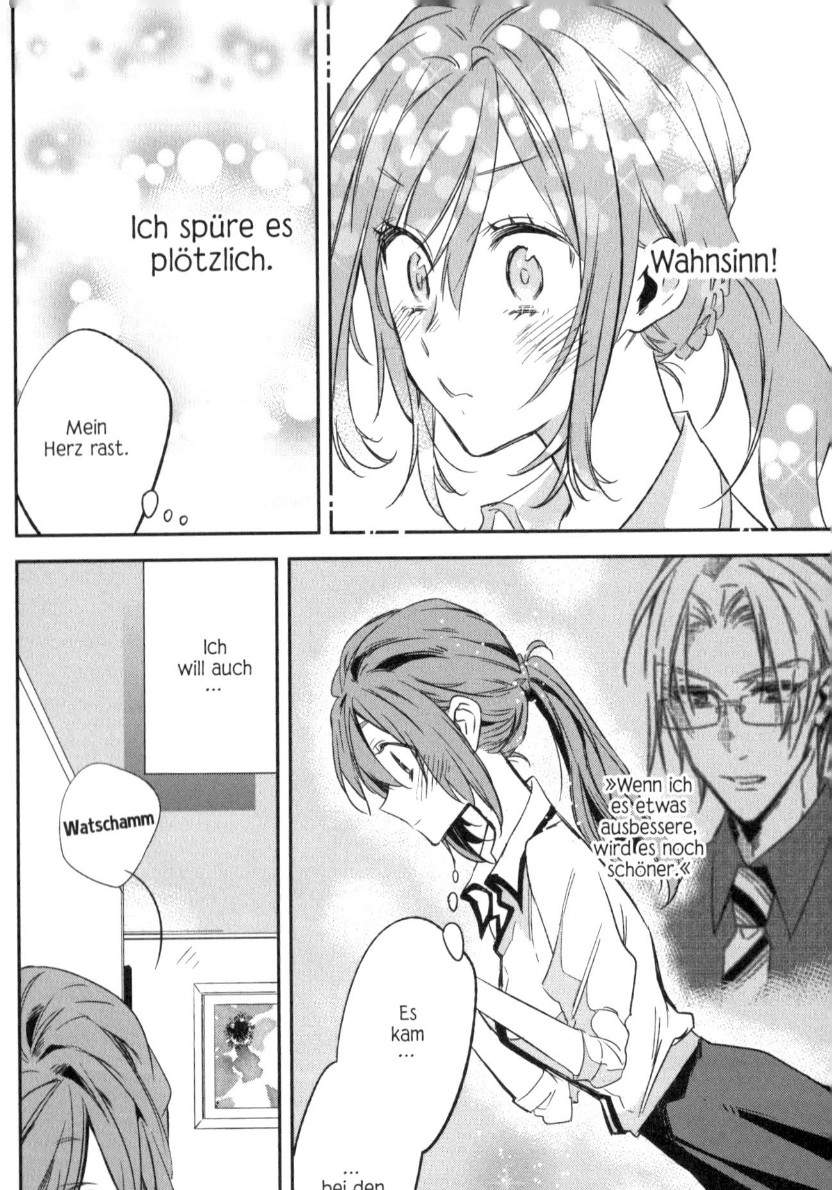
Wahnsinn!
Ich spüre es plötzlich.
Mein Herz rast.
»Wenn ich es etwas ausbessere, wird es noch schöner.«
Es kam …
… bei den Kunden an!
Ich will auch …
Watschamm

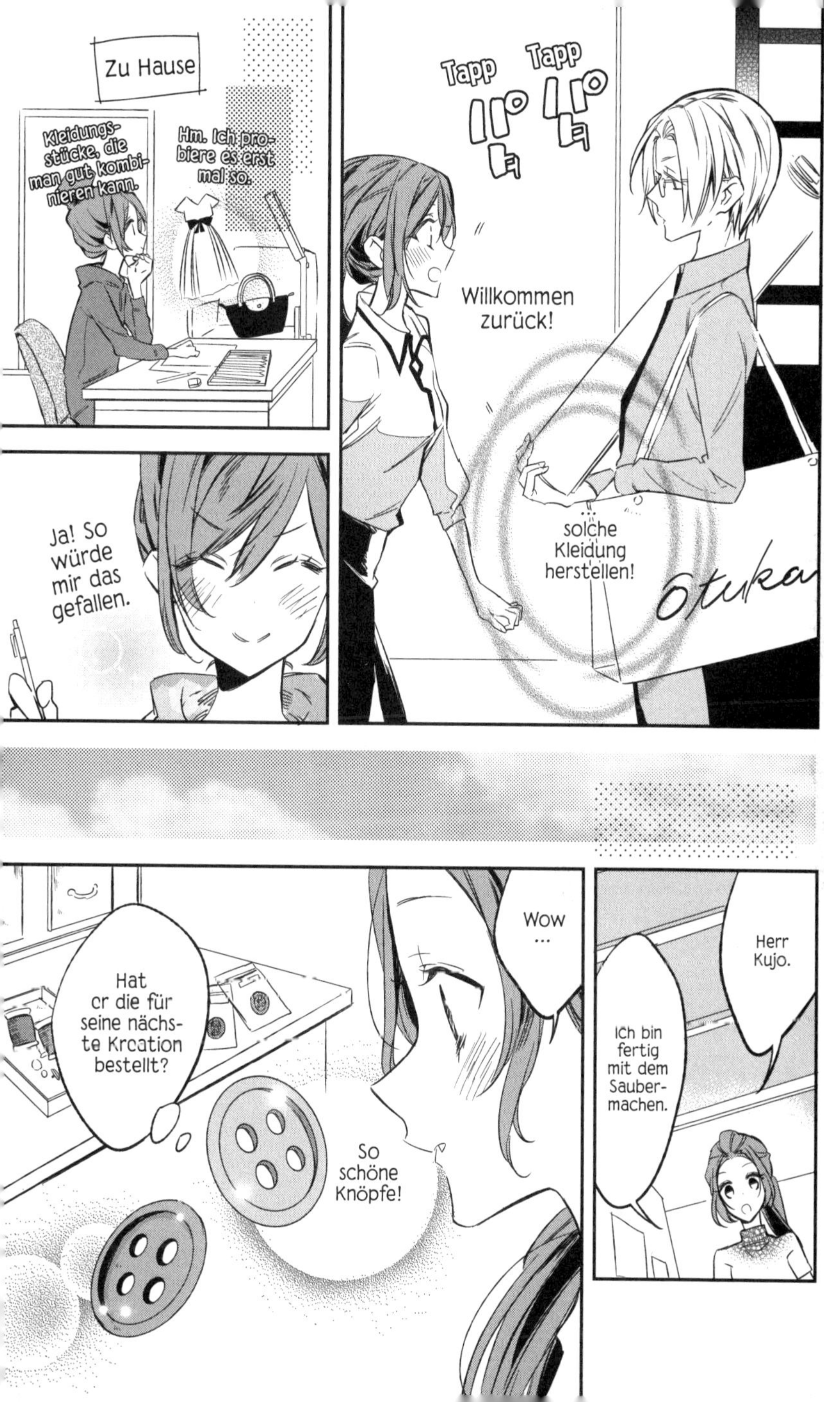

Tapp Tapp

Willkommen zurück!

... solche Kleidung herstellen!

Zu Hause

Kleidungsstücke, die man gut kombinieren kann.

Hm. Ich probiere es erst mal so.

Ja! So würde mir das gefallen.

Herr Kujo.

Ich bin fertig mit dem Saubermachen.

Wow ...

So schöne Knöpfe!

Hat er die für seine nächste Kreation bestellt?

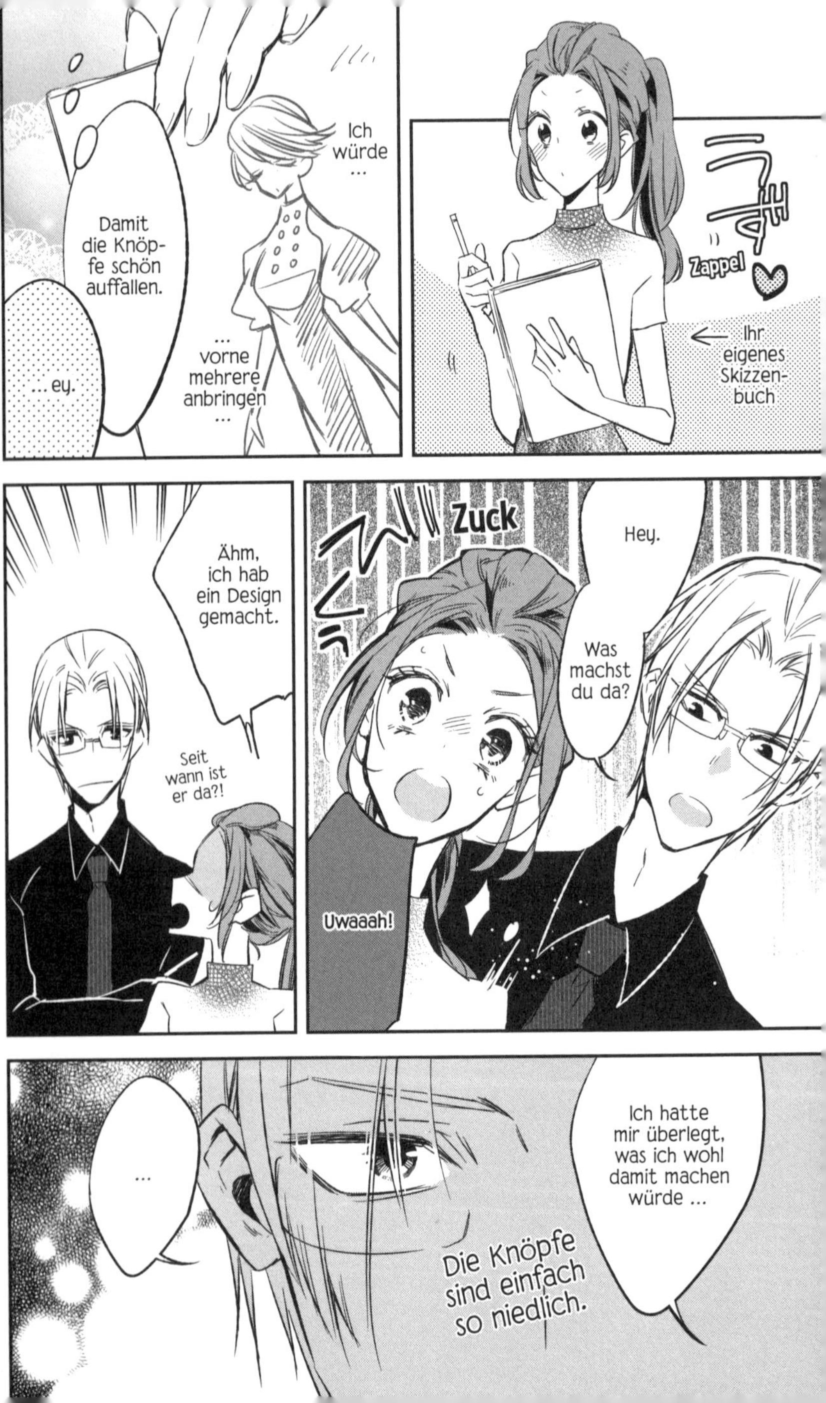

Zappel

← Ihr eigenes Skizzenbuch

Ich würde ...

... vorne mehrere anbringen ...

Damit die Knöpfe schön auffallen.

... ey.

Hey.

Zuck

Was machst du da?

Uwaaah!

Ähm, ich hab ein Design gemacht.

Seit wann ist er da?!

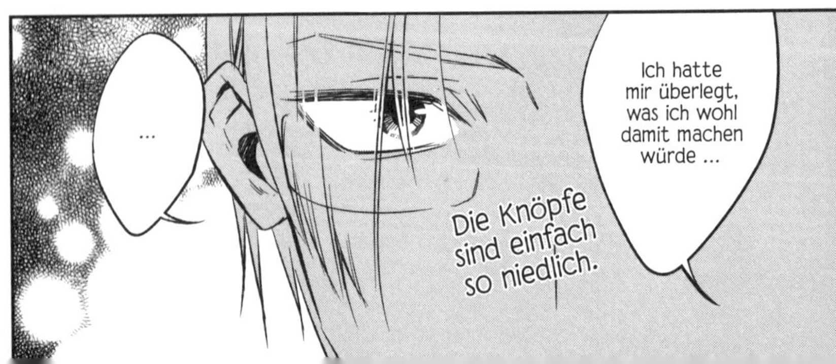

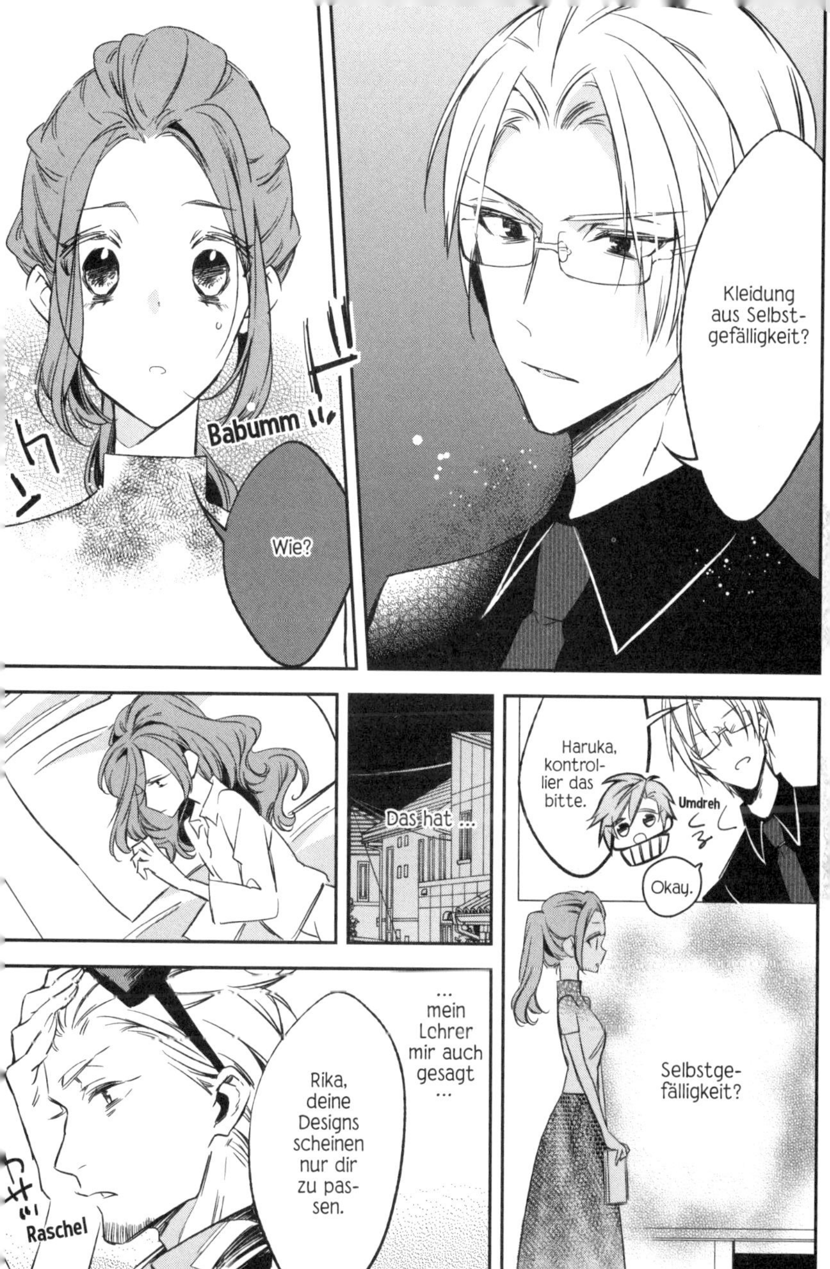
Kleidung aus Selbstgefälligkeit?
Babumm
Wie?
Haruka, kontrollier das bitte.
Umdreh
Okay.
Das hat ...
... mein Lehrer mir auch gesagt ...
Selbstgefälligkeit?
Rika, deine Designs scheinen nur dir zu passen.
Raschel

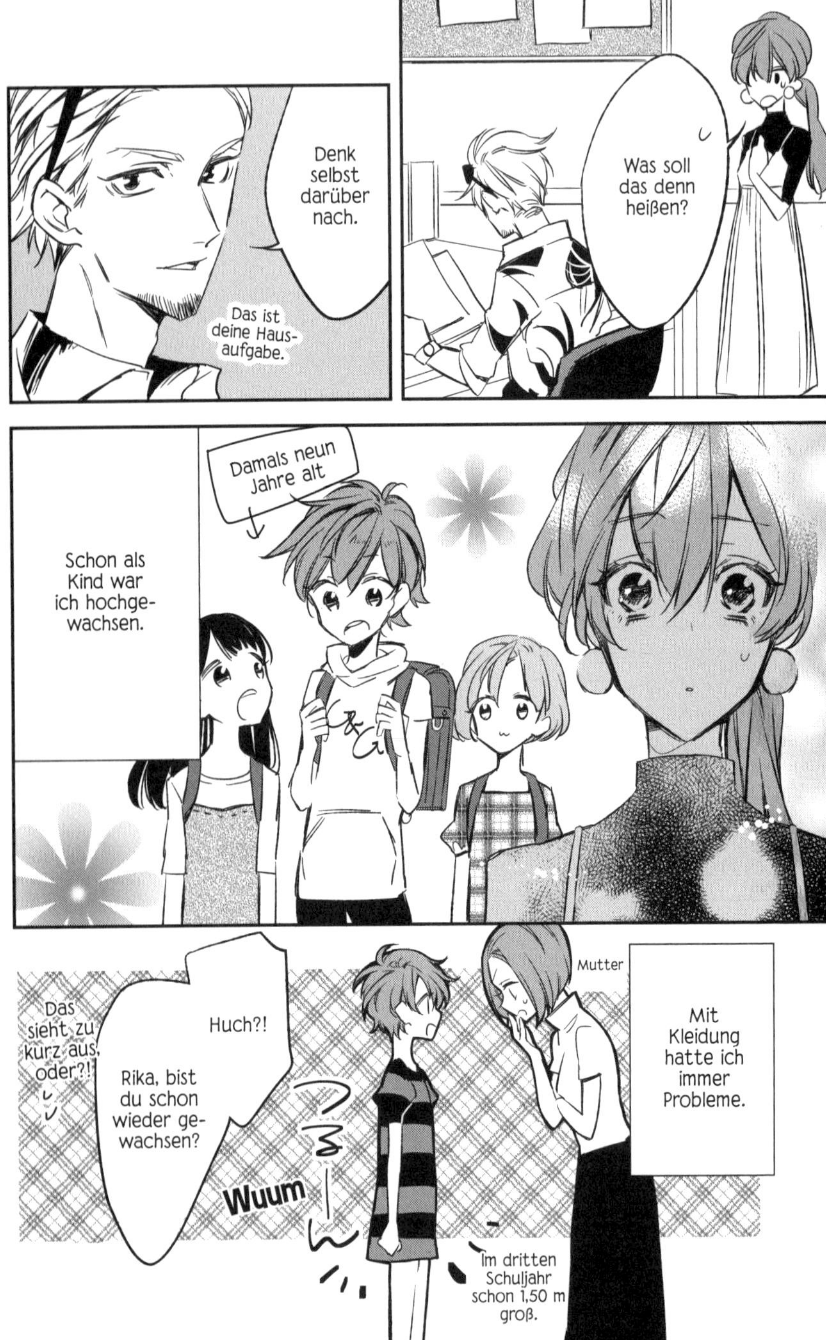
Was soll das denn heißen?
Denk selbst darüber nach.
Das ist deine Hausaufgabe.
Damals neun Jahre alt
Schon als Kind war ich hochgewachsen.
Mit Kleidung hatte ich immer Probleme.
Mutter
Rika, bist du schon wieder gewachsen?
Huch?!
Das sieht zu kurz aus, oder?!
Wuum
Im dritten Schuljahr schon 1,50 m groß.

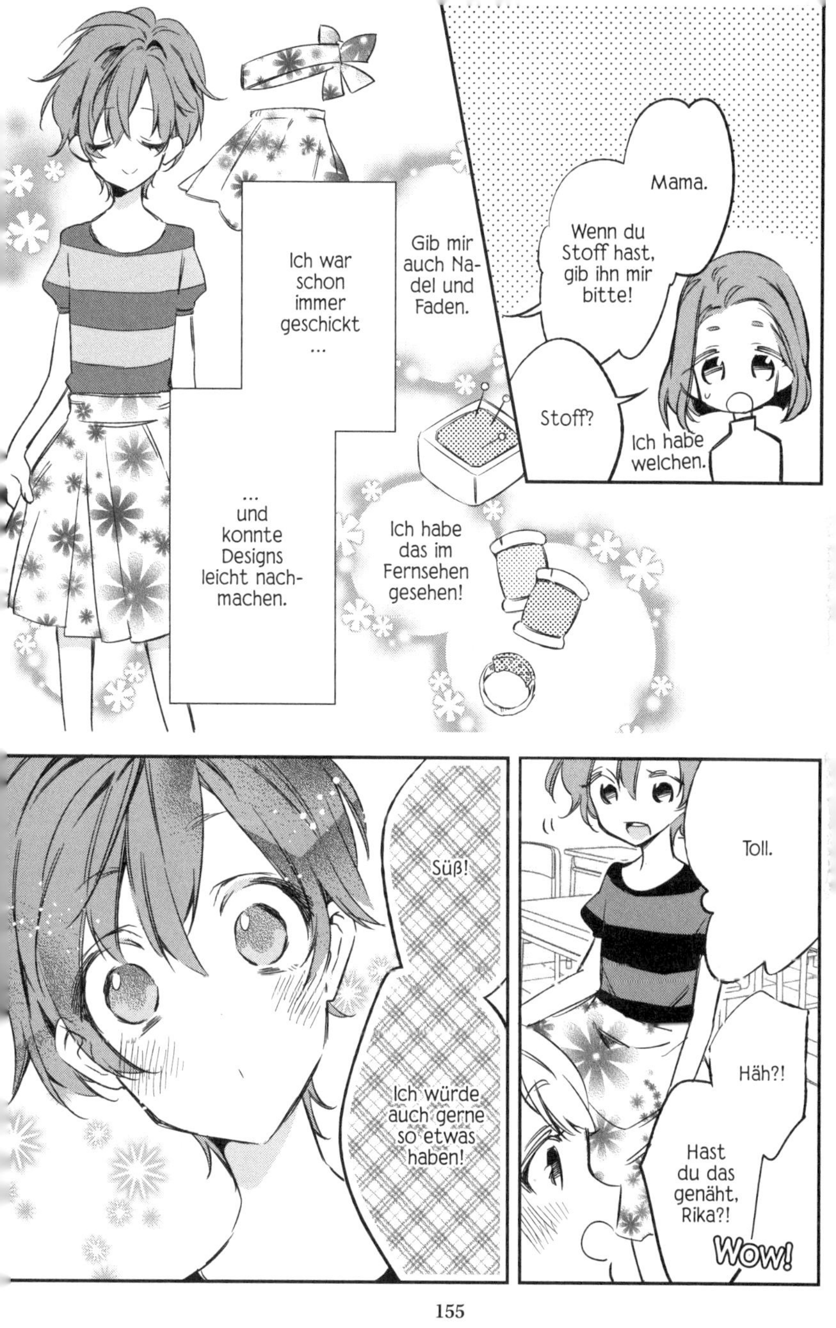

Mama.

Wenn du Stoff hast, gib ihn mir bitte!

Stoff?

Ich habe welchen.

Gib mir auch Nadel und Faden.

Ich habe das im Fernsehen gesehen!

Ich war schon immer geschickt ...

... und konnte Designs leicht nachmachen.

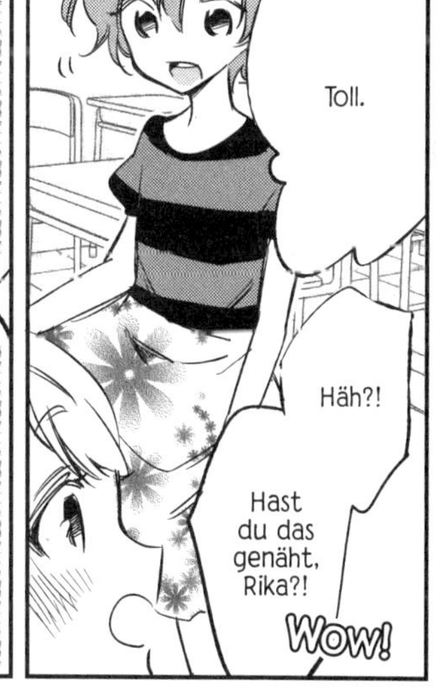

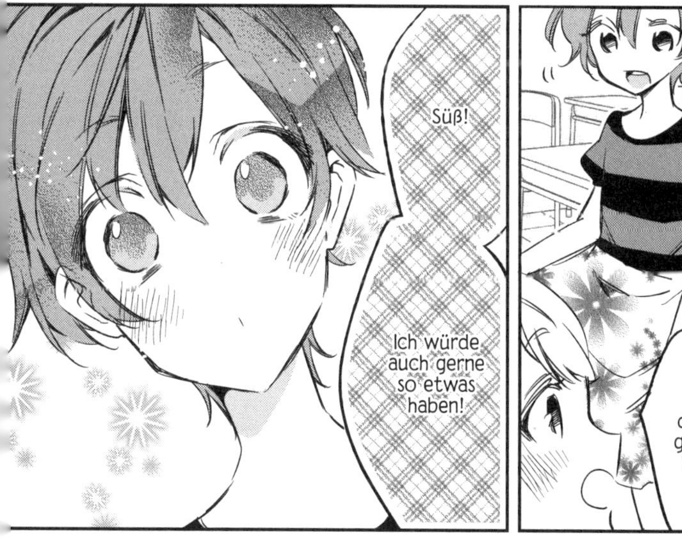

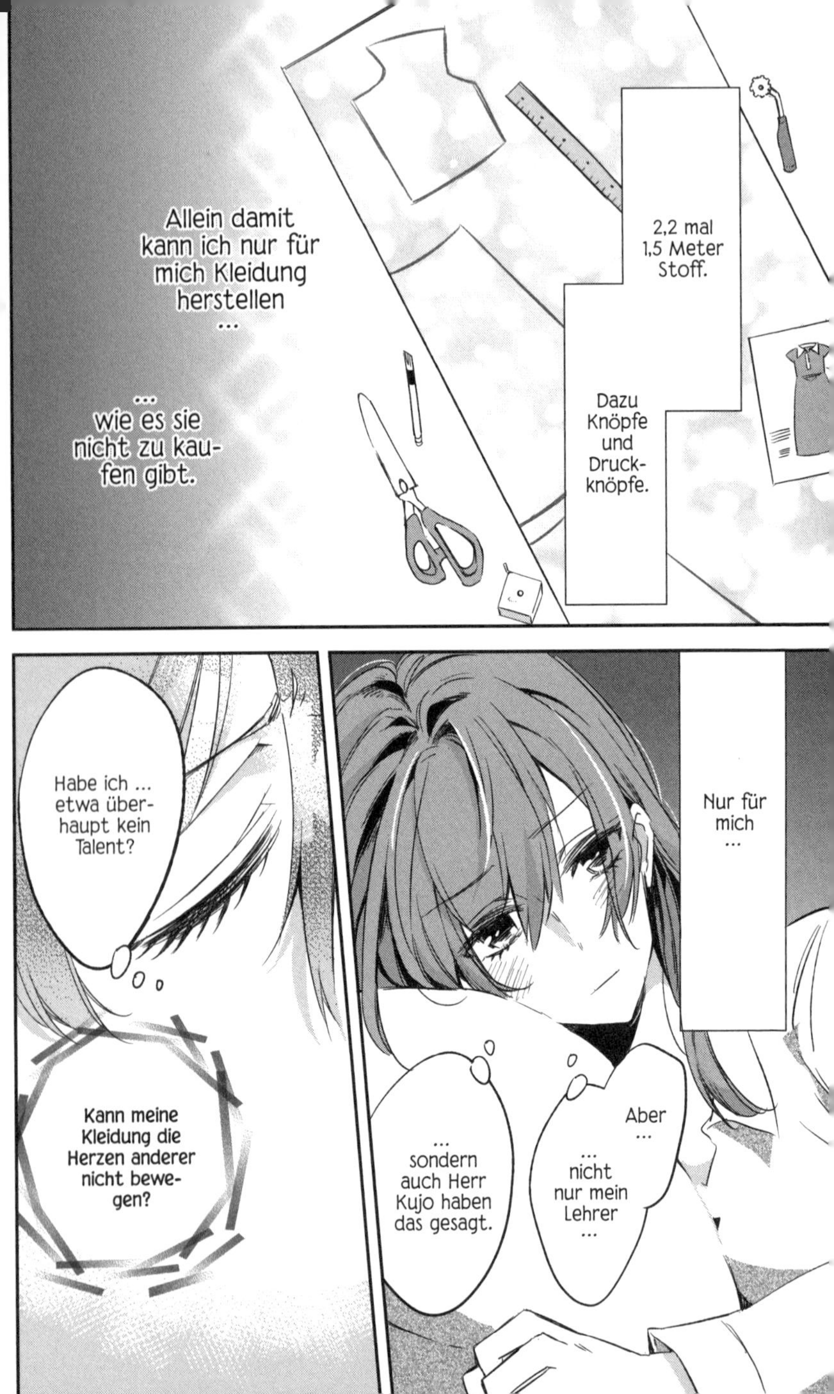
2,2 mal 1,5 Meter Stoff.
Dazu Knöpfe und Druckknöpfe.
Allein damit kann ich nur für mich Kleidung herstellen …
… wie es sie nicht zu kaufen gibt.
Nur für mich …
Aber …
… nicht nur mein Lehrer …
… sondern auch Herr Kujo haben das gesagt.
Habe ich … etwa überhaupt kein Talent?
Kann meine Kleidung die Herzen anderer nicht bewegen?

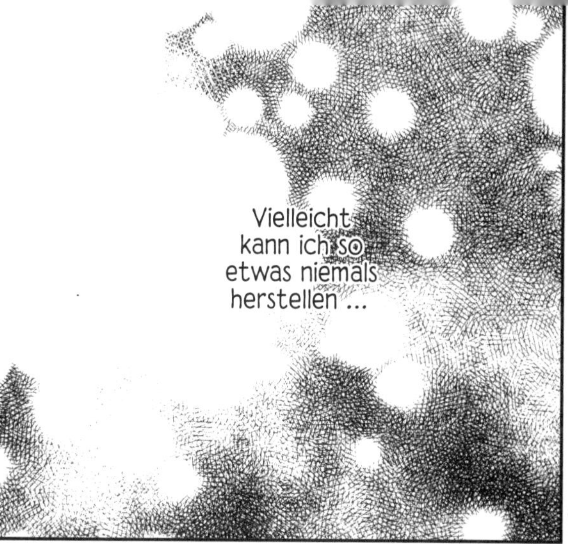
Vielleicht kann ich so etwas niemals herstellen ...

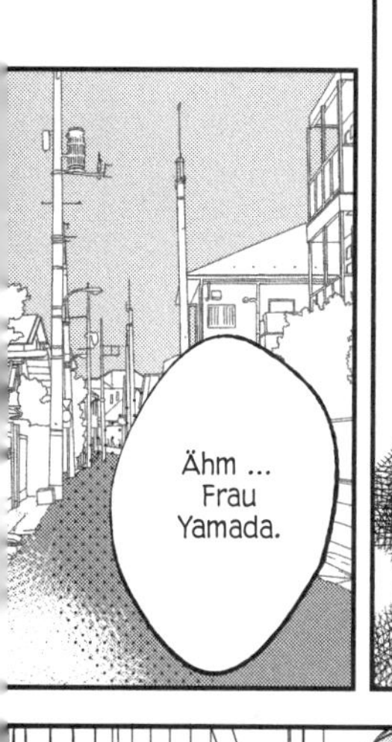
Ähm ... Frau Yamada.

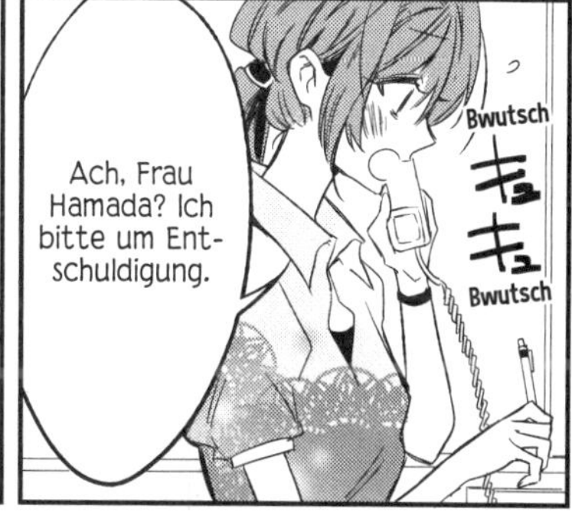
Bwutsch
Bwutsch
Ach, Frau Hamada? Ich bitte um Entschuldigung.

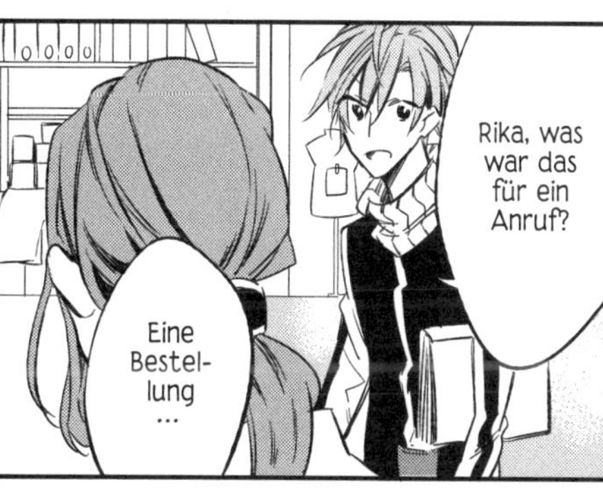
Rika, was war das für ein Anruf?
Eine Bestellung ...

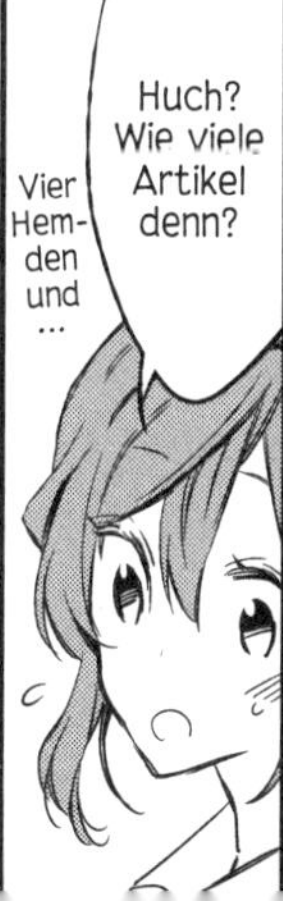
Huch? Wie viele Artikel denn?
Vier Hemden und ...

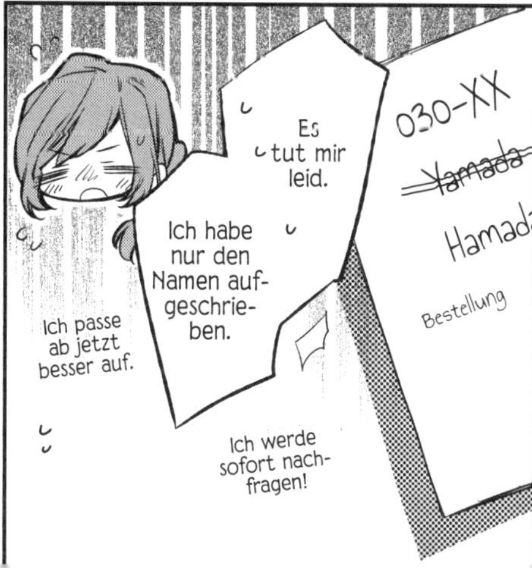
030-XX
Yamada
Hamada
Bestellung
Es tut mir leid.
Ich habe nur den Namen aufgeschrieben.
Ich passe ab jetzt besser auf.
Ich werde sofort nachfragen!

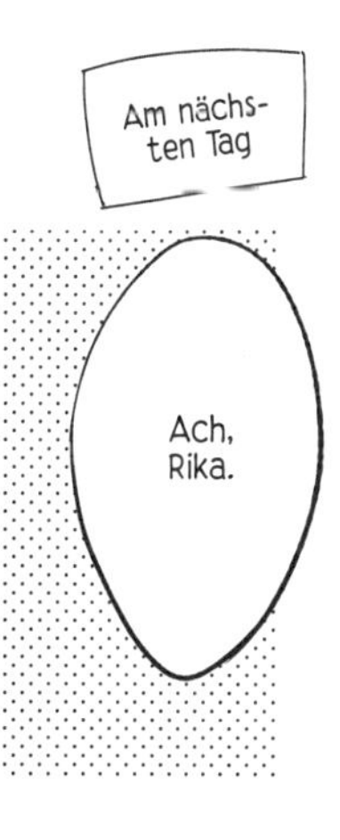
Am nächsten Tag
Ach, Rika.

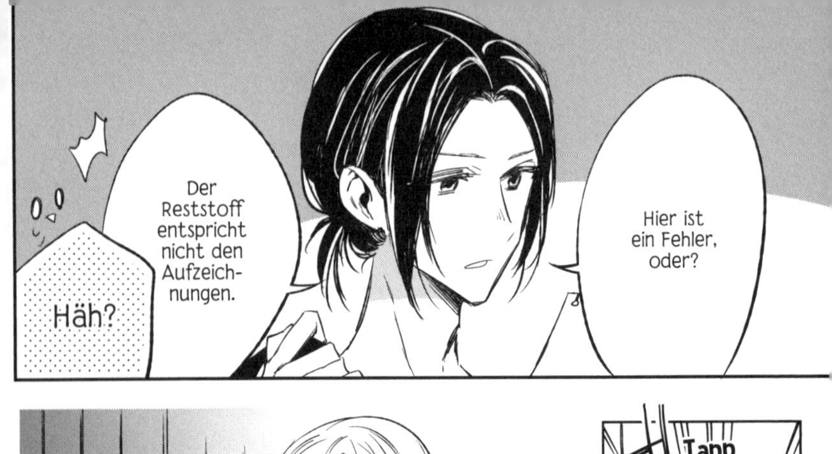

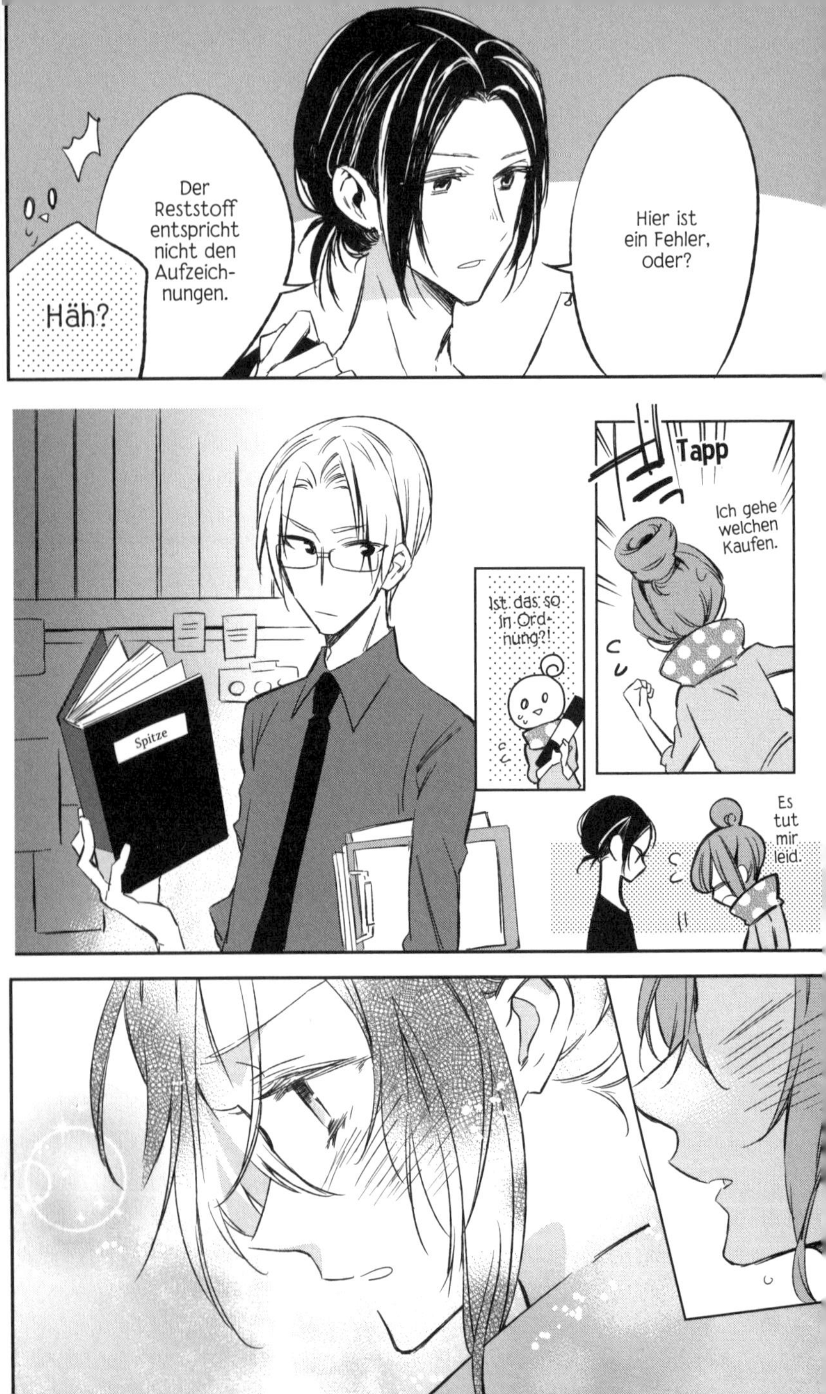

Tapp

Ich gehe welchen Kaufen.

Ist das so in Ordnung?!

Spitze

Es tut mir leid.

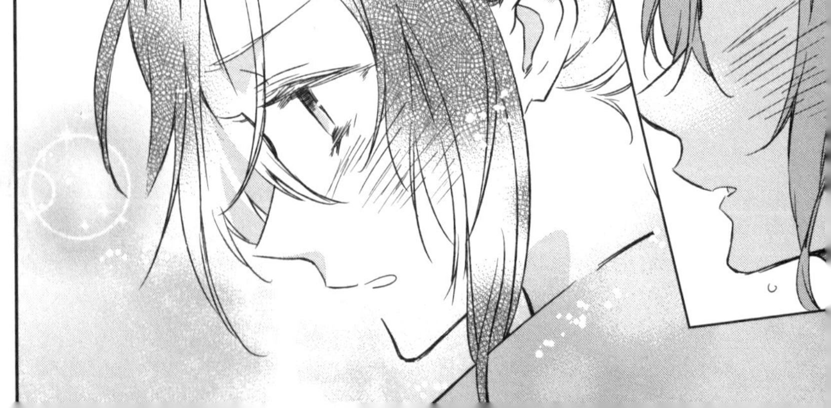

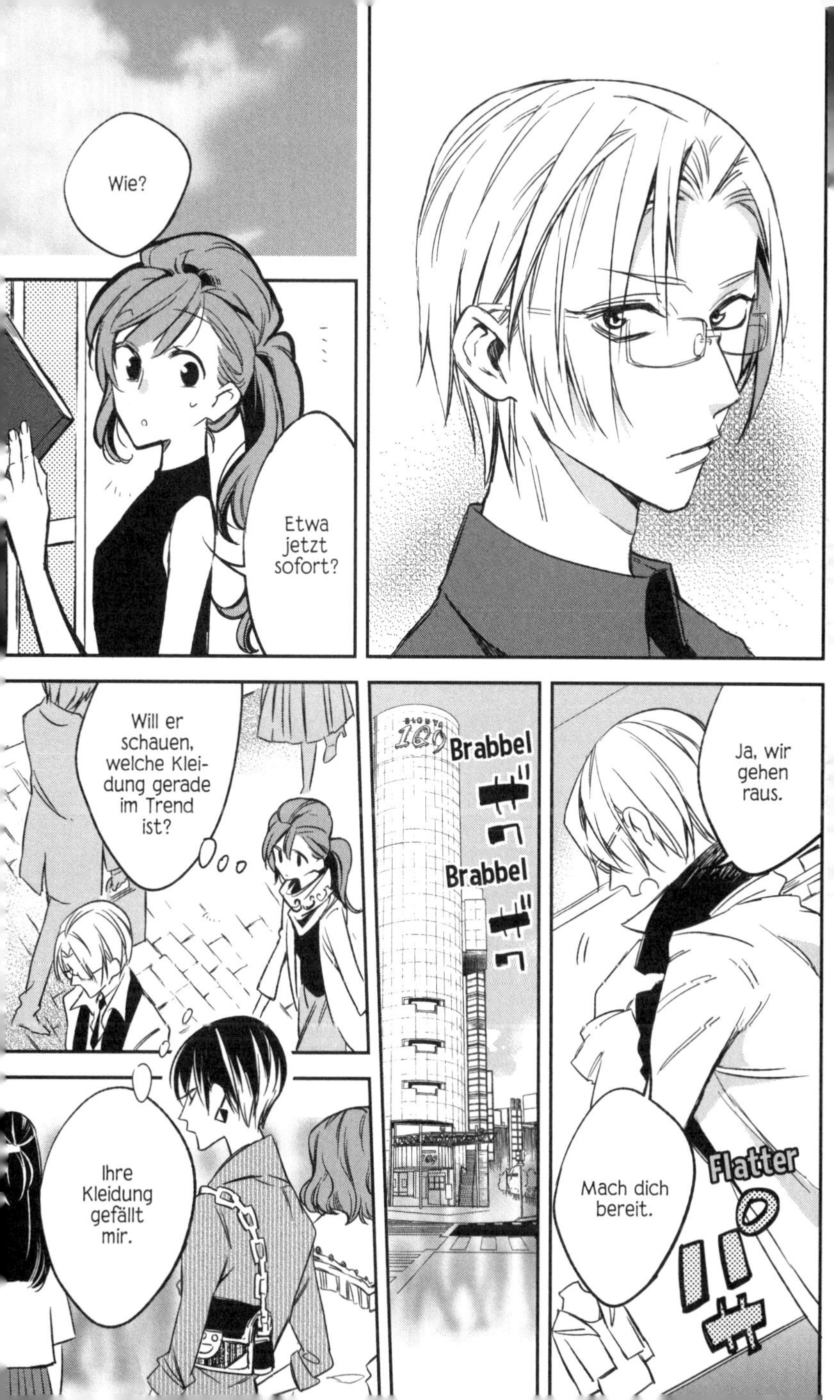

Wie?

Etwa jetzt sofort?

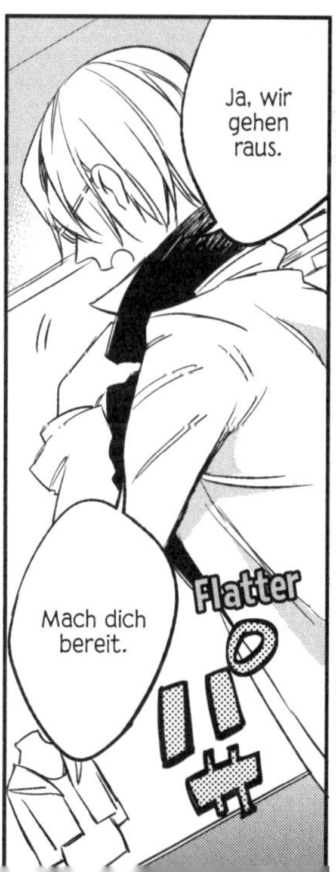

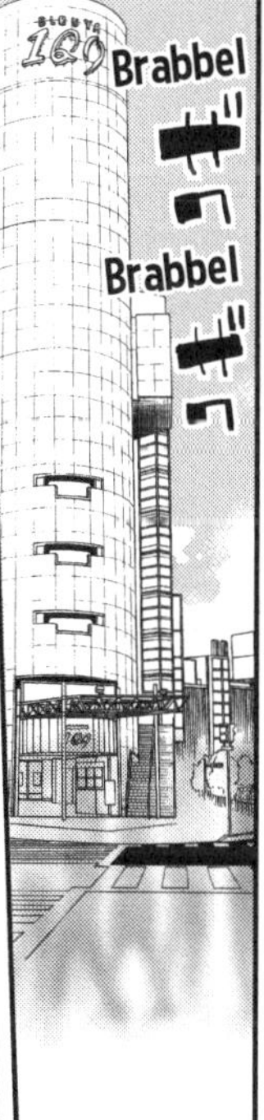

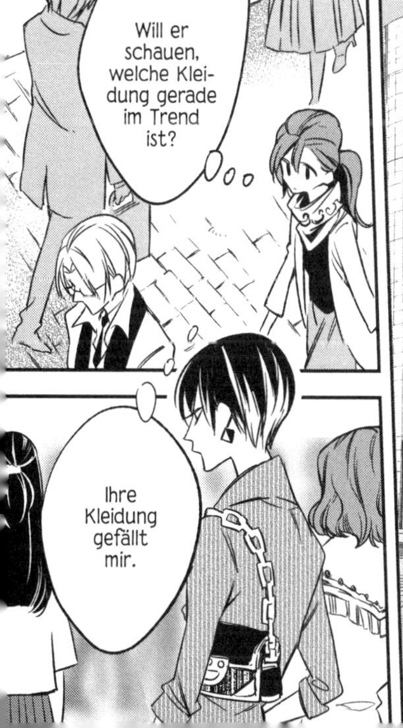

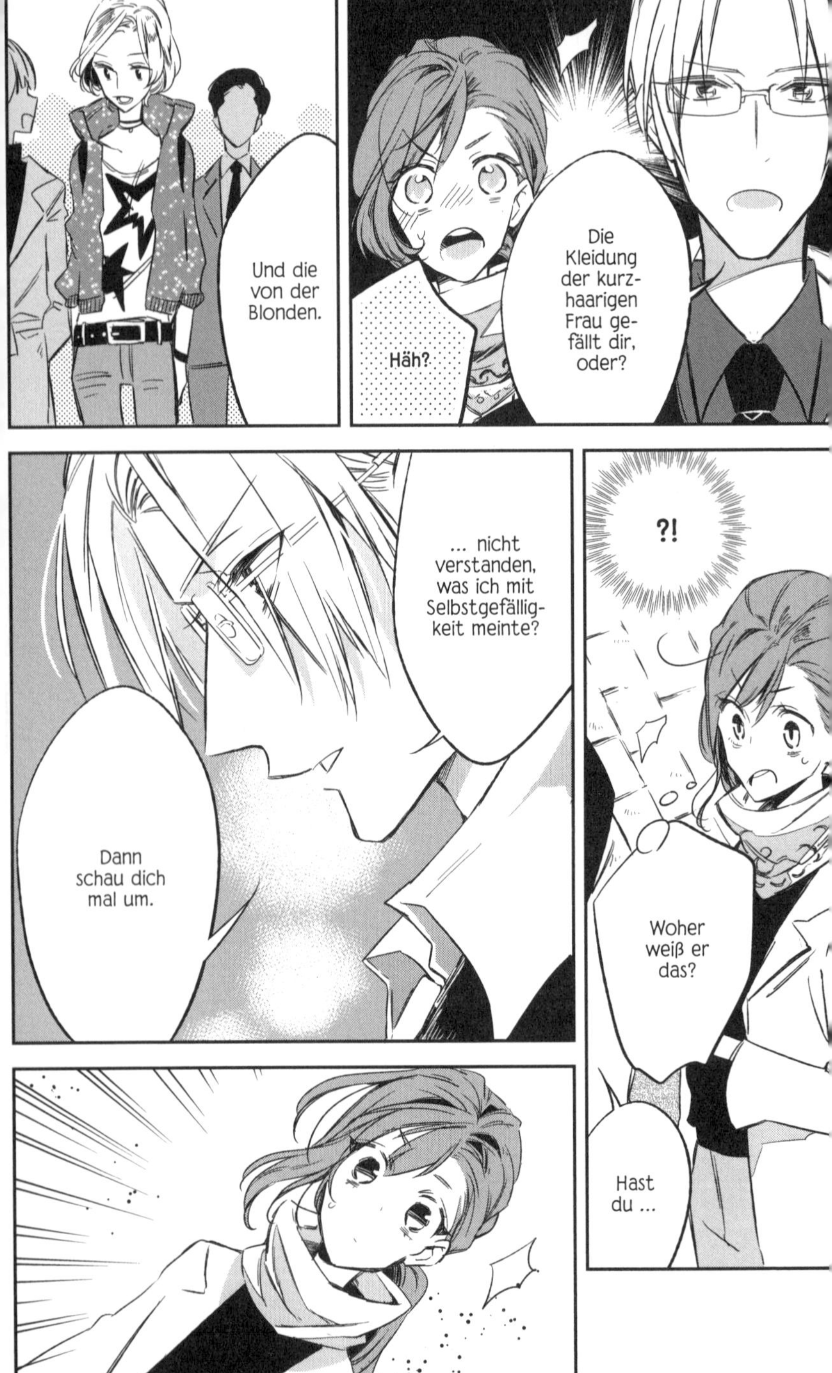
Die Kleidung der kurzhaarigen Frau gefällt dir, oder?
Häh?
Und die von der Blonden.
?!
Woher weiß er das?
Hast du ...
... nicht verstanden, was ich mit Selbstgefälligkeit meinte?
Dann schau dich mal um.

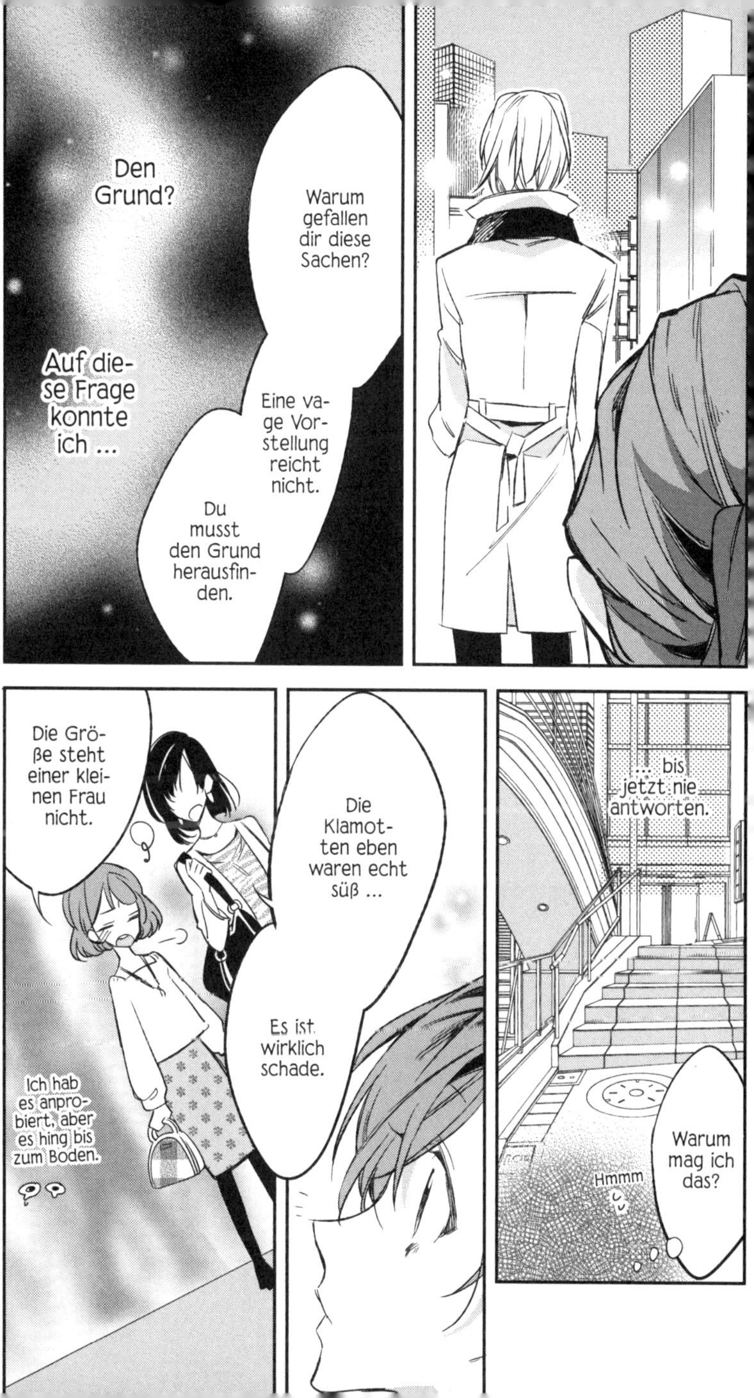

Warum gefallen dir diese Sachen?

Eine vage Vorstellung reicht nicht.

Du musst den Grund herausfinden.

Den Grund?

Auf diese Frage konnte ich ...

... bis jetzt nie antworten.

Warum mag ich das?

Hmmm

Die Klamotten eben waren echt süß ...

Es ist wirklich schade.

Die Größe steht einer kleinen Frau nicht.

Ich hab es anprobiert, aber es hing bis zum Boden.

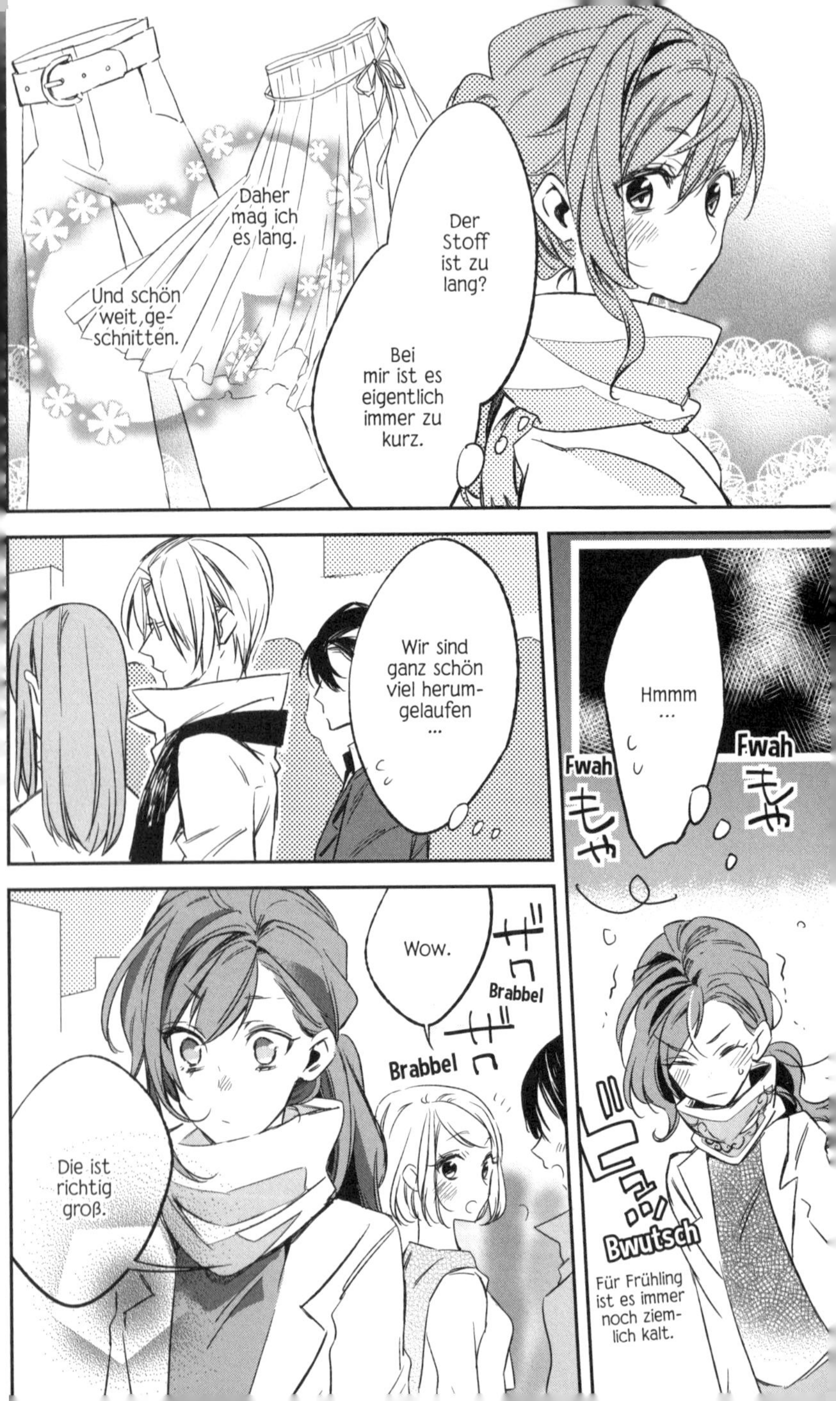

Der Stoff ist zu lang?

Bei mir ist es eigentlich immer zu kurz.

Daher mag ich es lang.

Und schön weit geschnitten.

Hmmm ...

Fwah

Fwah

Bwutsch

Für Frühling ist es immer noch ziemlich kalt.

Wir sind ganz schön viel herumgelaufen ...

Wow.

Brabbel

Brabbel

Die ist richtig groß.

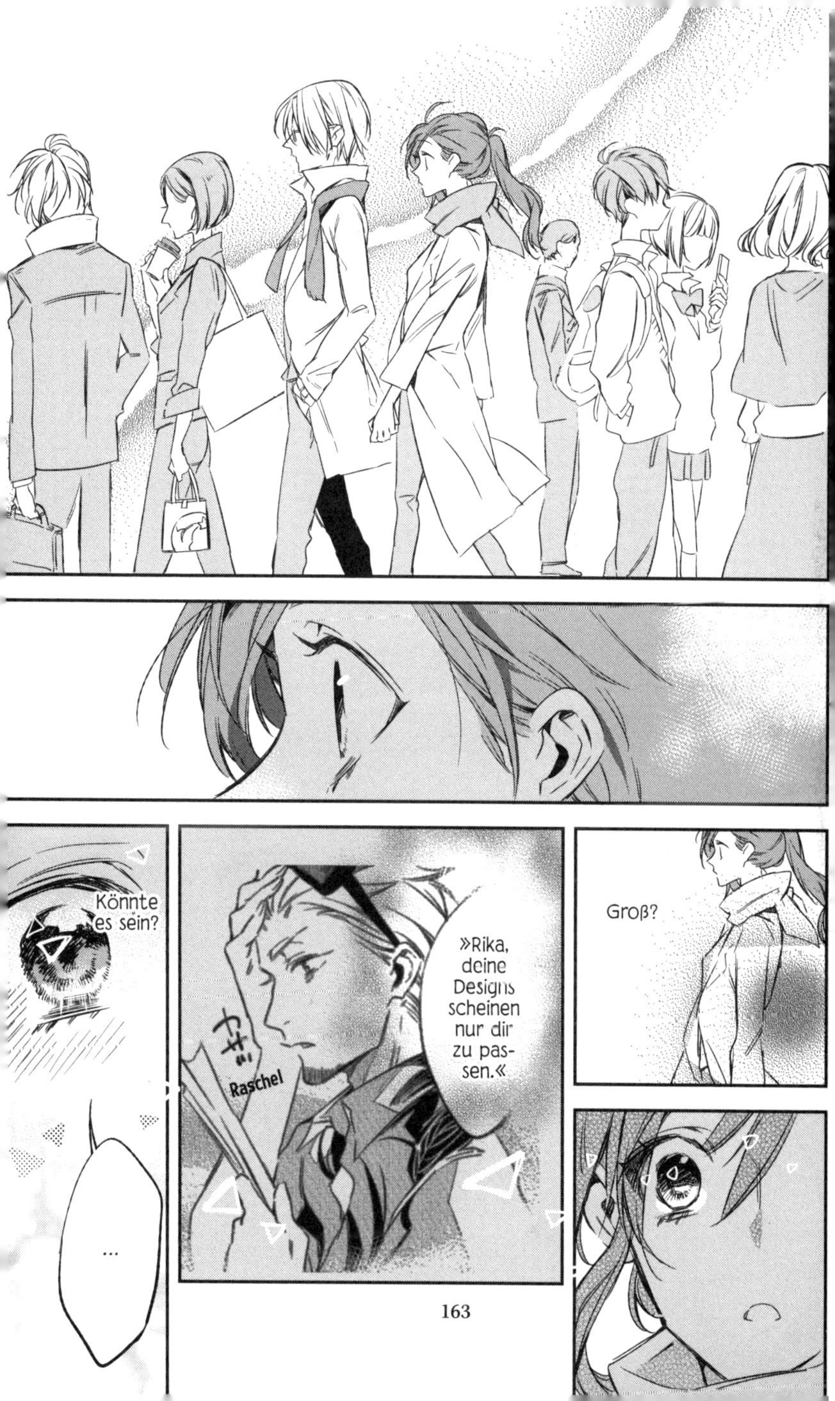

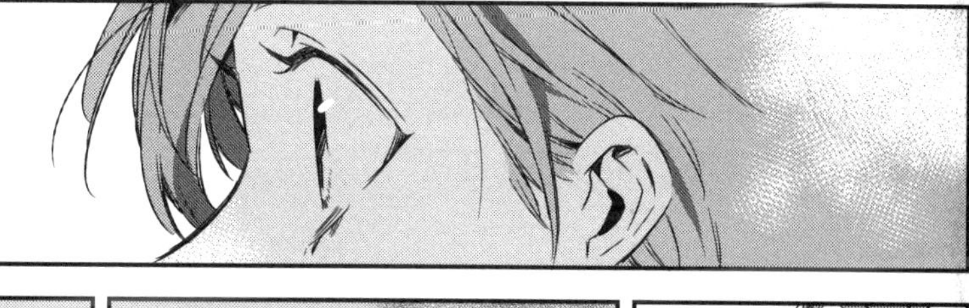

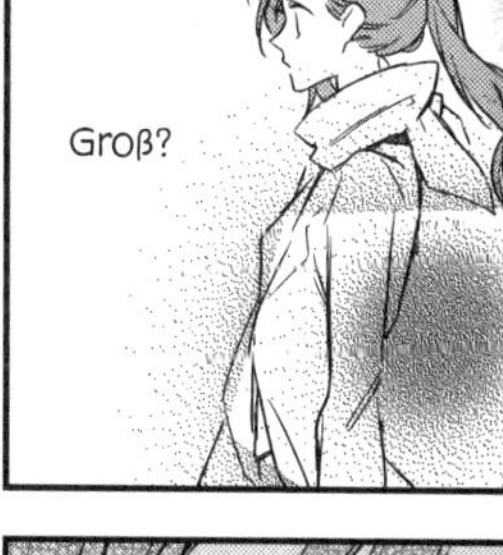
Groß?

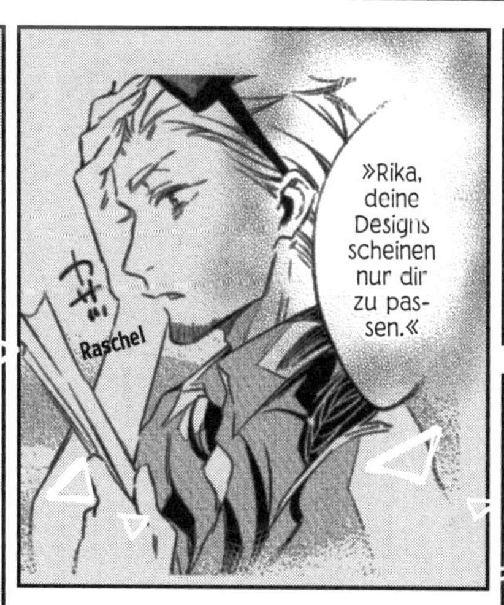
»Rika, deine Designs scheinen nur dir zu passen.«
Raschel

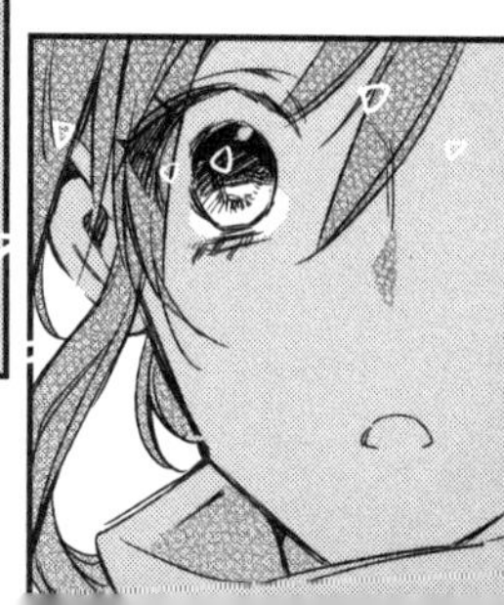

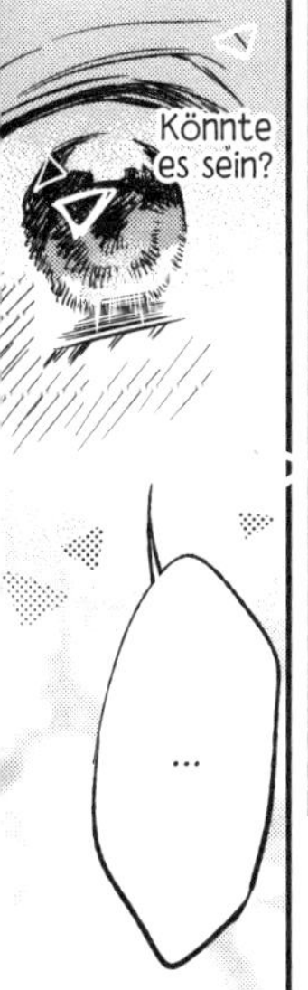
Könnte es sein?
...

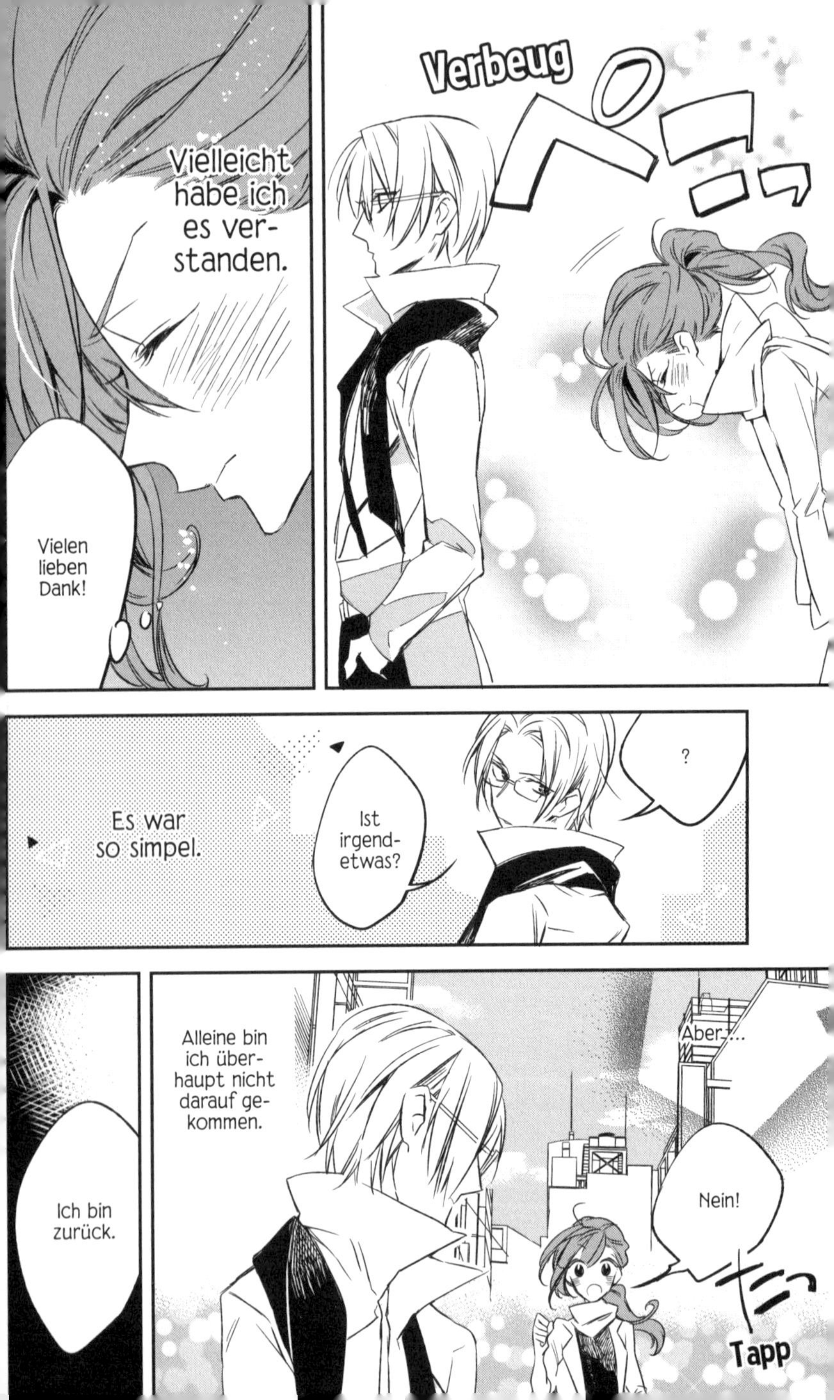

Verbeug

Vielleicht habe ich es verstanden.

Vielen lieben Dank!

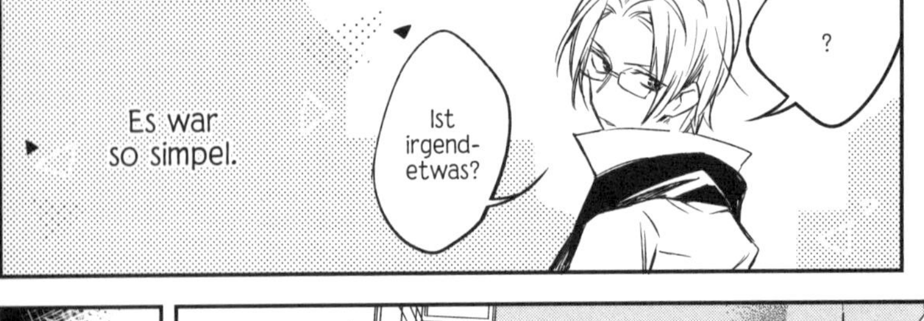

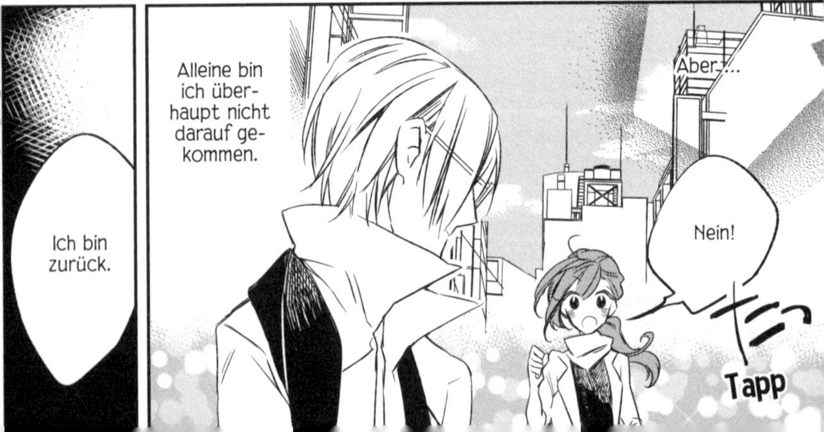

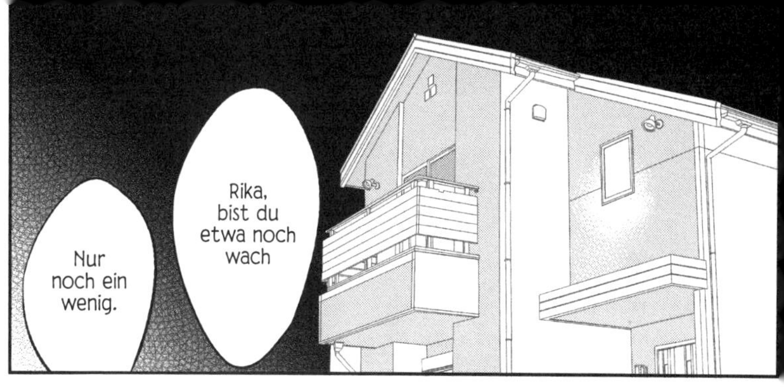

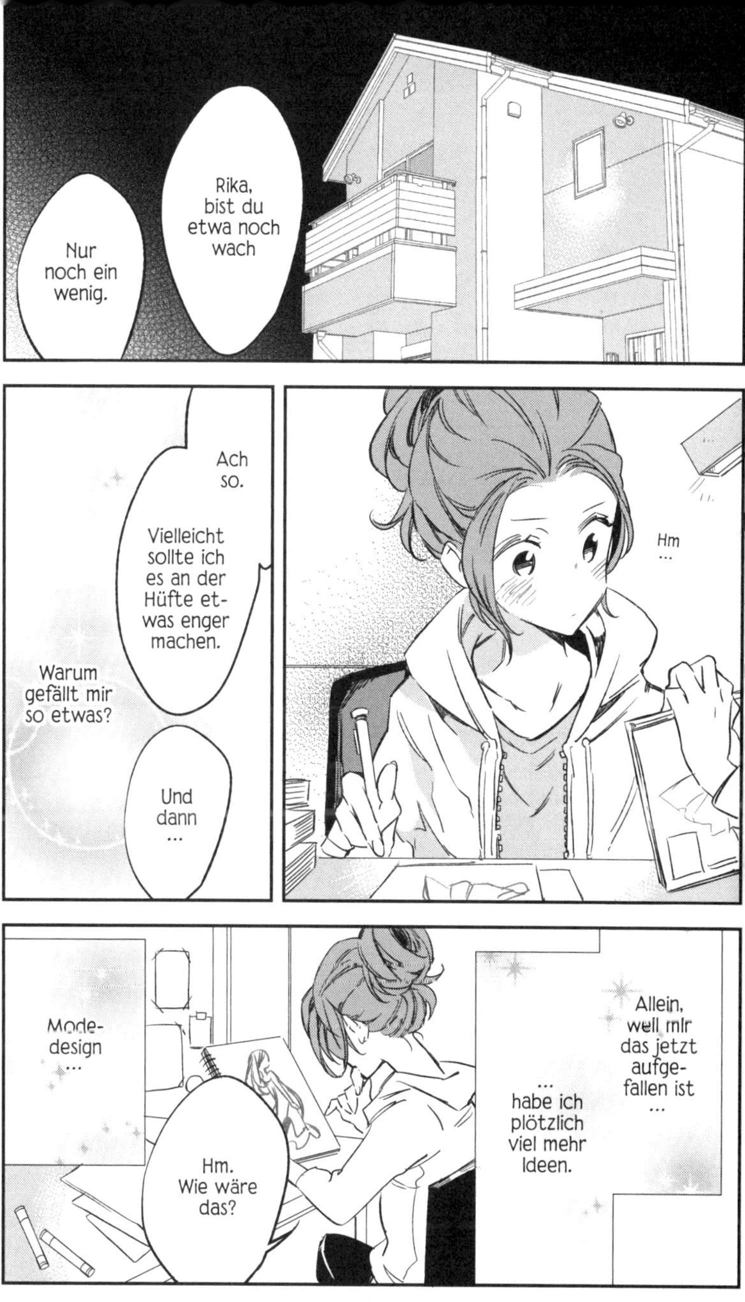

Hm …

Ach so.

Vielleicht sollte ich es an der Hüfte etwas enger machen.

Warum gefällt mir so etwas?

Und dann …

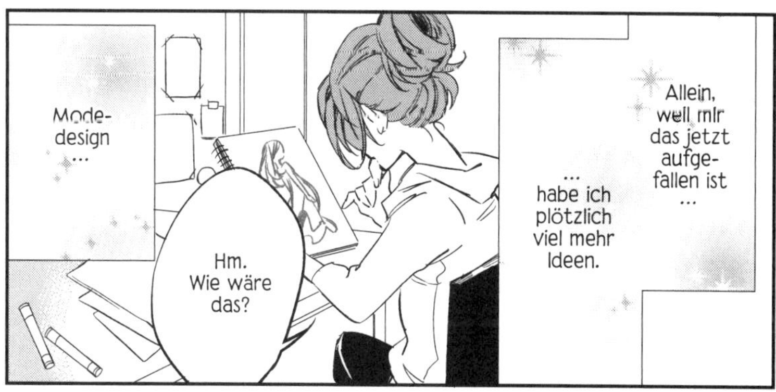

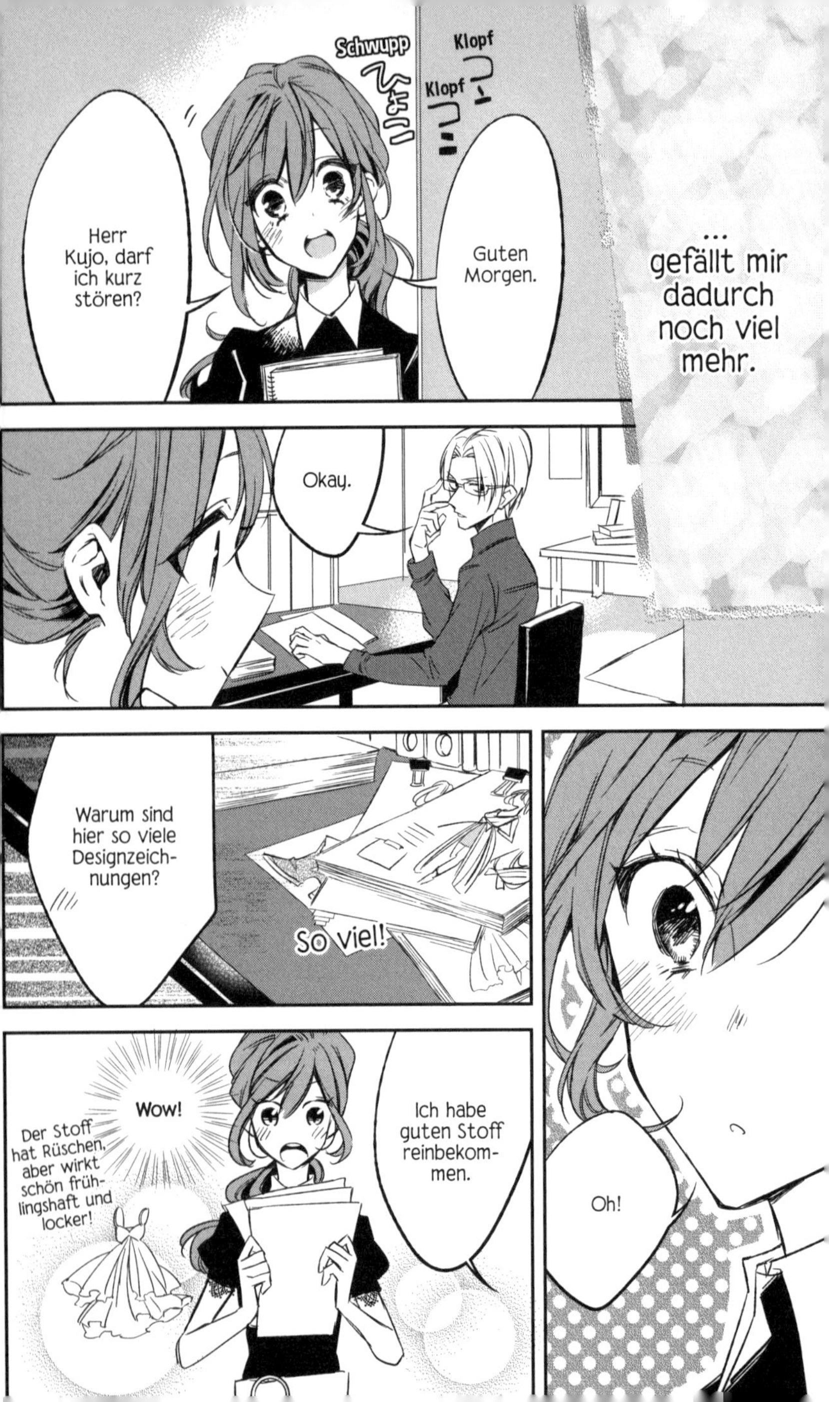

... gefällt mir dadurch noch viel mehr.

Klopf

Klopf

Guten Morgen.

Schwupp

Herr Kujo, darf ich kurz stören?

Okay.

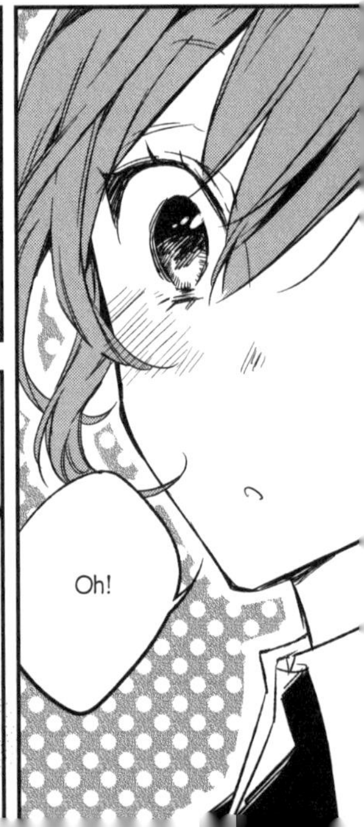

Warum sind hier so viele Designzeichnungen?

So viel!

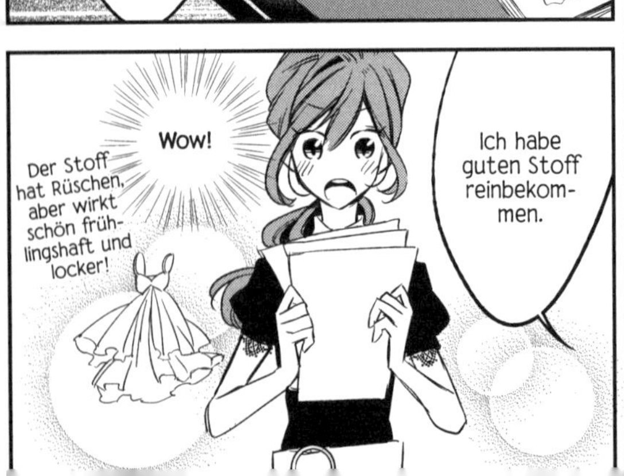

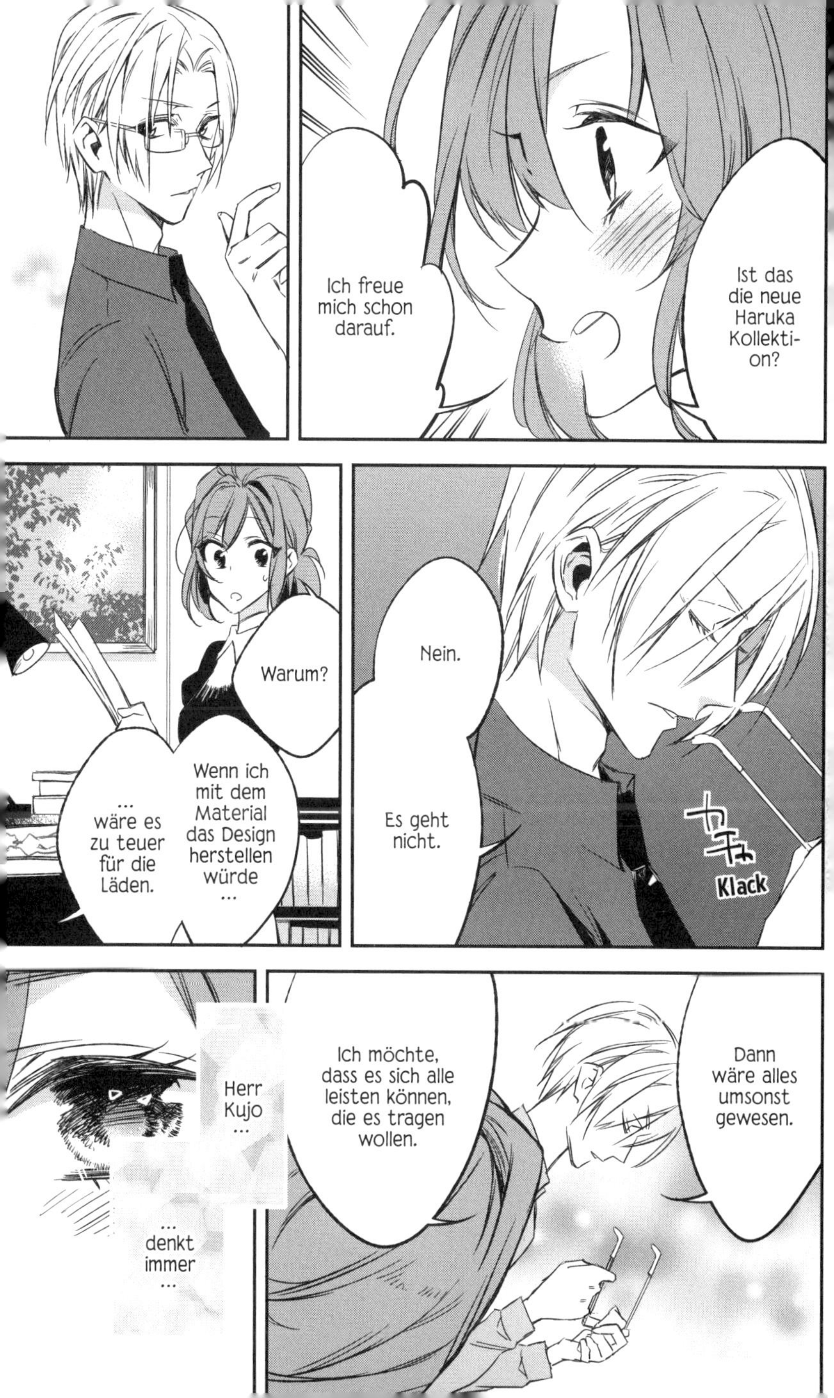

Ist das die neue Haruka Kollekti-on?

Ich freue mich schon darauf.

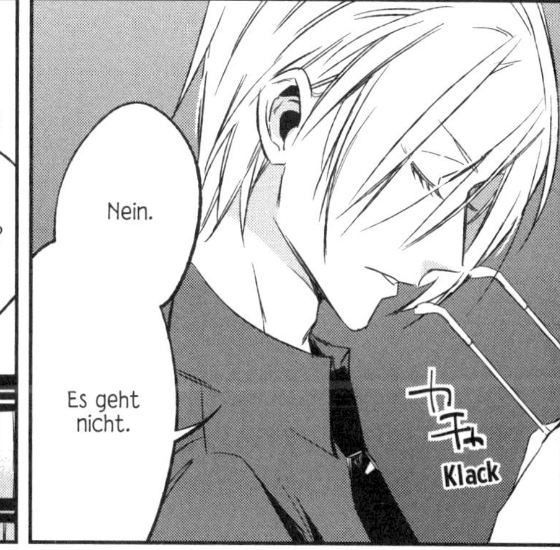

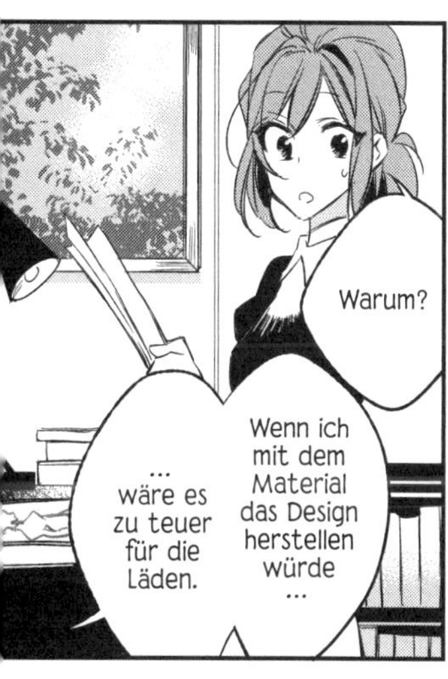

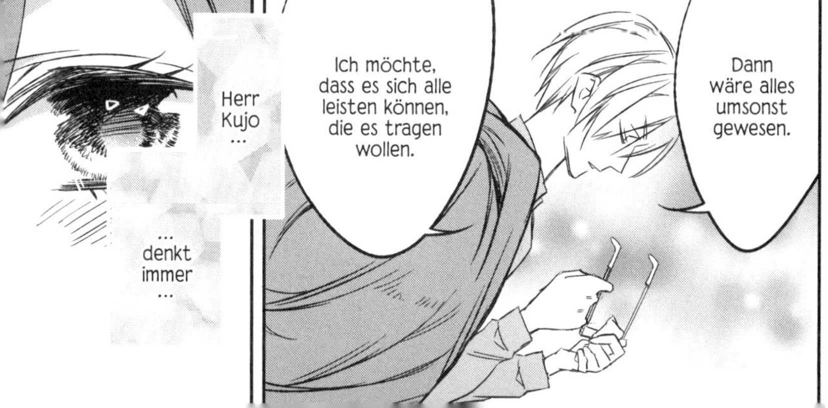

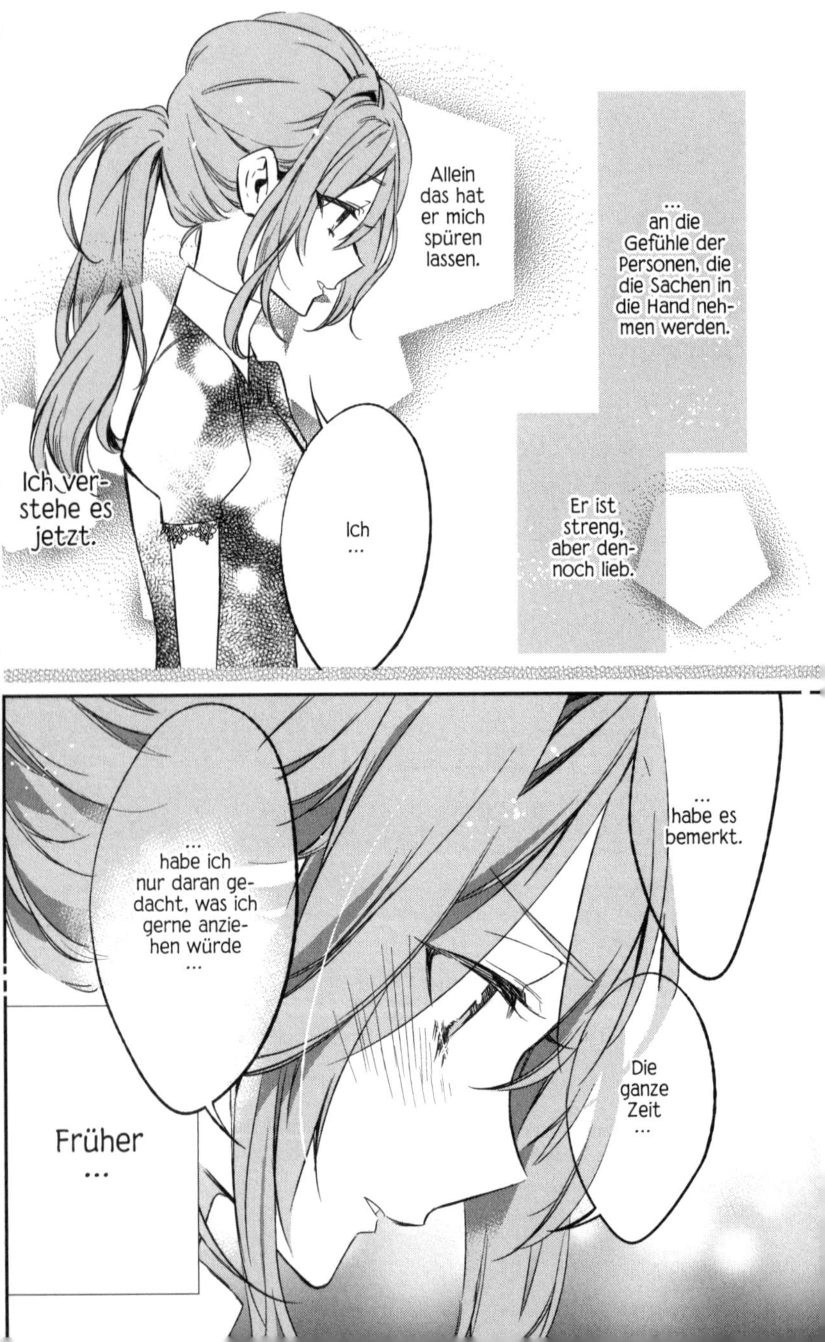

... an die Gefühle der Personen, die die Sachen in die Hand nehmen werden.
Allein das hat er mich spüren lassen.
Er ist streng, aber dennoch lieb.
Ich ...
Ich verstehe es jetzt.
... habe es bemerkt.
Die ganze Zeit ...
... habe ich nur daran gedacht, was ich gerne anziehen würde ...
Früher ...

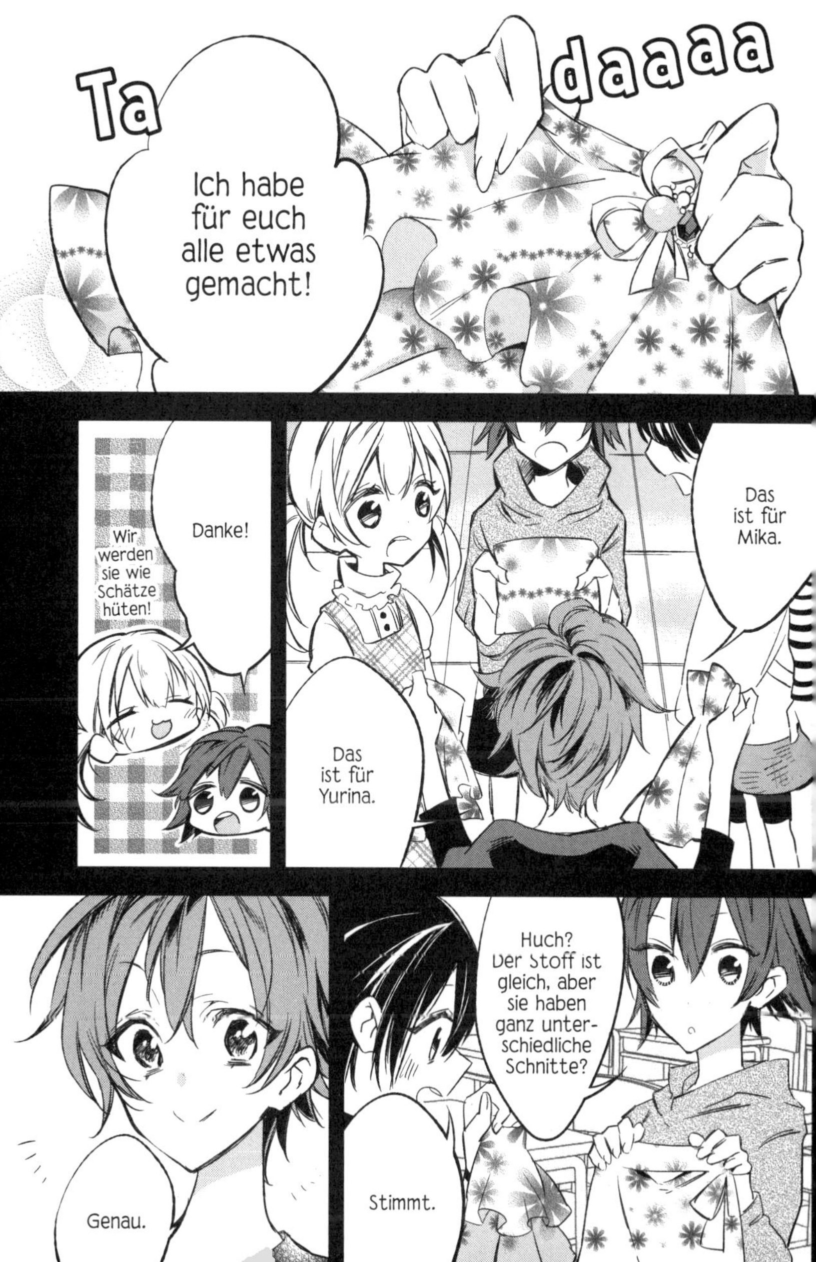
Ta daaaaa
Ich habe für euch alle etwas gemacht!
Das ist für Mika.
Das ist für Yurina.
Danke!
Wir werden sie wie Schätze hüten!
Huch? Der Stoff ist gleich, aber sie haben ganz unterschiedliche Schnitte?
Stimmt.
Genau.

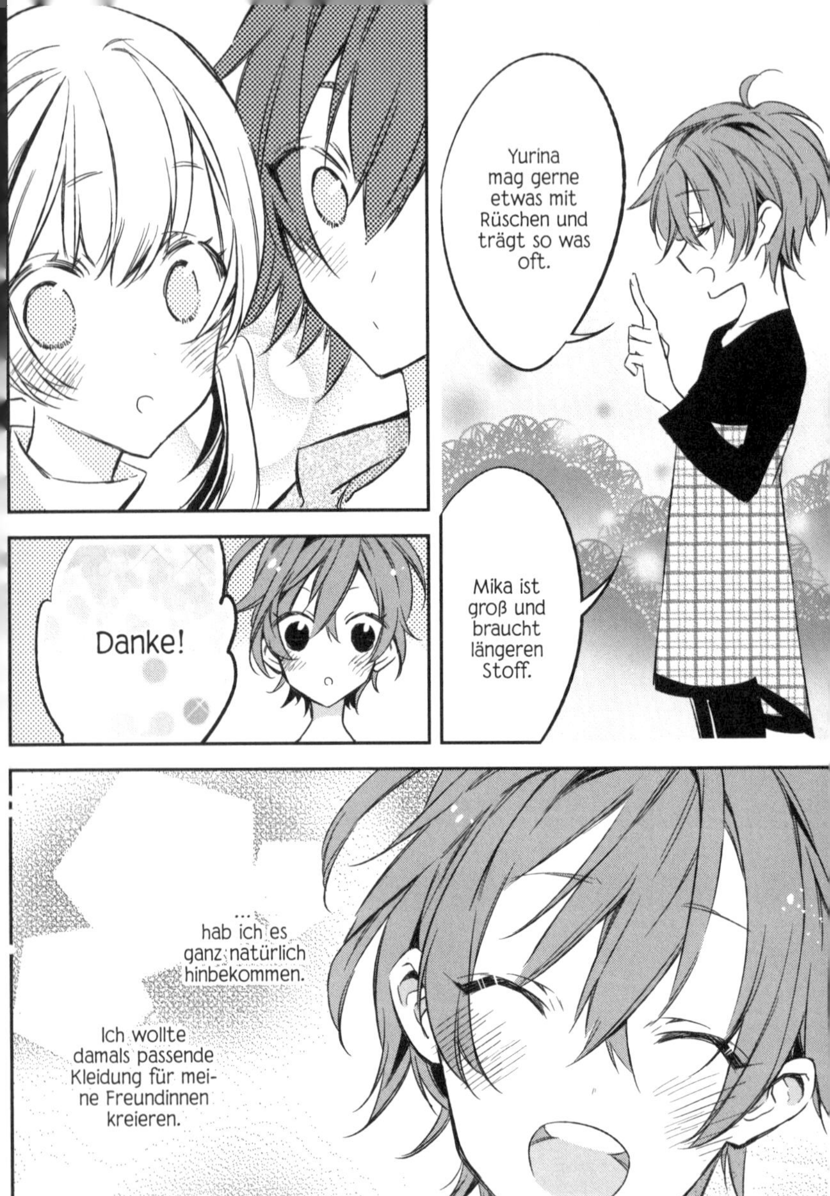

Yurina mag gerne etwas mit Rüschen und trägt so was oft.
Mika ist groß und braucht längeren Stoff.
Danke!
... hab ich es ganz natürlich hinbekommen.
Ich wollte damals passende Kleidung für meine Freundinnen kreieren.

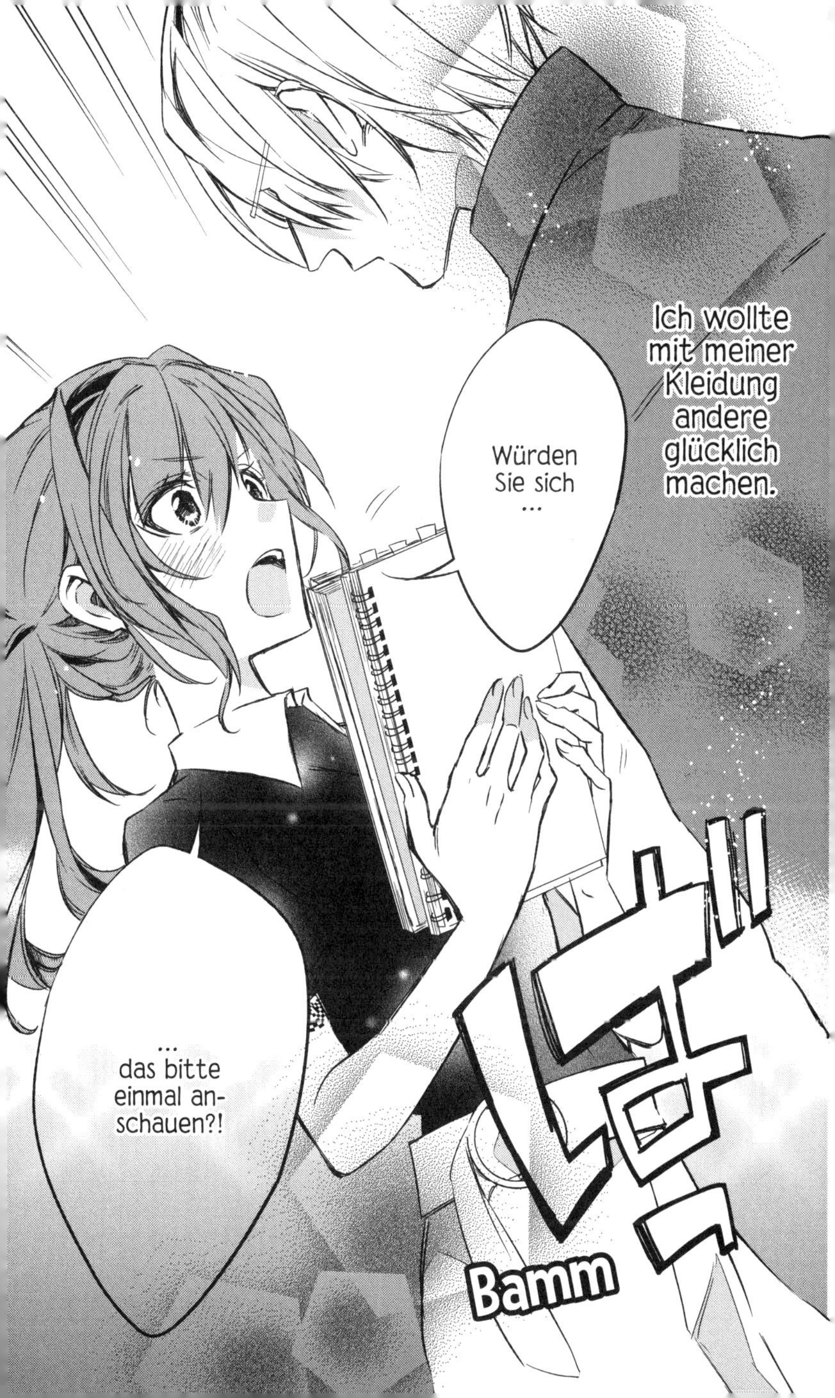
Ich wollte mit meiner Kleidung andere glücklich machen.
Würden Sie sich ...
... das bitte einmal anschauen?!
Bamm

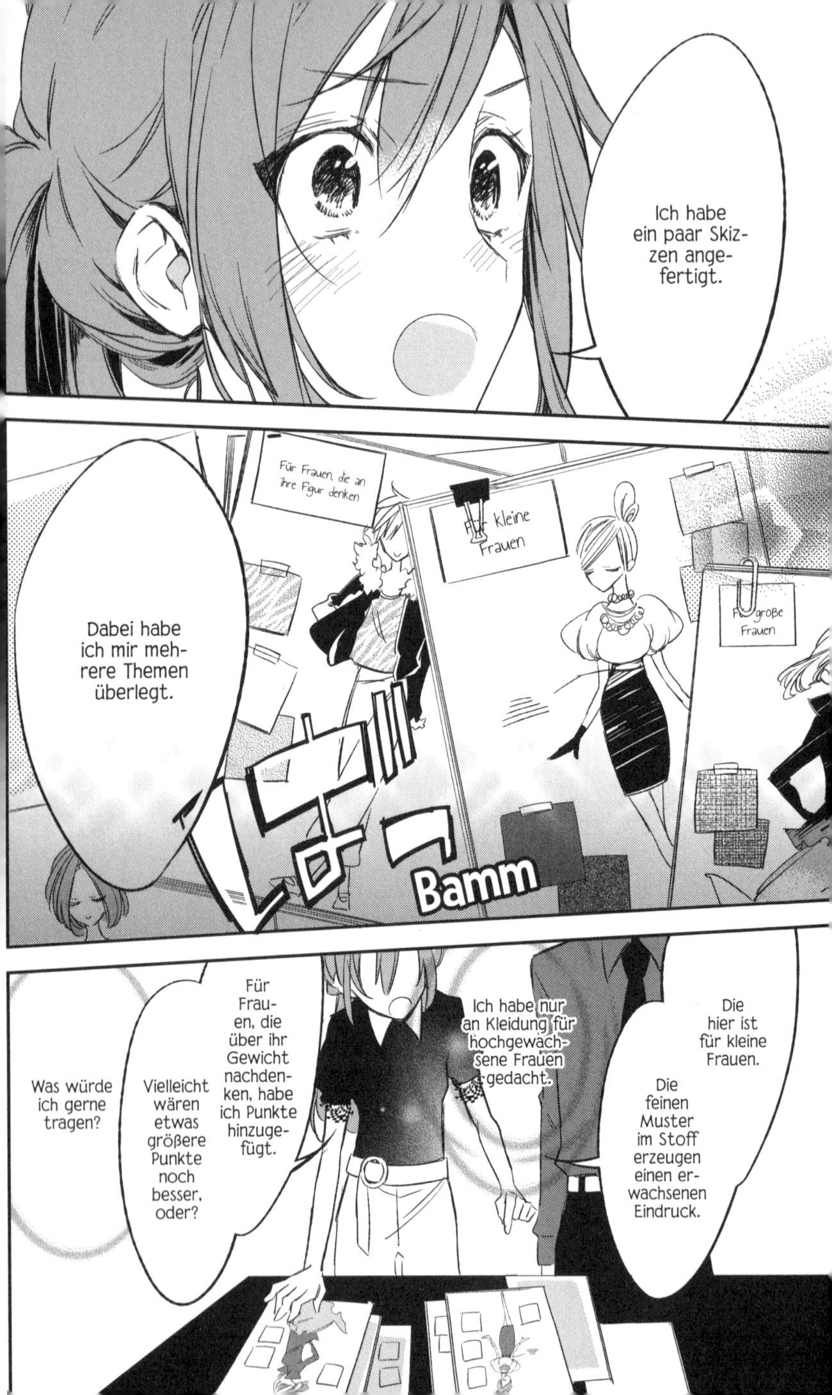
Ich habe ein paar Skizzen angefertigt.
Dabei habe ich mir mehrere Themen überlegt.
Für Frauen, die an ihre Figur denken
Für kleine Frauen
Für große Frauen
Bamm
Die hier ist für kleine Frauen.
Die feinen Muster im Stoff erzeugen einen erwachsenen Eindruck.
Ich habe nur an Kleidung für hochgewachsene Frauen gedacht.
Für Frauen, die über ihr Gewicht nachdenken, habe ich Punkte hinzugefügt.
Vielleicht wären etwas größere Punkte noch besser, oder?
Was würde ich gerne tragen?

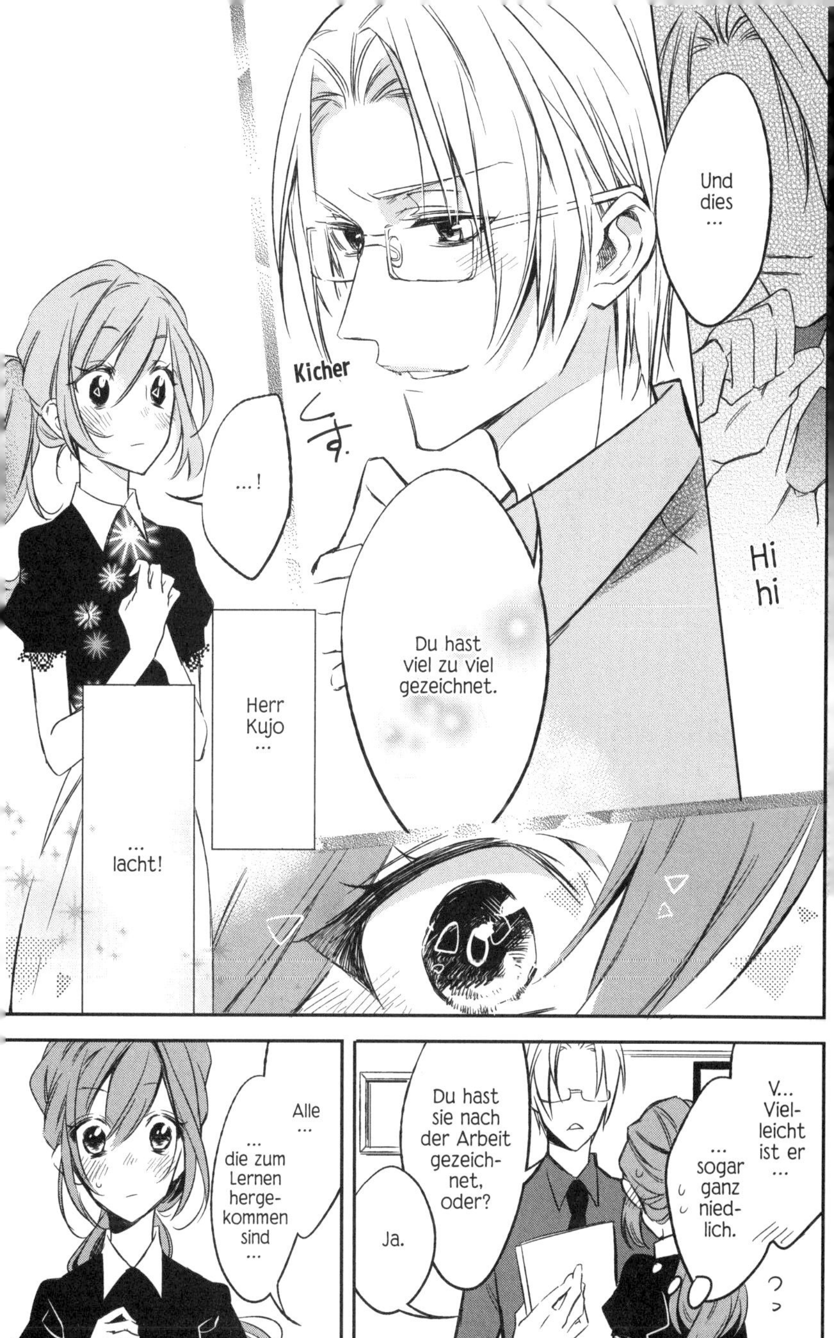
Und dies …
Hi hi
Kicher
くす。
Du hast viel zu viel gezeichnet.
…!
Herr Kujo …
… lacht!
V… Vielleicht ist er … … sogar ganz niedlich.
Du hast sie nach der Arbeit gezeichnet, oder?
Ja.
Alle … … die zum Lernen hergekommen sind …

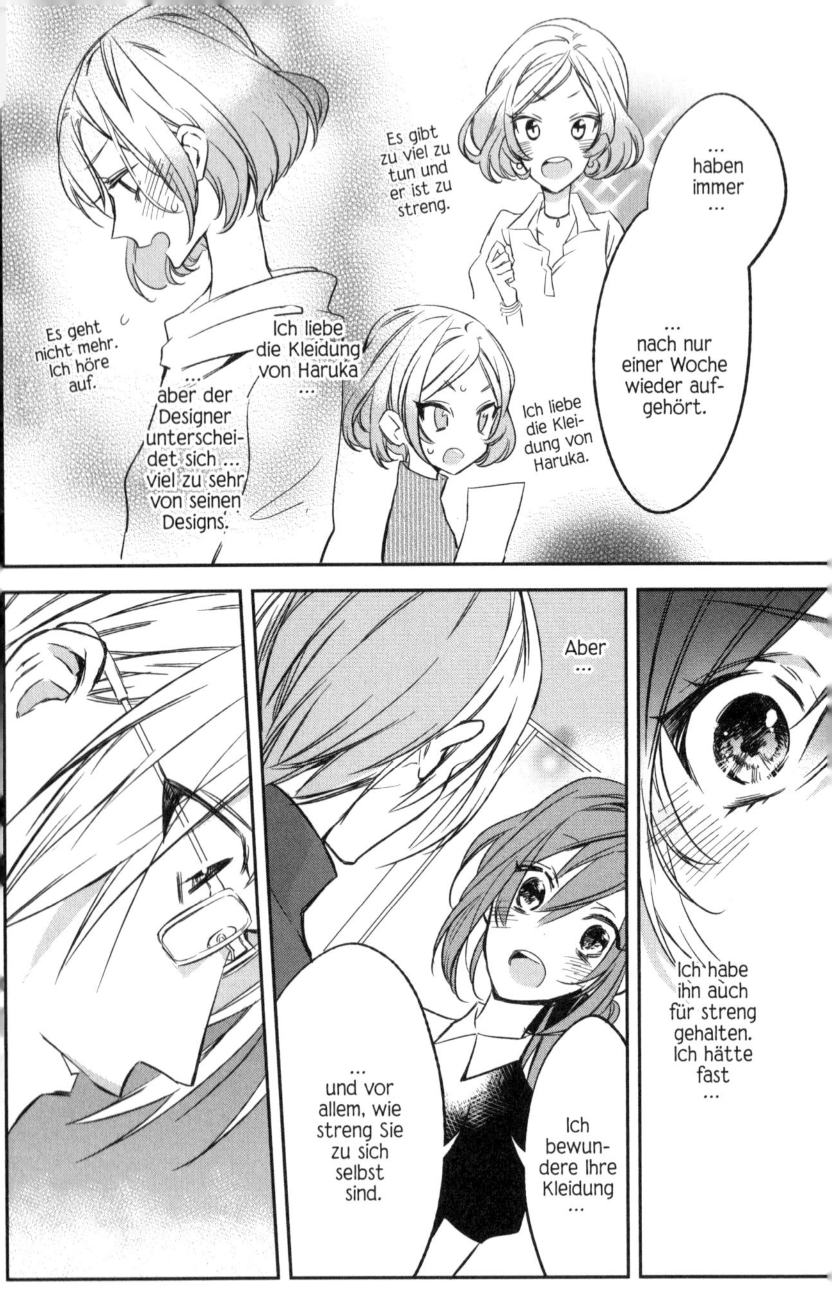

... haben immer ...
Es gibt zu viel zu tun und er ist zu streng.
... nach nur einer Woche wieder aufgehört.
Ich liebe die Kleidung von Haruka.
Ich liebe die Kleidung von Haruka ...
Es geht nicht mehr. Ich höre auf.
... aber der Designer unterscheidet sich ... viel zu sehr von seinen Designs.
Ich habe ihn auch für streng gehalten. Ich hätte fast ...
Aber ...
Ich bewundere Ihre Kleidung ...
... und vor allem, wie streng Sie zu sich selbst sind.

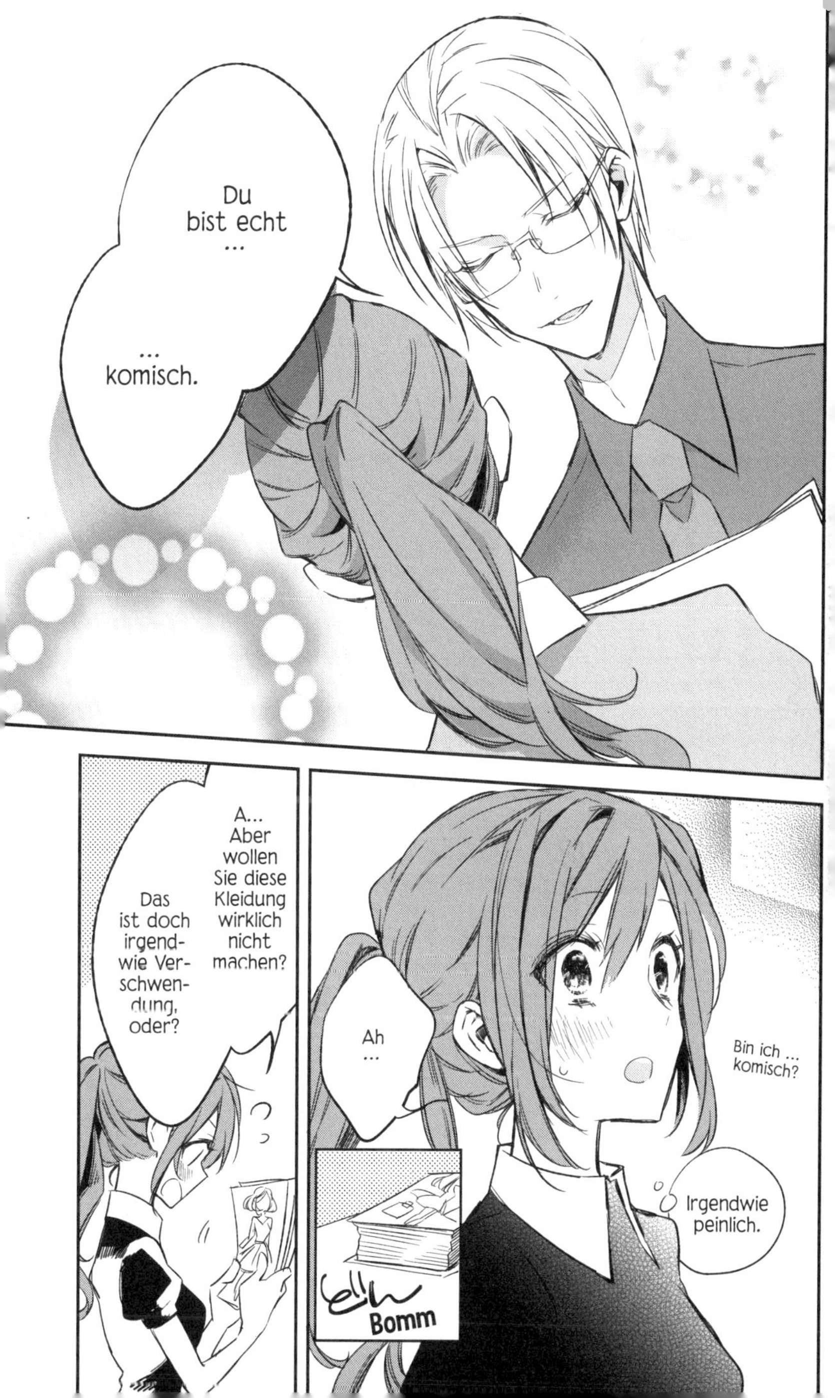

Du bist echt …

… komisch.

Ah …

Bin ich … komisch?

Irgendwie peinlich.

Bomm

A… Aber wollen Sie diese Kleidung wirklich nicht machen?

Das ist doch irgendwie Verschwendung, oder?

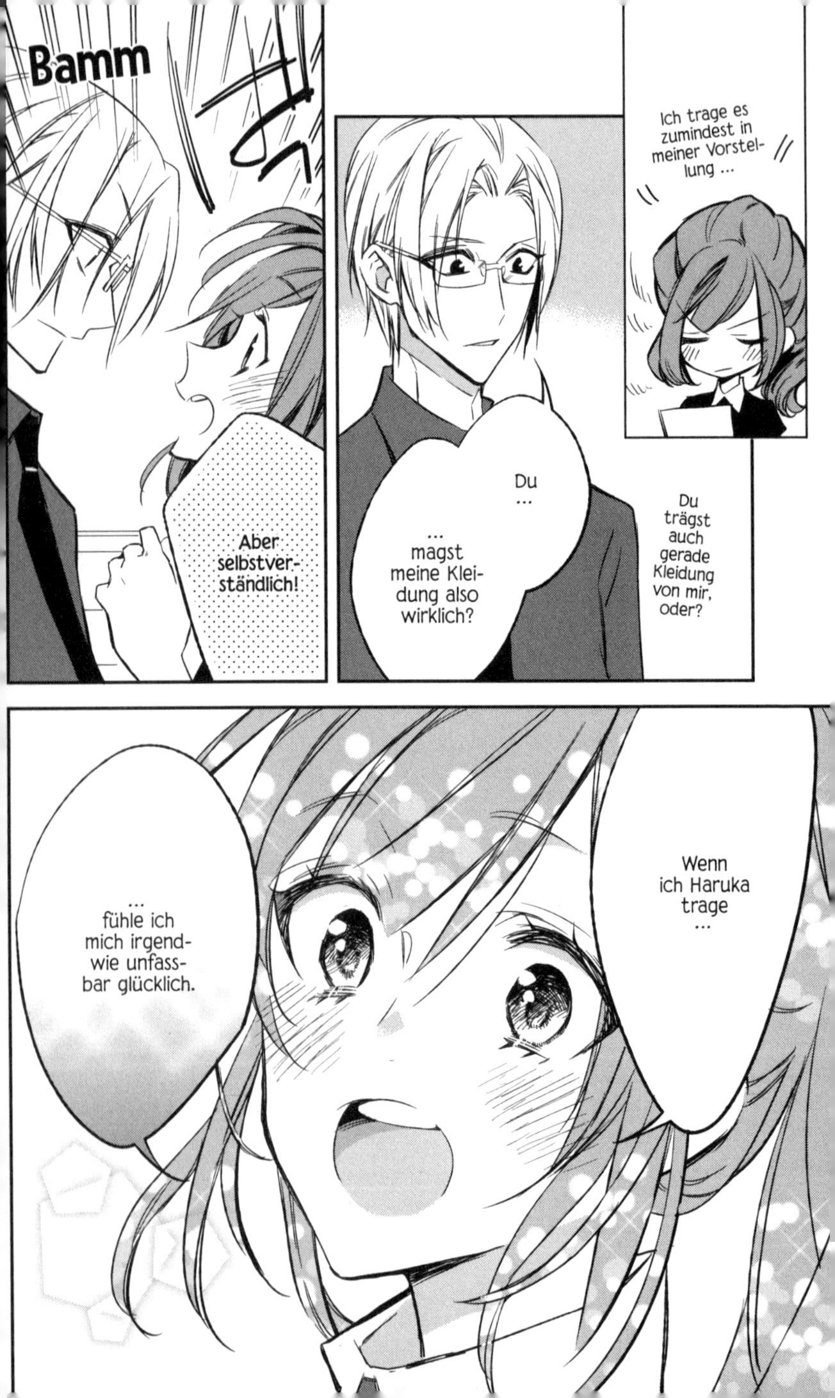

Du trägst auch gerade Kleidung von mir, oder?
Ich trage es zumindest in meiner Vorstellung ...
Du ...
... magst meine Kleidung also wirklich?
Bamm
Aber selbstverständlich!
Wenn ich Haruka trage ...
... fühle ich mich irgendwie unfassbar glücklich.

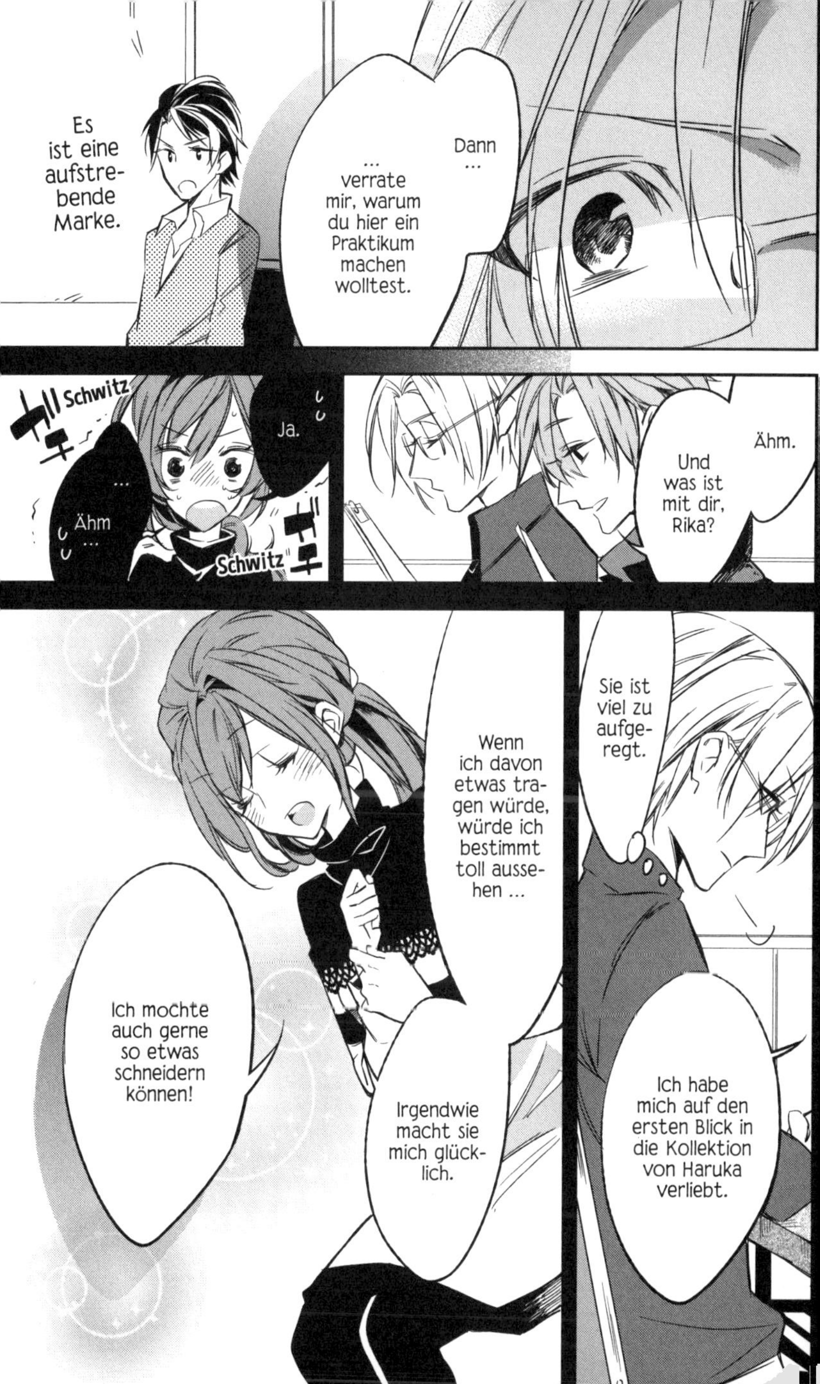
Dann … … verrate mir, warum du hier ein Praktikum machen wolltest.
Es ist eine aufstrebende Marke.
Ähm.
Und was ist mit dir, Rika?
Ja.
… Ähm …
Schwitz
Schwitz
Sie ist viel zu aufgeregt.
Ich habe mich auf den ersten Blick in die Kollektion von Haruka verliebt.
Wenn ich davon etwas tragen würde, würde ich bestimmt toll aussehen …
Irgendwie macht sie mich glücklich.
Ich mochte auch gerne so etwas schneidern können!

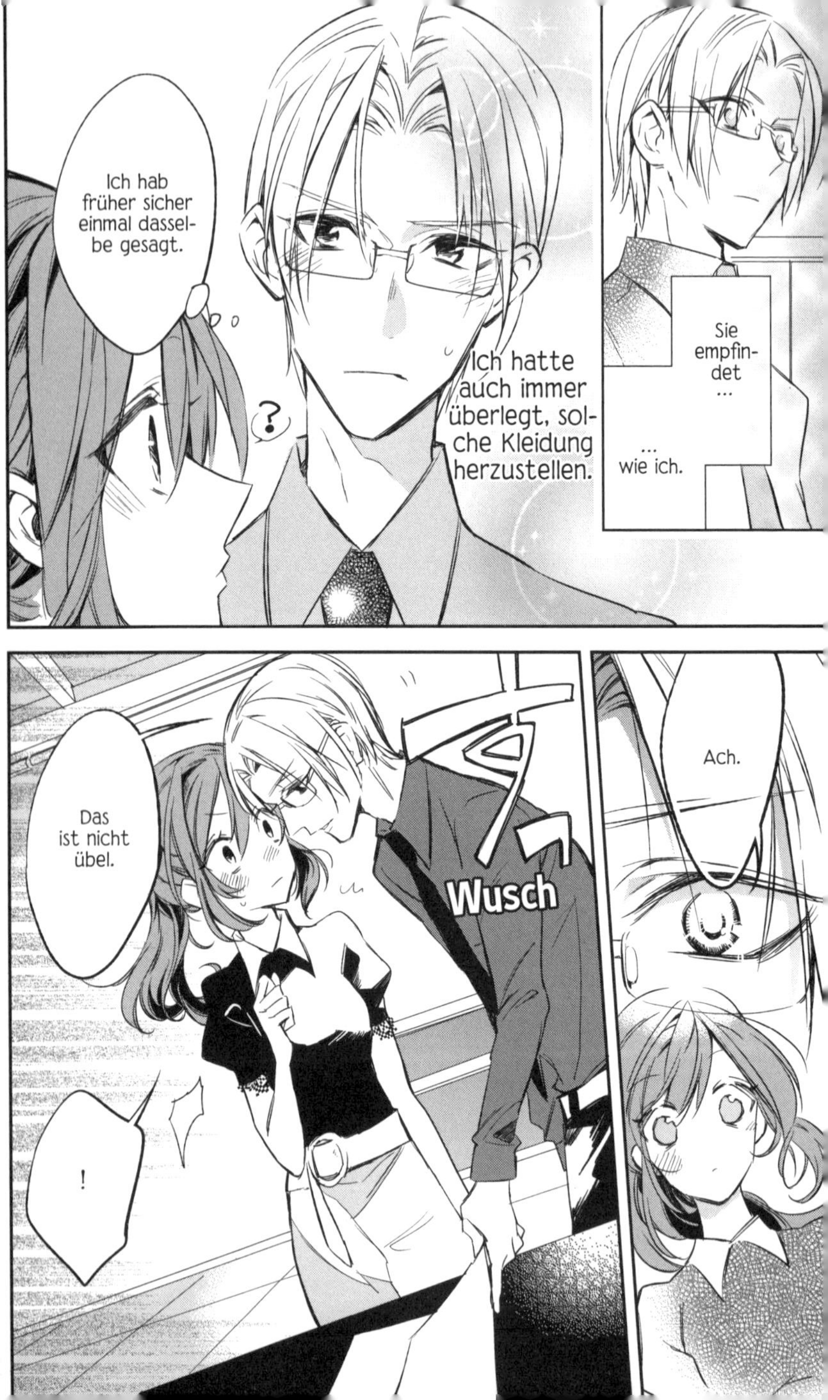

Sie empfindet …
… wie ich.
Ich hatte auch immer überlegt, solche Kleidung herzustellen.
Ich hab früher sicher einmal dasselbe gesagt.
?
Ach.
Wusch
Das ist nicht übel.
!

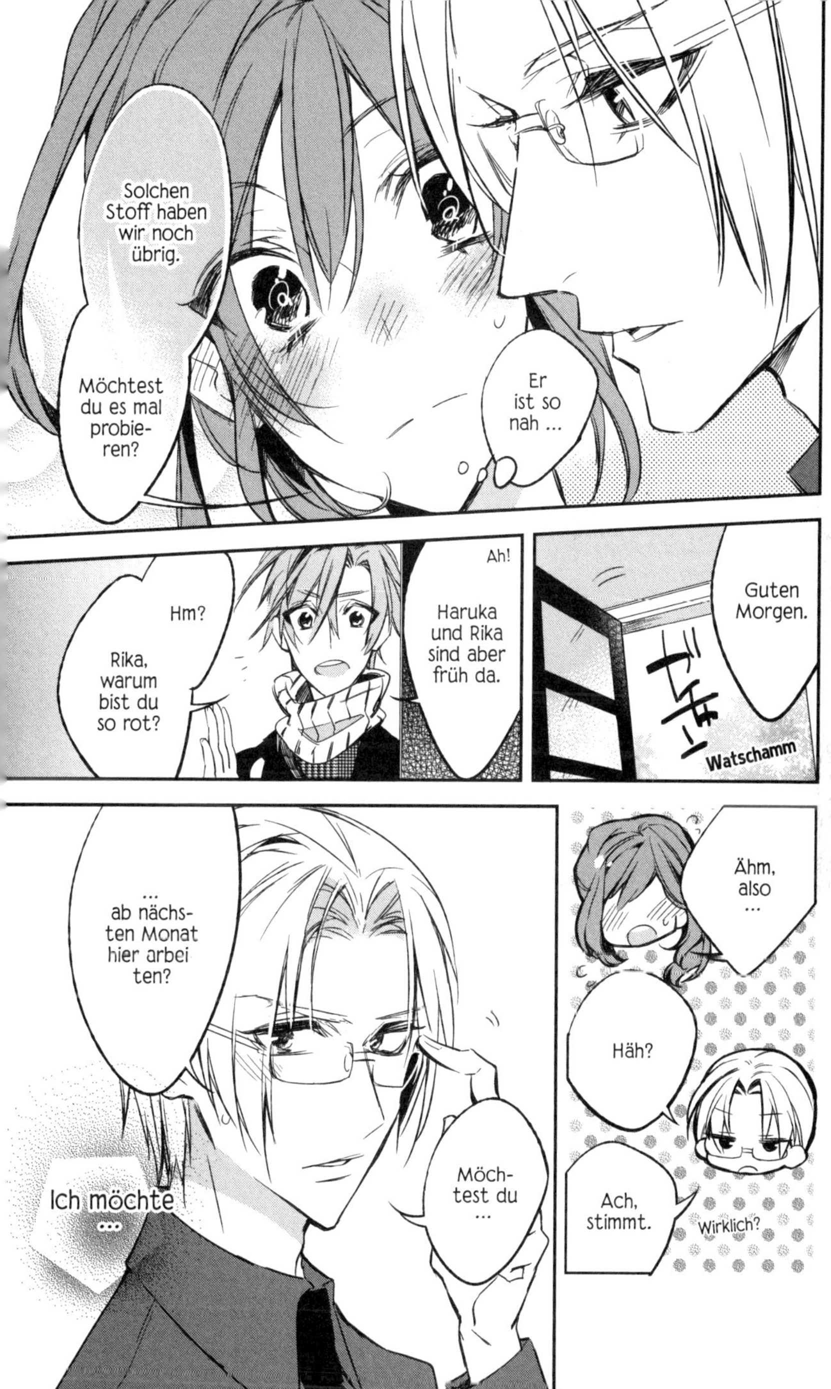
Er ist so nah ...
Solchen Stoff haben wir noch übrig.
Möchtest du es mal probieren?
Guten Morgen.
Watschamm
Ah!
Haruka und Rika sind aber früh da.
Hm?
Rika, warum bist du so rot?
Ähm, also ...
Häh?
Ach, stimmt.
Wirklich?
Möchtest du ...
... ab nächsten Monat hier arbeiten?
Ich möchte ...

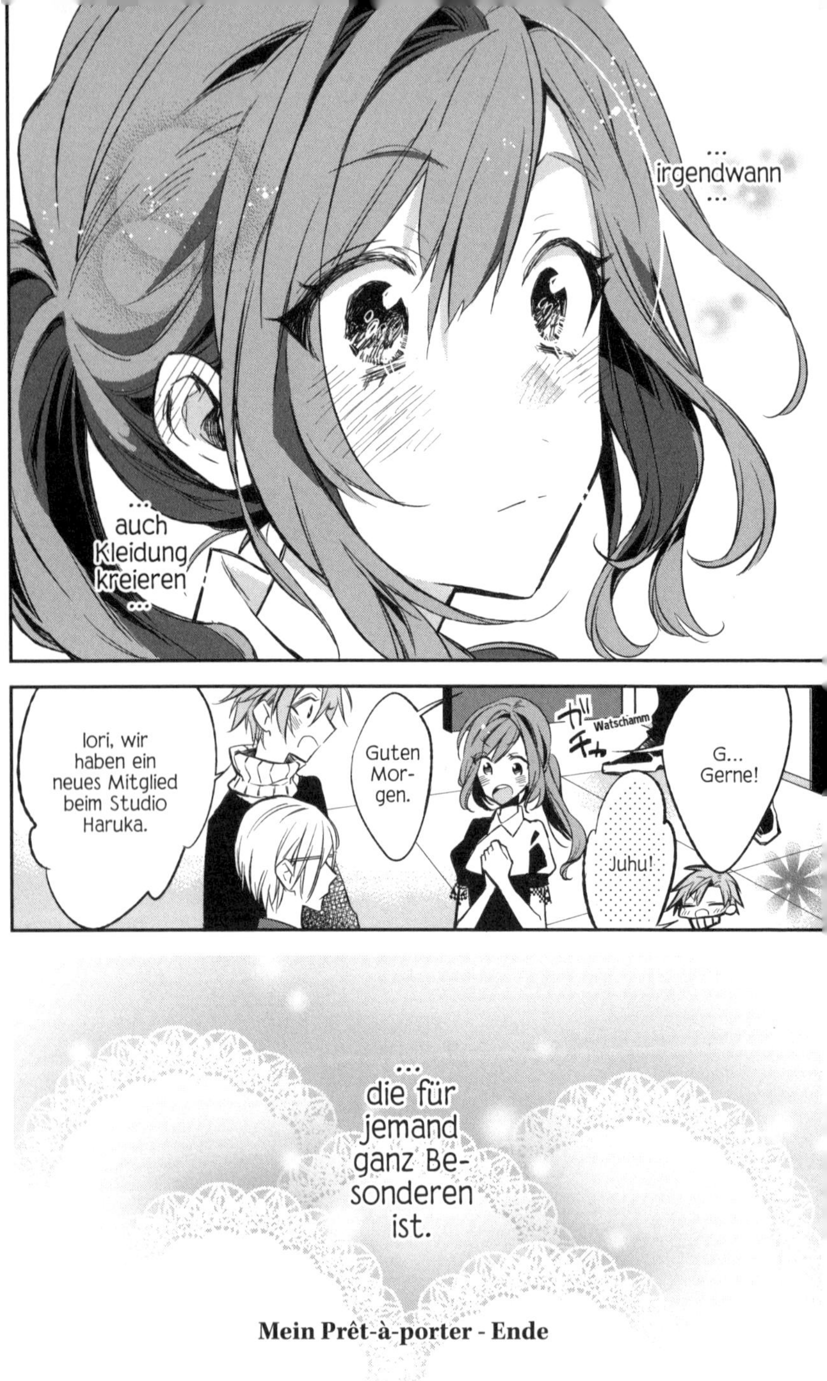

... irgendwann ...

... auch Kleidung kreieren ...

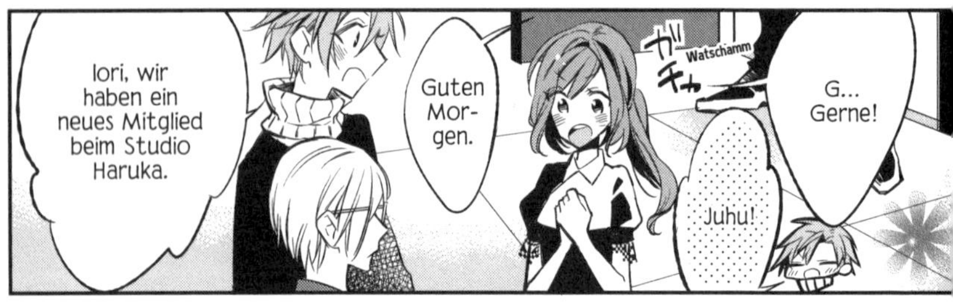

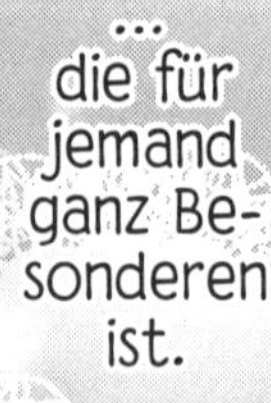

Mein Prêt-à-porter - Ende

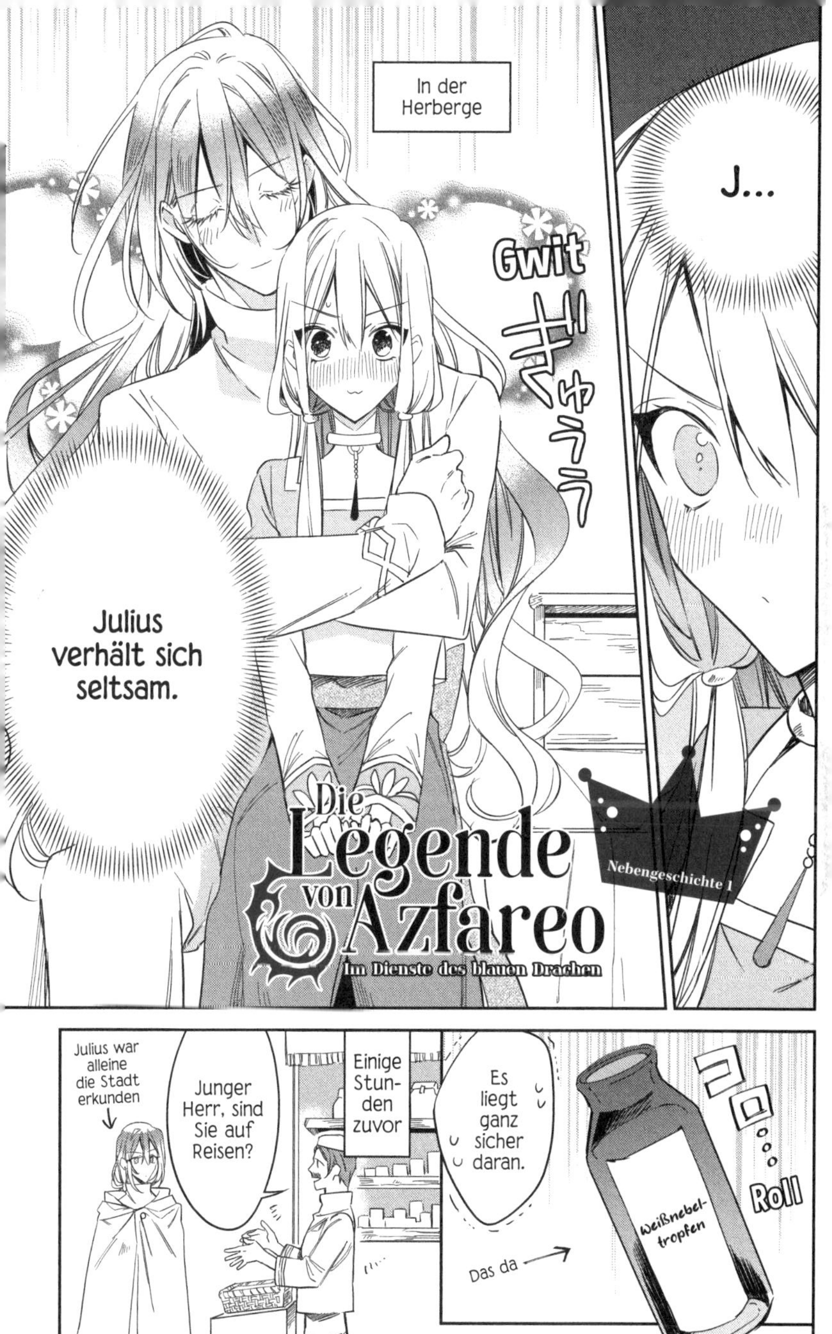

J...
In der Herberge
Gwit
ぎゅうう
Julius verhält sich seltsam.
Die Legende von Azfareo
Im Dienste des blauen Drachen
Nebengeschichte 1
コロ...
Roll
Weißnebel-tropfen
Das da
Es liegt ganz sicher daran.
Einige Stunden zuvor
Junger Herr, sind Sie auf Reisen?
Julius war alleine die Stadt erkunden

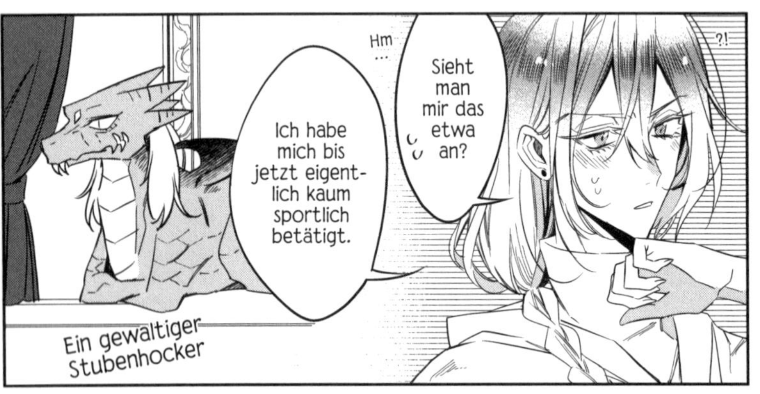
?!
Sieht man mir das etwa an?
Hm…
Ich habe mich bis jetzt eigentlich kaum sportlich betätigt.
Ein gewaltiger Stubenhocker

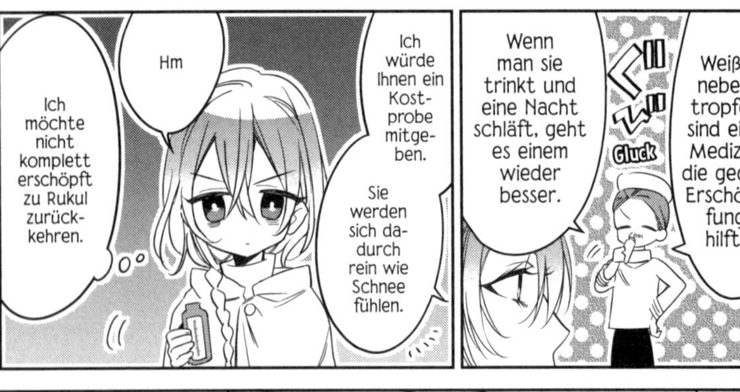
Weiß-nebel-tropfen sind eine Medizin, die gegen Erschöpfung hilft.
Wenn man sie trinkt und eine Nacht schläft, geht es einem wieder besser.
Gluck
Ich würde Ihnen ein Kostprobe mitgeben.
Sie werden sich dadurch rein wie Schnee fühlen.
Hm
Ich möchte nicht komplett erschöpft zu Rukul zurückkehren.

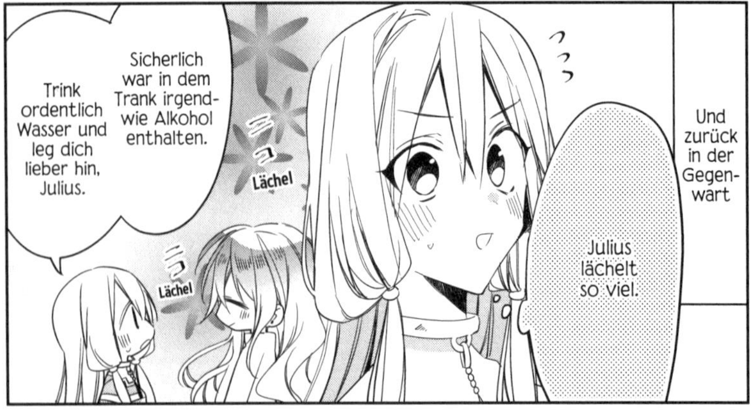
Und zurück in der Gegenwart
Julius lächelt so viel.
Sicherlich war in dem Trank irgendwie Alkohol enthalten.
Trink ordentlich Wasser und leg dich lieber hin, Julius.
Lächel
Lächel

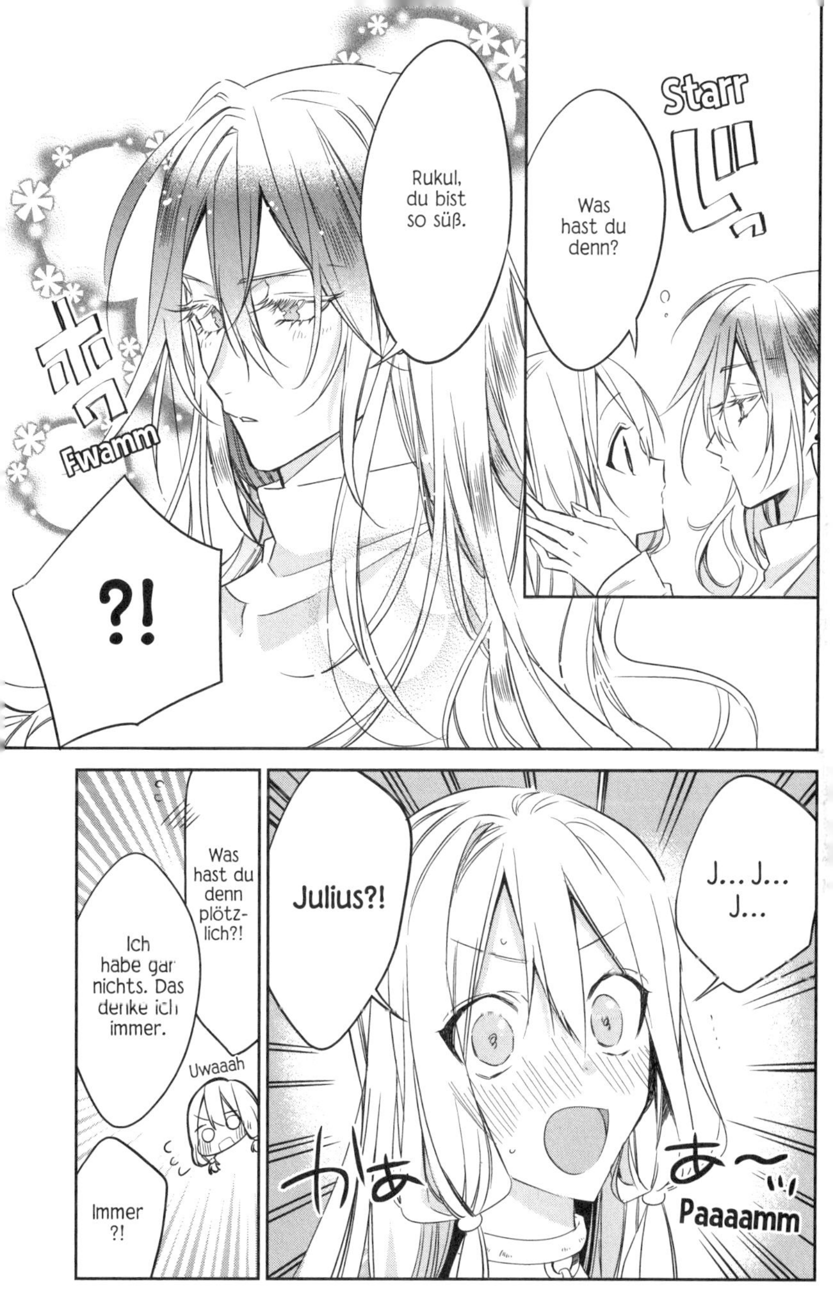

Starr
Was hast du denn?
Rukul, du bist so süß.
Fwamm
?!
J… J… J…
Julius?!
Paaaamm
Was hast du denn plötzlich?!
Ich habe gar nichts. Das denke ich immer.
Uwaaah
Immer?!

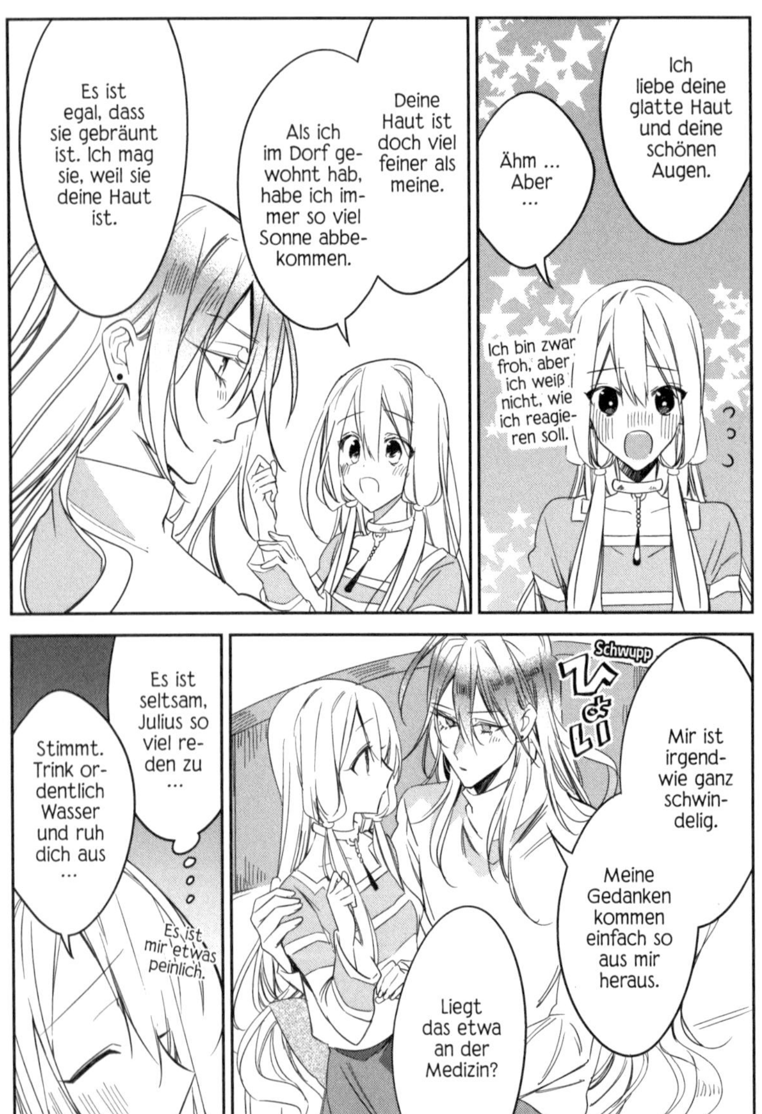
Ich liebe deine glatte Haut und deine schönen Augen.
Ähm ... Aber ...
Ich bin zwar froh, aber ich weiß nicht, wie ich reagieren soll.
Deine Haut ist doch viel feiner als meine.
Als ich im Dorf gewohnt hab, habe ich immer so viel Sonne abbekommen.
Es ist egal, dass sie gebräunt ist. Ich mag sie, weil sie deine Haut ist.
Schwupp
Mir ist irgendwie ganz schwindelig.
Meine Gedanken kommen einfach so aus mir heraus.
Liegt das etwa an der Medizin?
Es ist seltsam, Julius so viel reden zu ...
Stimmt. Trink ordentlich Wasser und ruh dich aus ...
Es ist mir etwas peinlich.

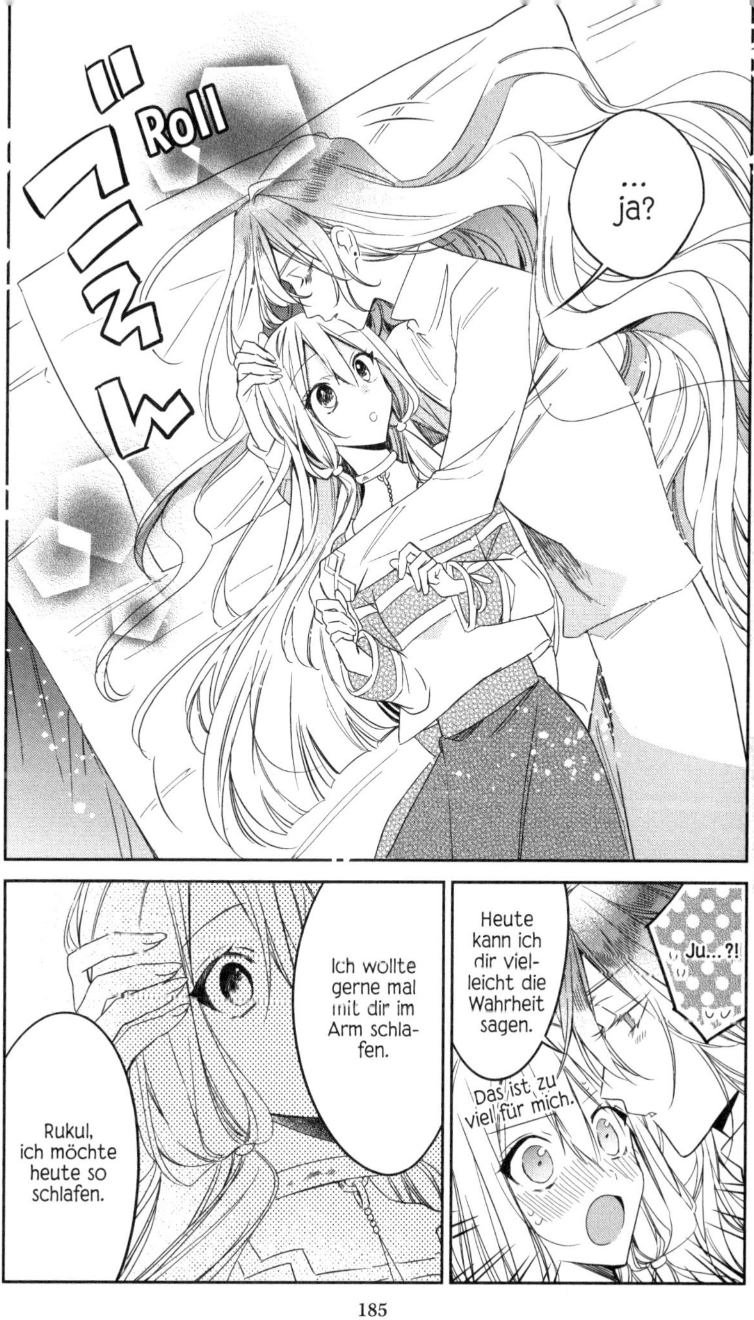

Roll

… ja?

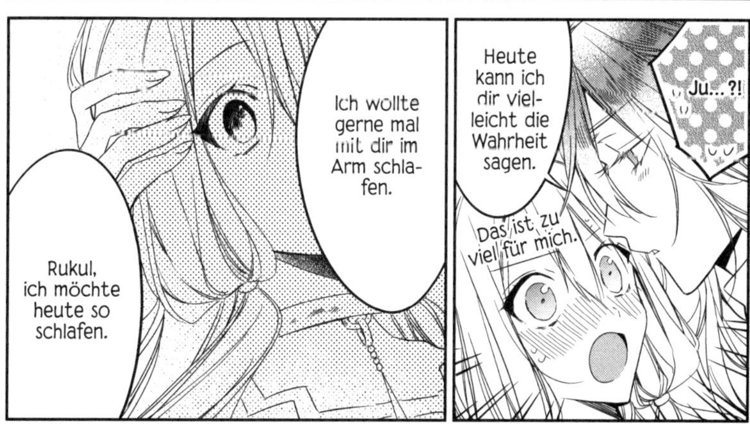

Ju… ?!
Heute kann ich dir vielleicht die Wahrheit sagen.
Das ist zu viel für mich.
Ich wollte gerne mal mit dir im Arm schlafen.
Rukul, ich möchte heute so schlafen.

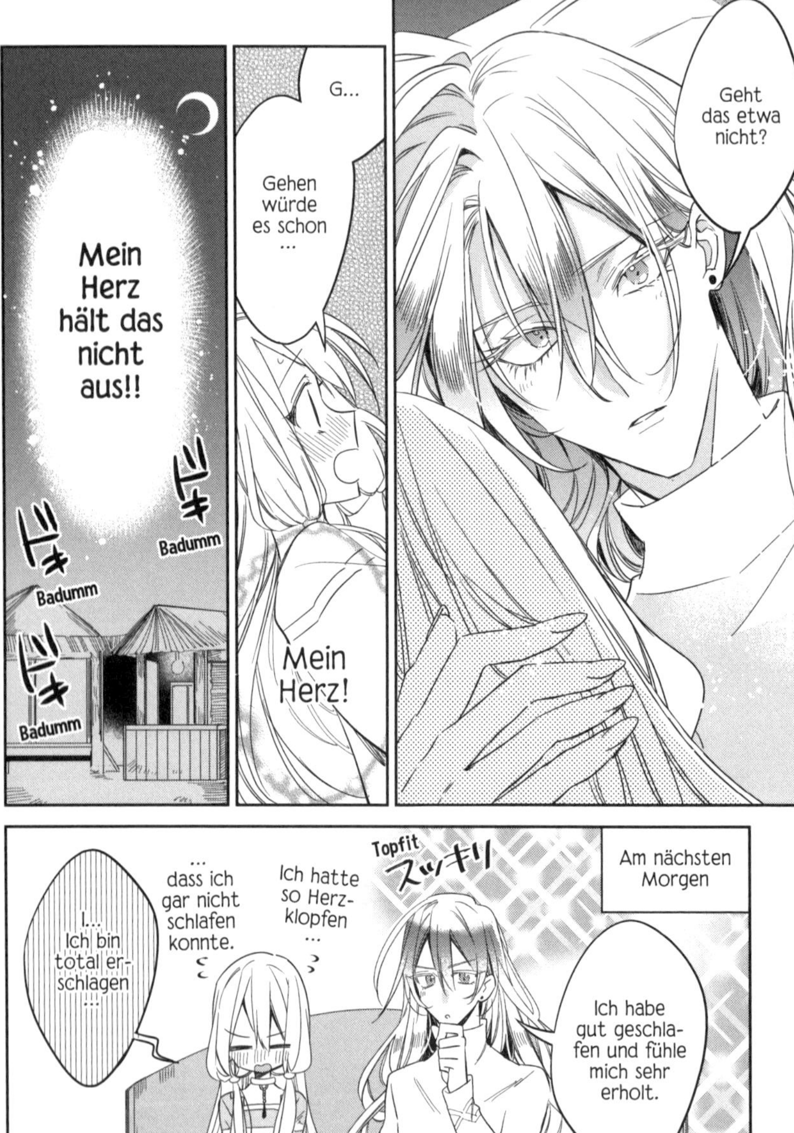

Die Legende von Azfareo Nebengeschichte 1 – Ende

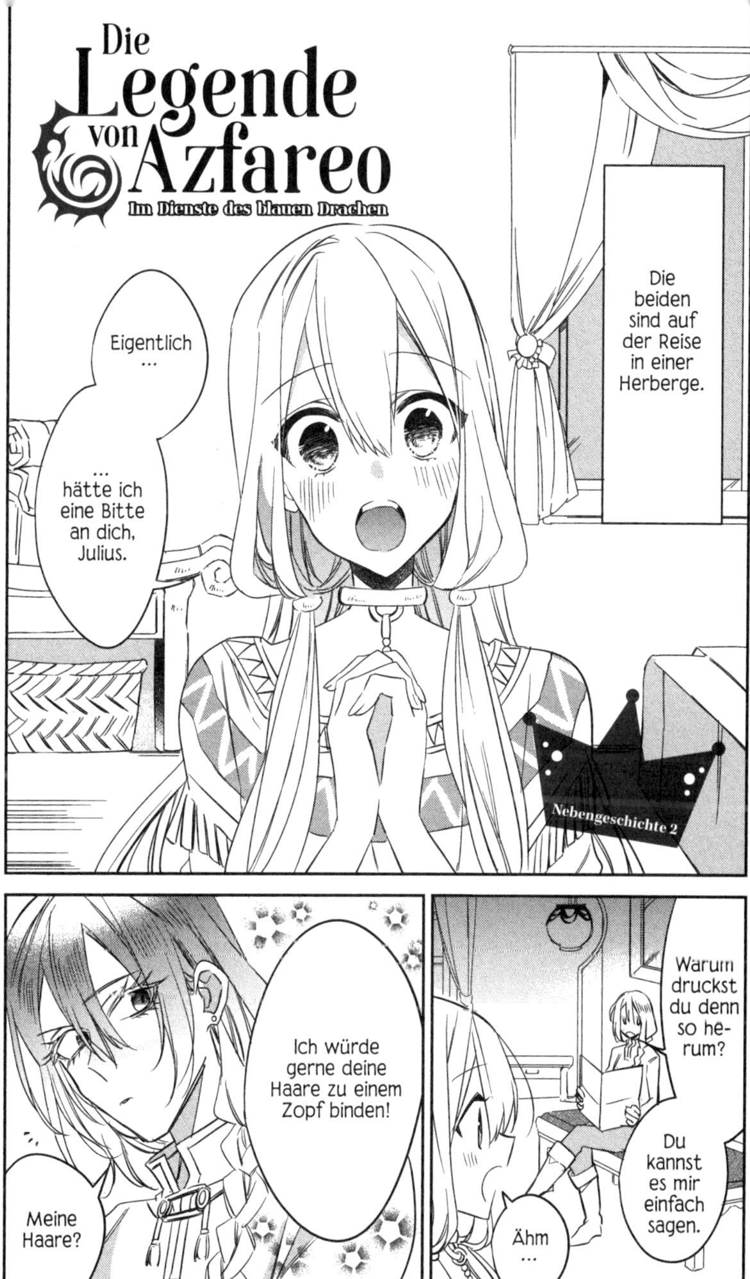
Die Legende von Azfareo
Im Dienste des blauen Drachen
Die beiden sind auf der Reise in einer Herberge.
Eigentlich …
… hätte ich eine Bitte an dich, Julius.
Nebengeschichte 2
Warum druckst du denn so he-rum?
Du kannst es mir einfach sagen.
Ähm …
Ich würde gerne deine Haare zu einem Zopf binden!
Meine Haare?

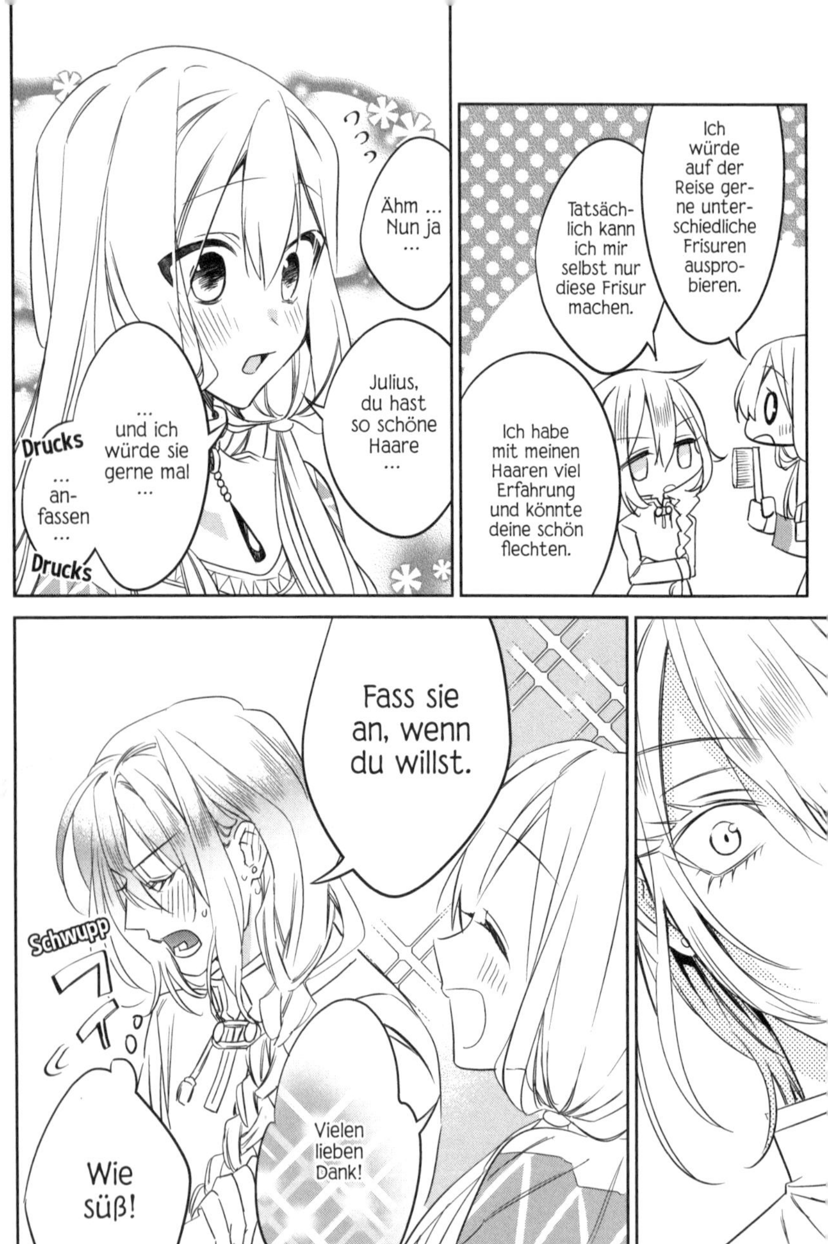
Ich würde auf der Reise gerne unterschiedliche Frisuren ausprobieren.
Tatsächlich kann ich mir selbst nur diese Frisur machen.
Ich habe mit meinen Haaren viel Erfahrung und könnte deine schön flechten.
Ähm ... Nun ja ...
Julius, du hast so schöne Haare ...
... und ich würde sie gerne mal ...
Drucks
... anfassen ...
Drucks
Fass sie an, wenn du willst.
Vielen lieben Dank!
Schwupp
Wie süß!

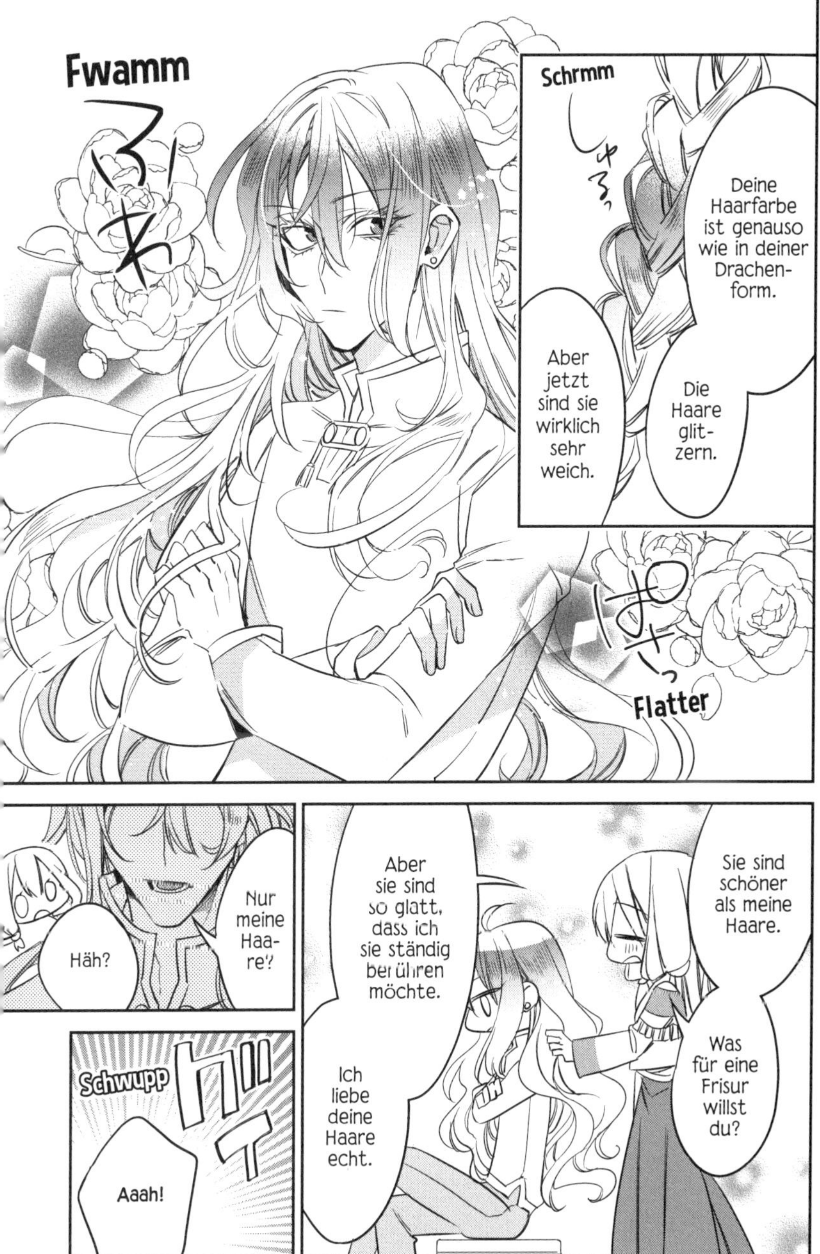
Schrmm
Deine Haarfarbe ist genauso wie in deiner Drachenform.
Die Haare glitzern.
Aber jetzt sind sie wirklich sehr weich.
Fwamm
Flatter
Sie sind schöner als meine Haare.
Aber sie sind so glatt, dass ich sie ständig berühren möchte.
Was für eine Frisur willst du?
Ich liebe deine Haare echt.
Nur meine Haare?
Häh?
Schwupp
Aaah!

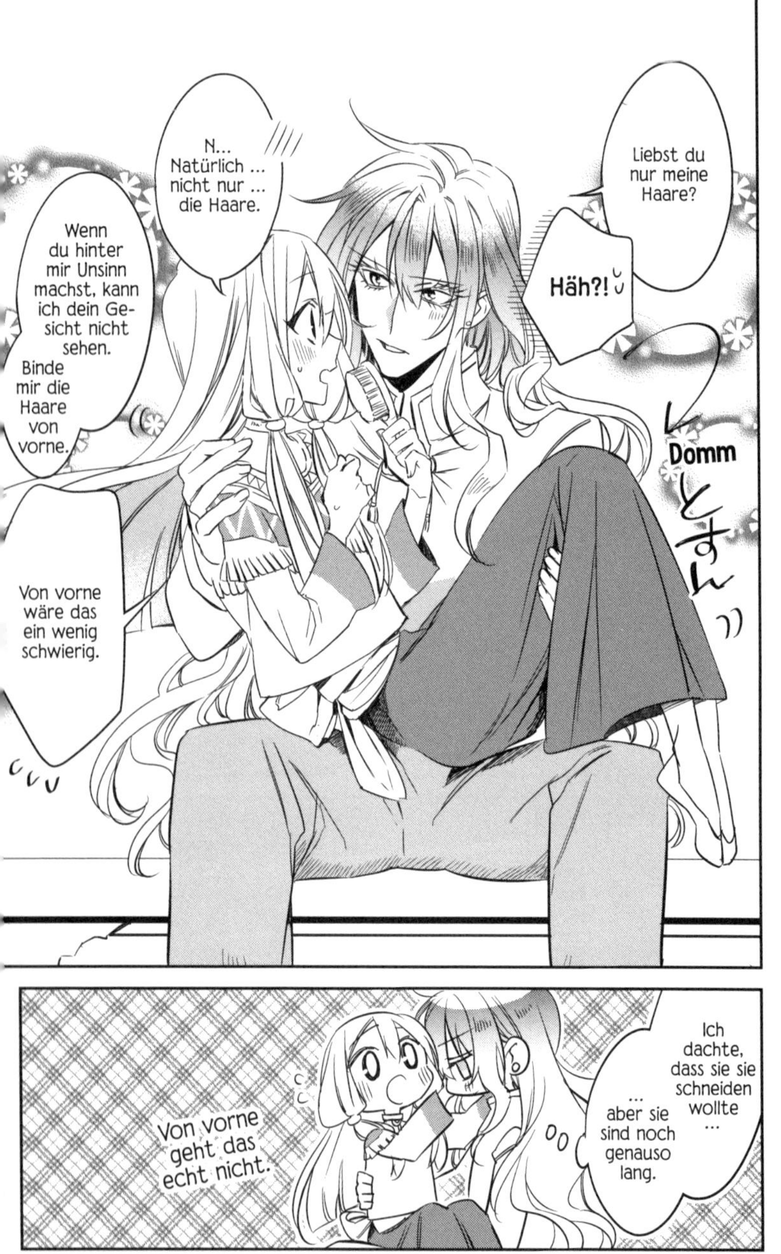

Die Legende von Azfareo Nebengeschichte 2 - Ende

Diese *Azfareo*-Kurzgeschichten wurden im *Hana Yume-Mini* veröffentlicht, wo es ganz *typische Hana to Yume* Manga gibt. Sie spielen nach dem Reiseaufbruch der beiden in Band 9.

Ich bin froh, dass ich die beiden selbst nach Abschluss der Serie so noch einmal zeichnen durfte. Außerdem bin ich froh, dass ich Julius verschämt zeichnen konnte, wofür es in der Serie nur selten Momente gab!

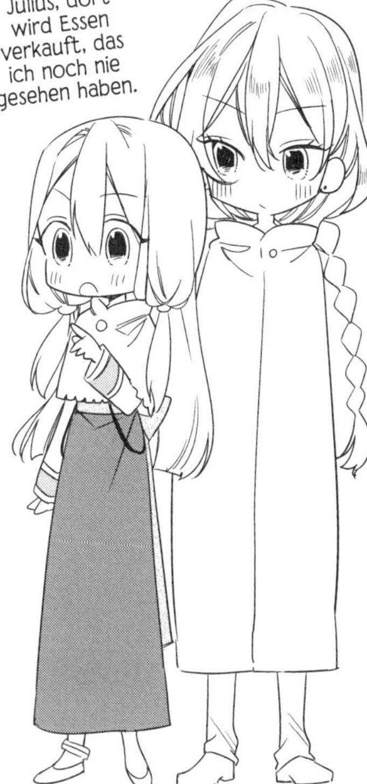

Nachwort

Ein herzliches Dankeschön, dass ihr bis hierher gelesen habt! Wie ich zu Beginn erahnen ließ, hatte ich beim Zeichnen aller Kurzgeschichten einige Mühen, aber dadurch haben sie jetzt auch einen besonderen Platz in meinem Herzen.

Ich würde mich freuen, wenn ihr sie nach dem Lesen auch in euer Herz geschlossen habt.

2021

Shiki Chitose

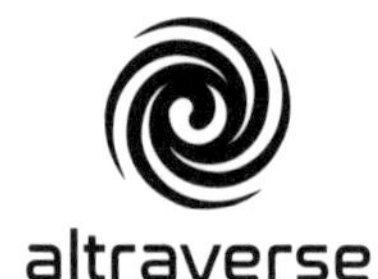

Deutsche Ausgabe / German Edition
Altraverse GmbH – Hamburg 2023
Aus dem Japanischen von Lasse Christian Christiansen

First published in Japan in 2021 by HAKUSENSHA, Inc., Tokyo.
German language translation rights arranged with HAKUSENSHA, Inc., Tokyo
through Tuttle-Mori Agency, Inc.

Redaktion: Denise Cho
Herstellung: Cathrin Hamester
Lettering: Vibrant Publishing Studio

Druck: CPI books GmbH, Leck
Printed in Germany

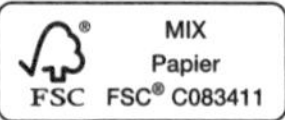

ISBN 978-3-7539-0775-8
1. Auflage 2023

www.altraverse.de